CATHERINE DRINKER BOWEN

# MILAGRE NA

# FILADÉLFIA

CATHERINE DRINKER BOWEN

# MILAGRE NA FILADÉLFIA

RELATO DA CONVENÇÃO
CONSTITUCIONAL AMERICANA

Tradução de
**Roberta Sartori Luso de Carvalho**

São Paulo | 2021

Título original: *Miracle at Philadelphia*
*Copyright* © 1966 – Catherine Drinker Bowen

Os direitos desta edição pertencem à LVM Editora, sediada na
Rua Leopoldo Couto de Magalhães Júnior, 1098, Cj. 46
04.542-001 • São Paulo, SP, Brasil
Telefax: 55 (11) 3704-3782
contato@lvmeditora.com.br

Gerente Editorial | Giovanna Zago
Editor | Pedro Henrique Alves
Tradutor(a) | Roberta Sartori
Copidesque | Chiara Di Axox
Revisão ortográfica e gramatical | Roberta Sartori & Chiara Di Axox
Preparação dos originais | Pedro Henrique Alves & Chiara Di Axox
Produção editorial | Pedro Henrique Alves
Projeto gráfico | Mariangela Ghizellini
Diagramação | Rogério Salgado / Spress
Impressão | Lis Gráfica Editora

Impresso no Brasil, 2021

Dados Internacionais de Catalogação na Publicação (CIP)
Angélica Ilacqua CRB-8/7057

| | |
|---|---|
| B782m | Bowen, Catherine Drinker, 1897-1973.<br>Milagre na Filadélfia / Catherine Drinker Bowen ; tradução de Roberta Sartori. -- São Paulo : LVM Editora, 2021.<br>360 p.<br><br>ISBN 978-65-86029-46-8<br>Título original: Miracle at Philadelphia<br><br>1. História Constitucional – Estados Unidos I. Título II. Sartori, Roberta |
| 21-2369 | CDD 342.73 |

Índices para catálogo sistemático:
1. História Constitucional – Estados Unidos

Reservados todos os direitos desta obra.
Proibida a reprodução integral desta edição por qualquer meio ou forma, seja eletrônica ou mecânica, fotocópia, gravação ou qualquer outro meio sem a permissão expressa do editor. A reprodução parcial é permitida, desde que citada a fonte.

Esta editora se empenhou em contatar os responsáveis pelos direitos autorais de todas as imagens e de outros materiais utilizados neste livro. Se porventura for constatada a omissão involuntária na identificação de algum deles, dispomo-nos a efetuar, futuramente, as devidas correções.

Parece-me, portanto, quase um milagre que os delegados de tantos estados diferentes (os quais, você sabe, são também tão diferentes entre si), em seus modos, circunstâncias e preconceitos, deveriam se unir para formar um sistema de governo nacional, pouquíssimo sujeito a objeções devidamente fundadas.

**Washington para Lafayette,**
7 de fevereiro de 1788.

# Sumário

Nota da Tradutora .............................................. 11
Prólogo por Warren E. Burger ................................. 17
Prefácio da Autora .............................................. 21
Delegados Presentes na Convenção ............................ 26

## A CONVENÇÃO CONSTITUCIONAL

**CAPÍTULO 1**
O Cenário | Origens da Convenção............................. 33

**CAPÍTULO 2**
Os Delegados e a Câmara Estadual | Washington e Madison .......... 46

**CAPÍTULO 3**
Em Convenção | Randolph Apresenta o Plano Virgínia .............. 62

**CAPÍTULO 4**
Federal *versus* Nacional | Os "Dois Supremos" | A Cidade da Filadélfia .. 69

**CAPÍTULO 5**
O Chefe do Executivo | Wilson, da Filadélfia; Dickinson, de Delaware |
O dr. Franklin Diz o que Pensa | 1 a 6 de junho ..................... 82

**CAPÍTULO 6**
"Vida, Liberdade e Propriedade" | A População em Geral |
O Método da Eleição dos Deputados | 6 a 7 de junho ............... 96

**CAPÍTULO 7**
O Veto do Congresso | Representação Proporcional |
Os Delegados Escrevem para seus Estados........................ 107

CAPÍTULO 8
A América Dividida | O Compromisso de Sherman |
O Comitê do Todo faz seu Relatório | 11 a 13 de junho............... 117

CAPÍTULO 9
O Plano Nova Jersey | Alexander Hamilton faz seu Discurso |
15 a 19 de junho ................................................. 130

CAPÍTULO 10
O Grande Debate | 19 a 28 de junho ............................. 142

CAPÍTULO 11
A Tensão Aumenta | Europa e América........................... 153

CAPÍTULO 12
Viagem pelos Estados Americanos | O Cenário Físico ............. 166

CAPÍTULO 13
Viagem pelos Estados Americanos: Continuação | O Povo ............ 178

CAPÍTULO 14
O Território Oeste, as Companhias de Terras e a
Ordenança do Noroeste | Manasseh Cutler........................ 194

CAPÍTULO 15
O Grande Compromisso | Um Rei para a América.
Recesso de dez Dias | O General Washington vai Pescar.............. 211

CAPÍTULO 16
O Comitê do Detalhe | O Compromisso da Escravidão ............... 223

CAPÍTULO 17
Estrangeiros no Congresso | Os "Dezesseis Quilômetros Quadrados" ... 231

CAPÍTULO 18
Prova de Juramento, Deísmo e Tolerância | Um Exército Permanente |
Traição Definida.................................................. 238

CAPÍTULO 19
Quem irá Ratificar? | O Povo ou os Estados?....................... 251

### CAPÍTULO 20
Elaborando a Constituição | Assume o Comitê de Estilo e Arranjo | 8 a 12 de setembro. .................................................. 259

### CAPÍTULO 21
Uma Declaração de Direitos Rejeitada. .......................... 267

### CAPÍTULO 22
A Constituição É Assinada | Os Dissidentes. ................... 277

## A LUTA PELA RATIFICAÇÃO

### CAPÍTULO 23
A Constituição é Apresentada ao País. .......................... 289

### CAPÍTULO 24
Massachusetts | O Povo Fala ........................................ 304

### CAPÍTULO 25
Virgínia e Nova York | O Desfile Federal ....................... 315

## CONSTITUIÇÃO E DECLARAÇÃO DOS DIREITOS

A Constituição ............................................................. 335
A Declaração dos Direitos. ........................................... 351
Nota da Autora ........................................................... 353
Agradecimentos .......................................................... 357

# Nota da Tradutora

A relevância de algo nem sempre lhe é intrínseca somente; por vezes, também está em outros aspectos: o que o tornou necessário, quem esteve envolvido, como veio a existir, qual a força e alcance dos efeitos que produziu. O valor de uma Constituição para um país já é algo excelente em si mesmo. Considerar, portanto, a importância e as circunstâncias não apenas da necessidade, mas do processo de elaboração, redação e ratificação do que veio a se tornar a Constituição dos Estados Unidos da América, "a constituição nacional mais antiga ainda vigente", resultado da Convenção Constitucional de 1787, é significativo no sentido mais sublime do termo.

Se a Convenção de 1787 e a Constituição, entretanto, já não falassem por si só em magnitude e legado para merecerem ser contadas, a maneira como foram relatadas por Catherine Drinken Bowen consiste em um evento à parte, o qual se encontra imortalizado em *Milagre na Filadélfia*. Nesse sentido, traduzir este livro para qualquer idioma significa generosamente dar a conhecer a mais povos e culturas as dificuldades, os perigos e a recompensa envolvidos na luta da concepção e edificação de um país e de sua identidade, tendo na liberdade sua bússola. Só por isso, como se fosse pouco, tal oportunidade é, sem dúvida, um dos maiores elogios que um tradutor pode receber. No caso da tradução para a língua portuguesa, esse privilégio veio a mim através do convite da editora LVM, o qual acolhi com muita gratidão e sério senso de responsabilidade.

A singularidade desta obra pode ser percebida em manifestações como as de Warren E. Burger, Henry Steele, Allan Nevins, Virginia Kirkus: "o leitor quase pode ouvir", "essa história nunca foi contada de forma mais vívida", "a autora trouxe ao relato imaginação e arte", "a história é recontada de tal forma que pode tanto encantar o leitor comum quanto satisfazer o acadêmico crítico". Esses são apenas alguns dos comentários que procuram capturar e expressar a complexidade e a riqueza da escrita que Catherine Bowen aplicou à narrativa desse inigualável acontecimento.

De modo geral, pode-se dizer que a história é o conjunto de eventos que se desenrolam, de forma simultânea, no tempo e no espaço. Narrar um evento significa, portanto, simbolicamente resgatá-lo desse fluxo e reproduzi-lo de alguma forma. Com não é possível trazê-lo de volta, e muito menos, na íntegra, recortam-se, selecionam-se e organizam-se os elementos mais relevantes tendo em vista o objetivo que se estabeleceu para relatá-lo; por fim, ele é reconstruído, igualmente de forma simbólica, através de algum tipo de linguagem – neste caso, através da linguagem verbal.

O evento aqui, como vimos, é a Convenção Constitucional de 1787 dos Estados Unidos, que ocorreu na Filadélfia, entre os meses de maio a setembro – temos um evento recortado em fatos que o constituem, um determinado tempo e espaço. Para escrever *Milagre na Filadélfia*, Bowen revela que foi diretamente à fonte para contar a história da Constituição e valeu-se de um farto conjunto de materiais do período da Convenção Federal na forma de documentos e transcrições; jornais, diários pessoais, cartas e declarações de delegados e de seus amigos. Na sua nota, a própria autora reconhece que precisou omitir, abreviar ou falar apressadamente sobre alguns elementos que faziam parte do evento como um todo.

Dessa forma, além dos inúmeros recortes de falas transcritas e de textos escritos, bem como das informações e das vozes dos delegados, construindo a linha expositiva e argumentativa da Convenção, Bowen traz vários outros elementos que orbitam e/ou caracterizam aquele período, retratando da melhor forma possível os Estados Unidos do século XVIII. Assim ela aproxima política e botânica, prosa e costumes, poesia e leis, beleza e brutalidade, geografia e medicina, linguística e guerra, patriotismo e devoção.

Um texto com essas propriedades não apenas maravilha o leitor, mas traz consequências diretas sobre o processo tradutório. E é sobre esse processo que iremos falar um pouco agora.

Vejamos alguns aspectos envolvidos na tradução tendo em vista a linguagem que compõe o livro. Temos duas modalidades, a escrita e a falada. Quanto à escrita, temos o texto da própria Bowen, do século XX, e a citação de trechos de jornais e documentos – com a sintaxe e o léxico – do século XVIII. Já na linguagem falada, há a evocação da fala não só de homens da envergadura de Franklin e Washington, passando pelos delegados – muitos deles intelectual, lógica e retoricamente preparados –, até à do colono mais humilde nas mais distantes, ou de difícil

## NOTA DA TRADUTORA

acesso, terras do interior do país, igualmente evocando o século XVIII. Ou seja, deparamo-nos com a linguagem formal e informal tanto na modalidade falada quanto na escrita. Trata-se de um mundo linguístico de uma variedade impressionante.

Quanto ao nível fonético-fonológico, a autora busca recuperar a sonoridade da fala dos colonos e de alguns delegados. Para tanto, em vários momentos, nós a vemos lançando mão do desvio da ortografia a fim de registrar de forma gráfica como seria a pronúncia de um determinado som e ou palavra(s), procurando, assim, caracterizar a fala[1] – aspecto que de fato cumpre um papel importante tendo em vista um dos objetivos da autora, a saber, fazer com que os leitores possam "ouvir" os delegados, os colonos.

Mais adiante no livro, Bowen continua tratando de aspectos linguísticos, mostrando a transformação do inglês britânico no que ficou conhecido como o [inglês] americano. Aqui a autora, mais uma vez, emprega recursos gráficos para mostrar essa mudança na pronúncia pela qual passava o idioma. Nesse momento, para nós, o recurso da nota de rodapé foi de fato importante a fim de suprir ao leitor de língua portuguesa as informações linguísticas necessárias para que fosse possível compreender a natureza, o alcance e as consequências dessas mudanças na formação do que veio a ser chamado de [inglês] americano.

Voltemo-nos agora para as questões contextuais e linguísticas – e sua inter--relação –, aspecto que têm profundo impacto no processo. A compreensão de um enunciado passa sim pela compreensão do significado semântico das palavras e da sentença. Contudo, no caso de qualquer peça de comunicação, passa também pelo que muitas pessoas conhecem como contexto. Esse elemento que contribui de forma decisiva para a correta compreensão, pode a frase, o parágrafo, o texto, no caso, o livro, no qual a palavra e a frase estão inseridas e do qual fazem parte, mas também outros elementos que fazem parte de um conjunto de informações que abrangem aspectos linguísticos, temáticos, culturais, o momento histórico, entre tantos outros.

Um exemplo disso é o termo 'águia' que foi usado com três acepções diferentes. Embora todas partam de uma compreensão lexical do que seja uma águia, a compreensão exata do que se quer dizer com o termo depende de outros elementos. Em uma das acepções, a palavra faz referência a uma forma de descrever a força da presença de uma pessoa. Aqui o conhecimento lexical sobre o animal,

---

[1] Esse recurso chama-se "*eye-dialect*" e consiste no uso do desvio da ortografia para mostrar uma determinada variante linguística usada por um personagem ao falar. Esse expediente, contudo, não é restrito apenas aos autores, mas também aos tradutores. Ele foi empregado por Bowen para apresentar as mudanças que o inglês falado na América vinha sofrendo, e nós o empregamos para mostrar isso ao leitor de língua portuguesa – embora o recurso seja o mesmo, as representações são diferentes, é claro.

embora necessário, não é suficiente. Entretanto, apenas pelo contexto da frase, nota-se uma camada metafórica. Em inglês e em português, essa metáfora pode ser perfeitamente percebida. Nenhuma nota de rodapé é necessária.

Na segunda acepção, o termo é uma forma metonímica para se referir a uma medalha, o que exige mais do que um conhecimento lexical, entretanto, o contexto imediato no qual o termo está inserido é suficiente para o leitor saber a que o termo faz referência. Por outro lado, há outros aspectos que podem contribuir ou reforçar a certeza da interpretação: "uma águia pendente ao peito". O uso do termo nesse contexto de frase, não permite uma interpretação literal, assim, o leitor, parte em busca de um significado adequado. Aspectos temáticos e históricos, fornecidos pelo próprio livro, para um leitor um pouco mais preparado, são suficientes para ele chegar a essa interpretação. Nenhuma nota de rodapé se faz necessária.

Na terceira acepção, o termo aparece em um contexto semântico muito estranho, "a águia berrou"; esses termos não são semanticamente, à primeira vista, compatíveis, isso o conhecimento de mundo supre. O contexto temático, histórico, cultural pode ser suficiente, mas o significado pretendido é muito específico. "Águia" aqui refere-se a uma moeda de ouro que era usada nos Estados Unidos". Assim, temos não apenas a necessidade de um conhecimento muito específico, além de saber que o verbo "berrar" está sendo usado metaforicamente. Nesse caso, a nota de rodapé pode ser importante não apenas na tradução, mas também inclusive para falantes nativos, a fim de orientar e precisar a compreensão. Na tradução, muitas vezes, não podemos explicitar linguisticamente elementos que devem ser interpretados. Dessa forma, foram necessárias as notas, que, de certa forma, suprem o papel de conhecimentos que contribuem para a compreensão e interpretação.

Bowen também transcreve trechos de jornais da época. Nesse caso, poderíamos apenas traduzir o conteúdo, sem perda de informação. Contudo, a fim de sermos o mais fiel possível ao trabalho da autora, optamos por trazer essa propriedade, digamos, arcaica – lembremo-nos que ela está trazendo e transcrevendo, em alguns casos, textos do século XVIII para leitores do século XX.

Uma das alternativas que tradutores geralmente empregam nessas situações é o uso de um português brasileiro mais informal. Nós, entretanto, a fim de criarmos as condições para gerar esse efeito anacrônico, optamos pelas propriedades gráficas e gramaticais do português de Portugal, com foco nos pronomes de segunda pessoa do plural, com a devida conjugação verbal, além do uso da acentuação grave ao invés da circunflexa, por exemplo, ou de alguma outra escolha vocabular menos intuitiva hoje. Dessa forma, foi possível recuperar não só o conteúdo por meio da tradução, mas as propriedades de época do texto, tão importantes para a obra original quanto para a tradução.

## NOTA DA TRADUTORA

Contudo, como Umberto Eco (1932-2016) esclarece, um texto traduzido está sujeito a perdas e compensações. Voltando a aspectos fonético-fonológicos, agora incluindo também a tradução dos poemas, a fim de minimizarmos as perdas de conteúdo, ou evitarmos carregar a linguagem dos poemas a ponto de prejudicarmos esse conteúdo em nome da forma e da estética, dedicamos sim nossa mais cuidadosa atenção aos aspectos formais e estéticos, mas jamais em detrimento do conteúdo.

Haveria muito mais a dizer sobre a tradução deste livro. Encerro, entretanto, com as seguintes considerações. Traduzi prosa, poesia; descrições, narrativas; argumentos e contra-argumentos. Traduzi beleza e força, fragilidade e resiliência. Se fosse pela velha polêmica "traduttore, traditore", eu jamais deveria ter me lançado a traduzir um texto de tamanho valor. Essa máxima e um livro como este seriam dois grandes e suficientes argumentos para não o fazer. Mas, a Convenção e a Constituição são, em si mesmas, traduções de aspirações de liberdade em um meio muito hostil. Nada mais inspirador do que os próprios evento e livro para me encorajarem a fazer o que para muitos parece impossível. Está traduzido. E como qualquer outra coisa, pode sim ser revisado, mas jamais anulado.

# Prólogo

A primeira vez que li *Milagre na Filadélfia* foi há vinte anos, quando recém-publicado. Naquela época, percebi que se tratava de uma obra singular de narrativa histórica. O correr dos anos e o meu uso cada vez mais frequente da Constituição confirmaram essa minha impressão inicial. O livro da sra. Bowen (1897-1973) continua sendo para mim a melhor obra popular sobre como aconteceu o "milagre" da nossa Constituição, sobre o quão difícil foi chegar a ela e sobre a bênção que esse texto foi para a causa da liberdade em todos os lugares.

A sra. Bowen vale-se de fontes consagradas por historiadores e estudantes de direito constitucional, mas – pelo menos, a meu ver – ninguém jamais contou essa extraordinária história tão bem. O leitor quase pode ouvir o furor de Patrick Henry (1736-1799) dizendo que não aceitaria a nomeação como delegado para a Convenção da Filadélfia, porque ele "suspeitava de algo". Esse "algo" era a substituição dos Artigos da Confederação[2] por uma Constituição, o que resultaria em um governo nacional forte. A seu ver, nós não havíamos feito uma revolução para nos livrarmos de um déspota distante apenas para estabelecer uma versão doméstica do mesmo – mais republicano em termos de forma, talvez; porém, ainda assim, um despotismo de poder centralizado.

---

2 Os "Artigos da Confederação e a União Perpétua", um dos quatro documentos fundadores dos EUA, foram aprovados pelo segundo Congresso Continental – primeiro governo nacional americano formado por representantes das treze colônias – em 1777. Sua obrigatoriedade, no entanto, surgiu somente em 1781, quando foi ratificado. Em linhas gerais, estabelecia uma confederação de estados com autogoverno, alinhavando suas relações internas e liberdades de maneira frágil e fazendo frente aos estados europeus, principalmente em caso de guerra. (N.E.)

O efeito dos grandes poderes de debate e da oratória impetuosa de Henry reflete-se na estreita margem da votação final da Convenção de Ratificação da Virgínia: 89 a 79 votos a favor do documento – apesar de o texto trazer as assinaturas de três dos mais proeminentes filhos da Virgínia da época, George Washington, James Madison e John Blair Jr.

É assustador pensar no que poderia ter acontecido caso Patrick Henry tivesse triunfado em Richmond. Mais cedo, houve votações apertadas em Massachusetts e Nova Hampshire a favor da ratificação; Rhode Island havia contestado enfaticamente a ratificação por meio de um referendo popular. Com as visões antifederalistas do governador George Clinton (1739-1812) liderando a oposição, o sentimento em Nova York ficou drasticamente dividido. Somente quando Alexander Hamilton conseguiu atrasar a votação para depois da obtenção dos resultados da Virgínia, Nova York a homologou em uma votação de 30 a 27.

Cobrindo dois séculos, a autora apresenta as visões provincianas daqueles que estavam contentes com cada estado emitindo a sua própria moeda e livre para rejeitar o comércio com outros estados. Onde estaríamos se John Marshall (1755-1835), o presidente da Suprema Corte em 1824, usando a Cláusula de Comércio, não tivesse feito um "mercado comum" antes mesmo que o conceito propriamente dito tivesse lastro? E imagine só como a Europa poderia ser hoje se tivesse um mercado comum em 1824?

A sra. Bowen faz esses grandes eventos ganharem vida diante de nós, quase como se estivesse relatando eventos atuais. É claro que ela estava trabalhando com um dos maiores episódios da nossa história – na verdade, da história da liberdade humana. Suponho que o livro tenha me atraído inicialmente em razão do interesse por história, algo que todos os advogados têm em comum. Um juiz frequentemente ocupado com o significado da Constituição precisa entender suas origens. Entretanto, o livro da sra. Bowen exerceu um fascínio sobre mim muito além dos interesses de um advogado. Eu havia lido e admirava seus trabalhos anteriores, tais como seus livros sobre Oliver Wendell Holmes (1809-1894), John Adams (1735-1826), *Lord* Edward Coke (1552-1634) e Francis Bacon (1561-1626). Nessas obras, via-se refletida uma preocupação com a lei e com a história, com a busca sem fim por liberdade e segurança; portanto, este livro, enquanto o mais convincente relato sobre a criação da nossa Constituição, parece ter sido um fruto natural e o ápice dessa sequência.

A nossa Constituição teve um impacto tão grande na humanidade quanto a divisão do átomo. Como presidente da Comissão do Bicentenário da Constituição dos Estados Unidos da América, eu aplaudo a reedição deste extraordinário trabalho e o recomendo a qualquer um que queira saber como se deu a

## PRÓLOGO

criação da mais antiga Constituição nacional vigente e a quem aprecia a emoção do drama histórico mundial narrado por uma grande contadora de histórias.

Warren E. Burger
*Presidente da Comissão do Bicentenário*
*da Constituição dos EUA.*

# Prefácio da Autora

Milagres não acontecem por acaso, nem foi a autora deste livro quem disse ter acontecido um milagre na Filadélfia, no ano de 1787. Foi George Washington quem o disse, assim como James Madison. Eles é que usaram essa palavra ao escreverem para seus amigos – Washington para Lafayette (1757-1834); Madison para Thomas Jefferson (1743-1826).

Todo milagre tem a sua origem, todo milagre foi pedido em uma oração. O vinho foi primeiro água em Caná, houve um casamento e uma necessidade. Se milagres são desejos realizados dos homens, o mesmo ocorre com milagre da Filadélfia. Desde o início, o país caminhou para esse momento, para o autogoverno, para a união. É possível enumerar os experimentos: as Ordens Fundamentais[3] de Connecticut, em 1639; as Leis Fundamentais de Nova Jersey do Oeste de 1677; o Plano de União de Albany[4], em 1754; as resoluções, instruções, declarações, artigos e ordenamentos que vigoraram ao longo da Revolução, a partir do ano de 1765. Tentativa, erro, sucesso, retrocesso. Planos de união e planos de governo, até que, quatro anos após a Paz de Paris[5], os americanos lançaram-se ao grande experimento nacional.

---

[3] Ordens Fundamentais, ou Primeiras Ordens, é como ficou conhecida a primeira Constituição escrita de uma das colônias. Essa Constituição colonial foi base para a formação da Constituição dos Estados Unidos da América. (N.E.)
[4] Consiste na primeira proposta oficialmente endossada a fim de unir as colônias sob um governo central único – não implicando, contudo, independência da Grã-Bretanha. (N.E.)
[5] Também conhecido como "Tratado de Paris", foi assinado em 3 de setembro de 1783, em Paris. Nesse documento, a Grã-Bretanhã reconhece a independência das treze colônias após a Revolução Americana. (N.E.)

# MILAGRE NA FILADÉLFIA

Meu livro celebra esse experimento. Por todo ele, seu objetivo é evocar, sugerir. Eu desejo profundamente que meus leitores possam ver os delegados da Convenção se levantarem e dirigirem-se a, o então presidente da reunião, Washington, ou se enfrentarem nas comissões. Acima de tudo, eu quero reviver as vozes: a lógica fria e cortante de James Wilson; o ritmo fácil e irônico de Gouverneur Morris; o bom senso na monótona voz ianque de Roger Sherman; o desempenho extraordinário e tranquilo de Madison dia após dia. Quando eu interrompo a narrativa para informar sobre algum ponto, é apenas para trazer luz à cena, relembrar aos leitores fatos históricos que tornam a história relevante.

Logo no início, já fica claro que escrevi por admirar a Convenção e os delegados. Suas falhas revelaram-se curiosas; o fato de alguns membros serem movidos por interesses pessoais apenas tornou o cenário mais crível e mais dramático. Sem dúvida, serei acusada de um romantismo ultrapassado — esta escritora é uma velha *whig*[6], que traz consigo noções bancroftianas[7]. É verdade, e me acho em boa companhia principalmente daquele cético intelectual, o Juiz[8] Oliver Wendell Holmes, que, após ler o *An Economic History of the Constitution*, (1913) de Charles Beard (1874-1848), em protesto, escreveu ao seu amigo *Sir* Frederick Pollock (1845-1937), na Inglaterra: "Você e eu acreditamos que essa nobreza não é impossível ao homem".

*O Milagre na Filadélfia* é uma narrativa, retirada diretamente da fonte, de relatos contemporâneos da Convenção Federal, de jornais, diários pessoais, cartas e declarações de delegados e seus amigos. Para esses homens, a situação nos estados era crítica, e eles, várias vezes e com frequência, reconheciam isso; eles acreditavam que a União precisava ser salva e que isso precisava ser feito logo. Ninguém pode ler seus discursos na Convenção e não perceber a tensão do momento, o grande temor dos delegados de que ela se dissolvesse sem ter realizado coisa alguma. Na quinta semana da reunião, Washington escreveu para Hamilton dizendo que chegou próximo ao desespero. As palavras na carta mostravam convicção. O general falava sério, ele estava sendo consumido e procurava apoio. Washington não se opunha que a União fosse fundada sem uma nova Constituição e sem um governo mais firme. Houve, contudo, momentos em que ele protestou nesse sentido, apoiado por Madison e Hamilton.

---

6 O Whig Party é o partido de linha liberal (progressista) do Reino Unido; o Tory Party é o partido de linha liberal-conservadora. (N.E.)

7 George Bancroft (1800-1891), importante historiador, diplomata e político americano – fundador da Academia Naval dos Estados Unidos. Para ele, a liberdade e o progresso haviam encontrado nos Estados Unidos a sua mais elevada realização. (N.E.)

8 O termo "Juiz", grafado com letra maiúscula, é a tradução para "Justice", vocábulo usado para fazer referência a juízes da Suprema Corte Federal. O termo "juiz", grafado com letra inicial minúscula, é a tradução para "judge", vocábulo usado para fazer referência a juízes de cortes inferiores. (N.T.)

## PREFÁCIO DA AUTORA

Historiadores chegaram a sugerir que esses temores eram infundados e que, em 1787, os treze estados se encontravam bem o suficiente a ponto de serem respeitados pela Europa e, internamente, estarem se recuperando da devastação provocada por uma guerra que durara seis anos. As evidências, tal como eu as vejo, contudo, não corroboram isso. E nenhuma área foi mais exaustivamente explorada do que essa. De George Bancroft (1800-1891) a Charles Warren (1868-1954) a Andrew McLaughlin (1861-1947) a E. S. Corwin (1878-1963) – cujo livro magnífico pesa, em uma balança comum, aproximadamente 2,3kg[9] –, todos fizeram suas tentativas. E de Charles Beard, em 1933, a Benjamin Wright (?-?), Charles McIlwain (1871-1968), Allan Nevins (1890-1971), Merrill Jensen (1905-1980), Mason (?-?), Richard B. Morris (1904-1989), Oscar Handlin (1915-2011), Curtis Nettles (?-?), Hacker (?-?), Main, Robert E. Brown (?-?), Edmund Morgan (1916-2013), Forrest McDonald (1927-2016), Clinton Rossiter (1917-1970), Bernard Bailyn (1922-2020) *et alii*, os historiadores divergem entre si. Um grupo diz que a Convenção era incrivelmente "conservadora", que consistia em um corpo de proprietários de terras abastados e comerciantes dispostos a consolidar seus interesses. Outro grupo (os atuais revisionistas) regressa ao velho idealismo de Bancroft-Beveridge, que considerava os delegados da Convenção homens inflamados por convicções, ávidos por criar um novo governo que fosse aceitável para o povo.

Tendo lido os volumes em questão e, em grande parte, estudado as evidências nas quais esses trabalhos se baseiam, faço a minha própria interpretação e vou defendê-la; meu livro não entra em controvérsias acadêmicas. Há cerca de vinte anos, li pela primeira vez o *Records of the Federal Convention* (1911), de Max Ferrand (1869-1945); quatro volumes de discursos tal como foram proferidos pelos delegados, além de cartas elaboradas com notas de rodapé e de discursos feitos posteriormente. À época, eu havia publicado uma biografia do Juiz Oliver Wendell Holmes e estava me preparando para escrever sobre John Adams. A Convenção Federal não entrou em nenhum dos livros, mas os delegados e aquele cenário magnífico ficaram comigo. Com o passar dos anos, e tendo escrito as biografias do presidente da Suprema Corte Coke e de *lord chancellor* Francis Bacon (1561-1626), as coisas começaram a se encaixar: a narrativa acabou se voltando para o tema da Independência e para a ruptura da América com o passado – para o que foi mantido da herança política inglesa e o que foi rejeitado no fatídico ano de 1787.

---

[9] Todas as unidades de medida, ao londo da tradução, serão registradas já convertidas para as unidades de medida usadas no português brasileiro. (N.T.)

Eu, contudo, não escrevi meu livro com o objetivo de derramar elogios gladstonianos[10] sobre a Constituição dos Estados Unidos. Como disse o Juiz Holmes, "a Constituição é um experimento, da mesma forma como tudo o que se vive é um experimento". É com os homens que fizeram essa experiência que me preocupo e com o momento feliz no qual eles se encontraram. Considerando a imensa quantidade de literatura sobre o assunto, é surpreendente quão pouco o americano médio sabe sobre os acontecimentos que levaram à construção da nossa Constituição. Ele inclusive confunde a Convenção Federal com o Congresso da Confederação, que estava sediado em Nova York na mesma época. Ele chega até mesmo a confundir a Constituição com as primeiras dez emendas – ou seja, com a Declaração de Direitos[11]. Ele se esquece dos vários anos em que os treze estados existiram sob os Artigos da Confederação, antes que tal documento fosse suplantado pela Constituição dos Estados Unidos. A maioria dos livros sobre a Constituição começa após a Convenção de 1787 e passa a mostrar o desenvolvimento do nosso texto constitucional a partir das decisões da Suprema Corte no século XIX.

Meu livro, entretanto, começa em maio de 1787 e termina em setembro, com exceção de três capítulos sobre a ratificação, que ocorreu até um ano depois. No que seria o meio do verão de 1787, quando o debate está acalorado, faço uma digressão. O leitor deixa a Câmara Estadual e, na companhia de vários estrangeiros cordiais, é levado em uma "Viagem pelos estados americanos". Pareceu importante deixar que os leitores visitassem, em primeira mão, o país para o qual a Convenção estava criando um governo. Pela mesma razão, ao longo de todo livro, usei vozes dos bastidores: Jefferson e John Adams e Tom Paine (1737-1809), da Europa; Sam Adams (1722-1803), de Boston – todos profundamente preocupados com o que estava acontecendo na Filadélfia. John Adams disse coisas que eu não incluí. Ao escrever sobre história, ele perguntou a um amigo: "Não seriam esses fatos tão novos para você quanto qualquer conto político que poderia ter sido trazido da Arábia ou por um mensageiro especial de Sirius, a estrela Cão Maior?".

A Convenção Federal, vista a partir dos registros, é surpreendentemente jovem e "nova". O espírito por trás dela era o espírito de compromisso, aparentemente uma bandeira não muito nobre pela qual se mobilizar. "Compromisso" pode ser uma palavra feia, significando um pacto com o Diabo, um fragmento do melhor a serviço do pior. Ainda assim, na Convenção Constitucional, um espírito

---

[10] O adjetivo "gladistoniano" deriva de William Ewart Gladstone, primeiro-ministro britânico da época vitoriana. (N.T.)
[11] A Declaração de Direitos dos Cidadãos dos Estados Unidos (*United States Bill of Rights*) são as primeiras dez emendas à Constituição americana, ratificada em 15 de dezembro de 1791. Ela está disponível no final deste livro. (N.E.)

## PREFÁCIO DA AUTORA

de compromisso reinava em graça e glória; à medida que Washington conduzia os trabalhos, esse espírito pousava em seu ombro como uma pomba. Os homens se levantam para falar e podem ser vistos lutando contra o preconceito da primogenitura, da pertença a algum local, da soberania – Sul contra Norte, Leste contra Oeste, comerciante contra fazendeiro. É possível vê-los mudarem de ideia, lutarem contra o orgulho e, quando chega o momento, admitirem seus erros. Se a história é antiga, os sentimentos por trás dela são tão novos como uma manhã de segunda-feira.

*Se todas as histórias são contadas, conte-as novamente, irmão.*
*Se poucos comparecerem, deixe aqueles que ouvem sentirem.*

Catherine Drinker Bowen

# Delegados Presentes na Convenção Federal

| | |
|---|---|
| NOVA HAMPSHIRE | John Langdon (1741-1819)<br>Nicholas Gilman (1755-1814) |
| MASSACHUSETTS | Elbridge Gerry (1744-1814)<br>Nathaniel Gorham (1738-1796)<br>Rufus King (1755-1827)<br>Caleb Strong (1745-1819) |
| RHODE ISLAND | Nenhuma nomeação |
| CONNECTICUT | William Samuel Johnson (1727-1819)<br>Roger Sherman (1721-1793)<br>Oliver Ellsworth (1745-1807) |
| NOVA YORK | Robert Yates (1738-1801)<br>Alexander Hamilton (1755-1804)<br>John Lansing Junior (1754-1829) |
| NOVA JERSEY | David Brearley (1745-1790)<br>William Churchill Houston (1746-1788)<br>William Paterson (1745-1806)<br>William Livingston (1723-1790)<br>Jonathan Dayton (1760-1824) |

| | |
|---|---|
| PENSILVÂNIA | Thomas Mifflin (1744-1800)<br>Robert Morris (1734-1806)<br>George Clymer (1739-1813)<br>Jared Ingersoll (1749-1822)<br>Thomas Fitzsimons (1741-1811)<br>James Wilson (1742-1798)<br>Gouverneur Morris (1752-1816)<br>Benjamin Franklin (1706-1790) |
| DELAWARE | George Read (1733-1798)<br>Gunning Bedford Junior (1747-1812)<br>John Dickinson (1732-1808)<br>Richard Bassett (1745-1815)<br>Jacob Broom (1752-1810) |
| MARYLAND | James McHenry (1753-1816)<br>Daniel of St. Thomas Jenifer (1723-1790)<br>Daniel Carroll (1730-1796)<br>John Francis Mercer (1759-1821)<br>Luther Martin (1748-1826) |
| VIRGÍNIA | George Whashington (1732-1799)<br>Edmund Randolph (1753-1813)<br>John Blair Junior (1732-1800)<br>James Madison Junior (1751-1836)<br>George Mason (1725-1792)<br>George Wythe (1726-1806)<br>James McClurg (1746-1823) |
| GEÓRGIA | William Few Junior (1748-1828)<br>Abraham Baldwin (1754-1807)<br>William Pierce (1753-1789)<br>William Houstoun (1746-1813) |
| CAROLINA DO NORTE | Alexander Martin (1740-1807)<br>William Richardson Davie (1756-1820)<br>Richard Dobbs Spaight (1758-1802)<br>William Blount (1749-1800)<br>Hugh Williamson (1735-1819) |
| CAROLINA DO SUL | John Rutledge (1739-1800)<br>Charles Pinckney (1757-1824)<br>Charles Cotesworth Pinckney (1746-1825)<br>Pierce Butler (1744-1822) |

CATHERINE DRINKER BOWEN

# MILAGRE NA FILADÉLFIA

RELATO DA CONVENÇÃO
CONSTITUCIONAL AMERICANA

# A CONVENÇÃO CONSTITUCIONAL

CAPÍTULO 1

# O cenário.
# Origens da Convenção

*É muito mais fácil derrubar um governo, em uma tal conjuntura de questões como a que vimos, do que construir um em uma época como a atual.*
JOHN ADAMS PARA JAMES WARREN, JANEIRO DE 1877.

Sobre a Filadélfia repousava um ar quente e úmido; os mais velhos diziam que era o pior verão desde 1750. Um colunista de um pequeno jornal notou que os temporais que traziam alívio já não eram tão frequentes ou violentos como antes. Talvez as novas "hastes instaladas" nas casas, por toda parte, possam ter roubado das nuvens seu fluído elétrico. Nas cartas enviadas a familiares e amigos, visitantes franceses diziam que não conseguiam respirar. "Cada vez que se expira, deve-se preocupar com a próxima inspiração. O menor movimento é doloroso".

Na Câmara Estadual da Pensilvânia – que chamamos de Independence Hall –, cerca de 55 delegados, nomeados pelos Legislativos de doze estados (Rhode Island recusou-se a fazê-lo, negando-se a comparecer), reuniram-se em convenção e, durante um verão de trabalho árduo e de uma disposição de euforia, redigiram um plano de governo que esperavam que fosse aceito pelos estados, o qual intitularam *A Constituição dos Estados Unidos da América*.

Era maio quando a Convenção se reuniu, e seria setembro antes que desse os trabalhos por encerrados. Aqui encontravam-se alguns dos nomes mais ilustres da América, entre eles: Washington, Madison, Hamilton, Benjamin Franklin; John Rutledge e os dois Pinckneys, da Carolina do Sul; os dois Morrises – Robert e Gouverneur; John Dickinson, de Delaware; George Wythe, George Mason e John Blair, da Virgínia; Roger Sherman, de Connecticut; Rufus King e Elbridge Gerry, de Massachusetts. A lista parece um discurso de Quatro de Julho, um hino patriótico. Era uma reunião de jovens. Charles Pinckney tinha 29 anos, Alexander Hamilton, 30 anos. Rufus King tinha 32 anos, Jonathan Dayton, de Nova Jersey, 26 anos. Gouverneur Morris – o de modos suaves e da perna de madeira – tinha 35 anos. Até mesmo aquele sóbrio e cauteloso jurista, James Madison, da Virgínia, conhecido hoje como "o pai da Constituição", tinha apenas 36 anos. Os 81 anos de Benjamin Franklin aumentavam consideravelmente a média, mas ela jamais passou dos 43 anos de idade. Os homens envelheciam mais rápido e morriam mais cedo naquela época. John Adams, aos 37 anos, convidado para fazer um discurso em Boston, disse ser "velho demais para ficar fazendo elóquios".

Richard Henry Lee (1732-1794), escrevendo da Virgínia, disse que estava feliz em encontrar na Convenção "tantos cavalheiros maduros". Ainda assim, até mesmo o membro mais jovem tinha experiência política. Quase três quartos deles tinham atuado no Congresso Continental. Muitos foram membros dos seus Legislativos estaduais e ajudaram a redigir as Constituições dos seus estados nos primeiros anos após a Independência[12]. Oito assinaram a Declaração, sete foram governadores de estado, vinte e um lutaram na Guerra Revolucionária. Quando, em Paris, Jefferson leu os nomes, disse tratar-se de "uma assembleia de semideuses".

Ainda assim, a Convenção era algo arriscado. Os delegados estavam nervosos, apreensivos, mas demonstravam isso apenas entre si. As sessões eram secretas, e pouquíssimas notícias escapavam; os membros escreviam cautelosamente para seus amigos. Nem os delgados nem o país como um todo viam essa reunião como uma Convenção *constitucional*. Como era possível? A designação veio mais tarde. A noção de uma nova "Constituição" teria afugentado dois terços dos membros. Os jornais anunciavam uma Grande Convenção na Filadélfia, ou falavam de uma "Convenção F*oe*deral" – sempre com a refinada inclusão desse clássico ditongo[13]. Ora a portas fechadas, ora não; os homens estavam hesitantes em relação ao que estavam elaborando e ao que queriam criar. O Congresso, reunido em Nova York durante último mês de fevereiro, sancionou essa convenção da Filadélfia "*com o único e expresso propósito de revisar os Artigos da Confederação*". O Congresso não havia dito coisa alguma a respeito de uma nova Constituição. Para os treze estados, os Artigos da Confederação eram Constituição suficiente; desde 1781, os estados tinham conseguido se organizar sob sua égide.

"Os referidos estados, por meio deste, solidariamente firmam uma aliança de amizade entre si", assim dizia o Artigo III da Confederação. Contudo, se a amizade foi suficiente para manter uma nação unida durante uma guerra – e para ganhar uma guerra –, em tempos de paz, parecia que a amizade não era suficiente. A Confederação, apoiando-se apenas na boa fé, não tinha poder para arrecadar

---

[12] A Independência americana foi declarada em 4 de julho de 1776, através do documento de Declaração assinado pelas treze colônias. (N.E.)

[13] A expressão "*Foederal*" é uma brincadeira entre as palavras "Federal" e "foe", que significa "mentira, engano, embuste", criando assim a ironia de uma convenção-falsa-federal (N.R.)

impostos, defender o país, pagar a dívida pública, e muito menos para estimular os negócios e o comércio. Naquele dia de 1781, quando um mensageiro trouxe notícias da vitória em Yorktown[14], não havia no tesouro dinheiro suficiente para as despesas do homem; cada membro pagou um dólar do seu próprio bolso. Em extrema necessidade, o Congresso emitia *requisições* – ou, como Washington as chamou, "um tipo tímido de recomendação do Congresso para os estados". Com frequência, não havia resposta. Nova Jersey e Nova York haviam sido especialmente recalcitrantes. Uma notificação foi publicada no *The New York Packet* de 1º de outubro de 1787, concisa e direta, e duas vezes reimpressa:

> O ASSINANTE nada recebeu em razão da quota deste estado para o presente ano.
>
> (Assinado) ALEXANDER HAMILTON
> Receptor de Impostos Continentais

Os estados que pagavam se ressentiam em relação àqueles que não pagavam e diziam isso abertamente. "Nova Hampshire", escreveu um cidadão da Virgínia em 1787, "não pagou uma moeda sequer desde a paz e não tem intenção alguma de pagar nada nem agora, nem nunca. Em Nova York, eles pagam bem, pois podem fazê-lo saqueando Nova Jersey e Connecticut. Jersey fará de tudo por motivo de vingança e reparação".

O país, de forma alguma, estava alheio ao fato de que os Artigos da Confederação eram inadequados e precisavam ser emendados. Sucessivos presidentes do Congresso enviavam cartas para seus Legislativos estaduais exortando-os não apenas a pagarem as suas requisições, mas também a votarem por poderes adicionais ao Congresso. As autoridades do Executivo estadual pediram aos seus Legislativos locais que recomendassem o fortalecimento dos poderes do Congresso. Contudo, nada aconteceu; todos os esforços fracassaram. Entre os que primeiro começaram a trabalhar por reformas, três nomes se destacam: Washington, Madison e Hamilton. E, entre os três, evidências apontam para Hamilton como a influência individual mais forte para convocar a Convenção de 1787, embora os

---

[14] A Batalha de Yorktown ocorreu entre os dias 26 de setembro e 19 de outubro de 1781, na Virgínia; é considerado até os dias atuais, por historiadores e entusiastas, uma das batalhas mais notórias das américas. De um lado estava o general George Washington, liderando aproximadamente 3 mil homens, juntamente com 4 mil franceses comandados por seu amigo, o maquês de Lafayette, dispostos a lutarem contra o exército britânico sob o comando do *lord* Charles Cornwallis (1738-1805). Sitiados, os britânicos se renderam marcando a vitória franco-americana e levando ao Tratado de Paris e, por fim, ao reconhecimento da Independência americana. (N.E.)

historiadores ainda discutam esse aspecto, e os biógrafos de Madison se esforcem para que ele receba os louros. Entretanto, se Madison viu logicamente o que deveria acontecer, e, se Hamilton o expressou de maneira brilhante, Washington, de início, percebeu a situação de forma mais profunda; suas cartas, durante a guerra, espumavam de raiva e indignação. Faltavam às suas tropas sapatos, mantimentos, pólvora, vestimentas, alojamentos, remédios. "Nossos doentes nus", escreveu ele, "nossos homens saudáveis nus, nossos infelizes homens nus em cativeiro". Estava o Congresso, portanto, impotente diante da situação dramática do exército? Emissários especiais saíam dos acampamentos em Cambridge, Harlem Heights, Morristown, Valley Forge levando mensagens assinadas pelo comandante em chefe: "Morristown, 27 de maio de 1780. É com infinita dor que informo ao Congresso que estamos novamente reduzidos a uma situação extrema de falta de comida". O Congresso, impotente, sem o apoio das Assembleias Estaduais, teimosamente respondeu: "Na última guerra, os soldados trouxeram suas próprias vestimentas".

A última guerra, a última guerra... Washington era atormentado por essas palavras. Contudo, a última guerra com os franceses, antes da Independência, foi local, esporádica – e paga pela Coroa britânica. O Congresso não podia entender que aquela guerra fora continental e que a despesa e responsabilidade devem ser assumidas pelos estados, *pelo continente*? Não era hora para invejas regionais, evasivas locais e disputas de poder. Para o comandante em chefe, parecia que os estados no Congresso se mostravam mais preocupados com a nomeação de novos oficiais e generais e com a distribuição de mimos extravagantes para os eleitores do que com as necessidades do exército.

Washington devia seu próprio título ao Congresso, que o elegeu por votação como general do Exército Continental (alguns o chamavam de o Grande Exército Americano). O controle civil dos militares era um princípio fundamental da Revolução. "Generais, nós não escolhemos confiar a vocês muito poder por muito tempo", disse John Adams ao general Horatio Gates (1727-1806). Foi o Congresso que promulgou as Regras e Regulamentos para o governo do exército. Washington, contudo, reclamou que até, e a menos, que essas leis fossem alteradas, o exército podia muito bem debandar – ele não poderia disciplinar seus homens, atirar em desertores, ou adequadamente punir os soldados que roubavam cavalos e suprimentos dos hospitais do exército ou os que incendiavam e saqueavam casas próximas aos campos. Entre as tropas, destacamentos locais eram não apenas ferozes, mas também facilmente provocáveis. Washington tentou persuadir suas tropas de Nova Jersey a jurar lealdade aos Estados Unidos. Eles se recusaram. "Nova Jersey é nosso país!", diziam obstinadamente. No Congresso, um membro de Nova Jersey denunciou como imprópria a atitude do general.

## O CENÁRIO. ORIGENS DA CONVENÇÃO

Washington viu o que estava por trás disso tudo. Com a Independência, os Estados Unidos haviam de fato alcançado uma dimensão continental e deviam aprender a se governar de forma apropriada nessa condição. O general possuía um entendimento bastante cínico e pragmático da política e da característica política do seu país, além de um talento – geralmente, considerado intelectual – para expressar em palavras exatas o cerne de um problema. "Valha-nos Deus, quem é o Congresso?", escreveu ele em 1783. "Não são eles criaturas do povo, responsáveis perante o povo por sua conduta e dependentes dia após dia do próprio respirar do povo? Qual, então, pode ser o perigo de dar a eles poderes adequados para os grandes fins do governo e para todos os propósitos gerais da Confederação?".

À medida que aumentavam os problemas entre os estados, crescia a irritação do general. "*Influência* não é *governo*", escreveu ele não muito antes de a Convenção se reunir. E antes ainda: "Não creio que possamos existir por muito tempo enquanto nação sem ter aprovisionado, em algum lugar, um poder que irá permear toda a União de uma maneira tão intensa quanto a autoridade dos governos estaduais se estende aos vários estados".

Alexander Hamilton, durante a guerra, atuou como ajudante de ordens de Washington. Era uma amizade extraordinária entre o jovem advogado, nascido no exterior, impaciente, ágil e seu comandante em chefe, infinitamente estável, com uma lenta presciência própria. Quanto ao Congresso e aos estados, ambos pensavam da mesma forma. E mais, Hamilton procurava influenciar Washington; tentando persuadi-lo a assumir uma posição firme, frequentemente redigia as declarações públicas do general tendo em vista esse propósito. Do quartel general em Liberty Pole[15,16], em setembro de 1780, Hamilton escreveu para seu amigo James Duane (1733-1797) uma carta hoje famosa – sua primeira exposição clara a respeito da necessidade de uma convenção constitucional. Cobrindo dezessete páginas escritas, a carta já seria um documento incrível vindo da pena de qualquer pessoa, quanto mais vindo de um homem no início dos seus vinte anos, nascido fora do continente. Era impossível, escreveu Hamilton, governar treze estados soberanos. Uma falta de poder no Congresso não tornou o governo apto nem para a paz, nem para a guerra. "Há apenas um remédio: convocar uma convenção com todos os

---

[15] Um "Pau da Liberdade" consiste em uma haste alta de madeira, com ferquência usada como um mastro de bandeira. Eles foram usados como símbolos de movimentos que apoiavam o republicanismo. Em 1767, quando os estados, ainda não unidos, começaram a sentir que a revolução estava se aproximando, os colonos, já apaixonados pela a liberdade, esculpiram e ergueram o primeiro Pau da Liberdade, o qual serviu como ponto de convergência e de encontro para aqueles que se opunham à Lei do Selo imposta pela Inglaterra. (N.T.)
[16] Atualmente, em Englewood (N. E.)

estados". E quanto mais cedo melhor, disse Hamilton. Além disso, para tanto, era preciso primeiro preparar o povo "por meio de textos sensatos e acessíveis".

Pelos sete anos seguintes, Hamilton jamais parou de orientar e pressionar por uma convenção. Ele escreveu cartas privadas e públicas, fez discursos, publicou uma série de artigos de jornal intitulada *"O Continentalista"* – só o título já era suficiente para revelar seu posicionamento. A enorme necessidade, insistiu ele, era por um governo apropriado, não um governo para "o restrito círculo colonial dentro do qual estamos acostumados a atuar". Pelo contrário, ele desejava "um tipo ampliado, adequado para o governo de uma nação independente". Embora não fosse um membro do legislativo do estado de Nova York, em 1782, ele os persuadiu a aprovarem uma resolução que insistia por uma convenção. Eleito para o Congresso naquele mesmo ano, Hamilton redigiu uma proposta semelhante, mas sem sucesso.

Os estados não quiseram ouvir. Por que sair do Congresso? Rufus King, representante de Massachusetts, declarou que o Congresso era "o órgão adequado para propor alterações". King escreveu para John Adams dizendo que o Congresso "poderia fazer tudo o que uma Convenção pode e, sem dúvida, com mais segurança para os princípios originais".

Princípios originais significavam princípios revolucionários – a Convenção Federal consideraria essa expressão muito útil. Ela expressava qualquer coisa que os homens escolhessem: para homens como o governador Clinton, de Nova York, o juiz George Bryan (1731-1791), da Pensilvânia, Patrick Henry, o jovem James Monroe (1758-1831) – este, o futuro presidente dos Estados Unidos – ou o congressista William Grayson (1736-1790), da Virgínia, princípios originais significava um governo tão pequeno quanto possível, uma federação na qual cada estado permaneceria soberano, tendo o Congresso à sua disposição. Os Artigos da Confederação não foram escritos tendo essa ideia como a principal preocupação? Começando em 1776, foram necessários cinco anos para escrever os Artigos, debatê-los e votá-los no Congresso, modificá-los, chegar a um acordo e, finalmente, persuadir o último estado a ratificá-los. Os Artigos foram, na realidade, a primeira Constituição da América. "O Limiar dessa Confederação", constava no Artigo I, "serão 'Os Estados Unidos da América.'". Nada menos do que os perigos da guerra teriam compelido os estados a fazerem até mesmo essa frágil união em uma época em que John Adams se referia à Baía de Massachusetts como "nosso país" e aos representantes de Massachusetts como "nossa embaixada". O perigo provou ser um vínculo forte.

Foi somente devido à persistência e a expedientes habilidosos de alguns homens que a Convenção Federal afinal se reuniu. Os estados de Maryland e da

Virgínia estavam envolvidos em uma disputa acirrada pela navegação do rio Potomac, e, na primavera de 1785, seus respectivos Legislativos enviaram comissários a Mount Vernon para discutir o assunto com foco na questão da comunicação Leste-Oeste em geral. Vendo a chance de conseguir a cooperação dos estados vizinhos, a comissão foi ampliada e se reuniu em Anápolis, em setembro de 1786. Madison participou, e Hamilton veio de Nova York.

Antes que a Comissão de Anápolis se estabelecesse, ela havia recomendado ao Congresso (Hamilton foi quem escreveu o relatório) que todos os treze estados nomeassem delegados para se reunirem na Filadélfia, "no próximo dia 2 de maio, para levar em consideração os negócios e o comércio dos Estados Unidos".

"Comércio" era uma palavra muito abrangente; ela cobria uma infinidade de problemas. A dívida de guerra ainda pesava, e os estados encontravam-se com um crédito enfraquecido e pequena esperança de melhora. Sete estados recorreram ao papel-moeda. Era verdade que a depressão pós-guerra estava diminuindo. Contudo, a prosperidade permanecia sendo uma questão local; o dinheiro impresso pela Pensilvânia devia ser mantido dentro das próprias fronteiras da Pensilvânia. O estado e a seção[17] mostraram-se enciumados, preferindo lutar entre si por fronteiras ainda indefinidas e aprovar leis tarifárias uns contra os outros. Nova Jersey tinha seu próprio serviço alfandegário. Nova York era uma nação estrangeira e devia ser protegida contra invasões. Os estados foram extraordinariamente engenhosos no planejamento de retaliações mútuas; nove deles mantiveram suas próprias frotas. (A Virgínia, aliás, ratificou separadamente o acordo de paz.) As modalidades de expedição de Connecticut, Delaware e Nova Jersey estavam à mercê da Pensilvânia, Nova York e Massachusetts.

Madison viu a situação com clareza. Ele escreveu: "Nova Jersey, situada entre a Filadélfia e Nova York, era como a um barril perfurado nas duas extremidades; e a Carolina do Norte, entre a Virgínia e a Carolina do Sul, assemelhava-se a um paciente sangrando em ambos os braços". Quando a Virgínia aprovou uma lei declarando que os navios que deixassem de pagar direitos alfandegários em seus portos poderiam ser apreendidos por qualquer pessoa e processados, "metade ia para uso do informante e a outra metade para o uso do estado", ela não estava olhando para a Espanha ou para a Inglaterra, mas para as cargas da Pensilvânia, Maryland e Massachusetts. "A maioria dos nossos males políticos", escreveu Madison, "pode ser rastreada aos nossos males comerciais". E era verdade, como é verdade hoje entre as nações em geral. Os estados pequenos temiam os estados

---

[17] Equivalente a uma milha quadrada, ou 2,59 quilômetros quadrados ou 1/36 de um município; trata-se da unidade em que estão divididas as terras públicas. (N.E.)

grandes e os odiavam. "As pessoas são mais felizes em estados pequenos", Roger Sherman diria na Convenção – embora, acrescentou ele, "os estados possam ser, na verdade, muito pequenos, como Rhode Island, e, desse modo, sujeitos também à dissenção". Oliver Ellsworth (1745-1807), de Connecticut, declarou que "os estados maiores são os piores governados. A Virgínia é obrigada a reconhecer sua incapacidade de estender seu governo ao Kentucky. Massachusetts não consegue manter a paz para além de aproximadamente 160 quilômetros da sua capital e agora está formando um exército para auxiliá-lo".

Foi um comentário desdenhoso e revelador. Desde 1786, Massachusetts vinha sofrendo humilhação pública devido à Rebelião de Shays[18] no Oeste. Agricultores desesperados, ruinosamente tributados – "por Boston", diziam eles – e vendo seu gado e sua terra serem confiscados por oficiais de justiça, revoltaram-se. Com cajados e ancinhos, eles marcharam para os tribunais dos condados, seguindo a melhor técnica revolucionária, assustando os homens de dinheiro e levando o general Washington a manifestar repulsa e raiva pelo fato de um país que havia vencido uma guerra difícil não ser capaz de manter a ordem em tempos de paz. Em janeiro, 1787, catorze líderes rebelados, anteriormente condenados à morte, foram perdoados; um legislativo recém-eleito em Massachussetts iria aprovar muitas das reformas que os shaysitas exigiram. Entretanto, o estigma de insurreição permaneceu, e, na Convenção Federal, reuniram-se homens que, pessoalmente, haviam sofrido nas mãos das multidões: James Wilson, Robert Morris e John Dickinson sabiam bem que rebeliões podem ser contagiosas.

A Rebelião de Shays estava viva na lembrança das pessoas quando o Congresso, após debater o relatório de Anápolis, votou a favor de uma convenção na Filadélfia. Mesmo assim, o Congresso agiu com cautela. O relatório de Anápolis deu a entender que não apenas os negócios e o comércio, mas todo o sistema federal poderia precisar de ajustes. O Congresso decidiu que a Convenção deveria se reunir "com o único e expresso propósito" – a expressão logo se tornaria um lema e uma força para anticonstitucionalistas –, "o único e expresso propósito de revisar os Artigos da Confederação". Por todo o país, a oposição era forte; suas raízes eram profundas, iam do Maine até a Flórida. Soberanos e independentes entre si, os estados lutaram ao longo de seis anos de guerra. Eles haviam vencido a guerra e derrotado o inimigo. Por que lutar uma guerra e alcançar independência apenas para ser tributado por um Congresso poderoso em vez de um Parlamento podero-

---

[18] A "Rebelião de Shays" ocorreu em Massachussetts entre 1786-1787, liderada pelo patriota Daniel Shays em protesto contra as políticas taxativas do estado. Envolvendo aproximadamente 2 mil pessoas, chegou-se ao ponto de uma tentativa de derrubada do governo, sem sucesso. (N.E.)

so? Que os estados se governem! Era essa a ideia que predominava. Os estados ainda mostravam algo do espírito anárquico da pequena cidade de Ashfield, Massachusetts, a qual, em 1776, embriagada pela "liberdade", havia votado em uma Assembleia Municipal *"que nós não queremos que nenhum G'v'rnador, a não ser o G'v'rnador do Univ'rso, e sob Ele um estado g'ral para consultar com os demais estados unificados para o Bem G'ral"*[19].

John Adams não estava tão errado quando disse que, desde o início, viu mais dificuldade em nossas tentativas de governarmos a nós mesmos do que a de governarmos todas as frotas e exércitos da Europa.

\*\*\*

Foram nomeados 74 delegados para a Convenção na Filadélfia; no final, apareceram 55. Dois homens com habilidades retóricas estavam ausentes; embora a Comissão tenha sentido a sua falta, de certa forma, não ficou sem sentir a sua presença. John Adams estava em Londres; e Thomas Jefferson, em Paris, estava providenciando tratados de comércio e empréstimos internacionais e tentando persuadir as potências – França, Holanda e o resto – de que o jovem país, os Estados Unidos da América, era confiável para cumprir suas obrigações e pagar suas dívidas. Os dois homens estavam absolutamente interessados na Convenção; cartas iam e voltavam. O recém-publicado livro de Adams sobre as Constituições[20], passadas e presentes, circulava entre os membros, recebendo elogios ou acusações de acordo com a visão que o leitor tinha sobre o federalismo, em geral, e sobre um legislativo bicameral, em particular.

O Congresso, sediado em Nova York, reclamou ter perdido membros para a Convenção na Filadélfia. Desde o fim da guerra, já era bastante difícil conseguir um *quorum*. Os membros simplesmente ficavam em casa, preferindo os interesses dos estados aos do governo geral. (Quando o tratado de paz chegou de Paris em 1783, apenas sete estados estavam representados – dois a menos do *quorum* necessário para a ratificação). Cartas tiveram que ser enviadas, insistindo pelo comparecimento. O Congresso já estava em uma situação ruim o suficiente sem que seus

---
[19] Os termos com aspas simples no lugar de vogais são uma forma para tentar reproduzir foneticamente a fala dos colonos. Em inglês, *"that we do not want any Goviner but the Goviner of the universe, and under him a States Ginaral to Consult with the Wrest of the united States for the Good of the Whole."* Percebam que a autora destaca as vogais, um dos fatores que melhor identifica e categoriza as pessoas na Inglaterra. A primeira onda de colonização (1607-1790) veio do Sudoeste da Inglaterra, região que envolve Londres. Ao procurar enfatizar esse aspecto, ela oferece pistas ao leitor sobre quem eram esses fazendeiros: pessoas educadas, que caracterizava também um grupo com bens e certa consciência política sobre liberdade e propriedade. (N.T.)
[20] *A Defense of the Constitutions of Government of the United States of America*, Volume I. Londres: 1787.

homens mais bem qualificados fossem para a Pensilvânia. Em abril de 1787, uma moção chegou a ser de fato proposta para suspender os trabalhos e mudar para a Filadélfia. A medida falhou, embora tenha irritado os representantes por não saberem de fato o que estava acontecendo. Naquele momento, o Congresso estava reunido no andar superior da prefeitura de Nova York, descrita como "um magnífico conjunto de prédios na Wall Street – com mais do que o dobro da largura da Câmara em Boston, mas não tão longa". Nova York era apenas uma das muitas casas do Congresso. Desde 1774, um legislativo acossado vinha se reunindo na Filadélfia, Baltimore, Lancaster, York, Princeton, Anápolis, Trenton – perseguido, de um lado a outro, pela guerra ou, em um caso, por soldados amotinados mal pagos da milícia da Pensilvânia.

Em 29 de maio, William Grayson, da Virgínia, queixou-se de que o Congresso estava muito reduzido e de que ele ficara sabendo que a Convenção na Filadélfia poderia durar até três meses. "Qual será o resultado do seu encontro, eu não posso determinar com certeza, mas acho que dificilmente algum bem possa vir disso: o povo dos Estados Unidos não me parece maduro para quaisquer grandes inovações".

"Inovação" era uma palavra que há séculos tinha má reputação. Significava algo impulsivo, uma trivialidade confusa, o trabalho de um entusiasta e, certamente, uma violação da lei. "Inovar não é reformar", afirmou Edmund Burke (1729-1797) na Inglaterra, e, na época em que Coke era presidente da Suprema Corte, acusar um político de adotar inovações significava desacreditá-lo de imediato. O ceticismo de Grayson era compartilhado por seus colegas, posicionamento que foi sintetizado por um congressista nomeado para a Convenção da Filadélfia: William Blount, da Carolina do Norte, declarou que não podia ser favorável aos planos da Convenção enquanto estivessem em desenvolvimento. "Eu ainda acho que, no final, e em poucos anos [a partir de agora], nós seremos apenas governos separados e distintos, perfeitamente independentes uns dos outros".

Os delegados foram se dirigindo aos poucos para a Filadélfia. Em 24 de maio, Rufus King escreveu para seu estado dizendo-se "mortificado", porque só ele era da Nova Inglaterra. "O atraso pode ser imprudente. Por favor, apressem seus delegados". Nova Hampshire atrasou-se, porque não tinha recursos em seu tesouro a fim de pagar as despesas; era quase agosto quando dois dos seus quatro nomeados chegaram. Um deles, John Langdon, era um rico comerciante de Portsmouth, ex-presidente do seu estado, descrito como "um homem grande, bonito e de porte muito nobre, que cortejava a popularidade com o zelo de um amante e a constância de um mártir". Rhode Island manteve-se distante. Em Providence, o partido agrário controlava o Legislativo; eles até haviam planejado aprovar uma lei que punisse com multas qualquer credor que recusasse a moeda estatal inflacionária. Era de conhecimento geral que certos políticos estavam forrando seus próprios bolsos sob esse regime. Um governo central forte, sem dúvida, forçaria o pagamento das dívidas em espécie, mas Rhode Island, no momento, não aceitaria nada disso. Um jornal de Boston, indignado, referiu-se ao estado como *Rogue Island*[21], recomendando que "fosse removido da União ou dividido entre os diferentes estados que o rodeavam".

De todos os lados, vinham zombarias e uma atitude agressiva contra esse estado pequeno e aparentemente próspero. Um parlamentar em New Haven disse publicamente que "Rhode Island agiu de tal forma que faria os selvagens da floresta ficarem envergonhados. Esse pequeno estado é um membro indisciplinado do corpo político, é uma desgraça e um objeto de desprezo entre todos os seus conhecidos".

"Rhode Island", escreveu o general Washington na Convenção, em 1º de julho, "ainda insiste naquela imprudente – injusta – e, pode-se acrescentar sem ser muito impróprio, escandalosa conduta, que parece ter ultimamente marcado todos os seus conselhos públicos. Desse modo, ainda não se encontra aqui nenhuma representação que venha de lá". Jefferson chamou Rhode Island de "pequeno *vaut-rien* [inútil]".

\*\*\*

James Madison veio de Nova York para a Convenção, lá ele havia ocupado uma cadeira no Congresso. Era típico de Madison aparecer cedo, ele chegou à Filadélfia com onze dias de antecedência; era alguém que gostava de estar pronto. Muito tempo de estudo reputou-lhe um espírito profético; em uma carta a Washington, ainda em abril, ele delineou os pontos mais importantes a serem debatidos na Convenção. Madison era um homem de estatura pequena, aparência franzina, "não maior", disse alguém, "do que meio pedaço de sabão". Ele tinha uma voz baixa. Nas reuniões, os membros reclamavam, pedindo-lhe que falasse mais alto, ou o secretário acabaria omitindo partes dos seus discursos, "porque ele falava baixo e não se conseguia ouvi-lo". Seus amigos o chamavam de Jemmy.

---

[21] A colônia (estado) de Rhode Island passou a receber vários apelidos a partir de 1781 devido ao veto de uma lei que havia sido aprovada pelo Congresso. Jornais americanos chamavam-na de "o irmão perverso", "a quintessência da vilania", entre outros. A alcunha "*Rogue Island*" – trocadilho com o termo "*rogue*" [patife, trapaceiro, corrupto, rebelde] – se deu por causa da recusa do estado em enviar delegados para a Convenção e das inúmeras tentativas de evitar ratificar a Constituição. (N.E.)

Por outro lado, embora extremamente obstinado, Madison era também flexível – duas qualidades que nem sempre eram encontradas juntas. De toda a delegação, ninguém veio intelectualmente mais bem preparado. A seu pedido, Jefferson (oito anos mais velho) havia lhe enviado livros de Paris. Madison pediu "tudo o que possa lançar luz sobre a Constituição geral e direito público das várias confederações que existiram". Os livros chegaram, não um ou dois, mas às centenas: 37 volumes da nova *Encyclopédie Méthodique*, livros sobre teoria política e direito das nações, livros de histórias, trabalhos de Jean-Jacques Burlamaqui (1694-1748), Voltaire (1694-1778), Denis Diderot (1713-1784), Abbé de Mably (1709-1785), Jacques Necker (1732-1804), d'Albon (?-?). Havia biografias e memórias, histórias em conjuntos de onze volumes e produções oportunas como a *The Order of the Cincinnati*, de Honoré Mirabeau (1749-1791). Em troca, Madison enviou enxertos de árvores da América para Jefferson mostrar na França, nozes *pecan*, maçãs *pippin* e amoras, embora tenha falhado em enviar os gambás, que Jefferson havia pedido, e "o casal de cardeais da Virgínia". Madison mergulhou no estudo de confederações antigas e modernas, escreveu um longo ensaio comparando governos, cada análise seguida por uma seção própria, intitulada "Vices of the Political System of the United".

> Que o governo nacional seja investido com uma autoridade positiva e completa em todos os casos em que medidas uniformes sejam necessárias. Que possa rejeitar, em todos os casos, quaisquer que sejam eles, os atos legislativos dos estados, como até agora pôde o Rei da Inglaterra. Que essa supremacia nacional seja também estendida para o departamento judiciário.

Não é de admirar que James Madison, no seu jeito metódico, fosse o adversário mais formidável que os anticonstitucionalistas da Virgínia encontrariam, especialmente o explosivo Patrick Henry (1736-1799). Madison conhecia a política do seu estado, assim como Hamilton conhecia a de Nova York, e sabia também que a redação propriamente dita de uma Constituição era apenas uma etapa em um longo e perigoso transcurso. Madison compreendeu o significado e o processo dessa descoberta revolucionária: a convenção constituinte. Ele já havia registrado suas ideias em cartas aos seus amigos. Primeiro, os estados devem nomear delegados. Depois, a convenção deve chegar a um acordo e assinar um documento. Em terceiro lugar, o documento seria submetido ao Congresso. Se o Congresso o aprovasse, os estados seriam convidados a convocar suas convenções autônomas de ratificação, o que significava que, tecnicamente, a Convenção da Filadélfia ocupava uma posição meramente consultiva.

Contudo, caso fracasse, que esperança poderia haver para convocar outra? Em abril, um mês inteiro antes que a Convenção se reunisse, Madison disse a um colega da Virgínia que, quanto mais a crise se aproximava, mais apreensivo ele ficava, tendo em vista o que estava em jogo. "A necessidade", escreveu ele, "de se obter a anuência da Convenção acerca de algum sistema que atendesse ao propósito, a subsequente aprovação do Congresso e a sanção final dos estados apresenta uma série de possibilidades que causaria desespero em qualquer cenário em que a alternativa fosse menos desafiadora".

Era típico de Madison declarar a situação séria demais para se entrar em desespero. Isso era também típico de Washington, sobre quem o historiador britânico G. M. Trevelyan (1876-1962) escreveria que "aprendera o segredo mais íntimo dos bravos, os quais se preparam para imaginar o pior que pode acontecer e, em pensamento, resignam-se – mas, na prática, nunca se sujeitam". Aos 55 anos, Washington era praticamente uma geração mais velha do a que Madison. Entretanto, os dois se conheciam há anos. Madison estava no governo da Virgínia desde 1776. É difícil dizer qual deles era o mais sério por natureza. Lendo as longas cartas de Madison sobre política, com seus frios e contundentes argumentos, ou as de Washington, com seu ritmo imponente, percebe-se, por trás dos parágrafos sofisticados, um autêntico furor de preocupação pelo país. Encontra-se consolo nessa solenidade. É motivo de alegria que esses homens não tenham se sentido constrangidos por serem persistentes, às vezes desajeitadamente sérios, cada um conforme a sua natureza.

CAPÍTULO 2

# Os Delegados e a Câmara Estadual. Washington e Madison.

*Nós estamos, creio eu, no caminho certo do aperfeiçoamento, pois estamos realizando experimentos.*
BENJAMIN FRANKLIN, 1786.

George Washignton chegou à Filadélfia em 13 de maio, um domingo; a Convenção estava marcada para o dia seguinte. Os sinos soaram para o general, a artilharia retumbou. Ele foi escoltado de Gray's Ferry, no Schuylkill, pela City Troop[22]; formada por cavaleiros elegantes em suas calças de montaria brancas, botas de cano alto e chapéus pretos redondos com adornos em prata. A primeira coisa que o general fez foi uma visita ao dr. Franklin, que morava perto da Market Street, acima da Third. O velho doutor havia providenciado um barril de cerveja porter[23] para a ocasião. Como presidente da Pensilvânia, e um dos eruditos mais ilustres do mundo, cabia a ele entreter os delegados. A sua nova sala de jantar, escreveu ele para sua irmã, podia acomodar 24 pessoas. Há apenas dois anos, Franklin havia voltado para casa depois de quase nove anos no exterior. Mesmo antes disso, ele havia feito várias viagens a Londres, atuado como negociador dos interesses da Pensilvânia na Inglaterra e, durante os problemas da Lei do Selo[24], como agente para várias colônias. Após a Independência, ele foi enviado à França pelo Congresso para tentar uma aliança. Com quase 70 anos de idade na época, Franklin disse ao Congresso que ele era "apenas alguém já em seu final" e que eles poderiam "dispor dele como quisessem". Antes de partir, o doutor emprestou ao

---

[22] Tropa de cavalaria totalmente voluntária. Foi a primeira a ser organizada para defender as colônias. O nome completo é The First Troop Philadelphia City Cavalry. (N.E.)
[23] Uma espécie de cerveja preta. (N.E.)
[24] Lei do Selo [*Stamp Act*] foi um tributo que o governo britânico impôs sobre as colônias americanas em 1765, determinando que vários documentos deveriam trazer um selo pelo qual era obrigatório pagar. Foi a partir da revolta do povo das colônias contra essa imposição que surgiu a expressão "nada de tributação sem representação", afinal, eles não tinham representação no Parlamento. Embora o imposto tenha sido retirado um ano depois, ele foi um dos episódios que levou à Revolução Americana. (N.E.)

seu empobrecido governo quatro mil libras do seu próprio bolso. Paris o adorava, em suas roupas simples, seu famoso gorro de pele e seu cabelo grisalho sem pó. Franklin não era um *quaker*[25], mas também não fez grande esforço para negar ser um deles; ele conhecia a romântica admiração dos franceses pelos "*quakeurs de Philadelphie*".

John Adams, que estava em Paris com Franklin, escreveu que a reputação do doutor era "mais universal do a que de Leibnitz ou Newton, Frederick ou Voltaire, e que seu caráter era mais amado e estimado do que de qualquer um, ou de todos eles". A Convenção não gostou nada das concepções de Franklin a respeito de como um governo deveria ser administrado. Sua preferência por um Legislativo de Câmara única, como o da Pensilvânia, era democrático até demais; por outro lado, sua visão de que "nossas mais altas autoridades" deveriam servir sem salário lembrava a Inglaterra e a tradição aristocrática. A verdade era que o caráter de Franklin fora sempre intrigante. A América estava orgulhosa do doutor por ele ter "domesticado o raio" e ser recebido, aonde quer que fosse, como um cidadão do mundo. No entanto, um cidadão do mundo é inevitavelmente suspeito em casa. Sam Adams jamais deixou de acreditar que, no coração, Franklin era um conservador (*tory*), e, para certos círculos em Boston e na Filadélfia, nenhum homem poderia se sentir tão à vontade na Europa e permanecer puro em sua moral privada.

Na verdade, as cartas de Franklin mostram sua amargura em relação aos conservadores. Ele sofreu muito quando, em 1776, seu filho bastardo, William (1730-1813), tornou-se um *loyalista*[26] declarado. "Nada", escreveu ele mais tarde, "jamais me machucou tanto". Benjamin Franklin era, na sua essência, inflexivelmente republicano. Sua fé no povo jamais vacilou. "Permita Deus", escreveu ele a um amigo inglês, "que não apenas o amor pela liberdade, mas também um conhecimento detalhado dos direitos do homem possam permear todas as nações da terra de tal modo que um filósofo possa colocar os pés em qualquer lugar da sua superfície e dizer, 'Este é meu país'".

---

**25** O *quakerismo* foi um movimento religioso que surgiu em meados de 1652 como uma reação à Igreja Anglicana. Criado por George Fox (1624-1691), os *quakers* foram perseguidos pelo rei Charles II (1630-1685), o que os obrigou a emigrar para as colônias nas Américas, especialmente à Pensilvânia. O movimento religioso tinha como base a crença no pacifismo, na prática ações sociais, honestidade, igualdade (mulheres e homens com os mesmos direitos), simplicidade (vida e modos simples); a *Bíblia* era considerada a fonte máxima da Palavra Divina, e qualquer um — independetemente de qualquer atributo, condição ou origem — poderia sentir Deus sem a necessidade de um intermediário institucional. (N.E.)

**26** O termo "loyalista" refere-se a alguém que lutou ao lado dos britânicos na Guerra de Independência dos Estados Unidos da América. *Loyalist* é geralmente traduzido pelo termo "legalista", contudo, dada a ambiguidade de "legalista" no português brasileiro, optou-se por usar o termo de forma aportuguesada em vez de usar o termo na sua forma traduzida. (N.T.)

Independentemente do que a Convenção Federal pensasse de Franklin, poucas assembleias políticas tiveram tão disponível um filósofo tão conceituado e reconciliador.

\*\*\*

Na segunda-feira, 14 de maio – dia do início dos trabalhos –, apenas a Pensilvânia e a Virgínia estavam representadas na Câmara Estadual. Choveu naquela semana, as estradas estavam mergulhadas em lama. Dos quatro delegados da Geórgia, dois vieram do Congresso em Nova York; os outros dois tinham uma viagem de quase 1300 quilômetros pela frente. Era dia 25 de maio quando se conseguiu um *quorum* com sete estados. Enquanto isso, os delegados da Virgínia reuniam-se sozinhos todas as manhãs; e, nas tardes, às três horas – hora do jantar –, juntavam-se aos delegados da Pensilvânia "para se conhecerem melhor". Foi nessas primeiras reuniões que o plano da Convenção foi traçado; a Virgínia escreveu as quinze resoluções que seriam a essência e o alicerce da Constituição dos Estados Unidos da América.

A delegação da Virgínia era brilhante, tanto social quanto politicamente. O *Old Dominion*[27] tinha o direito de se orgulhar da composição que apresentou. O estado havia sido o primeiro a nomear delegados, enviando sete. Os autos da Convenção listam-nos como duas Excelências (Washington e o governador Randolph), um Honorável (Juiz Blair) e quatro Ilustríssimos Senhores (Madison, Mason, Wythe e James McClurg). Patrick Henry sobressaiu-se por sua ausência. Nomeado para a Convenção, ele se recusou, dizendo que "havia algo de suspeito". Com 51 anos, membro do seu Legislativo local, Henry ainda era um agente poderoso na política estadual. Apesar da sua célebre retórica ("Eu não sou um virginiano, mas um americano"), ele era o mais virginiano de todos. No momento, a política estadual para ele era de extrema importância. Madison disse abertamente que Henry havia ficado na Virgínia para cuidar dos interesses do estado ao longo do Mississippi – uma questão de vida ou morte para os assentamentos mais remotos, com a Espanha no controle de Nova Orleans. Samuel Adams (1722-1803) também permaneceu em Boston. Ele não havia sido nomeado para a Convenção e desconfiava "de uma revisão geral da Confederação". Embora tenha concordado no final, Sam Adams opor-se-ia vigorosamente à nova Constituição. "Eu tropeço logo na entrada", ele

---

[27] *The Old Dominion* [O Velho Domínio] é o nome que rei Charles II deu à colônia da Virgíniaz graças à sua lealdade à coroa britânica durante o período em que Oliver Cromwell (1599-1658) esteve no poder na Inglaterra. (N.E.)

escreveu. "Eu me deparo com um governo nacional em vez de uma União Federal de estados soberanos".

Patrick Henry e Sam Adams – os velhos agitadores de 1776 – estavam ausentes. Os "homens violentos", como eram chamados, embora hábeis e dedicados na revolução e nas suas intrigas, não tinham as qualidades para erigir um governo. Mãos melhores para derrubar do que para construir, como disse John Adams. Tom Paine também não estava na cena. Ele havia ido à Europa para promover sua recentemente inventada ponte de ferro, para a qual ele não havia conseguido encontrar investidores na América. Escolher os delegados de fato não tinha sido nada fácil. "Por Deus, tenham cuidado com os homens que vocês escolhem", Rufus King advertiu Gerry, em Massachusetts. "Que as nomeações sejam numerosas e, se possível, que os homens conheçam bem os vários estados, além das boas e más qualidades da Confederação".

A Virgínia enviou a maior delegação ao lado da Pensilvânia, que tinha oito delegados. Nenhum limite numérico foi definido. O minúsculo estado de Delaware enviou cinco representantes, assim como Nova Jersey. Massachussetts enviou apenas quatro. Os maiores estados em número de habitantes eram, respectivamente: Virgínia, Pensilvânia, Massachusetts. Depois vinham: a Carolina do Norte, Nova York e Maryland.

À medida que os delegados se deslocavam para a Filadélfia, os jornais locais anunciavam a sua chegada, satisfeitos com o fato de a Convenção estar acontecendo na Câmara da Pensilvânia em vez da prefeitura de Nova York, onde o Congresso se reunia. Os jornais, claramente orgulhosos da distinção social e política dos representantes, usaram uma classificação social ainda mais elaborada do que a do secretário da Convenção: primeiro, "Excelência" para governadores dos estados; depois, "Honorável" para juízes e chanceleres; após, "honorável" – com um "h" minúsculo – para congressistas; terminando com uma lista das "seguintes respeitáveis personalidades". As tradições da metrópole não eram facilmente abandonadas.

No quarto dia da Convenção, uma quinta-feira, o *The Pensilvânia Packet* irrompeu em poesia – uma ode florida de quinze estrofes com seis versos a cada estrofe, intitulada "On the Meeting of the Grand Convention at Philadelphia" [Sobre a Reunião da Grande Convenção da Filadélfia]. Que os versos fizessem pouco sentido, não vinha ao caso. Essa foi uma saudação, uma demonstração de boa vontade e honra, da qual, sem dúvida, os delegados gostaram.

A facção deve cessar [o poema terminou], a Diligência sorri
Nem os vizinhos próximos insultam,

Mas mãos amigáveis cooperam:
A poderosa aliança a todos unirá,
Destrua sorrisos que odeiam e invejam,
Enquanto a harmonia se une[28].

Aconteceu também de os presbiterianos estarem realizando uma convenção na Filadélfia, e, mais importante ainda, além de uma reunião da Sociedade dos Cincinnati[29], composta por oficiais que serviram na Guerra Revolucionária. O *The Pennsylvania Packet* anunciou-os exultante:

> Talvez esta cidade esteja mostrando a imagem mais impressionante que em muito tempo não exibia. Aqui, em um mesmo momento, a sabedoria coletiva do continente delibera a respeito da extensa política do império confederado; uma convenção religiosa depura e difunde uma corrente religiosa por todo o mundo americano; e aqueles veteranos, cujo valor tornou realidade uma poderosa revolução, estão mais uma vez reunidos para reconhecer sua comunhão de armas e comunicar aos seus irmãos aflitos as bênçãos da paz.

Na verdade, esses bravos veteranos estavam se revelando um embaraço para o general Washignton. Qualquer organização de veteranos, antes como agora, é uma ameaça política em potencial. Além do mais, sempre houve oposição à Cincinnati. Esses senhores, "que ansiavam pela nobreza e traziam a águia pendente ao peito", bem poderiam se tornar o núcleo de uma aristocracia americana ou de um governo militar *cromweliano*[30]. E Washington era o presidente da Sociedade de Cincinnati! No início de 1787, em Mount Vernon, o general comentou com amigos que a casualidade de a reunião da Sociedade ocorrer no mesmo momento em que a Convenção seria motivo sério e suficiente para ele se manter afastado. Foram necessários os esforços combinados de Madison, Hamilton, Edmund Randolph e

---

[28] *"Faction shall cease [the poem ended], Industry smile*
*Nor nextdoor neighbors each revile,*
*But friendly hands combine:*
*The powerful league will all unite,*
*Destroy invidious smiles and spite,*
*As harmony doth join"*.

[29] A Sociedade dos Cincinnati [*The Society of the Cincinnati*] é a organização patriótica mais antiga dos EUA, fundada em 1783 por oficiais do exército Continental e seus colegas franceses, que serviram juntos na Revolução Americana. (N.E.)

[30] O termo *"cromwellian"* é referente a Oliver Cromwell, general inglês, político e puritano, líder do exército parlamentarista contra o rei Charles I na Guerra Civil (1642-1651). Tornou-se Lorde Protetor da Inglaterra após o rei ter sido derrotado e executado. (N.T.)

## OS DELEGADOS E A CÂMARA ESTADUAL.

do amigo especial de Washington, general Henry Knox (1750-1806), para conseguir, no mínimo, levar o general à Filadélfia, pois ele temia que, como presidente da Cincinnati, sua presença fosse inconveniente para a Convenção.

Com a Convenção já iniciada, o público, entretanto, parecia disposto a desconsiderar essa ameaça específica, embora o nome da Cincinnati tivesse sido mencionado mais de uma vez na Convenção. Ao debater o método para eleger um magistrado-chefe para a nação, Elbridge Gerry, de Massachusetts, temia que "a Cincinnati de fato elegesse o magistrado-chefe em todas as instâncias se a eleição fosse submetida ao povo". A ignorância do povo, afirmou ele, "iria colocá-lo nas mãos de algum grupo de homens que, embora dispersos pelo território da União, agiam em conjunto". Gerry, que não nutria grande respeito pela multidão – a quem ele teria chamado de "ralé" –, declarou que "não poderia ficar alheio ao perigo e à inconveniência de jogar tal poder nas suas mãos".

Washington, sempre lento para tomar uma decisão, foi assolado por fatalidades naquele inverno de 1787. Em janeiro, seu irmão favorito, John Augustine (1736-1787), companheiro de juventude, morreu "devido a um ataque de gota na cabeça, meu adorado irmão" – diz o diário do general. As suas cartas mostravam certa perturbação, e era claro que ele não estava muito disposto a arriscar sua reputação em um movimento que poderia fracassar. Em março, Washington foi acometido de um ataque de reumatismo tão severo, que ele mal conseguia se mexer na cama ou, como escreveu a Madison, levantar a mão até à cabeça. Entretanto, ele se recuperou, fez sua viagem de carruagem e, ao chegar à Filadélfia, foi imediatamente sequestrado pelas senhoras da cidade e convidado para eventos sociais. Em seu diário, ele registra que bebeu chá "em um círculo muito grande de senhoras", ou chá "na casa da sra. Bingham, em grande esplendor". A sra. Bingham era jovem, bonita e vivaz. Ela havia vivido no exterior, gostava de receber luxuosamente e tinha pretensões de ter um *salon*. A Filadélfia foi a primeira cidade da América com mais ou menos 43 mil habitantes; seu crescimento era impressionante. A cidade, além disso, era vista como cosmopolita, sofisticada. Naquele mês de maio, os jornais deram muito destaque às leituras de poesia feitas por uma viúva, a sra. O'Connell, no College Hall. A "inocência e a racionalidade" de sua atuação foram aplaudidas, assim como era de se aplaudir os membros da plateia, afinal, era composta por cavalheiros das três profissões eruditas e por senhoras da mais elevada posição e posses". Washington compareceu a uma dessas leituras e comentou apenas que o desempenho daquela senhora era "tolerável".

Durante todo o verão, o general ficou com Robert Morris como seu convidado. Certa noite, durante o jantar – chamado por Washington de "uma grande reunião social" –, ele presenciou um incidente constrangedor. Um homem bateu à porta com notícias de que as contas de Morris haviam sido protestadas em Londres. Considerando que Morris, um dos membros da Convenção Federal, era conhecido como um dos homens mais ricos da Filadélfia e que, de 1781 a 1785, havia atuado como o superintende de finanças para todos os treze estados, o episódio pareceu mais do que "um pequeno inconveniente" – como Washignton registrou em seu diário. E isso provou ser um indício do que estava por vir. Robert Morris foi, é claro, uma figura notoriamente controversa. Durante a guerra, e subsequentemente, diziam que ele havia realizado maravilhas em manter o governo solvente[31]. Entretanto, Morris foi atacado de forma violenta pela imprensa, além de ter seus métodos de conduzir negócios publicamente investigados, obrigando-o a renunciar ao cargo. Se a sua ascensão foi espetacular, sua queda não seria menos impressionante. Ele passaria três anos na prisão de devedores da Prune Street, arruinado, como muitos outros homens de negócios, devido à prática da especulação nos territórios a Leste e sem poder vender suas terras ou de pagar os impostos sobre elas.

Isso, contudo, estava no futuro. Naquela primavera de 1787, quando Washington era seu hóspede, Robert Morris e sua família viviam esplendidamente. Eles tinham um local para estocar gelo, uma estufa e um estábulo para doze cavalos. Morris, além disso, havia adquirido como residência de verão a mansão Shippen, nas margens arborizadas acima de Schuylkill. Um visitante francês declarou que o luxo de Morris não seria superado "por nenhum hedonista comercial de Londres". Robert Morris era um homem grande, bem-humorado, direto e intenso nas conversas – embora na Confederação Federal ele raramente falasse –, um trabalhador esforçado, de uma cordialidade instantânea e solidária. Nascido na Inglaterra, veio para a América ainda jovem e, aos 16 anos, já tinha seus próprios negócios. Washington sempre gostou e respeitou Morris e, um dia, ofereceria a ele o cargo de secretário do Tesouro.

O general Washington, consciente das suas barreiras políticas e do seu caráter como homem público, não se limitou a jantares na casa dos seus amigos. Ele passava em revista a City Troop, assistia à missa igreja Saint Mary na Fourth Street – "a igreja arromanada", como ele a chamava –, além de jantar tanto com os Sons of Saint Patrick[32] quanto com os Cincinnati. (Um estrangeiro contemporâneo perguntou por que, enquanto imigrantes franceses e alemães eram sempre

---

**31** Solvente, aqui, se refere àquele que é capaz de cumprir obrigações financeiras. (N.E.)
**32** Sons of Saint Patrick [Filhos de São Patrício] também é conhecido como The Society of The Friendly Sons of St. Patrick for the Relief of Emigrants from Ireland [A Sociedade dos Filhos Amigáveis de São Patrício para o Socorro aos Emigrantes da Irlanda]. Foi fundada em 17 de março de 1771, (Dia de São Patrício – santo padroeiro da Irlanda) na Filadélfia; tratava-se de uma organização livre de caridade cuja meta era ajudar os imigrantes da Irlanda e demais irlandeses-americanos. (N. E.)

descritos como franceses e alemães, os irlandeses se tornavam "americanos" da noite para o dia.).

Com todo esse entretenimento para os delegados, e a jovialidade nas tavernas e salões, deve ter sido difícil manter a regra do sigilo. Os delegados eram questionados por todos os lados – é possível ver isso nas suas cartas. Pierce, da Geórgia, tinha a tendência a falar demais, especialmente quando ia às reuniões do Congresso em Nova York. Quanto ao velho dr. Franklin, parecia impossível mantê-lo calado. Dizem que um membro discreto compareceu a um dos alegres jantares do doutor e interrompeu a conversa quando Franklin, em uma das suas anedotas, ameaçou revelar segredos da Convenção.

Houve críticas à regra do sigilo, e Jefferson não gostou nada quando soube disso. No entanto, é difícil ver como uma Constituição poderia ter se desenvolvido e avançado caso a Convenção tivesse sido aberta a violações e sugestões do público. Sentinelas foram colocadas nas portas da Câmara Estadual, e os membros não podiam copiar o diário oficial sem permissão. Sigilo nas Assembleias Legislativas não era algo novo. Todas as assembleias coloniais revolucionárias eram secretas; o primeiro Congresso Continental aconteceu por necessidade, e os debates no Congresso ainda não eram relatados. Os políticos americanos sabiam que, por séculos, visitantes não autorizados não eram permitidos na Câmara dos Comuns britânica.

A temperatura na Câmara Estadual estava amena, e o corredor escuro, apesar das ruas escaldantes do verão –, com certeza, agradável às dez da manhã quando os delegados entraram. À direita, através dos arcos a Câmara, via-se onde a Suprema Corte estadual realizava as suas sessões. Do outro lado do corredor, ficava a sala leste, onde a Convenção Federal se reunia. Aqui o Congresso Continental costumava se encontrar, e aqui a Declaração de Independência foi assinada. O legislativo da Pensilvânia considerava essa sala como sua. Eles haviam recentemente suspendido os trabalhos para se reunirem de novo, em setembro, e suas ações eram consideradas, localmente, com um interesse imediato, algo dificilmente igualado aos atos da Convenção Federal e aos atos do Congresso combinados. Ao longo da Chestnut Street, o comissário da cidade[33] espalhou cascalho a fim de abafar o som das rodas e dos cavalos que passavam.

A Câmara leste era elegante e convidativa, projetada como se fosse a residência urbana de um cavalheiro, mas era grande, com doze por doze metros de altura, um teto de gesso com seis metros de altura e sem pilares de sustentação que cortassem a superfície coberta. Uma barra de madeira foi colocada de um lado a

---

[33] Uma espécie de vereador. (N.E.)

outro da sala, de norte a sul, com um portão para os membros, como na Câmara dos Comuns. Janelas amplas e altas alinhavam-se nos dois lados. As venezianas impediam a entrada do sol do verão. A sala, contudo, ficava clara mesmo no inverno. A parede leste era decorada com painéis e pintada de cinza; em uma manhã clara, os painéis exibiam um tom azulado. Nessa parede ficava a cadeira de encosto alto do presidente da sessão – os visitantes chamavam-na de trono –; na parte de trás, erguia-se um painel alto e liso, sobreposto por uma concha de marisco, entalhada em alto relevo. Havia duas lareiras largas revestidas de mármore, e, à direita, uma porta conduzia a uma sala de comitê forrada de estantes livros e conhecida como a biblioteca.

Os delegados sentavam-se ao redor de mesas cobertas de feltro verde – sentavam-se e suavam, assim que o sol do verão nascia. Por volta do meio-dia, o ar estava parado, devido às janelas fechadas para privacidade, ou insuportável, devido às moscas quando as janelas estavam abertas. Os homens da Nova Inglaterra – "os cavalheiros do Leste" – sofriam nos seus trajes de lã. Apenas os sulistas estavam apropriadamente vestidos, com casacos leves de camelote e culotes. As mesas eram largas, cada uma comportava três ou quatro membros. O presença era incerta; o último delegado, John Francis Mercer, de Maryland, não chegou até o dia 6 de agosto. Os membros, de repente, desapareciam, iam para casa ou tomar conta dos seus negócios, ou simplesmente partiam por não concordarem com a direção que as coisas estavam tomando. Nesse sentido, apesar de 55 inscrições, não mais que onze estados estavam representados de cada vez, e dificilmente via-se mais que trinta delegados em cada reunião. Na maioria das manhãs, a sala parecia uma grande reunião de comitê.

À medida que cada homem era apresentado, ele exibia as credenciais do seu Legislativo estadual. É revelador ler essas credenciais, pois os estados diferiam grandemente nas suas abordagens. A maioria dos documentos era breve, expressa no formato comum de um ato legislativo promulgado, declarando através da agora já conhecida expressão que o Congresso havia resolvido realizar uma Convenção, "com o único e expresso propósito de revisar os Artigos da Confederação", passando a nomear seus representantes. Nova York foi um pouco mais longe ao mencionar possíveis "alterações e disposições adequadas às exigências do governo e à preservação da União". Massachusetts inseriu, ao final, um pequeno floreio na redação da data: "no nono dia de abril de 1787 d.C., no décimo primeiro ano da Independência dos Estados Unidos da América".

Vários estados, entretanto, decidiram se pronunciar e escreveram preâmbulos que mais pareciam justificativas, seguindo o costume imemorial do Parlamento inglês na criação de leis importantes. "Considerando que", escreveu Nova Hampshire:

[...] não era possível, dada a condição inicial da nossa República, conceber um sistema que, com o tempo e a experiência, não manifestasse imperfeições, as quais seria necessário reformar [...] E, considerando que o Congresso, através de representações repetidas e de maior urgência, tem se esforçado para despertar a consciência não só deste estado, mas também de outros da União para a situação verdadeiramente crítica e alarmante na qual eles podem estar inevitavelmente envolvidos, a menos que medidas oportunas sejam tomadas para ampliar os poderes do Congresso [...] E, considerando que Nova Hampshire sempre desejou agir segundo o sistema liberal do bem comum dos Estados Unidos, sem restringir seus posicionamentos aos objetos egoístas e limitados de conveniência parcial; e esteve o tempo todo pronto para fazer qualquer concessão em prol da segurança e felicidade do todo [...] SEJA, PORTANTO, PROMULGADA [...], etc.

Nova Hampshire tinha direito de alongar-se um pouco; ela havia sido a primeira colônia a elaborar, em 1775, sua própria Constituição estadual.

O preâmbulo da Virgínia foi ainda mais explícito, fazendo referência à Convenção de Anápolis[34] e "à necessidade de estender a revisão do sistema federal a todos os seus defeitos". A Virgínia enfatizou um aspecto importante a respeito do qual nenhum outro estado havia se pronunciado: o de dar respostas às insistentes e muito razoáveis perguntas sobre o porquê de o próprio Congresso não poder revisar a Confederação, eliminando assim as despesas e os problemas de uma convenção especial. Porque, dizia a Virgínia, o Congresso acabaria sendo interrompido inúmeras vezes dadas as suas atribuições diárias habituais, e, além do mais, faltariam os valiosos conselhos de certos indivíduos que não eram congressistas. A declaração foi bem direta – o próprio cerne e *raison d'etre* [razão de ser] de uma Convenção Constituinte – embora a Virgínia possa ter acrescentado (como fez *Lord* Bryce, um século mais tarde) a benéfica ausência de peculatários e aspirantes a cargos públicos e a possibilidade de curto prazo de duração, o que permitia a presença de homens de amplos interesses.

As credenciais da Virgínia continuavam em um tom crescente – exortativas, com uma tendência à indignação que lembrava as velhas "instruções" dos tempos revolucionários, enviadas por povoados ou Assembleias coloniais através seus delegados. "A crise chegou", garantiu a Virgínia:

---

[34] A Convenção de Anápolis aconteceu em setembro de 1786, com a proposta de discutir a navegação do rio Potomac e da baía de Chesapeake, e, consequentemente, do comércio interestadual. Somente cinco estados compareceram. Ao perceberem que teriam que examinar e refazer os Artigos da Confederação, marcaram a Convenção Federal com a presença dos treze estados. (N.E.)

[...] e nela o bom povo da América deve decidir sobre a solene indagação de saber se, por esforços justos e de grandeza, irá colher os justos frutos da Independência que eles tão gloriosamente conquistaram e da União que eles cimentaram com o sangue de todos eles; ou se, ao abrir espaço para ciúmes e preconceitos, que não são as características de homens no sentido viril da palavra, ou para interesses tendenciosos e transitórios [...], irá estar dando aos nossos inimigos motivos para triunfarem.

Não havia homem na Convenção que não soubesse das humilhações da situação deles em relação à Europa, que não soubesse que a Espanha e a Inglaterra olhavam para a desorganizada e infantil república com um olhar de ganância, calculando seus próprios interesses na Louisiana, na Flórida, na região de Ohio e na longa e absolutamente indispensável rota comercial do rio Mississippi. Os ingleses ainda ocupavam postos no sul da fronteira canadense, gerando grande prejuízo aos comerciantes de peles e colonos da fronteira. Estes, por sua vez, queixaram-se ao Congresso sobre os planos beligerantes dos nativos e dos seus protetores ingleses. Em Nova Orleans e Natchez, a Espanha estrangulou as saídas do sul para o mar e para o comércio europeu, subornou políticos do interior para favorecerem seus objetivos, usou os índios – *creeks, choctaws, chickasaws* – para atemorizar a fronteira de Nashville até o sul da Geórgia. Cada delegado, aliás, sabia que nem a Inglaterra nem a Espanha acreditavam que os estados poderiam alcançar uma união efetiva. A Grã-Bretanha recebeu tais planos com indiferença ou desprezo. Em Londres, John Adams recentemente havia sido informado de que o governo de Sua Majestade poderia negociar apenas com os treze estados separadamente, uma vez que a Confederação se mostrou pouco confiável. "Não será uma tarefa fácil", escreveu *Lord* Sheffield (1735-1821), "fazer com que os estados americanos se comportem como uma nação. Eles não devem ser temidos por nós como se o fossem".

Não é de admirar que a Virgínia acreditasse que a desunião daria aos nossos inimigos motivos para triunfarem. Além do mais, tendo abandonado completamente a reivindicação e os títulos sobre uma imensa região ao norte de Ohio, a Virgínia tinha motivos para impelir outros estados a fazerem concessões – a fim de, diziam suas credenciais, garantir "os grandes objetivos para os quais aquele governo foi instituído", fazendo os Estados Unidos da América "tão felizes na paz quanto foram gloriosos na guerra".

Foi James Madison quem redigiu o Ato da Virgínia, que aprovava uma Convenção Federal: "coube a mim a elaboração do documento", disse ele mais tarde. De certa forma, o projeto de lei não parece ser o produto da controlada pena de Madison. Há um furor no texto, e o orgulho da consciência da Virgínia sobre a sua posição como líder entre os estados. Não era ela o *Ancient Dominion*, a primeira colônia da América, por cujo contrato inicial as fronteiras se estendiam de "oceano a oceano, de Oeste a Noroeste"? Se a Virgínia pudesse "fazer concessões" – era o que o documento implicava –, outros a seguiriam. Em face a uma liderança como essa, qual o preço dos caprichos e ambições de um minúsculo estado como Delaware, ou da Geórgia com seus pântanos despovoados? Qual o preço, de fato, da arrogância habitual daquela presunçosa e vigorosa comunidade da Baía de Massachusetts?

Após os delegados apresentarem suas credenciais e se instalarem em seus alojamentos na Filadélfia, um aspecto prático, muito desagradável, ameaçou fazer decair consideravelmente a situação deles na cidade. A vida nela era cara, e a Convenção iria provavelmente se arrastar. Seria época de colheita antes dos membros pudesse retornar às suas propriedades, fazendas, escritórios de advocacia ou ocupações com os negócios relacionados ao tabaco. Quando a doença da sua esposa forçou George Wythe a abandonar a Convenção e retornar para a Virgínia, ele deixou cinquenta libras de fundos do Tesouro com os delegados "para serem distribuídas a seus colegas, conforme o necessário". Delegações de estados distantes estavam devendo o aluguel das acomodações para suas senhorias. Os deputados da Carolina do Norte enviaram um pedido oficial para o governador Richard Caswell (1729-1789), em Kinston:

> Vossa Excelência está suficientemente bem-informado de que o dinheiro do nosso estado está sujeito à considerável desvalorização quando reduzido a moedas correntes [...] submetemos à sua consideração a possibilidade de nos prover com uma ordem de pagamento adicional para dois meses de serviços.

Durante uma semana especialmente difícil de divergências, Franklin propôs que um capelão fosse convidado para, todas as manhãs, abrir a Convenção com orações. Williamson, da Carolina do Norte, imediatamente respondeu que a Convenção não tinha dinheiro para pagar um capelão. É difícil lembrar quão escassos eram os orçamentos estaduais em 1787 e as mudanças nas finanças do grupo de homens brilhantes que lideravam os estados. Washington deixaria uma propriedade no valor de 530 mil dólares. Elbridge Gerry detinha títulos públicos no valor de cinquenta mil dólares. As especulações fundiárias de Robert Morris, seus títulos continentais e transações com ações envolviam milhões. Contudo, em 1787, Morris já estava a caminho da falência; Washington, em dois anos, teria que tomar dinheiro emprestado para ir a Nova York e assumir a presidência; George Mason, apesar de toda sua grande propriedade rural, veio para a Convenção em virtude das sessenta libras emprestadas a ele por Edmund Randolph. O jovem Charles Pinckney, com uma renda de cinco mil dólares, era talvez o mais financeiramente seguro de seus colegas da Convenção. O maior deles ostentava mais terras do que dinheiro[35].

*＊＊*

No dia 25 de maio, quando foi obtido *quorum*, Washington foi eleito por unanimidade presidente da Convenção e escoltado até a presidência. Da sua mesa no estrado elevado, ele fez um breve discurso de aceitação, depreciando sua capacidade de atuar satisfatoriamente em um cenário tão novo. "Ao sentar-se", escreveu um membro, "ele declarou que, como nunca havia estado em tal situação, sentia-se envergonhado e esperava que os seus erros, já que seriam não intencionais, fossem desculpados. Ele lamentou sua falta de qualificações".

Há algo comovente na forma como Washington sempre lamentava sua falta de qualificações e pedia a ajuda de Deus, fosse para uma nomeação como comandante em chefe do exército, como presidente da Convenção Federal ou como presidente dos Estados Unidos da América. Pode-se perceber que ele falava sério, não se tratava de falsa modéstia. Para seus colegas, deve ter sido tranquilizador. Washington era conhecido por toda parte como "o maior personagem da América" – um homem de prestígio, com uma grande propriedade fundiária e uma aparência física magnífica. Um viajante inglês, impressionado, escreveu um relato detalhado, começando pela altura imponente do general e falando sobre:

> [...] seu peito inflado e seus membros que, embora bastante delgados, eram bem formados e musculosos. A cabeça dele é pequena [...], seus olhos são de um cinza claro [...] e, em proporção ao cumprimento do seu rosto, seu nariz é longo. O sr. Stewart, o eminente pintor de retratos, disse-me que o seu rosto tem características totalmente diferentes daquelas que ele havia observado no rosto de qualquer ser humano. As órbitas dos olhos, por exemplo, são maiores do que as que ele já havia visto, e a parte superior do nariz é mais larga. Todas essas características [...] eram indicativos das paixões mais fortes, e, se ele tivesse nascido na floresta [...], teria sido o homem mais feroz entre as tribos selvagens.

---

[35] Esses valores foram extraídos do *We the People*, de Forrest McDonald's (Chicago, 1958). McDonald obteve-os de documentos de família, empresas financeiras, livros imobiliários, censo de 1790, etc. A conversão de libras em dólares é duvidosa, considerando a flutuação do dólar. Ainda assim, os valores oferecem alguma base de comparação. Aliás, era o hábito cordial dos cavalheiros sulistas frequentemente pedir dinheiro emprestado a seus amigos.

Uma pessoa com tais paixões precisava de controle. "Um Vesúvio de homem", foi assim que o biógrafo Albert J. Beveridge (1862-1927) o descreveu. A autodisciplina de Washington é lendária, bem como a sua raiva quando provocado. Oficiais que serviram sob o seu comando na guerra testemunharam que nunca o viram sorrir, que seu semblante tinha algo de austero e que suas maneiras eram excepcionalmente reservadas. Com certeza, Washignton não era alguém propenso a falar muito. "Ele é muito tímido para falar", escreveu um observador estrangeiro, "e, às vezes, ele reluta diante de uma palavra [...] Sua maneira de falar é máscula e expressiva".

É estranho que um homem desses entre para a história com um leve estigma digno da escola dominical; talvez o pároco Weems (1759-1825) jamais seja redimido. Contudo, apesar da reserva e dignidade quase glaciais do general, podia-se sentir que ele nunca seria prepotente, o poder não lhe subiria à cabeça. Podia-se saber disso olhando para as rugas de preocupação na sua testa, um traço de melancolia que se podia ver em seu semblante.

Durante quatro meses, Washignton permaneceria em silêncio na Convenção; mesmo quando eles criaram o Comitê do Todo, e ele saiu da presidência. Ele votou com os representantes da Virgínia; antes da Convenção se reunir, ele havia deixado claro sua simpatizava por um governo nacional. Contudo, apenas no último dia, 17 de setembro, Washington de fato passou a participar dos debates. Ficar em silêncio em debates públicos era, ao que parece, natural para ele. Jefferson, que serviu com Washington no Legislativo da Virgínia e com o dr. Franklin no Congresso, declarou anos mais tarde que "nunca ouviu nenhum deles falar mais de dez minutos por vez, nem sobre qualquer outra coisa que não fosse a respeito do aspecto principal sendo tratado, que era decidir sobre o que precisava ser decidido. Eles se ocupavam dos assuntos principais, sabendo que os pequenos naturalmente se seguiriam".

Washington mostrou-se firme, cortês e inflexível. Quando ele era a favor de alguma medida, os delegados diziam que era possível vê-lo no seu rosto. No entanto, era difícil dizer o que o general estava pensando e era impossível perguntar. A sua força estava em seu silêncio. A sua presença mantinha a Convenção Federal unida, mantinha-a avançando, da mesma forma que havia mantido unido um exército disperso e mal equipado durante os terríveis anos da guerra.

\*

Na primeira fila, perto da mesa, sentava-se James Madison, curvado sobre seu bloco, escrevendo sem parar. Seus olhos eram azuis, e o rosto avermelhado; ele não tinha a palidez de um intelectual. Era bem-apessoado, forte e tinha estilo para vestir-se. Embora geralmente usasse preto, também já havia sido visto elegantemente vestido em azul e amarelo-claro, com a vestimenta adornada por babados no peito e no pulso. Ele já estava ficando calvo e penteava o cabelo para baixo a fim de esconder a calvície, além de usar uma trança e pó-de-arroz. Caminhava com passos rápidos e vigorosos, o que, por vezes, caracteriza homens de uma energia excepcional.

Como relator, Madison era incansável, suas observações eram completas, feitas sem comentários ou apartes. E é também de admirar que ele pudesse, ao mesmo tempo, ter um papel tão importante nos debates. É verdade que já velho Madison tenha feito algumas correções nos registros a fim de adequá-los às várias notas divergentes que acabaram vindo à tona e foi severamente criticado por isso. Outros membros fizeram anotações durante a Convenção: Hamilton, Yates e Lansing, de Nova York; McHenry, de Maryland; Paterson, de Nova Jersey; Rufus King, de Massachusetts; William Pierce, da Geórgia; George Mason, da Virgínia. Contudo, a maioria desses memorandos era breve e incompleta. Se não fosse por Madison, teríamos registros muito escassos da Convenção. Seu trabalho, disse ele mais tarde, quase o matou. "Eu escolhi um lugar", ele escreveu mais tarde:

> [...] na frente do presidente, e com outros membros à minha direita e esquerda. Nessa posição favorável para se poder ouvir tudo o que se passava, eu anotei em expressões legíveis, e em abreviaturas e marcas inteligíveis apenas para mim, o que era lido pelo presidente ou falado pelos membros; não perdendo desnecessariamente nenhum momento entre o recesso e o retorno aos trabalhos da Convenção, consegui fazer minhas anotações diárias durante a sessão, ou dentro de poucos dias após seu encerramento, capturando a extensão e a forma, preservando-as pelas minhas próprias mãos, em meus arquivos. [...] Não estive ausente um único dia, nem mais do que uma eventual fração de hora em algum dia, de modo que eu não poderia ter perdido um único discurso, a não ser um muito curto.

Foi, de fato, impressionante as anotações só terem sido publicadas – quase nem terem sido vistas – trinta anos após a Convenção. "Você sabe", escreveu Jefferson a John Adams, em 1815, de Monticello,

> que existe em manuscrito a mais qualificada obra desse tipo já realizada sobre os debates da Convenção Constitucional da Filadélfia [...]? A íntegra de tudo o que foi feito e dito ali foi registrada pelo sr. Madison com um zelo e exatidão excepcionais.

As notas sempre fazem referência a ele mesmo como "sr. M", e Madison anotava tudo, até mesmo os comentários nada elogiosos ao sr. M. Na verdade, o

## OS DELEGADOS E A CÂMARA ESTADUAL.

major William Jackson (1759-1828), da Carolina do Norte, tinha sido nomeado o secretário oficial – eleito por voto secreto no lugar de William Temple Franklin (1760-1823), neto do doutor. Por cima do seu uniforme militar, a figura do major Jackson revelava um semblante sereno, mas perplexo, com a testa ligeiramente franzida de um homem tagarela que achava difícil acompanhar as pessoas astutas com quem convivia. Jackson havia pedido a Washington que o recomendasse para o cargo e ele receberia 866,60 dólares por seus árduos e ingratos esforços. Seu esboço oficial básico nos diz pouco. Madison parece tê-lo simplesmente ignorado.

Quando a Convenção estava em plena atividade, Francis Hopkinson, da Filadélfia – signatário da Declaração, panfletista, músico, projetista da bandeira americana –, escreveu a Jefferson traçando em linhas gerais alguns dos problemas nos quais os estados haviam caído e expressando seus sentimentos sobre as transações secretas que estavam ocorrendo dentro das paredes da Câmara Estadual. As coisas eram mais sérias do que até Hopkinson relatou. A Lei Marcial havia sido declarada na Geórgia. Savannah foi fortificada contra os índios *creek*, supostamente incitados pela Espanha. Corria um boato de que um certo grupo no legislativo de Nova York – "o partido sedicioso" – havia "aberto comunicações com o vice-rei do Canadá"[36]. Sem dúvida, disse Hopkinson, Jefferson havia lido nos jornais a respeito dos insurgentes em Massachusetts. Rhode Island, no momento, era "governada por fraudulentos [...] Uma forte tempestade parece estar se formando no Sudoeste sobre a navegação do Mississippi".

Hopkinson continuou falando sobre a Convenção. "De todos os estados", escreveu ele:

> [...] com exceção de Rhode Island, os delegados estão agora se estabelecendo nesta cidade. George Washington como presidente. O trabalho deles é revisar a Confederação e propor emendas. Vai ser muito difícil idealizar um sistema de União e de governo para a América que acomode todas as opiniões e concilie interesses conflitantes. As suas deliberações são mantidas em segredo inviolável, de modo que elas sejam decididas sem censura ou observações, mas nem bem o pinto rompeu a casca do ovo para nascer e todos já querem arrancar-lhe uma pena.

---

[36] Vice-rei é o título dado aos representantes de uma monarquia em uma província afastada. (N.E.)

CAPÍTULO 3

# Em convenção. Randolph Apresenta o Plano Virgínia.

*Estamos em uma situação ímpar.*
*Não somos nem a mesma nação nem nações diferentes.*
ELBRIDGE GERRY, NA CONVENÇÃO.

"*O estado da Geórgia, pela graça de Deus, livre, Soberano e Independente*"... Na manhã de sexta-feira, no dia 25 de maio, assim que Washington terminou seu breve discurso de aceitação da presidência, o major Jackson levantou-se para ler em voz alta as credenciais – cuidadosa e arduamente desenvolvidas em casa – dos nove estados presentes. Era visível que os estados menores foram os que se pronunciaram com a voz mais alta. A Geórgia, citada como "pequena e insignificante" devido à sua reduzida população, apresentou-se na Convenção com uma orquestração orgulhosa e retumbante, que deixou poucas dúvidas sobre seu posicionamento... "*Soberana e Independente*".

Certos membros da Convenção já estavam absolutamente fartos da palavra 'soberano'. "O monstro, a soberania", como Washington chamava. O general sabia bem de qual sanção a Geórgia derivava a palavra. "*Cada estado*", diziam os Artigos da Confederação, "*mantém sua soberania, liberdade e independência*". Sem tal cláusula, a Confederação nunca teria sido obtida. Em 1777, os estados maiores haviam ameaçado deixar a União caso seu peso no Congresso não fosse igual em votos "ao número de pessoas que eles haviam trazido para a Confederação, enquanto os estados menores declaram-se contra uma união caso eles não garantissem para si um voto igual para a proteção dos seus direitos". Os homens que participaram daqueles longos debates lembravam-se disso muito bem. Essa Convenção não seria, então, uma forma para discutir esse aspecto até se chegar a um acordo com os mesmos velhos argumentos? Antes da Declaração de Independência, nenhuma colônia tinha pretensões à soberania independente, nem os estados estavam nominalmente mencionados no corpo do documento. Contudo, a partir do momento em que a paz foi assinada, os estados ostentavam sua soberania como uma licença para fazer o que quisessem. "Treze soberanias", escreveu Washignton, "acotovelando-se entre si, e todas elas disputando aos empurrões e puxões o chefe foederal, logo trarão ruína geral".

Não se espera que um general do exército tenha uma percepção política tão direta e implacável. Ainda em 25 de março de 1787, parecia que a Convenção Federal estava para ter sua cota de soberania preenchida. A leitura em voz alta das credenciais dos estados era assunto para uma atenção rigorosa. Havia nelas indícios para onde os estados estavam se inclinando. Madison e Hamilton achavam que já sabiam. Madison havia feito uma investigação exaustiva, e ambos conheciam pessoalmente muitos dos delegados, alguns dos quais haviam redigido tais documentos e, sem dúvida, manteriam o que haviam escrito. Delaware, por exemplo, cujas credenciais proibiam seus deputados de alterarem o Artigo V da Confederação, que dava a cada estado um voto, e um voto apenas, no Congresso. A representação proporcional não fazia parte do plano de Delaware. Se a regra anterior fosse alterada para uma votação pela população, os estados pequenos seriam excluídos. Delaware veio preparado para se opor a isso.

Estados pequenos contra os grandes, os interesses agrários do Sul contra o dinheiro comercial do Norte, a regulamentação do Território Leste – esses eram problemas imediatos. Nem todos os delegados vieram à Filadélfia com um entendimento a respeito de como treze estados independentes poderiam participar de um governo de poderes tripartidos: Legislativo, Judiciário e Executivo. James Wilson, da Filadélfia, percebeu isso; Wythe, da Virgínia, também. Wilson e Wyhte eram intelectuais como Madison. Eles não apenas haviam tido um papel no governo, mas também pensado, lido e ponderado sobre o assunto. Eles conheciam a teoria por trás da prática. "Eu sou cidadão da Pensilvânia e dos Estados Unidos", disse Wilson à Convenção.

Levaria algum tempo antes que os membros se dessem conta do quão longe chegaram os planos de homens como Madison e Hamilton e do que a Constituição prometia ser. Seria um engano nomear tão cedo os "inimigos" da Constituição, ou definir este ou aquele nome como "contrário" à Constituição. Ao final, cinco delegados se recusariam a assinar – Elbridge Gerry, de Massachusetts; Yates e Lansing, de Nova York; George Masori e Edmund Randolph, da Virgínia – todos homens de visões firmes, e cada um com um motivo diferente para sua maneira de proceder. Mais barulhento do que qualquer deles seria Luther Martin, de Maryland, o qual – embora estivesse, no momento da assinatura, fora na cidade, atendendo a negócios particulares – mais tarde declarou que, se estivesse presente, teria dado ao documento seu "solene 'não'", mesmo que "fosse único e ficasse sozinho".

Martin só chegou à Convenção quase um mês depois de ela ter se reunido. Até aquele momento, os membros foram poupados dos seus sermões exaltados e intermináveis. No primeiro sábado com *quorum*, a Convenção se viu diante de um problema duplo: a questão teórica sobre qual o tipo de governo melhor se adequava à América – uma democracia, uma monarquia limitada, uma república? – e o problema prático envolvendo a criação de tal governo com todos os seus componentes ainda não testados. Foi bom revisar, por meio das credenciais dos estados, os objetivos da Convenção tal como declarados pelos doze legislativos. A voz do major Jackson monotonamente continuou:

*"Levar em consideração o Estado da União* [...] *quanto ao comércio e a outros objetivos importantes* [...] *para tornar o governo foederal inteiramente adequado à situação atual* [...]*"*. Quando Jackson terminou, havia tempo apenas para nomear um comitê a fim de elaborar os regulamentos e ordens permanentes, além de designar o *doorkeeper*[37] e o mensageiro. A reunião foi encerrada devido ao fim de semana.

\*\*\*

Na segunda-feira, o dr. Franklin chegou. O mau tempo até então o havia mantido ausente. O doutor sofria severamente de gota e de pedras nos rins. Ele chegou à Câmara Estadual em uma liteira que havia trazido de Paris, uma vez que era a única forma de transporte que não o fazia dolorosamente balançar. Como o primeiro veículo desse tipo na Filadélfia, a liteira do doutor era um dos pontos turísticos da cidade. Havia janelas de vidro dos dois lados. As varas laterais, de três a quatro metros e meio de comprimento, eram flexíveis, o que permitia que a liteira cedesse um pouco quando os carregadores a estivessem transportando – "balançando suavemente", contou um contemporâneo. Quatro detentos grandes e fortes da prisão de Walnut Street levavam o alegre carregamento, deslocando-se da forma mais suave que podiam. A pequena procissão subia cinco degraus até à Câmara e se dirigia para a sala leste, onde eles assentavam a sua carga, ao lado da barra. O doutor recebeu ajuda para descer da liteira e atravessou o portão até sua poltrona, próxima à mesa dos delegados da Pensilvânia. Os prisioneiros, tendo colocado a liteira perto da parede oeste, retornaram à tarde.

Naquela mesma segunda-feira, 28 de maio, o último dos oito delegados da Pensilvânia chegou: Jared Ingersoll, que permaneceria em silêncio durante os quatro meses inteiros, um feito extraordinário para um homem que foi descrito como "o advogado do júri mais capaz da Filadélfia". O quarto dos cinco membros de Delaware também chegou: Gunning Bedford Junior, alto, sociável, obeso, co-

---

[37] *Doorkeeper* é uma função criada em 1789, no Congresso Continental, que consiste em controlar o acesso das pessoas ao salão da Câmara e às galerias. (N.R.)

nhecido como um orador impetuoso que não hesitava em causar problemas se causar problemas fosse uma boa ideia. Bedford era procurador-geral do seu estado. Ele havia sido nomeado para a Convenção de Anápolis, mas não quis comparecer e veio para a Filadélfia como o defensor dos estados pequenos, preparado para aceitar qualquer sistema viável que desse a eles o que lhes fosse devido – mas era provocador e desconfiado em relação à Pensilvânia.

Mais dois delegados de Massachusetts chegaram na segunda-feira: Nathaniel Gorham e Caleb Strong. Gorham (Madison costumava grafar "Ghorum") era um dos velhos patriotas, um comerciante de Boston com uma educação medíocre, porém simpático. "Não se via nada de bom gosto ou refinado no seu estilo", observou um membro. Gorham havia acabado de deixar a presidência do Congresso e queria ver esse órgão fortalecido por um novo governo. Caleb Strong era filho de um curtidor e havia crescido tendo a lei como régua. Foi ele quem ajudou a redigir a Constituição de Massachusetts. Era uma pessoa de maneiras agradáveis e simples.

Dos quatro delegados de Massachusetts, Rufus King era o mais impressionante; embora tivesse apenas 33 anos de idade. Advogado, nascido no Maine, tinha participado do legislativo de Massachusetts e do Congresso, além de ter sido quem, em 1787, propôs a resolução (originalmente de Jefferson) que estipulava que não deveria haver "nem escravidão, nem servidão involuntária" no Território do Noroeste. Ele tinha, descreveram seus contemporâneos, "um rosto bonito, olhos fortes e expressivos e uma voz doce a aguda", bem como "a aparência de alguém que era um cavalheiro por natureza e que havia aperfeiçoado muito bem os dons que havia recebido". Rufus King podia, contudo, ser rude e brusco quando queria; tinha um talento para expor os pontos fracos da argumentação de um oponente.

O Comitê de Regras fez seu trabalho no fim de semana. George Wythe, da Virgínia, levantou-se com seu relatório. Aos 60 anos, Wythe parecia uma velha águia robusta. A cabeça tinha um formato pontiagudo na parte superior e o nariz era comprido e pontudo, quase encontrava o queixo proeminente. Os seus olhos eram perspicazes, a testa era muito enrugada. Ele era chamado de *"chanceler* Wythe" devido à sua posição nos tribunais da Virgínia. Seus vizinhos em Williamsburg referiam-se a ele como "o justo" e diziam que era outro Aristides (ca. 535a.C.-468 a.C.). Wythe assinou a Declaração de Independência e ajudou a projetar o selo estadual da Virgínia com o provocador lema, *SIC SEMPER TYRANNIS*[38]. Ele era um notável erudito clássico e trabalhou como professor de direito na College of

---

[38] A expressão *Sic Semper tyranis* [Assim sempre aos tiranos], teoricamente, teria sido atribuída a Marco Junio Bruto (85 a.C.-42 a.C.) ao assassinar Júlio César (100 a.C.-44 a.C.). Além de lema do estado da Virgínia e da

William and Mary. Embora Wythe tenha deixado a Convenção mais cedo, sua influência foi sentida – ele apoiava um governo nacional forte.

As regras da Convenção eram simples e prezavam tanto pela cortesia quanto pela conveniência. Era uma época de bons costumes. Um antigo documento de Connecticut especificava que o eleitor deveria ter um "comportamento calmo e pacífico e uma conversa civilizada". "Cada membro", lera Wythe:

> [...] ao levantar-se para falar, deve se dirigir ao presidente, e, enquanto estiver falando, ninguém deve passar entre eles, ou manter uma conversa paralela, ou ler um livro, panfleto ou jornal, publicado ou manuscrito [...] Um membro, sem uma licença especial, não deve falar mais do que duas vezes a respeito de uma mesma questão, e não deve falar uma segunda vez antes que todos os que estavam calados tiverem sido ouvidos, caso ele decida discutir o assunto [...] Quando a Câmara encerrar os trabalhos, cada membro deve permanecer em seu lugar até que o presidente tenha passado por ele [...]

Sete estados deveriam formar *quorum*, e todas as questões deveriam ser decididas "pelo maior número desses estados, os quais, para essas decisões, deverão estar plenamente representados". Havia uma excelente regra que permitia a reconsideração de questões que já haviam sido rejeitadas pela maioria. O jovem Spaight, da Carolina do Norte, sugeriu: "A Câmara não pode ser impedida, dada uma votação sobre qualquer aspecto, de revisar o assunto quando vir motivo para tanto". Reiteradamente, no Comitê do Todo, a regra seria aplicada, e um assunto já votado seria reconsiderado no dia seguinte. Rufus King tornou esse procedimento mais eficaz ao contestar uma regra que autorizava os membros a solicitar os aceites e as negativas e a incluí-los no livro. Seria comprometedor para os delegados, dizia ele, e confuso, caso eles mudassem de ideia mais tarde. George Mason, da Virgínia, apoiou King, e a regra foi cancelada. Madison, entretanto, sempre inseria entre parênteses os nomes dos votantes; é desse modo, portanto, que sabemos do apoio de Washington a, pelo menos, cinco medidas.

Há algo impressionante sobre essas regras. Elas mostram determinação. A Convenção deveria ser formal, proceder de modo parlamentar e comportar-se como uma Assembleia com poder oficial. Além disso, um grupo de homens menos experientes não ousaria a ser tão simplório, ou não saberia como se livrar de considerações pequenas e embaraçosas, abrindo espaço para os delegados divergirem

---

cidade de Allentown, na Pensilvânia, a expressão teria sido gritada por John Wilkes Booth (1838-1865) ao assassinar o 16º presidente americano Abraham Lincoln (1809-1865), em 15 de abril de 1865. (N.T)

e mudarem de ideia. Ao ler as regras, vê-se aqui um grupo de homens razoáveis, fortes o suficiente para cederem. É possível, assim, saber o que Madison quis dizer quando escreveu para Jefferson em 6 de junho: "Os nomes dos membros irão convencê-lo de que os estados estão falando sério a esse respeito".

Quando Wythe concluiu, Gouverneur Morris apresentou ao presidente uma carta "de várias pessoas do estado de Rhode Island". Assinada por treze comerciantes importantes em Providence, ela criticava o fato de Rhode Island não estar representado na Filadélfia, esperava que o estado, por conta disso, não sofresse perdas comerciais dos "estados irmãos" e transmitia estima e os melhores votos por um resultado favorável das reuniões. A carta repudiava claramente o vitorioso legislativo rural de Rhode Island, que votou contra tomar parte na Convenção. "Profundamente movido pelos males dos tempos infelizes do momento presente [...]", começava a carta.

Ninguém registrou o que a Convenção pensou sobre essa missiva política. Foi na terça-feira de manhã que Madison escreveu em suas notas: "O sr. Randolph deu início aos trabalhos mais importantes".

Edmund Randolph, governador da Virgínia, tinha 33 anos de idade, quase um metro e oitenta de altura e era um homem evidentemente bonito. Ele usava o cabelo escuro solto, sem pó e penteado para trás na testa. Quando ele falava, seus grandes olhos castanhos se moviam e brilhavam. "O trabalho principal" era – na cabeça da maioria dos delegados – revisar a Confederação. Randolph, no entanto, foi muito além disso. Na forma de quinze resoluções, ele delineou o que equivalia a um governo nacional inteiramente novo, com um Executivo Nacional, um Judiciário nacional e um Legislativo nacional com dois poderes: o "primeiro poder" (os representantes) a ser eleito pelo povo; e o "segundo poder" (os senadores) a ser eleito pelo primeiro.

Essas eram as famosas Resoluções da Virgínia, ou o Plano Virgínia. No plano – às vezes, também chamado de Plano Randolph – é inquestionável a influência da Madison, embora os seus biógrafos afirmem que foi ele quem o redigiu. Muito mais tarde, o próprio Madison declarou que o Plano era resultado de uma "colaboração entre os delegados, o número todo de estados, sete, estava presente". De qualquer forma, o documento foi elaborado em um *caucus* na Indian Queen, ou em outro lugar. Na manhã do dia 29 de maio, quando as resoluções foram lidas na Convenção, nenhum homem na sala entendeu sua importância, nem sentiu que eram de fato inovações. Não houve, contudo, nenhuma manifestação imediata de surpresa e pouquíssimo protesto. Os membros reconheceram o plano como apenas sugestivo – "um mero esboço", disse Madison, mais tarde, referindo-se a ele, "no qual os detalhes omitidos deveriam ser fornecidos e os termos e expressões vagos reduzidos aos seus detalhes apropriados". Os delegados sabiam, além disso, que deveriam ter algo sobre o qual prosseguir, alguma agenda a seguir. Até o resto do verão, o Plano Virgínia formaria a base do modo de proceder da Convenção – e a base da Constituição dos Estados Unidos da América – a ser debatida cláusula por cláusula no Comitê do Todo, com cada resolução reconsiderada, rediscutida, aprovada ou descartada.

Randolph não tentou disfarçar sua posição. Ele confessou abertamente, escreveu Yates, de Nova York, que as suas resoluções "não se destinavam a um governo federal – e que ele se referia a uma união *consolidada* e forte, na qual a ideia de estados seria praticamente derrotada".

Yates exagerou; Randolph não falou nada sobre derrota. Ele não teria sido tolo a esse ponto, além do mais, não tinha uma noção tão radical. Ele havia começado com muito tato, desculpando-se por sua juventude e inexperiência em comparação com outros membros. Essa tarefa foi-lhe imposta, disse, porque a Convenção "teve origem na Virgínia".

Considerando que Edmund Randolph tinha sido, aos 23 anos, um membro da Convenção da Virgínia para adotar uma Constituição estadual, considerando também que havia sido procurador-geral, tinha participado da Convenção de Anápolis e agora atuava como governador do seu estado, ele era alguém totalmente adequado para propor o Plano Virgínia. Randolph era atraente, bem-nascido e usava suas honras com uma modéstia despretensiosa. Antes de propor suas resoluções, ele levantou os defeitos da Confederação, os quais declarou não serem nem mesmo "fundamentais para uma Constituição estadual, nem qualquer juiz assim os pronunciaria [...]". "Olhem", apontou Randolph, "para o semblante da população de Nova Hampshire à Geórgia! Não estamos às vésperas de uma guerra, que só é impedida pelas esperanças depositadas nesta Convenção?".

Randolph ficou três ou quatro horas de pé. Quando terminou, um delegado da Carolina do Sul se levantou: era Charles Pinckney, de 29 anos. Ele também, dizia Pinckney, havia reduzido o escopo das suas ideias de um novo governo para as de um sistema, o qual, confessou, estava baseado nos mesmos princípios daqueles apenas propostos. Cuidadosamente distribuído em artigos e seções, o plano de Pinckney foi elaborado em Charleston, sem consulta a seus colegas, embora suas ideias fossem conhecidas, pois ele as havia proposto no Congresso há um ano. O jovem Pickney leu seu documento em voz alta para a Convenção. Entretanto, já era tarde, o texto não foi discutido. Anos mais tarde, Charles Pinckney faria afirmações extravagantes a respeito do seu plano e da parte que o seu plano desempenhou na Convenção Federal, conseguindo, dessa forma, ganhar localmente para si o apelido de "Constituição Charlie".

"A Câmara, então, resolveu", Yates escreveu de Nova York, "que, no dia seguinte, eles se reuniriam em um Comitê do Todo a fim de deliberar sobre *a situação da União*".

CAPÍTULO 4

# Federal *versus* Nacional. Os "Dois Supremos". A Cidade da Filadélfia.

*Não consigo conceber um governo no qual possam existir dois supremos.*
GOUVERNEUR MORRIS, NA CONVENÇÃO.

Na manhã seguinte, quarta-feira, 30 de maio, o general Washington se afastou da presidência, e Nathaniel Gorham, de Massachusetts, assumiu seu lugar, tendo sido devidamente escolhido por meio do voto secreto. A Convenção estava agora no Comitê do Todo, com liberdade para debater medidas, inclusive para votar sem se comprometer – sem, por assim dizer, fazer promessas ou criar envolvimentos.

A Câmara do Comitê do Todo era um dispositivo antigo, criado há muito tempo na Inglaterra para dar aos Comuns liberdade de debate sob um governante autocrático. Para tanto, adotou-se o cetro, ou bastão cerimonial[39] – símbolo da autoridade real –, sobre a mesa diante do presidente Câmara dos Representantes. Enquanto o cetro permanece fora do campo de visão, os votos não são registrados, apenas contados, uma espécie de teste, um meio para sentir o clima da reunião. Na década de 1590, os conselheiros reais da rainha Elizabeth I (1533-1603) não gostaram dessa invenção dos Comuns. Ela dava a homens comuns – negociantes, advogados, proprietários rurais – uma certa margem para discutir assuntos de estado, *grandia regni*, os quais eram da alçada específica de nobres e príncipes. Tratava-se de uma postura ultraconservadora. Durante e Revolução Americana, *Lord* George Germain (1716-1785), irritado, comentou que "não permitiria que homens cujo ofício era de natureza mercantil se reunissem todos os dias e discutissem questões de natureza política".

A Convenção da Filadélfia não tinha um cetro, e "homens de ofício de natureza mercantil" conduziam o país. Contudo, dada sua experiência em Assem-

---
[39] Sem a presença desse símbolo do rei ou da rainha, leis não podem ser aprovadas ou, até mesmo, discutidas; e o simples ato de retirá-lo da mesa faz com que o debate em curso seja imediatamente interrompido. (N.E.)

bleias coloniais ou nos seus legislativos estaduais, os delegados conheciam bem o Comitê do Todo e como podia ser usado. Em 30 de maio, Randolph abriu o debate na Convenção, sugerindo uma versão corrigida das suas três primeiras resoluções. Obviamente, os membros da Virgínia vinham trabalhando não apenas nas reuniões ordinárias na Câmara. Uma união de estados "meramente federal", disse Randolph, não atingiria o objetivo pelo qual eles estavam reunidos. Ele propôs, portanto, "um governo *nacional*, consistindo em um Legislativo, Executivo e Judiciário supremos".

Seguiu-se um silêncio, completo e sinistro. Um governo de três partes separadas era totalmente aceitável – seis das novas Constituições estaduais especificavam tal separação de poderes. Entretanto, um governo *nacional, supremo*? Como as palavras deveriam ser definidas, que poderes elas incluiriam? Os homens dos estados pequenos aparentavam estar paralisados com essas palavras, atordoados. Deve ter havido uma mudança de posicionamento, uma movimentação agitada na sala. O *chanceler* Wythe, da Virgínia, foi rápido em valer-se dessa vantagem. "Dado o silêncio da Câmara", concluiu ele, "presumo que os cavalheiros estejam preparados para passar adiante a resolução?".

Foi uma jogada inteligente, mas falhou. A Câmara não estava tão preparada!, rebateu Butler, da Carolina do Sul. Ele queria que o sr. Randolph mostrasse que um governo "nacional" era necessário para a continuidade dos estados [...] "Mas nós *somos* uma Nação!", afirmou John Dickinson, de Delaware. "Somos uma Nação, embora consistindo em partes ou estados". Elbridge Gerry, de Massachusetts, mostrou-se desconfiado dessa distinção entre governo nacional e governo federal. Reconhecer e aprovar a resolução do sr. Randolph corresponde a destruir a Confederação, o que esta Convenção não tinha o direito de fazer. Ele propôs, portanto, que "se tomassem providências para o estabelecimento de um Legislativo, Judiciário e Executivo *federais*".

Nos dias que se seguiriam, a Convenção iria concentrar-se nestas palavras: *federal, nacional e supremo*. Estavam os senhores, perguntou-se imediatamente, propondo derrubar os governos estaduais? "Não!", disse Randolph. Não havia essa intenção. Gouverneur Morris levantou-se, procurando explicar os termos. Um governo *federal*, ele dizia, era um mero tratado, baseado na boa fé das partes; um governo *nacional*, por outro lado, caracterizava-se por "um funcionamento completo e compulsivo".

Gouverneur Morris foi considerado o homem mais brilhante da Convenção. Sem dúvida, ele era um orador de resistência – 173 discursos contra os 161 de Madison. Morris, ainda assim, jamais disse algo absurdo ou enfadonho. Ele era um homem fisicamente grande. O "Garoto Alto" era como o chamavam no Congresso

Continental; "um orador imortal e com uma audácia sem igual". Seu rosto era cordial, rechonchudo; seus olhos perspicazes e sua expressão zombeteira. Washington gostava dele; os dois eram grandes amigos. Morris havia ferido a perna enquanto conduzia cavalos velozes; dizia-se que a amputação não havia diminuído suas proezas com as mulheres. Os habitantes da Nova Inglaterra tinham suas suspeitas em relação a Morris. Diziam que era um homem dado aos prazeres. Lembravam-se de que na King's College, em Nova York, seus ensaios de pós-graduação foram sobre "Sagacidade e Beleza" e sobre o "Amor". Para John Adams, Morris era um "homem astuto, que fazia versos bonitos, mas de um caráter *très légère*" [pequeno, pouco]. Nascido na herdade de Morrisania, em Nova York, Morris há pouco havia se mudado para a Pensilvânia. Ele passava facilmente por alguém rico, porém, suas finanças estavam, na verdade, em condições precárias. Desejando um governo central forte, ele tinha pouca fé no homem comum ou em sua capacidade de governar – uma posição na qual ele, de forma alguma, estava sozinho na Convenção. Ainda assim, não havia como negar o patriotismo de Morris e sua devoção a um governo republicano. Ele estava impaciente com os estados. "Essa geração vai se extinguir", afirmava ele, "e dar lugar a uma raça de americanos".

Na Convenção, as táticas de Morris eram bruscas; primeiro, uma manifestação explosiva e eloquente da sua posição; depois, uma espera cética, enquanto a Convenção entendia aonde ele queria chegar. "Quando os poderes do governo nacional colidem com os estados", disse ele, "só então os estados devem ceder". Isso, por si só, era surpreendente... Quais poderes? E como seriam implementados? Com certa intensidade, Morris acrescentou que "é melhor aceitar um governo supremo agora do que um déspota em vinte anos, pois ele provavelmente virá". Ele, entretanto, não podia conceber um governo "no qual pudessem existir dois supremos".

Não era de surpreender que a Convenção se visse confusa. O que eles estavam tentando era descobrir um novo tipo de federalismo, controlado por um poder supremo que fosse diretamente responsável perante o povo. Apenas onze anos antes, eles estavam sujeitos a um rei e a uma Assembleia. As colônias eram de três tipos: real ou provincial, como a Virgínia; privada, como a Pensilvânia; corporativa, como Massachusetts. A Confederação e as Constituições estaduais estavam um passo muito à frente, mas, mesmo assim, a Convenção não encontrou nenhum exemplo geral para seguir. "Um campo realmente grande", a delegação da Carolina do Norte informou ao seu estado, "apresenta-se diante de nós, sem uma única estrada reta ou qualificada que tenha sido trilhada pelos pés das nações". É verdade, existiram federações no mundo. A Grécia teve suas cidades-estados, e a Convenção iria ouvir muito a respeito delas. Senadores não eram algo novo, nem o era o governo por representação. Contudo, isso nunca foi tentado em uma escala tão grande, com uma união incluindo 3,5 milhões de pessoas, treze estados, um território que, potencialmente, estendia-se através de um continente.

O termo *"federal"*, nos anos seguintes, teria seu significado invertido. Quando Randolph, da Virgínia, declarou em 30 de maio que "uma união meramente federal não irá atingir os objetivos propostos", ele definiu para a palavra o significado com o qual a Convenção passaria a usá-la. Um governo federal, dizia Madison aos delegados, opera sobre os estados, um governo nacional opera diretamente sobre os indivíduos. Tratava-se de um conceito difícil para a Convenção, já que a lealdade ao estado correspondia, praticamente desde o início, à lealdade americana. E o que era a Confederação senão uma aliança entre estados? James Wilson, da Pensilvânia, identificou o problema na sua essência. Esse governo, perguntou ele, deveria ser sobre homens ou sobre seres imaginários chamados estados? Em 1777, Wilson havia feito a mesma pergunta no Congresso, declarando que indivíduos – não estados – eram os objetivos de cuidado governamental. Por que anexar o nome do estado daria a dez mil homens direitos iguais a 40 mil? Isso, afirmava Wilson, era o resultado de mágica, não de lógica.

Entretanto, a magia é mais atraente do que a lógica, algo que qualquer político sabe. Ninguém deu uma resposta a Wilson. O jovem Charles Pinckney sugeriu que seria interessante dividir o continente em quatro seções, a partir das quais um certo número de pessoas deveria ser nomeado, e as que foram nomeadas apontariam um Senado.

Isso fez a discussão sair da teoria para as considerações práticas a respeito de como um legislativo nacional deveria ser eleito: quarta e quinta resoluções da Virgínia. A segunda casa – o Senado – deveria ser eleita por legislativos estaduais e a primeira pelo voto popular? E, em caso afirmativo, como a votação seria distribuída? Por números ou por propriedade? Em que consistia a riqueza da América, em pessoas ou em terras?

Normalmente, a Convenção nunca se deteve muito no aspecto teórico. Seu foco não era defender a "liberdade" ou vindicar a Revolução. Isso havia sido feito há muito tempo, em 1776 e, mais à frente, quando colônia após colônia criava a sua Constituição estadual, apresentando seu posicionamento particular a respeito da liberdade religiosa e política. A Convenção de 1787 debateria os direitos dos estados, mas não os direitos dos homens em geral. Os registros não mostram nada grandiosamente comprobatório ou provocador, como na Assembleia Constituinte francesa de 1789. A América havia passado dessa fase; caso alguém tivesse desafiado os membros, eles teriam dito que tais declarações já estavam cimentadas com seu sangue. Em 1787, os estados reuniram-se não para justificar o termo "Estados

## FEDERAL VERSUS NACIONAL.

Unidos", mas instituir um governo funcional para esses Estados Unidos. Não se encontram citações de Jean-Jacques Rousseau (1712-1778), John Locke (1632-1704), Burlamaqui ou dos *filósofos* franceses; e, se Montesquieu (1689-1755) é invocado, ele o é para se defender a organização prática de um governo tripartido. Quando a Convenção Federal discutia poder político, autoridade governamental, ela discutia a mesma questão, mas em termos do que provavelmente aconteceria a Delaware ou Pensilvânia, Nova Jersey ou Geórgia.

 A maioria dos membros da Convenção da Filadélfia, em síntese, era composta por veteranos, políticos até à alma. O fato de alguns deles também serem homens de visão, instruídos em direito e na ciência do governo, não os distraiu do que estava por vir. Havia muito pouca retórica ou alarde. Cada vez que um membro parecia estar prestes a elevar-se ao mais alto dos paraísos da teoria social – o século XVIII chamava isso de "razão" – alguém rapidamente o trazia de volta. "A *experiência* deve ser nosso único guia", disse John Dickinson, de Delaware. "A '*razão*' pode nos enganar".

 A questão prática sobre como o legislativo nacional deveria ser eleito tomaria metade do verão. Roger Sherman, de Connecticut, em 31 de maio, declarou que o povo "deveria ter tão pouco envolvimento com o governo quanto fosse possível. Eles querem informações e estão constantemente sujeitos a serem enganados". Elbridge Gerry, homem de negócios e de dinheiro, concordava. "Os males que experimentamos", ele apontou, "fluem do excesso de democracia. O povo não quer virtude, mas é joguete dos pretensos patriotas". É muito pouco provável que Gerry tenha mudado de ideia ao dizer isso sobre o capitão Daniel Shays (1747-1825) e seu bando de fazendeiros endividados, que interrompiam as reuniões dos tribunais de justiça e exigiam "reformas" na legislatura. O fato de os fazendeiros terem sido maltratados não fazia parte da filosofia de Gerry. Para esse comerciante de Boston, uma multidão era uma multidão. E deveria ser permitido que homens dessa categoria tivessem autoridade no governo?

 Elbridge Gerry, amigo de Samuel Adams, era um dos "velhos patriotas"; ele havia assinado a Declaração da Independência. Entretanto, para os membros da Convenção Federal, a palavra "democracia" tinha um significado diferente do que tem hoje. "Democracia" significava anarquia; *demos* não se referia ao povo, mas à multidão. Quando Paterson, de Nova Jersey, disse "o espírito democrático vibra alto", era uma detração, não um elogio. Repetidas vezes encontramos estas expressões: se a aristocracia era "perversa" e "perniciosa", a democracia fora de controle deveria igualmente ser evitada. Edmund Randolph desejava, afirmou Peterson, "conter a fúria da democracia", além de também falar sobre a "licenciosidade democrática das legislaturas estaduais".

Gerry continuou com seu discurso. "Eu ainda sou um republicano", disse ele. "Mas fui ensinado pela experiência sobre o perigo do espírito de nivelamento".

Experiência, nesse contexto, mais uma vez significava o capitão Shays. Muita tinta foi gasta pelos historiadores na investigação das consequências da Rebelião de Shays nos estados. Alguns afirmam que esse episódio foi um aspecto importante na decisão de se convocar a Convenção. "Bom Deus!", escreveu Washignton:

> Quem senão um conservador poderia ter previsto, ou um britânico predito [esses tumultos]? […]. Fico absolutamente sem ter o que dizer quando vejo as nuvens que se espalharam sobre a manhã mais brilhante que já raiou em qualquer país […]. Que triunfo para nossos inimigos comprovarem suas predições! Que triunfo para os defensores do despotismo descobrirem que somos incapazes de governar a nós mesmos e que os sistemas, cujos fundamentos estão calcados na liberdade equitativa, são meramente fictícios e falaciosos. Queira Deus que medidas sábias possam ser tomadas a tempo de reverter as consequências sobre as quais temos nada senão apenas a razão para compreender.

Jefferson, por outro lado, via o capitão Shays e seus insurgentes de uma forma mais leve. "Gosto de uma pequena rebelião de vez em quando", escreveu ele alegremente, em Londres, a Abigail Adams (1744-1818). "O espírito de resistência a um governo é por vezes tão valioso, que desejo que seja sempre mantido vivo. Com frequência será exercido quando for errado, mas melhor assim do que não ser exercido de forma alguma". E, para William Smith (1755-1816), genro da sra. Adams, escreveu:

> Deus nos livre de ficarmos sem uma rebelião desse tipo a cada vinte anos! O que são algumas vidas perdidas em um ou dois séculos? A árvore da liberdade, de tempos em tempos, deve ser renovada com o sangue de patriotas e tiranos. É o seu adubo natural.

Thomas Jefferson estava longe de casa há três anos. O que ele viu da Europa convenceu-o de que quanto menos regulação, melhor. "E nós achamos que o nosso governo é ruim!", escreveu ele para Rutledge, da Carolina do Sul. "A única condição na terra que pode ser comparada com a nossa é, na minha opinião, a dos nativos, afinal, eles têm ainda menos leis do que nós. Os governos europeus são de aves de rapina reinando sobre pombos. As melhores escolas para o republicanismo são Lon-

## FEDERAL VERSUS NACIONAL.

dres, Versalhes, Madrid, Viena, Berlim". Para Washignton, Jefferson escreveu que, se ele já era inimigo da monarquia antes de vir para a Europa, agora havia se tornado dez mil vezes mais. "Praticamente não há mal conhecido nesses países que não possa ter o seu rei como fonte, nem um bem que não possa ser derivado das pequenas fibras do republicanismo existentes entre eles. Posso ainda afirmar com segurança que não há uma cabeça coroada na Europa cujos talentos ou méritos dariam a ele o direito de ser eleito sacristão pelo povo de qualquer paróquia na América".

Não admira que Jefferson tenha dito a Madison acreditar que a rebelião em Massachusetts "havia feito mais barulho do que deveria". Em Paris, Jefferson descobriu-se impressionantemente em sintonia com um grande número de *filósofos*, tanto masculinos quanto femininos, que o cercavam e com quem conversava diariamente sobre governo em seu estado ideal. Se Jefferson parecia ignorar essas ameaças locais remotas, era compreensível; afinal, de Paris elas pareciam uma nuvem de fumaça. "Eles estão arranjando uma ave de rapina", escreveu ele, "para manter o galinheiro em ordem".

Entretanto, se Elbridge Gerry, de Massachusetts, conheceu com o capitão Shays "o perigo do espírito de nivelamento", George Mason, da Virgínia, em sessão na Convenção, não compartilhava de nenhuma dessas apreensões. Mason, escrevendo da Filadélfia para seu filho, contou que alguns dos homens do Leste eram "antirrepublicanos". E, se isso parecia extraordinário, considerando seu histórico na Revolução, era preciso lembrar, dizia Mason, que a mente humana ia a extremos. Os estados a Oeste, tendo expectativas excessivamente acaloradas de "liberdade", estavam passando por mais desgostos vindos de males inesperados. Mason tinha 70 anos de idade, era vizinho de Washington no Potomac e seu amigo de longa data, republicano até à alma e, desde jovem, um patriota ardente, autor de parte da Constituição da Virgínia e responsável por planejar a Declaração dos Direitos da Virgínia. Mason alterou o lema do brasão da sua família de *Pro Patria Semper* [Pela Pátria Sempre] para ler *Pro Republica Semper* [Pela República Sempre]. Jefferson falava dele como "o homem mais sábio da sua geração".

De cabelos brancos, espirituoso, dono de uma propriedade de aproximadamente vinte quilômetros quadrados na Virgínia, Mason era um defensor dos direitos do Estado e o seria até o fim, embora considerasse que a América precisava desesperadamente de um governo melhor. Cético em relação à natureza humana em geral, Mason tinha uma fé firme nas pessoas comuns. Ele imediatamente levantou-se para dar uma resposta a Gerry. O que ele temia, revelou Mason, era que

> ao nos afastarmos do excesso de democracia, corrêssemos para o extremo oposto. Devemos observar os direitos de todas as classes do povo [...] garantir não menos

cuidado para a [...] felicidade dos mais humildes do que para as camadas mais altas de cidadãos.

A palavra "escravos" ainda não havia sido mencionada na Convenção. Mason, contudo, sabia do que estava falando, tendo sido um abolicionista fervoroso antes mesmo de a palavra ser cunhada. O primeiro ramo do "nosso legislativo", continuou ele, "para, por assim dizer, ser a nossa Câmara dos Comuns [...] deve conhecer e solidarizar-se com cada parcela da comunidade". Não estarão nossos filhos, concluiu Mason, "em pouco tempo, entre o povo em geral?".

Já na segunda semana de reunião, estava evidente que o que quer que fosse dividir a Convenção, essa divisão não teria como critério a ideia de classe. George Mason, apesar de todas as suas vastas terras e de seu porte aristocrático, tinha fé no povo, ao passo que Roger Sherman, filho de um sapateiro, não partilhava dessa mesma fé, e o mesmo era verdade para Elbridge Gerry, comerciante que prosperou por esforço próprio. Benjamin Franklin, embora de berço humilde, e contra todas as probabilidades de ser, no país, o homem de maior experiência cosmopolita, de tempos em tempos, escreveu Madison:

> [...] expressava sua antipatia por tudo o que tivesse a tendência a degradar o espírito das pessoas comuns. Se a honestidade costumava ser companhia da riqueza e se a pobreza era exposta a tentações específicas, não era menos verdadeiro que a posse de propriedades aumentava o desejo por mais propriedades. Alguns dos maiores patifes que ele conheceu eram os mais ricos [...] Esta Constituição será muito lida, e a Europa irá prestar muita atenção a ela. Se ela revelar considerável inclinação para com ricos, não só nos ferirá na estima dos homens mais liberais e esclarecidos de lá, mas irá desencorajar o cidadão comum a se mudar para este país.

Antes que o Comitê do Todo entrasse em recesso no último dia de maio, ele havia votado a favor da versão original da Resolução III de Randolph: "*Que a legislatura nacional deve consistir em dois ramos*". Entre os estados, apenas dois, Pensilvânia e Geórgia, tinham legislativos de uma Câmara. Ambos, em breve, emendariam suas Constituições para incluir Senado e Representantes – embora, na Pensilvânia, o dr. Franklin se opusesse à mudança. Até o fim da vida, ele permaneceria firme em defesa da radical casa de uma Câmara. A terceira resolução foi aprovada, portanto, "sem debate ou dissidência", escreveu Madison, "com exceção da Pensilvânia, provavelmente, por deferência ao dr. Franklin". No entanto, em 21 de junho, a questão seria, mais uma vez, levantada no Comitê do Todo e aprovada por 7 votos

## FEDERAL VERSUS NACIONAL.

a 3 (com o estado de Maryland dividido) após eliminar a palavra ofensiva, "nacional".

A Resolução IV do Plano Virgínia, para eleição popular da Câmara dos Representantes, também foi – de forma espantosa – afirmativamente aprovada, embora, dentro de uma semana, também fosse ser reconsiderada. Parece que nesses primeiros dias da Convenção, os homens dos estados pequenos não estavam preparados, não haviam se organizado para uma atitude de resistência. Nova Jersey e a Carolina do Sul votaram contra a quarta resolução, com Connecticut e Delaware divididos. Ainda mais impressionante foi a primeira parte da Resolução VI de Randolph – que dava ao Congresso autoridade sobre as leis estaduais – ter sido aprovada sem oposição; aspecto que, mais tarde, geraria discussões exaltadas e acabaria sendo rejeitado. Foi realmente bom que as regras da Convenção permitissem tais votos repetidos no Comitê do Todo. Eles funcionavam como testes que revelavam o que os delegados estavam pensando e como se sentiam antes que todas as resoluções fossem apresentadas para a votação oficial final na Convenção – esta com a presença de todos os membros, e Washington na presidência.

Sobre última cláusula da sexta resolução: "*invocar a força da União contra qualquer membro que não cumpra seu dever nos termos dos artigos* [da Confederação]", Madison pediu uma prorrogação. Ele era, dizia, um forte defensor dos poderes listados e específicos concedidos ao Congresso. Quanto mais pensava a respeito, mas ele duvidava da viabilidade, justiça e eficácia do uso da força contra um estado. Pareceria "uma declaração de guerra", contou Madison.

Sobre a moção de adiamento, "*Concordo*", diziam as notas de Madison, "*nem. con.*"[40]. No final, a Constituição não deveria conter nenhuma cláusula convocando um exército nacional contra um estado ou região. "O Comitê [do Todo]", escreveu Madison, "*então se levantou e a Câmara foi encerrada*".

Eram três horas da tarde. Os membros deixaram a Câmara Estadual e se dirigiram ao pátio. Alguns foram caminhando pela Chestnut Street, outros usaram as portas sul, que também davam acesso ao pátio, serpenteneado por suas calçadas de cascalho sinuosas, onde as árvores eram ainda muito jovens para fazerem sombra. Aqui podia-se esperar sentir o ar vindo do rio, seis quarteirões a leste, ou da região verde a oeste, pois a cidade terminava na Ninth Street.

A Câmara Estadual não estava no seu melhor naquele verão. A torre da igreja havia sido colocada abaixo há alguns anos quando começou a ficar instável. Ainda assim, o edifício era atraente, com as suas duas alas e as altas arcadas entre elas – espaço que, no século XVIII, era chamado de "*piazzas*". Na rua estreita, o

---

[40] Em latim, *Nemine contradicente*, isto é, ninguém se contradizendo, sem dissidência ou divergência. (N.T.)

conjunto todo ficava recuado da calçada de tijolos, o que lhe conferia um ar de seriedade e importância. Havia um poço fechado na calçada perto de cada esquina, com uma bomba de madeira erguida. Na extremidade oeste – Sixth Street – as obras do novo tribunal do condado haviam começado, mas até o momento não passava apenas de um grande buraco no chão. A Fifth Street estava barulhenta devido a toda aquela bateção, além de interrompida aqui e lá por pilhas de madeira. O prédio da Sociedade Filosófica estava em plena construção. Do outro lado da Walnut Street, diretamente de frente para o pátio da Câmara Estadual, erguia-se a prisão de pedra, com quatro andares. A cidade se orgulhava dela e de suas novas práticas que conferiam um tratamento mais humano aos prisioneiros, seguindo as concepções dos *quakers* da Filadélfia e a filosofia do reformador italiano Cesare Beccaria (1738-1794), que acreditava que os malfeitores deveriam ser ajudados tanto quanto punidos. A celas escuras para o regime de isolamento ficavam em uma edificação separada, e aqueles presos por crimes de inadimplência eram alojados à parte dos criminosos.

No momento em que os membros da Convenção saíam do pátio da Câmara Estadual, os prisioneiros enfiavam pelas janelas gradeadas, para mendigar, longas estacas de bambu com uma espécie de gorro de pano na ponta. Gritando por esmolas, eles amaldiçoavam qualquer um que os ignorasse. "Imprecações repugnantes e horrendas", alguém disse, "vinham dessa gaiola de pássaros imundos".

Os membros da Convenção não precisavam caminhar muito até onde estavam hospedados. Washington e Robert Morris estavam a apenas um quarteirão da casa de Morris na Market Street, exatamente a leste da Sixth. Como muitos outros delegados, o general havia trazido sua carruagem e cavalos, um criado e um cavalariço. Elbridge Gerry alugou uma casa na Spruce Street e mandou buscar sua família em Cambridge: uma bela e jovem noiva e um filho pequeno. Outros membros hospedavam-se com a conhecida senhoria, sra. Mary House, na Fifth com a Market, ou em hospedarias, tais como o Indian Queen, na Fourth Street, que frequentemente aglomerava dois em cada quarto.

A Filadélfia era hospitaleira. Os diários mostram delegados jantando com o dr. Franklin, com Jared Ingersoll e Robert Morris, ou com aqueles incansáveis políticos da Pensilvânia, Thomas Mifflin e George Clymer, eles próprios membros da Convenção. Havia livrarias e papelarias, onde se podia comprar, naquele mês de maio, a edição de John Bell (1745-1831) dos *Poets of Great Britain Complete from Chaucer to Churchill* (1782) em 109 volumes; ou os *Commentaries on the Laws of England* (1765), de William Blackstone (1723-1780) em quatro volumes. Um novo poema de Joel Barlow (1754-1812) foi anunciado: *The Vision of Columbus*, agora acessível

## FEDERAL VERSUS NACIONAL.

para seus assinantes. A *Library Company* mantinha seus livros no segundo andar do Carpenters' Hall, a apenas um quarteirão da Câmara Estadual, o que os membros acharam conveniente. Muitos deles conheciam bem esse edifício de tijolos, onde o Congresso Continental se reuniu pela primeira vez em 1774. À direita, quando se entrava, havia exemplares de instrumentos e equipamentos – arados, ancinhos, máquinas para limpar grãos e preparar o linho. Um filadelfiense escreveu para Jefferson dizendo que a cidade, naquele verão, estava repleta de conspiradores e projetistas. "Um tal Fitch" estava há doze meses tentando fazer um barco que se deslocasse usando um motor a vapor. Ele "gastou muito dinheiro no projeto e esquentou tanto a cabeça, que poderia ser ele mesmo o próprio motor a vapor". O escritor Francis Hopkinson (1737-1791) "não tinha dúvidas de que um barco pode usar essa forma de propulsão, mas o enorme custo e complexidade da máquina acabariam sendo impeditivos para que ela viesse a ter um uso mais comum".

A Filadélfia tinha muito a oferecer para o entretenimento dos delegados. Podia-se visitar o museu de Charles Willson Peale (1741-1827) para ver ossos fossilizados, animais empalhados, retratos; sem contar o próprio sr. Peale, um homem agradável, descrito como "muito cortês", que lutou na Guerra Revolucionária, participou ativamente da política local e pintou cinco retratos de Washington – e logo estaria trabalhando em um sexto. A margem do rio Delaware tinha uma vista pitoresca, que se estendia por quilômetros. O lado leste era repleto de armazéns, com dezenas de cais barulhentos devido às cargas e descargas dos navios. Três anos antes, o *Empress of China* partiu para o Cantão – uma viagem pioneira – e que agora tornava possível encontrar de tudo nas lojas, desde chá, cacau, seda chinesa, leques de marfim a laranjas da Espanha, sabonetes da França, ou o arroz da Carolina do Sul. De vez em quando, uma carga de *redemptioners* chegava à costa, a qual era muito bem divulgada antecipadamente nos jornais. Eles eram rapazes jovens e fortes, ou até mesmo moças vindas da Irlanda, Escócia ou de territórios alemães, servos contratados cujo tempo seria vendido para quem fizesse o melhor lance.

Nas manhãs de quartas e sábados, o mercado abria. Tratava-se de uma atração à parte. Era coberto e se estendia na direção da Market Street e daí até o rio. "Arrumado e limpo como uma sala de jantar", com peixes recém-pescados em exposição, carne fresca, manteiga, vegetais, frutas. Durante o dia ficava tão cheio, que mal se podia caminhar. A América, inquieta para se tornar autossuficiente, cada vez mais manufaturava seus próprios produtos e se orgulhava disso. No *The Pennsylvania Packet*, o sr. Long, "marceneiro, recém-chegado de Londres", anunciava sofás franceses adaptados ao gosto moderno; só a ilustração do elegante produto já era suficiente para deixar um visitante com água na boca. Gordon, na Arch Street, conseguia confeccionar um par completo de botas em nove horas para qualquer pessoa que resolvesse deixar suas medidas. O dr. Baker vendia seu "bem-conhecido dentifrício antiescorbútico e essência de Albion". As escovas de dentes estavam entrando na moda, embora não fossem consideradas muito eficientes; se um cavalheiro desejasse purificar o hálito, ele esfregaria os dentes com um pano embebido em rapé. Ao longo das ruas, em pequenas distâncias, ficavam as famosas bombas d'água com suas alças de ferro. A cidade, entretanto, não era um local saudável no verão, e a água potável estava longe de ter um gosto bom. Moscas e mosquitos eram um tormento constante, e, quando o vento estava na direção certa, trazia um cheiro putrefato e carregado, vindo do matadouro. Nem mesmo os chefes de família mostravam preocupação com o local onde jogavam seus dejetos, e havia também reclamações sobre animais mortos nas sarjetas. Os presos da cadeia eram colocados para limpar as ruas e latrinas. Conhecidos como "homens carrinhos de mão", eles tinham os cabelos raspados e usavam grilhões.

Os membros da Convenção passavam as noites conversando na City Tavern, na Indian Queen, no George, no Black Horse, com frequência preparando-se para a reunião do dia seguinte; o trabalho que tinham pela frente era árduo e contínuo. A convivência entre eles era intensa. Segundo o costume da época – e talvez das convenções, onde quer que fossem –, consumiam-se grandes quantidades de bebida. O relato de um jantar para doze menciona o pedido de sessenta garrafas de Madeira. Para alguns delegados, a Filadélfia era uma cidade perigosamente permissiva em relação à moral, além de abundante em luxo, que gostava de dançar e clamava pela construção de um novo teatro. Não fazia nem dez dias que George Mason estava na cidade quando escreveu para o filho reclamando que começou a "ficar sinceramente cansado da etiqueta e dos absurdos tão em voga nesta cidade". Para os visitantes franceses, como François Chastellux (1734-1788) e Brissot de Warville (1754-1793), a Filadélfia era assustadoramente virtuosa, e suas donzelas inacreditavelmente afetadas. "Os homens são solenes, as mulheres sérias. Não há atmosfera requintada, nem esposas libertinas, nem cafeterias, nem passeios agradáveis". A Convenção Federal, em resumo, encontrou-se em uma cidade ativa, próspera e em crescimento, em cujas ruas era possível encontrar todas as nações e todas as classes: alemães das fazendas de fora dos limites da cidade, marinheiros tagarelando em línguas estrangeiras, nobres franceses que retornavam desde o acordo de paz a fim de percorrer o país pelo qual haviam lutado, colonos usando perneiras com franjas, *quakers* com seus chapéus largos, índios de áreas remotas – *shawnees* ou *delawares*.

E, sempre, sinos batiam e repicavam acima dos telhados da cidade. Duas vezes por semana, o sino da noite anunciava o mercado da manhã seguinte; depois do jantar, um sino da igreja sinalizava que a biblioteca estava aberta no Carpenter's

## FEDERAL VERSUS NACIONAL.

Hall. Os vendedores ambulantes tocavam suas sinetas nas quietas ruas das manhãs; e, aos domingos, os sinos das igrejas faziam o dia parecer mais tranquilo. À noite, da cama, ouvia-se o vigia anunciar o horário e as condições do tempo, de hora em hora, até o amanhecer. Se uma pessoa desejava pegar uma carruagem, às duas ou três da manhã, para sair da cidade, o vigia o acordava – um serviço característico da cidade e muito apreciado por visitantes.

CAPÍTULO 5

# O Chefe do Executivo. Wilson, da Filadélfia e Dickinson, de Delaware. O Dr. Franklin diz o que Pensa. 1 a 6 de Junho

*Os cavalheiros pretendem pavimentar o caminho para uma monarquia hereditária?*
GEORGE MASON, NA CONVENÇÃO.

Os membros sabiam que só o fato de tentar fazer essa Convenção já era por si só arriscado. Agora, parecia que eles também deveriam suportar os problemas inerentes ao Congresso. Quando os primeiros dez dias se passaram sem *quorum*, os delegados ficaram ansiosos e escreveram para seus estados insistindo com seus colegas para que partissem sem demora. Os delegados de Nova York chegaram rapidamente; mas, em 8 de julho, todos os três haviam desaparecido – apenas Hamilton iria retornar. O dr. McHenry, de Maryland, foi para casa no dia 1º junho devido a uma doença na família; ele ficou ausente até agosto. Nova Hampshire estava, de fato, muito atrasada. O *chanceler* Wythe deixou a Convenção em 4 de junho em razão da doença da sua esposa e nunca mais retornou – embora tenha fortemente aprovado a Constituição e apoiaria sua ratificação na convenção da Virgínia. Outros membros iam e vinham do Congresso de Nova York; em certos momentos, ausentando-se da Convenção por dias ou semanas devido a questões de natureza pública ou particular.

Nenhum delegado admitiu essas coisas nas cartas que escreviam para casa – a regra de sigilo contribuía para essa discrição –, no entanto, ainda havia o sempre presente perigo de que a Convenção pudesse se dissolver, e todo projeto ser abandonado. A cada dois ou três dias, à medida que os delegados apareciam, Washington registrava chegada deles em seu diário. Era bom vê-los se apresentarem e, de certa forma, animador. Na sexta-feira, 1º de junho, foi a vez de William Houstoun, da Geórgia, chegar – um jovem advogado com pouco que o recomendasse, a não ser uma origem familiar distinta e uma beleza impressionante. No entanto, o mais afastado dos estados agora tinha três dos seus quatro delegados.

Assim que as credenciais de William Houstoun foram examinadas, a Câmara resolveu reunir-se em Comitê do Todo a fim de discutir a Resolução VII da Virgínia: *"que um Executivo Nacional seja instituído [...]"*.

Charles Pinckney levantou-se imediatamente para recomendar de forma assertiva um "Executivo forte". Ele não disse um "presidente dos Estados Unidos". A Convenção demorou um tempo para aceitar a ideia de um *presidente*. Eles sempre se referiam a um chefe do Executivo ou a um Executivo Nacional, fosse no plural ou singular. James Wilson seguiu Pinckney, sugerindo que o Executivo consistisse em uma única pessoa, sendo apoiado por ele.

Seguiu-se um silêncio repentino. "Uma pausa significativa", escreveu Madison... *Um Executivo* único! Havia ameaça nessas palavras; alguns enxergavam monarquia nelas. É verdade, nove estados tinham cada um seu Executivo único – um governador ou presidente –; mas, por toda parte, a legislatura local era suprema, considerada como a voz do povo, que poderia controlar um governador quando quisesse. Contudo, um único Executivo enquanto governo nacional evocava imagens do passado – governantes reais que não podiam ser contidos, uma coroa, um arminho, um cetro!

À medida que o silêncio se prolongava, Franklin, sempre atento à atmosfera de uma reunião, dizia que gostaria que os cavalheiros manifestassem o que estavam sentindo. John Rutledge desaprovava a timidez dos membros quanto a esses e outros assuntos. Parecia, dizia Rutledge, que eles temiam que, depois de terem declarado seu posicionamento, não poderiam mudar de opinião. James Wilson, da Pensilvânia, levantou-se para explicar por que era a favor de um Executivo único. Energia, agilidade e responsabilidade, ele apontava, eram as necessidades primordiais para um Poder Executivo. E vigor e agilidade seriam melhor encontrados em uma única pessoa. Wilson, signatário da Declaração de Independência, era advogado e um estudioso de jurisprudência – ocupações de forma alguma sinônimas. Nascido na Escócia, Wilson veio para a América aos 21 anos de idade, trazendo com ele uma mente bem formada nas universidades de Edinburgh e Saint Andrews. Ainda era 1774, ele já tinha uma percepção impressionante do que o Império Britânico poderia ser. "Estados distintos", escreveu ele, "independentes entre si, mas conectados sob o mesmo soberano". Wilson trouxe essa percepção consigo para 1787, modificou-a e adaptou-a para a Constituição dos Estados Unidos da América.

James Wilson foi chamado de o herói não-celebrado da Convenção Federal. Um século mais tarde, *Lord* Bryce (1838-1922) iria considerá-lo como um dos "intelectuais mais profundos e um dos pensadores mais rigorosos" da Convenção. Wilson acreditava em um governo central forte e na soberania do povo. Ele era um pensador livre, independentemente de outras pessoas; uma característica que o colocava em situações muito complicadas. "Pouco depois da Convenção Federal, Wilson seria queimado em efígie por uma multidão agitada, que odiava sua forma de agir e de pensar em relação à política da Pensilvânia. Um demônio de especulação financeira havia tomado conta de James Wilson; arriscar estava no seu sangue. Sem a menor ideia sobre como lidar com as ações das companhias de terras a Leste, um dia ele seria forçado a fugir dos seus credores, fora de si pela ansiedade e bradando que estava sendo caçado feito um animal selvagem.

Se as especulações de terra de Wilson influenciaram a sua habilidade política, não há como dizer, embora ele tenha sido acusado de pleito especial no Congresso e nos tribunais – com certeza especuladores do Leste tinham a firme opinião de que uma forte autoridade central favoreceria a valorização das terras. Wilson não foi o primeiro estadista dedicado cujos serviços ao seu país estavam estranhamente misturados com sua incapacidade pessoal para administrar suas finanças. Pode-se pensar em um homem muito maior, *lord chancellor* Sir Francis Bacon, acusado de suborno pelo Parlamento inglês em 1621. Pode-se pensar também em outro membro da Convenção Federal, Robert Morris, chamando muita atenção na sociedade da Filadélfia e morrendo na desgraça da dívida e da pobreza.

Quando James Wilson se levantou em junho de 1787, a fim de insistir em um Executivo único para os Estados Unidos, seus colegas viram um homem de 44 anos, ombros caídos, ventindo uma camisa elegante com babados e exibindo uma expressão diligente e calma. Usava óculos com lentes redondas, cujos aros de aço ficavam enganchados na sua peruca empoada. O sotaque rural escocês de Wilson era acentuado – os moradores da Filadélfia o conheciam como *James, o Caledônio*. Sua moção para "um Executivo único e forte" foi recebida com uma oposição instantânea. Roger Sherman declarou que a magistratura executiva "nada mais era do que uma instituição para levar a efeito a vontade do legislativo [...] a pessoa ou pessoas devem ser nomeadas e responsáveis apenas pelo legislativo, que era o depositário da vontade suprema da sociedade". Randolph, por sua vez, "opôs-se de forma veemente" à unidade da magistratura executiva. Ele a considerava o embrião da monarquia. Não conseguia ver por que os grandes requisitos para o departamento Executivo – força, agilidade e responsabilidade – não podiam ser encontrados em três homens tão bem quanto podiam ser encontrados em um. Não devemos olhar para "o governo britânico como nosso protótipo. O espírito resoluto do povo da América exige uma forma diferente de governo".

## O CHEFE DO EXECUTIVO.

James Wilson discordava. A unidade no Executivo, ele alegava, ao invés de ser o embrião da monarquia, seria a melhor proteção contra a tirania. A pluralidade no Executivo provavelmente geraria uma tirania tão ruim quanto os trinta tiranos de Atenas ou os decênviros[41] de Roma. Ele tampouco seguia o modelo britânico. "Nós devemos levar em consideração dois aspectos importantes existentes em nosso país [...] a extensão e os costumes dos Estados Unidos". Um país tão grande, disse Wilson, "parece exigir o vigor da monarquia", contudo, "os costumes são contrários a um rei e são puramente republicanos".

A Convenção já estava se acostumando a certas expressões: *o embrião da monarquia, o espírito resoluto deste país, o sentido de Nação*... Os membros também estavam se acostumando a referências relativas à forma britânica de governo... Como é na Inglaterra?, a pergunta era insistente; Como são as coisas na Câmara dos Comuns?; Os juízes da Inglaterra têm uma participação no legislativo, ou atuam de forma meramente consultiva? Era bastante natural. Inclusive, o homem mais jovem presente nasceu sob o governo britânico; todos eles cresceram acreditando que o governo inglês e o direito comum inglês constituíam o melhor e mais livre sistema na Terra. Apenas quando a Grã-Bretanha traiu seus princípios – teriam dito eles –, é que as colônias entraram em guerra. Contudo, a guerra havia acabado. Por que, então, não olhar para o governo britânico como um modelo? O célebre Montesquieu não havia feito isso quando defendeu um sistema tripartido de Judiciário, Legislativo e Executivo?

No entanto, havia membros da Convenção que não aceitariam isso de forma alguma. "Nós estávamos permanentemente preocupados", escreveu Luther Martin mais tarde, "com argumentos e precedentes do governo britânico". Em 2 de junho, John Dickinson, levantando-se para se declarar favorável a um Executivo único, disse que considerava uma monarquia limitada "como *um* dos melhores governos do mundo", embora, acrescentou, na América estivesse fora de questão. Uma Câmara dos Nobres não poderia ser criada de uma hora para outra por uma simples assinatura. No entanto, "não devemos nos desesperar".

Dickinson estava com 54 anos e havia ficado famoso na América após a publicação, em 1768, das suas *Letters from a Farmer in Pennsylvania to the Inhabitants of the British Colonies*. Todos, em toda a parte, haviam lido as *Letters*. Seu autor parecia familiarizado com a teoria e com a prática, conhecia os princípios subjacentes à liberdade inglesa e o impasse ao qual as colônias tinham chegado com a metrópole.

---

[41] Os trinta tiranos de Atenas referem-se àqueles magistrados que compunham o governo oligárquico ateniense, o qual durou alguns meses de 404 a.C. Os decênviros constituíam a magistratura judicial composta por dez cidadãos que, com o pretor, eram encarregados de codificar as leis da antiga Roma. (N.E.)

As *Letters* foram escritas em um estilo terno e simples, de homem para homem, quase com um toque de Franklin. Dickinson estudou direito na Middle Temple[42], em Londres, e casou-se com a filha do parlamentar Isaac Norris (1701-1766) e, no Congresso Continental, estava contado entre os "cool Devils[43]" (James Wilson era outro) que, em 1776, haviam feito o máximo possível para atrasar a Independência, enfurecendo John Adams. Era a Dickinson que John Adams se referia na notória carta interceptada de 1775, alguém com "uma indisputável grande fortuna e um talento insignificante". Ainda assim, foi Dickinson quem, em julho de 1775, escreveu o magnífico texto de encerramento da *Declaration of the Cause and Necessity of Taking Up Arms* e, um ano depois, foi presidente do comitê que redigiu os Artigos da Confederação. Apesar de votar contra a Declaração da Independência, Dickinson marchou imediatamente para Elizabethtown com a milícia. Na Convenção de 1787, ele foi um dos maiores defensores de um governo nacional.

O debate sobre um Executivo único ou plural começou a crescer à medida que os membros esqueceram a timidez. Embora o Plano Virgínia favorecesse um Congresso forte, Randolph levantou-se novamente com objeções a um Executivo único. O povo, afirmava Randolph, nunca seria levado a colocar sua confiança em nenhum homem. Além disso, não importava quem fosse nomeado, seria certo que moraria próximo ao centro onde se concentra a população. "Consequentemente, as regiões mais remotas não estariam em pé de igualdade". Já um Executivo de três membros poderia vir de três partes diferentes do país.

Pierce Butler, da Carolina do Sul, opôs-se veementemente. Ele afirmava ter visto na Holanda como a pluralidade de chefes militares desestabilizara aquela pequena república quando ameaçada de invasão pelas tropas imperiais. Além de que os membros de um Executivo plural seriam influenciados pelos interesses da localidade de onde vieram. Pierce Butler nasceu na Irlanda, filho de um membro do Parlamento. Sua mãe era uma Percy, da velha nobreza, algo que seu filho não deixava que as pessoas esquecessem. Butler usava uma peruca empoada, um belo lenço amarrado ao pescoço (conhecido como *stock*), renda dourada aplicada ao seu casaco e montava um lindo garanhão. Ainda assim, em casa, na Carolina do Sul, ao invés de apoiar o grupo de fazendeiros-comerciantes ao qual pertencia, Butler

---

[42] Middle Temple, juntamente com a Inner Temple, Gray's Inn e Lincoln's Inn, formam as quatro sociedades jurídicas que, juntas, constituem as Inns of Court – as principais Ordens dos Advogados inglesas – fundadas no início de 1300. Elas detêm o direito exclusivo de conferir o título de advogado a estudantes de direito; os advogados formados devem fazer parte delas. (N.E.)

[43] "*Devil*" aqui está sendo usado para referir à pessoa, mas em um tipo de contexto em que, no português brasileiro, não se traduz. Exemplo, "*a lazy devil*", um preguiçoso. "*Cool Devil*" seria, portanto, um descarado. (N.T.)

## O CHEFE DO EXECUTIVO.

defendeu o povo do interior, ajudou-os quando os políticos da costa tentaram desvalorizar suas propriedades ou recusar-lhes uma representação adequada no legislativo estadual. Butler era impulsivo e um tanto rabugento. Na Convenção, apoiou firmemente a ala nacional. Era lógico que ele sairia na defesa de um Executivo único. Entretanto, quando o debate rapidamente voltou-se para a Resolução VIII da Virgínia – dar ao chefe do Executivo um veto sobre o Legislativo –, de repente mudou sua posição. Os cavalheiros pareciam pensar, apontou Butler de forma impetuosa, que não havia nada a concluir sobre um abuso do Poder Executivo. "Mas por que um Catilina[44] ou um Cromwell não poderiam surgir neste país como em outros?".

A Convenção Federal ouviria muito sobre Catilinas e Cromwells. Embora ninguém tenha mencionado nominalmente o rei George III (1738-1820), era claro que o infeliz monarca estava na mente de todos. "Os cavalheiros pretendem", perguntou Mason, "pavimentar o caminho para a monarquia hereditária? Eles se iludem achando que o povo algum dia consentirá com tal inovação?".

O veto presidencial – a Convenção chamava-o de "negativa do Executivo" – era uma questão de extrema e fundamental importância. A experiência fez com que os cidadãos passassem a ser cautelosos em relação ao Poder Executivo, fosse no estado ou na Nação; fosse único ou plural; um homem ou três. A oitava resolução da Virgínia sugeria que o chefe do Executivo, junto com "um número conveniente do Judiciário Nacional", deveria compor um Conselho de Revisão a fim de examinar os atos do Congresso antes de entrarem em vigor. Benjamin Franklin tinha opiniões definidas sobre o assunto. Tendo sido membro da antiga Assembleia, quando a Pensilvânia ainda era uma colônia privada da família Penn, Franklin tinha experiência, disse ele naquele momento, sobre esse tipo de controle do Executivo sobre o Legislativo, quando:

> [...] a negativa do governador era com frequência usada como meio para extorquir dinheiro. Nenhuma boa lei poderia ser aprovada sem uma negociata particular com ele. Um aumento de salário ou alguma doação sempre funcionavam como uma condição para algo, até que, no final, tornou-se rotina ter no Tesouro pedidos em seu favor apresentados juntamente com projetos de lei a serem assinados, de modo que ele pudesse realmente receber os pedidos antes de assinar os projetos.

---

[44] Lúcio Sérgio Catilina (108 a.C.-62 a.C.) foi um militar e senador romano que tentou derrubar a República de Roma. (N.R.)

Quando os índios, continuou Franklin, estavam escalpelando àqueles do Leste e ficou-se sabendo disso, o governador não aprovaria nenhum meio de autodefesa até que fosse acordado que as propriedades privadas deveriam ficar isentas de impostos [...] Caso o Executivo tivesse um conselho eleito para ajudá-lo, seu poder seria menos questionável. "Era verdade que o rei da Grã-Bretanha não havia exercido sua negativa desde a Revolução [de 1688], mas isso podia ser facilmente explicado. Os subornos e emolumentos agora dados aos membros do Parlamento tornaram [a negativa real] desnecessária, tudo passou a ser feito de acordo com a vontade dos ministros". Ele temia, acrescentou o doutor, que, se o Executivo recebesse uma negativa sobre os atos do Legislativo, ele exigiria cada vez mais poder, até que, no final, o Legislativo estaria em "completa sujeição à vontade do Executivo".

O dr. Franklin morou por muitos anos no exterior. Ele conhecia os britânicos, conhecia os franceses e falava ambas as línguas – e conhecia o estado da Pensilvânia do qual foi presidente. Ele almejava por um Executivo plural, e deixava isso claro. Não apenas um Executivo único pode ser altamente ambicioso, ou "ter um gosto pela guerra", como pode também ficar doente. Quem, então, iria conduzir os interesses públicos? Se o magistrado-chefe viesse a morrer, quem serviria até uma nova eleição? Por que não eleger um conselho vitalício? Quanto a um único magistrado-chefe, Franklin disse: "O primeiro homem colocado no comando será um bom magistrado. Ninguém sabe que tipo pode vir depois".

Franklin estava muito velho; e sua voz, fraca. Consciente da sua idade, dizia ele, e de uma memória já pouco confiável, limitou-se a escrever sobre o tema da remuneração para o Executivo. James Wilson ofereceu-se para ler o documento, Franklin concordou... O doutor, assim estava no texto, opunha-se fortemente a salários para o Poder Executivo, fosse único ou plural. "Senhor", leu Wilson, "há duas paixões que têm uma influência poderosa sobre aquilo que diz respeito ao homem. Refiro-me à ambição e à avareza, o amor ao poder e o amor ao dinheiro". Salários que começavam moderados logo seriam aumentados; os candidatos lutariam entre si por espaços e posições. Na Inglaterra, os homens ocupavam altos postos sem remuneração. Aqui, em nosso próprio país, havia o exemplo dos *quakers*, os quais, nos casos de serviço público, consideravam o lucro inversamente proporcional à honra: quanto menos lucro, mais honra. Além do mais, um Executivo remunerado levaria o quanto antes a uma monarquia na América. Havia uma inclinação natural da humanidade para um governo monárquico. Às vezes, essa forma os libertava da dominação aristocrática. Eles prefeririam um tirano a quinhentos. "Praticamente não existe um rei em cem que, se pudesse, não seguiria o exemplo de um faraó, ao obter primeiro o dinheiro de todo o povo, depois todas as suas terras e, por fim, fazer deles e dos seus filhos servos para sempre".

## O CHEFE DO EXECUTIVO.

E, se fosse utópico pensar que homens de valor serviriam sem receber pagamento algum por isso –, não vimos [...]:

> [...] o grande e mais importante dos nossos oficiais, o general dos nossos exércitos, servindo por oito anos seguidos, sem a menor remuneração, ser executado por um patriota, a quem não vou agora ofender com nenhum outro elogio [...] e devemos ter dúvidas de encontrar três ou quatro homens em todos os Estados Unidos com espírito público suficiente [...] para administrar nossos interesses civis e assegurar que nossas leis sejam devidamente executadas?

Durante todo esse tempo, Washington, tendo se retirado da cadeira da presidência, esteve com os delegados da Virgínia à sua mesa. Todos na Câmara – talvez todos na América – sabiam que o general Washington, de uma forma ou de outra, estaria à frente do novo governo. Contudo, aqui estava ele, sentado com as costas fortes eretas, como sempre, o rabo de cavalo empoado, colarinho engomado, enquanto os homens debatiam se um único magistrado-chefe era confiável para a América e, além disso, se poderia ser confiável recebendo um salário pago pelo povo. A questão toda, Madison escreveu mais tarde para Jefferson, era "particularmente embaraçosa".

O artigo de Franklin terminava com uma moção para que o Executivo não fosse pago. Alexander Hamilton levantou-se para apoiá-lo. Nenhuma discussão se seguiu, e a moção foi adiada –"tratada com grande respeito", escreveu Madison, "mas antes devido ao seu autor do que por qualquer convicção aparente sobre sua conveniência ou viabilidade".

James Wilson observou naquele momento que as pessoas, em seus governos estaduais, estavam "acostumadas e resignadas a um único Executivo". A Convenção não ficou impressionada. Quem iria refrear um chefe de Executivo ambicioso, como ele deveria ser checado e controlado? Por *impeachment*? George Manson, como Randolph, manifestou-se fortemente por um Executivo triplo, uma pessoa do Norte, uma do Centro e uma dos estados do Sul. Isso não iria acalmar as pessoas, perguntou Mason, e três homens assim escolhidos não trariam consigo para o mandato a percepção mais perfeita e ampla dos reais interesses desta grande união?

Os estados, sete a três, votaram em Comitê por um único Executivo – Nova York, Delaware e Maryland votaram não; e "o *Gen. W.* votou sim", escreveu Madison.

\*\*\*

"Eu considero", disse George Mason em um tom sombrio, "o governo federal, em alguma medida, dissolvido pela reunião desta Convenção". Mason exagerou, pois o Congresso realizava suas sessões, e os escritórios de Guerra, do Tesouro e de Relações Exteriores ainda mantinham suas atividades, assim como o escritório de Registro de Terras Públicas. Entretanto, era verdade que a Convenção já havia em muito excedido o que lhe cabia fazer. (Chegaria o tempo quando um presidente dos Estados Unidos – o oitavo presidente americano, Martin Van Buren, 1782-1862 – iria se referir à redação da Constituição como "um ato heroico e ilegítimo").

Veio, então, a oitava resolução, referente ao veto do Executivo. Ela sugeria que "o Judiciário deveria se juntar ao Executivo para revisar as leis" quando necessário. Rufus King imediatamente se opôs. Os juízes, argumentou ele, ao receberem os casos, certamente impediriam a aplicação de leis que fossem incompatíveis com a Constituição; eles, portanto, não deveriam ter parte na elaboração dessas leis, nem mesmo o poder negativo de veto. Dickinson concordou. O Judiciário Nacional não deve se confundir com o Executivo "porque um é o analista; o outro, o executor das leis".

O dr. Franklin achava que, em todo o caso, era inapropriado dar a uma pessoa poder para vetar uma lei aprovada pelo Legislativo. Madison, "em um discurso muito hábil e engenhoso", escreveu Mason, manifestou-se fortemente a favor da união dos juízes com o Executivo na forma de um Conselho de Revisão. Tal movimento seria rigorosamente adequado, pontuou Madison, "e de maneira nenhuma interferiria naquele que era independente a ponto de ser aprovado e diferenciado nos vários departamentos". Elbridge Gerry, entretanto, comentou, irritado, que não queria ver o Executivo "regulado pela sanção e seduzido pelos sofismas dos juízes".

Os juízes presentes – Rutledge, da Carolina do Sul; Blair, da Virgínia; Yates, de Nova York; Brearley, de Nova Jersey; Read, de Delaware; Ellsworth, Sherman e Johnson, de Connecticut – sorriram quando Elbridge disse isso? Entre os 55 delegados, 34 eram advogados. O Congresso mostrava uma proporção ainda maior; advogados haviam escrito a Declaração de Independência e os Artigos da Confederação. Ainda assim, os advogados estavam cientes do preconceito americano em relação a eles, especialmente desde a Revolução. Havia sobre os advogados o estigma da Inglaterra, do Middle Temple e do Inns of Court, e, acima de tudo, havia o estigma da autoridade. Os advogados exigiam que os devedores pagassem. Os advogados jogavam homens honestos na prisão por dívidas em casos que não era culpa dos devedores propriamente ditos, mas da depreciação, de tempos difíceis, da exigência de pagamento em espécie quando tudo o que um fazendeiro tinha era um baú cheio de papel sem valor.

## O CHEFE DO EXECUTIVO.

Dizem que as revoluções, como as utopias, acreditam sempre que podem funcionar melhor sem tribunais. William Shakespeare (1564-1616) sabia disso: "A primeira coisa a fazermos: vamos matar todos os advogados!", grita um dos rebeldes de Jack Cade[45]... Uma bela anarquia, os tribunais fechados, as prisões esvaziadas, os ricos humilhados e nenhum oficial de justiça batendo à porta com intimações. Pouco tempo depois da reunião do Congresso Continental, em 1775, John Adams, aquele fervoroso amante da lei, teve uma experiência assombrosa. Ao retornar da Filadélfia, ele encontrou em Boston um cliente antigo, um daqueles homens que estão sempre sendo processados em tribunais. O homem estava muito entusiasmado. "Oh, sr. Adams!", exclamou ele, "que grandes coisas você e seus colegas fizeram por nós! Nunca poderemos ser-lhe gratos o suficiente! Não existem atualmente tribunais de justiça nesta província, e eu espero que nunca haja outro!". Esse incidente, contou Adams, levou-o a um estado de melancolia. Foi por isso que arriscou sua vida e fortuna em uma revolução? A seu ver, ele achava que estava lutando pela lei, não contra ela.

Para os homens do capitão Shays, os advogados eram "feras selvagens" que "se moviam em bandos". Pessoas que não gostam de advogados tendem a vê-los movendo em bandos. Além do mais, desde a paz de 1783, os advogados fizeram-se extremamente impopulares por defenderem no tribunal ex-conservadores, recuperando para eles suas terras e casas, que haviam sido confiscadas pelos patriotas. Alexander Hamilton teve um papel ativo nesse sentido, assim como Yates, de Nova York. Hamilton, inclusive, escreveu artigos para jornais recomendando sua posição. O ataque à casa de James Wilson estava, em parte, relacionado à sua defesa dos conservadores.

Quando Elbridge Gerry falou sobre os sofismas dos juízes, ele estava expressando um preconceito generalizado. Gerry teria muito a dizer nesta Convenção e ele estava em posição de fazê-lo, afinal, foi signatário tanto da Declaração de Independência quanto dos Artigos da Confederação. Gerry, na verdade, ocupava-se com a política desde o dia de 1772 quando ficou sob a influência de Samuel Adams. Em termos políticos, Gerry era um homem totalmente contraditório. Durante toda a sua vida oscilaria entre o federalismo e o antifederalismo. Ele era

---

[45] Jack Cade liderou uma revolta popular, entre os meses de abril e julho do ano de 1450, contra o governo da Inglaterra. A origem desse movimento está na corrupção, na má administração e no abuso de poder dos conselheiros mais próximos do rei Henrique VI. Ele foi depois transformado em um personagem que aparece em *Henrique VI*, de Shakespeare. Na peça, ele surge no Ato 2, e é retratado como um homem comum e um guerreiro corajoso que provoca uma onda de violência sob as ordens de York, enquanto este não está ainda na Inglaterra, alegando que seria um *yorkista* e contra o rei Henrique VI. Matando vários literatos, Stafford, *Lord* Saye, etc, Cade acaba morrendo ao fugir da própria tropa que o trai. (N.E.)

magro e pequeno, tinha uma aparência preocupada – um nariz comprido, uma mania de semicerrar os olhos quando falava, além de uma gagueira discreta; e por alguma razão misteriosa, tinha uma reputação de mulherengo. E se ofendia facilmente. John Adams disse que Gerry tinha aquele tipo de obstinação que "arriscava coisas grandes para proteger as pequenas". Gerry não era apenas cheio de artimanhas, mas tinha energia para colocá-las em prática.

Sobre a questão de um veto absoluto para o Executivo, o Comitê votou "não", dez estados contra nenhum. A certa altura da discussão, Madison sugeriu que uma proporção adequada do Congresso pudesse anular o veto do Executivo. Nenhum chefe de Executivo, afirmava Madison, teria firmeza suficiente para ir contra todo o Congresso. Até mesmo o rei da Grã-Bretanha, em todo o seu esplendor, não pôde resistir aos anseios de ambas as Casas do Parlamento!

Os estados votaram sobre essas variações do poder revisional do Executivo, mas nenhum acordo foi alcançado, nem o seria até 18 de junho, quando o Comitê finalmente concederia o poder de veto ao Executivo, sujeito, contudo, à anulação por dois terços do Congresso – e assim vigoraria na Constituição.

*\*\**

Na manhã seguinte, terça-feira, William Livingston chegou. Ele tinha quase 64 anos de idade e, escreveu um delegado, "uma saúde notável". Governador de Nova Jersey desde 1776, Livingston participou dos dois primeiros Congressos Continentais e ficou famoso pelo papel ativo que desempenhou na Revolução – um jornal conservador chamou-o de "o Dom Quixote das Jerseys". De boa família e posição privilegiada, era conhecido por uma integridade determinada, uma energia sem limites e uma tendência a se agitar quando seus princípios políticos eram atacados. Mesmo com tais características, Livingston curiosamente pouco participou dos debates no plenário da Convenção. Ele foi, contudo, nomeado para vários comitês, dentro dos quais, disse Madison mais tarde, "pode-se presumir que teve intensa atuação e exerceu significativa influência". Em pessoa, Livingston era alto, magro, desajeitado. Certa vez, alguém o chamou de "poste de açoite", e o epíteto ficou. Ele era um dos nomes mais conhecidos da Convenção.

Na manhã da chegada de Livingston, o debate girou em torno da Resolução IX de Randolph, referente à nomeação de tribunais inferiores. Quem iria nomear os juízes federais para os estados? Ficaria a cargo do Executivo ou do Congresso fazê-lo? James Wilson achava melhor que a nomeação fosse realizada por uma única pessoa responsável – a experiência mostrava que nomeações feitas por grandes entidades resultavam em "intriga, parcialidade e dissimulação". Rutledge discordava diametralmente. E como *chanceler* na Carolina do Sul, ele carregava um peso enorme. "Ditador John" era como o chamavam durante a Revolução, pois ele estava acostumado a ser ouvido. De forma alguma, insistia ele, o chefe do Executivo deve nomear juízes. "O povo", disse Rutledge, "vai pensar que estamos nos inclinando demais em direção à monarquia" (um argumento que a Convenção sempre teve em mente). Rutledge era contra o estabelecimento de qualquer tribunal nacional, exceto de uma única Suprema Corte.

Roger Sherman argumentou que os tribunais estaduais existentes serviriam ao mesmo propósito. Um novo conjunto de tribunais federais seria muito caro. Rufus King discordava; para ele, esses tribunais, no final, economizariam muito mais do que custariam para serem estabelecidos, pois evitariam apelações. Pierce Butler era fortemente contrário à criação de tribunais federais. O povo não iria suportar uma inovação como essa. Os estados se revoltariam contra tais intromissões. Mesmo que os tribunais fossem úteis, a Convenção não deveria se aventurar em algo assim. "Devemos seguir o exemplo de Sólon, o qual deu aos atenienses não o melhor governo que ele poderia conceber, mas o melhor que eles aguentariam".

À medida que o debate se intensificava, o dr. Franklin interveio cautelosamente. Até agora, dizia ele, foram mencionados apenas dois modos para escolher os juízes. Tratava-se de um ponto de grande importância, e ele desejava que outras formas pudessem ser sugeridas. Ele gostaria de apresentar um método a respeito do qual ouvira falar e que era usado na Escócia. Ele então, escreveu Madison, "de uma maneira concisa e interessante, relatou um modo escocês, segundo o qual a nomeação partia dos advogados, os quais sempre selecionavam o mais hábil da profissão a fim de se livrarem dele e dividirem entre si a sua clientela". Aqui, na América, por outro lado, era interesse dos eleitores fazer a melhor escolha.

Homens mais velhos podem ser tediosos. Mesmo quando este velho em particular contou uma história, foi impossível não se distrair. Madison propôs que as palavras "nomeação pelo Legislativo" fossem suprimidas da nona resolução e que fosse deixado um espaço vago "para ser preenchido de agora em diante a partir de uma reflexão mais ponderada". Os estados votaram no Comitê do Todo, aprovando por nove votos a dois.

O final da terça-feira, 5 de junho, foi dedicado a uma rápida revisão das seis resoluções da Virgínia restantes, a opinião predominante da reunião era, como sempre, manifestada através do voto. A Resolução X foi aprovada sem divergência: *"que provisão deve ser feita para a admissão de estados que surjam legalmente dentro dos Estados Unidos"*. A Resolução XI, que garantia um governo republicano para todos os estados, foi adiada por uma moção proposta por Nova Jersey, cujo procurador-geral, Paterson – defensor de um estado pequeno –, desejava que "o ponto de representação" fosse primeiramente decidido. Paterson, como Patrick Henry, "suspeitava de alguma coisa". A Resolução XII da Virgínia passou sem ser debatida: *"pela continuação do Congresso [...] até um dia determinado após a reforma dos Artigos da União ser adotada e para o cumprimento de todos os seus compromissos"*. O Congresso, afinal de contas, ainda era altamente necessário. A décima terceira resolução previa emendas à Constituição, sem a necessidade de parecer favorável do Congresso. Foi, contudo, adiada devido à oposição de três estados – e de Elbridge Gerry. A proposta seguinte, que exigia que os funcionários estaduais prestassem juramentos de apoio ao governo federal também foi adiada – "depois", escreveu Madison, "de uma conversa curta e desinteressante".

A última Resolução da Virgínia, a de número XV, dizia respeito à ratificação. Aqui o debate foi tudo, menos desinteressante. *"Que a emenda"*, escreveu Yates, *"que será oferecida* à *confederação, pela Convenção, deve, em um momento adequado... após a aprovação do Congresso, ser submetida a uma assembleia ou assembleias de representantes, recomendadas por diversas legislaturas, a serem expressamente escolhidas pelo povo, para examiná-las e deliberar sobre elas"*. Como todos os delegados sabiam, o método de ratificação era imensamente importante; por tal método a Constituição poderia permanecer ou cair. Roger Sherman considerava uma ratificação popular desnecessária. Os Artigos da Confederação não previam mudanças e alterações com o consentimento do Congresso e de nove estados? Para Madison, contudo, a ratificação popular era essencial. Os Artigos da Confederação, argumentou ele, eram "um tratado, apenas de um tipo específico", em que a violação de qualquer um dos artigos eximia as outras partes da obrigação para com o todo. A nova Constituição precisava, disse Madison, de uma ratificação "no formato mais inatacável e a partir da autoridade suprema do próprio povo".

Elbridge Gerry, como era típico seu, "parecia ter medo", escreveu Madison, "de submeter o novo sistema ao povo". De acordo com Gerry, as pessoas dos estados da Nova Inglaterra tinham "as ideias mais insanas do mundo quando o assunto era governo". (Novamente o fantasma do capitão Shays!). Em Massachusetts, contava Gerry, eles defendiam a extinção do Senado e a atribuição de todos os poderes do governo a um legislativo unicameral. Entretanto, Rufus King, colega de Gerry, discordou; ele era favorável à ratificação popular. Essas convenções especiais, dizia King, tinham uma Câmara apenas, por meio da qual a escolha poderia ser realizada com mais facilidade.

James Wilson levantou-se de imediato com um alerta solene e um lembrete sobre os perigos que viriam. No período de ratificação, a nova Constituição poderia muito bem ser derrotada "pela oposição imprudente e egoísta de alguns estados". Ele tinha a esperança, dizia Madison, de que, independentemente de qualquer provisão para a ratificação, ela não exigiria unanimidade, mas permitiria, pelo menos, uma união parcial "com uma porta aberta para a adesão dos demais estados".

O problema da ratificação – a Resolução XV – foi adiado para uma deliberação futura. Charles Pinckney, entretanto, com dúvidas sobre se o país aceitaria um sistema de governo tão ousado, tão cheio de inovações, levantou-se para dizer que "esperava que, no caso de o experimento não se dar de forma unânime, nove estados poderiam ser autorizados a se unirem sob o mesmo governo".

CAPÍTULO 6

# "Vida, liberdade e propriedade". O Povo no Geral. O Método de Eleição dos Congressistas. 6 a 7 de Junho.

*Se nenhum estado abrir mão de qualquer aspecto da sua soberania, é inútil discutir um governo federal.*
JAMES WILSON, NA CONVENÇÃO

O Comitê do Todo da Câmara, tendo revisado todas as quinze resoluções da Virgínia e tendo concordado, negado ou adiado cada uma delas individualmente, retomou mais uma vez, na quarta-feira de manhã, 6 de junho, aquele que era o mais controverso dos seus problemas, a quarta resolução: "*os membros do primeiro ramo da legislatura nacional devem ser eleitos pelo povo dos vários estados*". O primeiro ramo era, é claro, a Câmara dos Representantes. Uma semana antes, no Comitê do Todo, a votação foi de seis a dois pela eleição popular — com Nova Jersey e a Carolina do Sul votando "não", e Connecticut e Delaware divididos. Contudo, os estados pequenos, nada satisfeitos, não pretendiam deixar a questão de lado. Uma eleição popular significa representação popular e a eliminação de dez estados por três? Além do mais, havia delegados que não estavam dispostos a confiar tal responsabilidade ao povo.

Na manhã de 6 de junho, Charles Pinckney, da Carolina do Sul, abriu os trabalhos propondo que o primeiro ramo – o dos Representantes – fosse eleito, não pelo povo em geral, mas pelos legislativos dos estados, com base no agora conhecido argumento de que "o povo era juíz menos apto". Se os legislativos estaduais se sentissem excluídos de qualquer participação no novo governo, eles poderiam se recusar a adotá-lo e não querer ratificá-lo. Cada delegado reconhecia o prestígio dos políticos locais em seu estado. Restava saber se eles eram mais poderosos do que os homens de mentalidade nacional, continentalistas, como Hamilton, Madison, Washington e Wilson.

## "VIDA, LIBERDADE E PROPRIEDADE".

Elbridge Gerry concordava com Pinckney que os legislativos estaduais deveriam indicar os representantes no Congresso. Contudo, o povo não poderia primeiramente nomear algumas pessoas dos seus distritos, e elas, por sua vez, fazerem a nomeação final? Como Pinckney, Gerry não queria roubar do povo toda a confiança no novo governo, deveria ser permitido a eles sentirem que tinham sua parcela de participação. Na Inglaterra, contava ainda Gerry, as pessoas corriam o risco de perderem sua liberdade, pois pouquíssimas tinham o direito ao sufrágio[46]. Por outro lado, aqui o perigo era o oposto. Veja o que está acontecendo em Massachusetts!

> Os piores homens entram no legislativo [...] Homens indigentes, ignorantes, infames que não poupam esforços, por mais sujos que sejam, para fazerem prevalecer o que querem [...].

Para a maioria da Convenção, não havia dúvida de que *miséria* era uma palavra ruim. Encontramos estas expressões com frequência: pessoas sem propriedades ou caráter, homens sem caráter e patrimônio... "A influência mais perigosa", disse John Dickinson, "é daquelas multidões sem propriedade e sem princípios, que logo irão encher não apenas o nosso país, mas todos os outros". Hoje essas palavras são chocantes, quase absurdas, mas é bom lembrar que elas foram ditas em uma América onde, ao menos, por algumas gerações, a pobreza muito provavelmente significava preguiça e ociosidade. Três quartos da América de 1787 era agrícola, com abundância de terra e escassez de mão de obra. O imigrante mais pobre poderia, em pouco tempo, ganhar o suficiente para comprar seu próprio pedaço de terra, cortar suas árvores, erguer sua cabana de madeira e plantar suas sementes para a próxima primavera. Quando aqueles que governaram a América revolucionária falavam de "homens da melhor espécie", ou "homens da pior espécie", eles não estavam se referindo a homens com ou sem caráter, mas a homens com ou sem propriedade. E, se a palavra "propriedade" hoje carrega implicações filosóficas problemáticas, para a Convenção de 1787 tinha uma conotação completamente diferente: "propriedade" não era um privilégio de camadas superiores, mas um direito que um homem lutaria para defender. Homens de fato morreram para defendê-lo na guerra com a Inglaterra.

"*Liberdade, propriedade e nenhum selo!*" Foi o primeiro *slogan* da Revolução Americana. Nova York, em um momento estratégico, inclusive alterou-o para

---

[46] O sufrágio, enquanto direito, é o processo de escolha por meio do voto, uma eleição; o voto, por sua vez, é o instrumento pelo qual se exerce esse direito. Ou seja, apesar de popularmente sufrágio e voto terem adquirido a fisionomia de "sinônimos", tecnicamente não são. (N.E.)

"*Liberdade, propriedade e prudência*". Na tradição inglesa, a casa de um homem era seu castelo, incontestavelmente seu. A Magna Carta (1215) não havia declarado que, por conta própria, nenhum homem deveria ser privado de um direito de propriedade perfeita sobre a terra, exceto pelo legítimo julgamento de seus pares?

"Liberdade e propriedade", escreveu Voltaire, "é o grande grito nacional dos ingleses. É, sem dúvida, melhor do que 'São Jorge e meu direito', ou 'São Dinis e *Montjoie*'. É o grito da natureza". Stephen Hopkins, argumentando por Rhode Island contra o imposto do selo sugerido em 1764, anunciou que "aqueles que não têm uma propriedade, não podem ser livres". A famosa Carta Circular de Massachusetts[47], de 1768, declarou a propriedade "um direito essencial e inalterável, por natureza [...] sempre reputado como sagrado e irrevogável [...] de que aquilo que um homem adquiriu de forma honesta é absolutamente seu". Até mesmo Jean Jacques Rousseau tinha a propriedade como algo sagrado (embora ele desejasse uma distribuição mais equitativa). O Congresso Continental, redigindo sua primeira Declaração e Resoluções (1774), havia dito que os colonos tinham direito à "vida, liberdade e propriedade". Na Declaração de Independência, Jefferson alterou o texto, que passou a ler, "vida, liberdade e busca da felicidade". Ninguém sabia exatamente o que isso significava, mas eles não precisariam saber. Eles sentiam, respiravam essa ideia no ar da Revolução. Buscar a felicidade significava a possibilidade de um homem progredir na vida de acordo com as suas habilidades e diligência.

Para John Adams, a propriedade era um "direito da humanidade tão certo quanto a liberdade". Até o primo de John, Samuel Adams, mais do que rapidamente falou sobre "direito e propriedade" e declarou que "tornar instáveis o direito e a propriedade tendia a destruir a propriedade e o governo". Uma rebelião iniciada a partir do princípio de nenhuma tributação sem representação dificilmente é uma revolução proletária. Tampouco uma revolução proletária inclui um comandante em chefe de cuja boca facilmente sai a expressão "homens pensantes, princípios e propriedade". Ao contrário do que vemos hoje, ali não havia uma disputa entre os direitos humanos e os direitos de propriedade. Madison afirmou que "um homem tem propriedade em suas opiniões e na livre comunicação delas, ele tem propriedade no livre uso de suas faculdades, na segurança e na liberdade da sua pessoa".

---

[47] A Carta Circular de Massachusetts foi uma declaração redigida por James Otis Jr. (1725-1783) e Samuel Adams em 1768, distribuída aos órgãos representativos em outras colônias. Ela criticava e apontava o ato inconstitucional do Townshend Acts (1767), que taxavam a importação de chá, chumbo, tinta, vidro, papel, dentre outras coisas. Um tumulto político acabou gerando um ataque aos funcionários da alfândega e o envio de soldados britânicos a Boston, o que culminou no Massacre de Boston, em 5 de março de 1770, em que cinco civis foram mortos pelos soldados e seis foram feridos. (N.E.)

## "VIDA, LIBERDADE E PROPRIEDADE".

Para o século XVIII, a propriedade dava ao homem uma participação na sociedade, fazia dele alguém responsável, digno de voto e voz no governo. "A verdadeira fundação do governo republicano", escreveu Thomas Jefferson, "é o direito igual de todos os cidadãos, em sua pessoa e em sua propriedade [...] nos estados americanos", Jefferson continuou, "todos podem ter terra para trabalhar para si mesmo, se assim o quiserem". E "todos, por sua propriedade, ou por sua condição satisfatória, estão interessados em apoiar a lei e a ordem".

*Por sua propriedade, ou por sua condição satisfatória;* Jefferson foi, em um momento ou outro, dono de cerca de dez mil hectares e de cem a duzentos escravos[48]. A busca pela felicidade não começou do zero. "Tais homens", prosseguiu dizendo Jefferson, "podem com segurança e de forma proveitosa reservar para si mesmos um controle sadio sobre seus assuntos de interesse público e um grau de liberdade que, nas mãos dos canalhas das cidades da Europa, seria instantaneamente pervertido para a destruição e ruína de tudo o que é público ou privado".

A Convenção Federal não estava interessada na redistribuição de propriedade, nem se reuniu para esse fim. Ameaçados pela anarquia, os fundadores desejavam ordem, e acusar a Convenção de "conservadora" é olhar para 1787 com os olhos de hoje. John Jay (1745-1829), que não era membro da Convenção, mas que em breve seria um poderoso defensor da Constituição, não estava ofendendo os delegados ao dizer que "aqueles que eram os donos do país deveriam governá-lo".

A Convenção de 1787 discutiu a América não em termos de filosofia social, mas em relação ao país como eles o enxergavam à sua volta. Não havia aqueles miseráveis camponeses arrendatários nos campos, subsistindo pela benevolência do seu senhor. Esses homens eram donos da terra que cultivavam. Até mesmo as medíocres e desoladas cabanas da fronteira eram habitadas por colonos que haviam ido a Oeste por vontade própria. Os estados tinham de fato seus pobres, seus doentes, seus idosos desamparados. Cuidar deles foi visto pela Convenção como uma responsabilidade local. A Filadélfia tinha sua Casa de Esmolas e seus vinte Supervisores e Guardiões dos Pobres. A questão de uma grande parte da América depender da escravidão era outro aspecto que também não fazia parte do problema imediato da Convenção, pois eles não se reuniram para reformar a sociedade, mas para criar um governo para a sociedade tal como ela era. Os ricos ociosos eram

---

[48] Originalmente, para se referir aos escravos, a autora usou o termo *"negroes"* – palavra pejorativa nos EUA de hoje –; na época de lançamento da obra nos EUA a palavra compunha um acervo linguístico aceitável. Da mesma maneira ocorreu no Brasil, mas o termo usado era "pretos", como atestam nos anúncios de jornais e relatos oitocentistas. No caso deste livro, contudo, mantivemos a escolha das palavras "escravos" e "negros" ao se fazer referência a *"negroes"*. (N.T.)

ainda quase inexistentes. Um americano trabalhava por aquilo que lhe pertencia – tanto o fazendeiro do Sul quanto o comerciante do Norte sabiam disso.

Em resumo, a América era classe-média, a "assembleia de semideuses" de Jefferson era, em sua maior parte, uma assembleia de semideuses de classe-média, para quem a palavra 'povo' significava respeitáveis camponeses livres donos de propriedades alodiais de quarenta xelins. "O povo" eram homens que lutaram na Guerra Revolucionária, que participaram dos seus legislativos locais ou de reuniões municipais, ou cujos representantes autorizados os representavam. "O povo em geral – os camponeses livres do país", disse Gouverneur Morris ao debater sobre quem deveria eleger o chefe do Executivo. Richard Henry Lee (1732-1794), da Virgínia – mais tarde um importante anticonstitucionalista – , definiu que seria "a parte sólida, livre e independente da sociedade", a saber, "os homens de propriedades medianas; homens não endividados, por um lado, e homens satisfeitos com um governo republicano e que não almejavam fortunas, cargos e poder imensos".

A Convenção Federal era composta por homens que tinham propriedades. Mais da metade deles possuía títulos públicos, cujo valor poderia aumentar sob um governo novo e forte. Madison dizia a seus colegas que os Estados Unidos não haviam alcançado o estágio de uma Europa praticamente toda povoada, onde os proprietários e os pobres eram inimigos naturais. Em 1787, assim como hoje, os proprietários da América diferenciavam-se consideravelmente na sua empatia para com as pessoas comuns. Para George Washington, o capitão Shays e seus homens haviam sido "induzidos a erro". Para Jefferson, eles eram sinal de uma república saudável. Para Gerry, eles eram incorrigíveis e não deveriam ter nenhuma participação no governo.

Pelos próximos três meses, a Convenção iria debater, argumentar, brigar sobre a natureza e a disposição do povo americano, do "povo em geral". O que o povo desejaria da forma de governo, o que ele merecia, o que ele aceitaria? A maioria das Constituições estaduais exigia que os seus eleitores fossem donos das suas propriedades, em somas que variavam de vinte libras, em Nova York, a sessenta libras em Massachusetts, embora a Pensilvânia, Delaware e Nova Hampshire já tivessem se manifestado a favor de eleições livres. No final, porém, a Convenção deixou esse assunto para os legislativoss estaduais. Contudo, no que dizia respeito às qualificações de propriedade para cargos públicos federais, a Convenção tomou uma atitude mais ousada. Em muitos estados, essas condições eram rigorosas. Para ser governador de Massachuttes, um homem deveria ser dono de uma propriedade alodial equivalente a mil libras. A Carolina do Sul exigia do seu chefe do Executivo "uma plantação colonizada e uma propriedade alodial no valor de aproximadamente 10 mil libras em moeda corrente, livre de dívidas". Os representantes no legislativo estadual, por sua vez, deveriam possuir, em moeda corrente, 3,5 mil libras. Na Carolina do Norte, o governador tinha um salário, mas deveria ser dono de uma propriedade alodial no valor de mil libras. Dos membros da Câmara Baixa – a Carolina do Norte a chamava de Câmara dos Comuns –, era exigido que possuíssem "não menos do que cem acres de terra em absoluta posse legal".

É significativo que a Convenção simplesmente tenha anulado essas tradições e que, no fim, a Constituição dos Estados Unidos não tenha exigido qualificações de propriedade para os homens que governariam o país, fossem eles senadores, juízes ou chefe do Executivo. E não se chegou a isso sem luta. "É emocionante", disse um historiador, "traçar o caminho do crescimento da sensatez na sociedade".

\*\*\*

A questão das eleições populares era o que estava realmente no coração do governo republicano – um teste de até que ponto os homens confiavam em seus semelhantes, quanto poder eles ousavam conceder ao povo. Elbridge Gerry e Charles Pinckney trataram a questão de maneira franca, deixando bem clara sua desconfiança. James Wilson, da Filadélfia – James, o Caledônio –, pensava de outra forma. Levantando-se para contestar, Wilson não mediu suas palavras. Ele desejava um governo vigoroso. Para a Convenção, as palavras "vigoroso", "dinâmico", quando aplicadas ao governo, significavam um governo com fortes poderes centralizadores. Wilson desejava ver essa autoridade vigorosa "fluir imediatamente da fonte legítima de toda a autoridade – o povo [...] O governo", afirmava Wilson, "deve possuir não apenas primeiro a *força*, mas, em segundo lugar, a *mente* ou o sentido[49] do povo em geral. O legislativo deveria ser a cópia mais exata de toda a sociedade". Por que a representação era necessária? Simplesmente porque o povo não podia agir de forma coletiva. A oposição às eleições populares viria não dos cidadãos em geral, mas dos governos estaduais.

George Mason concordou. "Sob a Confederação vigente", disse ele, "o Congresso representa os *estados*, não o *povo* dos estados". Era uma característica de Madison destacar essas palavras, afinal, essa ideia tinha sido basicamente dele. "A situação vai mudar no novo plano de governo", continuou George Mason:

> O povo vai ser representado; deve, portanto, escolher seus representantes. Os requisitos da representação atual ditam que os representantes devem se compadecer

---

[49] As palavras aqui em itálico estão em destaque no texto original de Madison.

de seus constituintes; devem pensar como eles pensam, sentir como eles sentem; e para tanto, devem inclusive morar entre eles. Muito tem sido alegado contra eleições democráticas [...] Mas deve-se considerar que nenhum governo está livre de imperfeições e males e que eleições impróprias, em muitos casos, são inseparáveis de governos republicanos.

Madison aqui interveio firmemente. Para ele, o povo deve eleger, pelo menos, um dos ramos do legislativo. Isso, dizia, era "um princípio claro de um governo livre".

George Read, de Delaware, levantou-se com uma declaração que, vinda de um homem de um estado pequeno, era surpreendente, um presságio do que estava por vir. "Muito poder para realizar o embargo de bens", disse Read, "é entregue aos governos estaduais. Devemos olhar para além da sua continuidade. Um governo nacional deve, em breve, por necessidade, engoli-los todos. Em pouco tempo, eles acabarão reduzidos à mera função de eleger o Senado nacional".

George Read tinha 53 anos, era um dos signatários da Declaração, um advogado que esteve na política toda a sua vida. Ele morava em New Castle, em um casarão no Delaware, com gramados e estábulos em grande estilo, embora se dissesse que ele não tinha muito dinheiro. Read era alto, um pouco magro e agradável, mas com um ar de austeridade, e tinha olheiras como se suas noites fossem insones. Ele falava enfaticamente, à beira da raiva. Em vez de ver os estados pequenos ofuscados pelos grandes, preferia que todas as fronteiras fossem apagadas. Ele era contra consertar o antigo sistema federal. "Seria como colocar pano novo em roupa velha", disse:

> A Confederação foi fundada sobre princípios temporários. Não pode durar; não pode ser emendada. Se não estabelecermos um bom governo baseado em novos princípios, devemos ir à ruína ou ter que fazer todo o trabalho de novo. Suspeita-se erroneamente que o povo como um todo seja avesso a um governo geral [...] Os governos estaduais devem ser aniquilados! É melhor nos pronunciarmos.

Foi dramático, ameaçador; e não havia dúvida de que Read falava sério. Na esteira dessa explosão, ergue-se o general Charles Cotesworth Pinckney, da Carolina do Sul. Ele era onze anos mais velho do que o seu brilhante primo, Charles Pinckney, e havia lutado na guerra. Era uma pessoa excelente. Foi educado na Inglaterra, primeiro na Westminster School, depois na Universidade de Oxford, onde assistiu à série de conferências de Blackstone. Após estudar direito no Middle Temple, Pinckney passou no que seria a Ordem dos Advogados inglesa, e inclusive

## "VIDA, LIBERDADE E PROPRIEDADE".

acompanhou um juíz em um tribunal intineirante, antes de ir para a Europa fazer o *grand tour*. Ele falava francês fluentemente, era rico, casou-se muito bem, e devia ter a fala e os modos de um inglês. Quando foi prisioneiro em Charleston, os oficiais britânicos fizeram o possível para dissuadi-lo da causa americana. O general Pinckney era muito querido em seu próprio estado, "conhecido por ser um republicano tão convicto quando George Masoner, era dado, aliás, a maravilhosos floreios retóricos que eram inteiramente genuínos: "Se eu tivesse uma veia que não pulsasse de amor pelo meu país, eu mesmo a cortaria. Se eu tivesse uma gota de sangue que pudesse correr de forma desonrosa, eu mesmo a deixaria sair de mim".

Entretanto, na Convenção, ao responder para Read, de Delaware, Pinckney não deu voz a nenhuma declaração ostentosa. Em vez disso, ele fez uma daquelas observações irrelevantes, mas bastante pragmáticas, que às vezes aliviam os momentos mais tensos do debate público. Alguns estados, relatava o general, em tom de lamento, não tinham um número suficiente de pessoas para uma eleição popular. "Na Carolina do Sul, os habitantes são tão escassos que não se consegue nem reunir quatro ou 5 mil homens para votar".

Após essas palavras, o general sentou-se. Entretanto, se sua breve e modesta declaração pouco fez para esclarecer a Convenção Federal, para leitores modernos ela é um lembrete vívido da natureza extensivamente rural da América dos delegados, das vastas extensões do país desocupadas – os delegados teriam-nas chamado de "país selvagem" – e da simplicidade dos habitantes. Não muitos anos antes, durante um período crítico da Revolução, os deputados estaduais de Salém, Massachusetts, foram mandados de volta para seu estado quando se soube que haviam sido eleitos por meio de uma contagem de grãos de milho e ervilhas depositados em um chapéu. John Adams, ao ouvir isso, considerou: Bobagem! Que Salém elegesse pela contagem de bacalhau morto, mas que eles prosseguissem com os assuntos do governo.

Quando o general Pinckney terminou seu discurso, já era tarde. A Convenção foi encerrada. Nada de positivo havia sido alcançado. Os votos foram negativos, oito a dois contra a eleição popular para a Câmara dos Representantes. Claramente, o trabalho dessa quarta-feira tinha que ser todo refeito. Era em noites como essa que Washington se sentia impelido a escrever em seu diário: "Presente na Convenção, nada pelo que valesse a pena lutar, nenhuma ata do processo foi ou será inserida neste diário".

Naquele dia, choveu o tempo todo. O general almoçou com o dr. Franklin e ficou para o chá. Depois foi para a casa de Robert Morris e escreveu para Lafayette, que estava na França. O marquês ficaria surpreso, disse Washington, em saber que seu amigo estava mais uma vez – contrariamente a tudo o que ele falou e desejou – "em um teatro público". Participar da Convenção Federal, no entanto, era algo ao qual não podia resistir. Essas reuniões determinariam se a América teria um governo que garantiria vida, liberdade e propriedade, ou se o país cairia em anarquia, confusão e na ditadura de "algum aspirante a demagogo".

O *The Pennsylvania Packet* reimprimiu um artigo do *The New York Journal* referente à pertinência de os jornais receberem informações sobre o que estava acontecendo na Convenção. O tom do artigo era forte, mas sua denúncia foi cautelosa: "Neste momento terrível, quando um Conselho é convocado para decidir o destino da Confederação, não seria perigoso ou imprudente desviar ou destruir esse grande canal que serve, ao mesmo tempo, para satisfazer a curiosidade e reunir a voz do povo?".

Os delegados não queriam ser lançados nas águas turbulentas daquele "grande canal" –, a imprensa pública. As regras de sigilo continuavam valendo. Às dez da manhã, quinta-feira, sentinelas estavam posicionadas, como de costume, diante das portas da Câmara Estadual, saudando os membros; trocando, talvez, cumprimentos ou algum comentário sobre o tempo. Assim que a reunião foi convocada, com os delegados em seus assentos e as portas do corredor fechadas, a quinta resolução, referente ao Senado dos Estados Unidos, mais uma vez se apresentou. Quantos senadores seriam adequados e como deveriam ser eleitos? John Dickinson propôs que o Senado fosse escolhido pelos legislativos estaduais; Sherman, de Connecticut, apoiou-o. A serventia do Senado, argumentou Madison, estava em proceder com mais frieza, com mais método e mais sabedoria do que o ramo popular. (Isso foi, em geral, reconhecido como função da Câmara dos Lordes britânica). "Amplie o Senado", disse Madison, "e você transferirá a eles os vícios que cabem a eles corrigir". Elbridge Gerry lembrou imediatamente à Convenção que quatro formas de escolha do Senado haviam sido consideradas até agora: eleição pela Câmara dos Representantes, pelo Executivo Nacional, pelo povo, pelos legislativos estaduais. Que os delegados se lembrem de que a América estava dividida entre interesses fundiários e interesses comerciais. Gerry era favorável à eleição do Senado pelos legislativos estaduais, onde "os interesses comerciais e financeiros estariam mais seguros do que nas mãos do povo em geral". Os legisladores estaduais "têm mais senso moral e restringir-se-ão [...] das injustiças. O povo é a favor do dinheiro de papel, enquanto as legislaturas são contra".

Elbridge Gerry foi um daqueles políticos que podem conceber uma nova Legislação apenas em termos de seus próprios interesses. Isso não significa acusá-lo de trapaça ou falta de patriotismo. Poucos homens estiveram mais ocupados com a Revolução do que ele. Gerry, contudo, tinha dias em que ele não conseguia ver para além do seu nariz. Cego pelos acontecimentos – a Rebelião de Shays, os ho-

## "VIDA, LIBERDADE E PROPRIEDADE".

mens do dinheiro de papel em Massachusetts –, Gerry desejava uma Constituição que curasse os males daquele momento. Luther Martin – que, em breve, chegaria de Maryland – seria apenas outro e igualmente persistente. Na Convenção Federal, parecia que os homens do dinheiro, do "interesse comercial", mostravam-se menos úteis. Até então, foram os intelectuais – Madison, Wythe, James Wilson – que mostraram ter a visão mais ampla e estarem dispostos a assumir riscos calculados em prol do futuro.

John Dickinson, sempre moderado e sempre bem-informado, estava preparado agora com dois pronunciamentos. O primeiro era inaceitável e altamente característico dele; o segundo, uma feliz figura de linguagem que, de repente, esclareceu, para a Convenção, o conceito até então desconcertante de uma Federação nacional – aquele enigma de "dois governos supremos", o qual Gouverneur Morris considerou incompreensível.

Ele desejava, começou Dickinson, que o Senado americano fosse formado pelos personagens mais distintos – distintos por sua posição na vida, por seu peso em propriedades e por trazerem a mais forte semelhança possível com a Câmara dos Lordes britânica. Era mais provável que esses personagens fossem selecionados pelos legislativos estaduais do que por qualquer outro modo. Na América, havia uma variedade de interesses a serem reconciliados. Isso, no entanto, poderia ser um ponto forte ao invés de uma fraqueza, como na Grã-Bretanha, onde a Constituição aceitou uma diversidade. Era impossível abolir os estados americanos e unificá-los sob um governo. "Que nosso governo", disse Dickinson, "seja como o do Sistema Solar. Que o governo geral seja como o Sol e os estados como os planetas, repelidos e atraídos, e o todo movendo-se regular e harmonicamente em suas várias órbitas".

A Convenção apoderou-se da imagem sugerida, e as penas daqueles que anotavam estavam ativas. Dickinson também mencionou "treze pequenos riachos buscando um curso". O juiz Yates, de Nova York, fez esse registro como a "união de vários pequenos riachos [que] finalmente formariam um rio respeitável, suavemente fluindo para o mar".

A metáfora de Dickinson – sem o "rio respeitável" – seria repetida com frequência, muito útil nos debates de ratificação no próximo inverno. Contudo, James Wilson, depois de educadamente reconhecer as felizes imagens construídas por seu colega (o próprio Wilson não precisava de um esclarecimento como esse para o problema), imediatamente negou que o governo britânico pudesse ser um modelo. "Nossa conduta, nossas leis, a abolição dos vínculos e da primogenitura e todo o gênio do povo se opõem a isso. Mas eu sei que todas as confederações foram destruídas pelo crescimento e ambição de alguns de seus membros [...] Eu, portanto, proponho que o Senado seja eleito pelo povo".

Wilson foi derrotado. De forma unânime, na moção de Dickinson, o Comitê concordou que os membros do Senado Nacional deveriam ser nomeados pelos legislativos estaduais. A questão foi resolvida de uma vez por todas. Em 25 de junho, a Convenção adotaria oficialmente a moção, nove estados a dois, com a dissidência da Virgínia e da Pensilvânia. Na Constituição de 1787, isso permaneceria.

CAPÍTULO 7

# O Veto do Congresso. A Representação Proporcional. Os Delegados Escrevem Para Seus Estados.

*A liberdade federal é para os estados o que a liberdade civil é para os indivíduos [...]. Não vejo o perigo de os estados serem devorados pelo governo nacional. Pelo contrário, desejo evitar que eles devorem o governo nacional.*
JAMES WILSON, NA CONVENÇÃO.

De Michel de Crèvecoeur (1735-1813) e Alexis de Tocqueville (1805-1859) a *Lord* Bryce, parece que os mais astutos observadores da cena americana eram estrangeiros ou, pelo menos, homens nascidos e educados no exterior. Na Convenção Federal, James Wilson era uma voz clara e poderosa, pois, por trás dela, estava uma vasta experiência na política e direito americanos. Franklin gostava de se referir a Wilson como "meu erudito colega". Wilson não pode ser chamado de um homem eloquente. Ele não tinha nada do magnetismo nem da poesia de Patrick Henry. Pelo contrário, ele era seco, poderoso, persistente. Ainda assim, a clareza de intelectual de sua forma de ver as coisas era por si só dramática.

No dia 8 de junho, Wilson seria particularmente eficaz. O Comitê do Todo propôs naquela manhã reconsiderar a penúltima cláusula da sexta Resolução da Virgínia – nas palavras de Pinckney, "que o legislativo nacional deveria ter autoridade para rejeitar todas as leis que eles julgassem impróprias". Elbridge Gerry declarou-se fortemente contra. Na sua opinião, o Congresso, com um poder desses, poderia escravizar os estados. "Novos estados com pontos de vista diferentes dos estados antigos nunca entrarão na União. Eles podem até estar sob alguma influência estrangeira. Nesse caso, eles participarão da negativa da vontade dos outros estados?".

Intrigas espanholas no Sudoeste – Natchez, Nova Orleans –, *loyalistas* de Nova York tramando com os britânicos do outro lado da fronteira canadense. A ameaça da influência europeia estava constantemente na mente dos delegados. *Ouro estrangeiro!* A expressão iria surgir com frequência. Algum tipo de modificação do veto do Congresso poderia ser conveniente, entretanto, o poder discricionário deveria valer para ambos os lados. Que considerassem os indivíduos, dizia James Wilson, não havia leis que dissessem que eles eram obrigados a obedecer em um caso; e que tivessem liberdade, em outro, para dizer se iriam obedecer ou desobedecer. "A liberdade federal é para os estados o que a liberdade civil é para particulares". O selvagem que emerge de um estado natural compra liberdade civil através da rendição de sua soberania pessoal. Os estados estariam mesmo dispostos a comprar liberdade federal por meio de um sacrifício semelhante? Wilson lembrou aos delegados que o próprio Congresso havia sido inicialmente como um estado, com dissensões e interesses separados desconhecidos. "Devemos nos lembrar da linguagem com a qual começamos a Revolução: 'a Virgínia não existe mais, Massachusetts não existe mais. Nós somos agora uma Nação de confrades, devemos enterrar todos os interesses e diferenças locais'".

Uma vez mais, a Convenção estava sendo lembrada das famosas palavras de Patrick Henry. Contudo, "as mesas", continuou Wilson:

> [...] depois de muito tempo começavam a virar. Logo que os governos estaduais se formaram, seu ciúme e ambição começaram a se manifestar. Cada um se empenhou a cortar uma fatia do pão comum a todos para adicionar ao pedaço que já tinha, até que, por fim, a Confederação foi reduzida à condição de impotência na qual se encontrava agora. Examinem o progresso dos Artigos da Confederação no Congresso e comparem a primeira e a última redação deles! [...] Um dos seus vícios é a falta de um controle efetivo do todos sobre suas partes. Que perigo há em que o todo desnecessariamente sacrifique uma parte? Mas invertam o caso e deixem o todo à mercê de cada parte, e o interesse geral não será permanentemente sacrificado aos interesses locais?

Era natural que os palestrantes fizessem referências ao passado, relembrando as dificuldades da Confederação e os anos de guerra que eram ainda tão recentes – apenas quatro anos desde que a paz foi assinada, onze desde a Declaração de Independência e menos ainda desde que a maioria das Constituições dos estados foram criadas. Os membros da Convenção reconheceram que, ao longo desse período, os estados ficaram mais fortes; o Congresso e a Confederação, mais fracos. Eles também sabiam que a Convenção Federal tinha dois conjuntos de documentos para usar como guia: as Constituições dos estados e os Artigos da Confederação. Para além deles, estava um território desconhecido – uma *terra incógnita*

–, em que eles deveriam se aventurar ousadamente, e onde a Convenção, de fato, já havia entrado. Para além e para fora da Câmara Estadual, o povo esperava; milhares cuja razão e mente deveriam, de alguma forma, ser adivinhadas, consideradas, na formação do novo governo.

John Dickinson concordou com Wilson em dar ao Congresso poder sobre as leis estaduais. "Devemos escolher entre duas coisas", argumentou Dickinson. "Devemos sujeitar os estados ao perigo de serem prejudicados pelo poder do governo nacional, ou o governo nacional ao perigo de ser prejudicado pelo poder dos estados. Acho que o perigo é maior por parte dos estados".

Mais uma vez, pode-se imaginar uma onda de agitação varrendo a sala. Gunning Bedford, de Delaware, claramente irritado, alegava que as palavras de Dickinson apenas provavam a impossibilidade de "um sistema como o que está em discussão". Bedford deve ter feito um gesto na direção das Resoluções da Virgínia. Pretendia-se, perguntou ele, privar os estados pequenos de seu direito de sufrágio? Sendo assim, Delaware pode então ser prejudicado à vontade. A parte do estado no governo geral seria de um nonagésimo e, por outro lado, "a Virgínia e a Pensilvânia teriam um terço do total!".

Gunning Bedford era forte e impetuoso. "Era uma figura imponente", está no epitáfio da sua lápide em Wilmington. E a lealdade de Bedford estava circunscrita aos limites de Delaware. "Esses estados grandes", exigiu ele, "não esmagarão os pequenos sempre que eles atrapalharem suas ambições ou seus interesses internos? Parece que a Pensilvânia e a Virgínia desejam chegar a um sistema no qual eles terão uma enorme e monstruosa influência". E como a proposta de rejeição poderia ser aplicada? As leis estaduais deveriam ficar suspensas até que pudessem ser enviadas a distâncias entre 18 quilômetros e aproximadamente 1300 quilômetros de seus estados de origem e então submetidas às deliberações de um órgão que poderia ser incapaz de julgar interesses locais? "O legislativo nacional", concluiu Bedford, "deve permanentemente se reunir a fim de revisar as leis dos estados?".

Ao longo de toda a Convenção Federal, é possível perceber que os membros estavam conscientes a respeito do tamanho da América, da distância entre os estados, das longas e caras viagens de Sul a Norte. Era tão fácil ir para a Inglaterra quanto para Boston a partir da Carolina do Sul. Jornais de Londres chegavam a Savannah mais rápido do que a correspondência enviada por terra de Massachusetts ou de Connecticut. O pensamento de cada delegado era influenciado por essa realidade. A imaginação deles era povoada por turnos de cavalos, perigo de navios avançando lentamente pela costa.

Já no que diz respeito aos estados pequenos, Madison respondeu a Gunning Bedford: "Se os estados grandes possuem a avareza e ambição de que são acusados, os estados pequenos, na vizinhança desses maiores, estarão mais seguros quando todo o controle de um governo geral for retirado?". E qual seria a consequência da dissolução da união para os estados pequenos; o que parecia provável se nenhum substituto eficaz fosse apresentado para o sistema falho existente?

A Carolina do Sul, ciente da sua geografia, agora se interpôs na pessoa de Pierce Butler, orgulhoso e – descreveu Madison – "veemente". O sr. Butler "foi veementemente contra à negativa... é como colocar um fim a toda esperança de igual justiça para os estados distantes. As pessoas lá, ele tinha certeza, não concederiam ao estado uma audiência sequer. De acordo com as notas sucintas feitas por Alexander Hamilton a respeito do processo, Butler foi realmente enfático. "Será que um homem deixaria sua propriedade vulnerável", inquiriu Butler, "e a confiaria a um governo a mil e seiscentos quilômetros de *distância*?".

"Sobre a questão de estender o poder de negativa a todos os casos como proposto por Sr. P. e Sr. M.", escreveu Madison:

Massachusetts ⎫
Pensilvânia ⎬ Sim
Virgínia ⎪
Delaware divd. ⎭

Sr. R[andolph] Sr. Mason não. Gen. W. não foi consultado.

Connecticut ⎫
Nova York ⎪
Nova Jersey ⎪
Maryland ⎬ Não
Carolina do Norte ⎪
Carolina do Sul ⎪
Geórgia ⎭

A medida, derrotada, não voltaria a ser discutida.

\*\*\*

A manhã seguinte, sábado, 9 de junho, provaria ser um dia perigoso para a Convenção Federal. Mais uma vez eles retomariam a arriscada quarta Resolução da Virgínia. Paterson, de Nova Jersey, propôs a moção: "*que o Comitê* [do Todo] *retome a cláusula relativa à regra de sufrágio no legislativo nacional*". Como os estados seriam representados no Congresso? Por votos iguais, como no Congresso até a presente data? Ou por uma representação proporcional aos habitantes ou à riqueza dos estados, conforme sugeriam as Resoluções da Virgínia? O juiz Brearley, de Nova Jersey, apoiou a moção de Paterson, mas se levantou para dizer que lamentava que se tivesse que retornar a essa questão. Representação "por proporção" parecia justa à primeira vista; na avaliação de Brearley, isso era abusivo e injusto. "Os estados grandes – Massachusetts, Pensilvânia e Virgínia – vão sempre conseguir tudo o que quiserem. A Virgínia, com seus dezesseis votos, será uma coluna realmente sólida – uma falange formidável, enquanto a Geórgia, com seu voto solitário, e os outros estados pequenos serão sempre obrigados a subir na balança de algum estado grande para ter algum peso".

Esse era um problema que iria obstruir os procedimentos por dias, semanas até. Brearley continuou dizendo que tinha vindo para a Convenção preparado para apoiar um governo mais ativo e estável. Contudo, agora ele estava surpreso e muito preocupado. Qual era a solução para essa desigualdade de representação? "Apenas uma, que um mapa dos Estados Unidos seja aberto, que todas as fronteiras existentes sejam apagadas e que uma nova divisão do todo seja feita em treze partes iguais".

Os homens dos estados pequenos começaram a se aproximar. Paterson, de Nova Jersey, imediatamente apoiou seu colega. A representação proporcional, dizia ele, entrava em colisão com a existência de estados menores. Ele pediria à Convenção que considerasse os auspícios sob os quais eles se reuniram ali – sob um Ato do Congresso que foi recitado em várias das comissões estaduais. Que as credenciais de Massachusetts sejam lidas novamente!

E foi feito: "*Com o único e expresso propósito*", disse Massachusttes, "*de revisar os Artigos da Confederação* [...]".

"Seremos acusados de usurpação por nossos constituintes", prosseguiu Paterson de forma acalorada:

> Estamos aqui reunidos como representantes políticos de treze estados independentes, soberanos, com intenções federais. Será que podemos consolidar suas soberanias e formar uma Nação, e aniquilar as soberanias de nossos estados, os quais nos enviaram para cá tendo em vista outros fins? [...] O povo da América é perspicaz e não deve ser enganado. A ideia de um governo nacional em oposição a um governo federal nunca passou pela cabeça de nenhum deles [...] Não temos poder para ir além do programa federal, e, se tivéssemos, o povo não estava maduro para isso.

Trata-se da boa e velha cautela: o povo não está maduro para mudanças, reformas, concessões, "inovações". Paterson era um homem brilhante, muito admirado no seu estado e por seus colegas. Nesse estágio do processo, ele estava agindo de maneira bastante lógica. Era impossível enxergar um pouco mais a longo prazo. Os estados pequenos realmente pareciam ameaçados. Os cavalheiros haviam insinuado, continuou Paterson, que, se os estados pequenos não concordassem com nenhum plano, os estados grandes poderiam se confederar entre si. Que eles assim se unam, se quiserem! O que eles não poderiam era obrigar os outros a se unirem.

"Eu, portanto, declaro", concluiu Paterson, "que nunca irei consentir com o sistema atual e irei despertar toda a atenção que puder contra ele no estado que eu represento. Eu mesmo, ou meu estado, nunca nos submeteremos à tirania ou despotismo!".

Deve ter havido um alvoroço quando Paterson parou de falar, um murmúrio, pois com certeza sua voz havia se elevado e ressonado. Yates, King, Madison anotaram suas palavras, e temos as anotações de Paterson sobre seu próprio discurso. Ansia-se por mais, por algum eco da provocação animada sentida pelos delegados dos estados pequenos e do correspondente desânimo de homens como Randolph, Wilson e Madison. James Wilson respondeu a Paterson. É possível sentir a raiva nas suas palavras e, no final, uma ponta de desespero:

> Nova Jersey pode ter o mesmo direito ou papel deliberativo na Nação ao da Pensilvânia? Eu digo que não! É injusto. Eu nunca irei me confederar em um plano como esse. O cavalheiro de Nova Jersey está sendo sincero ao declarar sua opinião, e eu o elogio por isso. Penso como ele. Repito que nunca vou me confederar tendo como base os princípios dele. Se nenhum estado ceder qualquer parte de sua soberania, é inútil falar de um governo nacional.

Nesse ponto, e, na verdade, durante todo o mês de junho, é de se admirar que a Convenção não tenha se dissolvido, e os membros não tenham voltado para casa. Os estados grandes eram, se é que é possível, mais teimosos do que os pequenos. Afinal de contas, foram Read, de Delaware, e Brearley, de Nova Jersey, que sugeriram apagar as fronteiras e redistribuir as fronteiras da União. Apenas Delaware podia dar-se o luxo a tal gesto; o estado tinha pouco a perder com as novas fronteiras e muito a ganhar. A questão básica permanecia: estados pequenos contra grandes, dez contra três. Rhode Island não estava presente para ser contado, mas todos sabiam que ele teria que entrar no governo mais cedo ou mais tarde – caso viesse a existir um governo.

Quando James Wilson terminou de falar, a manhã havia acabado. O relógio da Câmara Estadual lá fora batia meio-dia. A questão do voto proporcional foi adiada, o Comitê do Todo encerrou a sessão, e a Câmara foi suspensa até segunda-

-feira. Os delegados voltaram para suas respectivas pousadas ou moradias. Washington almoçou na City Tavern, depois "tomou chá", diz o diário, "e ficou na casa do sr. Powell até às dez horas".

Luther Martin, o agitador antinacionalista de Maryland, havia chegado à Convenção naquela manhã. Ele tomou seu assento, surpreendentemente em silêncio. O fim de semana era de extrema necessidade para descanso e reconsiderações antes da segunda-feira. Naquele dia, o juiz Brearley e, depois dele, William Paterson tinham sido impressionantes, contundentes em seus argumentos contra um governo consolidado. Independentemente do sistema que a Convenção tivesse em mente, os estados pequenos nunca consentiriam uma representação proporcional no mesmo formato daquela do Plano Virgínia. Até então, Nova York tinha dito pouco, embora Hamilton estivesse presente, e o silêncio não fosse uma de suas características. Seus colegas, contudo, estavam abertamente contra ele. Yates e Lansing, ferozes contra um sistema nacional, eram muito influentes em seu estado de origem. Eles não queriam um "governo forte" em Nova York. Ainda assim, Hamilton, como todos sabiam, era extremamente hábil. Talvez seu silêncio significasse apenas que ele estava ganhando tempo.

Os delegados, àquela altura, já estavam cientes de que a Convenção não seria breve e poderia se arrastar até o outono. Questões de imensa importância e vitais não haviam sequer sido tocadas. *Escravidão!* Como os escravos deveriam ser contados no que tange ao direito ao voto – como população ou como propriedade? O país ao Leste? Como o povo do Leste votaria, de acordo com os números – população – ou por algum critério que levasse em consideração o valor da propriedade? Os dois assuntos eram delicados. Washington escreveu para casa, dizendo que não havia chance de seu retorno a Mount Vernon antes da colheita, "e Deus sabe quando tempo ainda pode demorar". Ele gostaria que lhe enviassem seu guarda-chuva – o novo que estava em seu escritório – além do seu "casaco batido de gola vermelha". A madressilva encostada à casa deve ser pregada e ter os ramos afastados. "P.S.", escreveu o general ao gerente da sua fazenda. "Você diminuiu a espessura das cenouras que estavam muito grossas?".

Ninguém se lembra da sua terra a não ser o dono, especialmente quando se está em época de cultivo, e apenas um agricultor olha para o céu todas as manhãs, não importa onde ele esteja, para ver o que o tempo trará. Washington era apaixonado por Mount Vernon; cada partida era uma tristeza; cada retorno, uma alegria. Durante toda a sua vida adulta, estivesse ele escrevendo da Convenção Federal, do acampamento na guerra ou da mansão do presidente, as cartas do general estavam repletas de instruções sobre cultivo e cuidado da plantação. Nesse verão de 1787, as cartas eram melancólicas. Washington manteve o seu espírito de dúvida da primavera, quando escreveu para John Jay, dizendo que temia que o monstro – a soberania – acabasse com tudo. Enquanto a Convenção avançava, o general escreveu para um amigo, David Stuart (1753-1814), expressando quão ardente era seu desejo de saber "sob que tipo de governo é melhor vivermos". Contudo, ele teve corroborada sua convicção de que "a causa primária de todas as desordens está nos diferentes governos estaduais e na tenacidade daquele poder que permeia todos os seus sistemas.... "As visões locais, o desejo por uma soberania independente, interesses desencontrados – tudo isso se recusava a ceder a favor do bem geral. "Fraca em casa e desprezada no exterior, essa é a nossa condição atual", concluiu Washigton, "e isso é suficientemente desprezível".

Em nenhum momento, ao longo da Convenção, as cartas de Washington expressam muita esperança. O ardor da ira que o havia sustentado em seus esforços pelo apoio do Congresso durante a guerra parecia agora suspenso. Washington nunca escreveu, como outros membros, a respeito da "importância" dessa Convenção, ou declarou que os olhos do mundo estavam sobre a Filadélfia. Pelo contrário, o general parecia apenas resistir, apoiar. Ele se sentou em seu lugar diante dos delegados e, quando eles se reuniram no Comitê do Todo, afastou-se da presidência. Duas vezes durante o verão, ele manifestou grande desagrado. Exceto por isso, Washington manteve a cautela, que não só era natural a ele, mas que também era algo que as pessoas aprenderam a esperar dele.

O velho amigo do general George Mason, de Gunston Hall, reagiu de maneira diferente. Mason escreveu para seu filho na Virgínia, confessando que nunca havia se encontrado em uma situação como aquela. Vindo de um homem com seu histórico patriótico, essa era uma linguagem forte. Escreveu Mason:

> Os olhos dos Estados Unidos estão voltados para esta Assembleia e suas expectativas elevadas a um alto nível de ansiedade. Deus permita que possamos recompensá-los estabelecendo um governo sábio e justo. De minha parte, eu afirmo que, por motivos financeiros, não serviria nesta Convenção nem por mil libras por dia. A revolta da Grã-Bretanha e as formações de nossos novos governos naquela época não eram nada se comparadas ao grande intento agora diante de nós. Havia nessa altura um certo grau de entusiasmo, o qual inspirava e apoiava a mente, mas ver, através do calmo e sereno meio da razão, a influência que a instituição agora proposta pode ter sobre a felicidade ou o infortúnio dos milhões ainda por nascer é um objeto de tamanha magnitude que absorve e, em certa medida, suspende a atividade da compreensão humana.

## O VETO DO CONGRESSO.

Era a moda do século olhar para a posteridade, pedindo sinceramente seu apoio e aplausos. *"Para que o mundo saiba, em todas as gerações, presentes e futuras"*, escreveu John Adams, aos 30 anos, nas Instruções de Braintree contra a Lei do Selo. Uma certa visão do futuro não é confortável, nem um homem se sente à vontade quando confessa que a posteridade irá abençoá-lo ou amaldiçoá-lo pelo que ele está prestes a fazer ou a deixar de fazer. Com frequência, no plenário da Convenção, era isso o que confessavam os delegados. "Devemos considerar", propôs James Wilson, "que estamos entregando uma Constituição para as gerações futuras e não apenas para as circunstâncias atuais". Rutledge, da Carolina do Sul, observou que "como estamos lançando a fundação para um grande império, devemos ter uma perspectiva permanente do assunto e não olhar apenas para o momento presente". Madison declarou que o plano, agora sendo digerido, iria "decidir para sempre o destino do governo republicano". Até mesmo Elbridge Gerry, cauteloso, astuto, rigoroso em suas considerações, lembrou à Convenção que "algo deve ser feito ou desapontaremos não apenas a América, mas o mundo todo".

Palavras estranhas para cavalheiros proprietários, cuja a intenção, como sugeriram alguns historiadores, estava apenas no comércio e em sua própria segurança financeira. "Os olhos e as esperanças de todos estão voltados para esta nova assembleia", escreveu Madison a William Short (1759-1849) em Paris. E, para Jefferson, naquele mesmo dia em de junho: "A presença do general Washington é uma prova da luz sob a qual ele a considera. A comunidade toda está com expectativa imensa, e não pode haver dúvida de que o resultado terá, de um jeito ou de outro, um efeito poderoso sobre o nosso destino".

*De um jeito ou de outro*. O jovem James Madison, pai da Constituição, não era dado a exageros.

A correspondência além-mar de Jefferson, nesse verão, era grande. Seus amigos estavam ansiosos para lhe contar o que pudessem. O dr. Benjamin Rush (1746-1813), da Filadélfia, estava esperançoso, talvez mais do que justificassem as circunstâncias. Rush escreveu àquele célebre simpatizante em Londres, o dr. Richard Price (1723-1791), relatando que o sr. Dickinson havia-lhe dito que os delegados "estão todos *unidos* em seus objetivos e que ele espera que estejam igualmente unidos nos meios para alcançá-los [...] O livro do sr. Adams[50] lançou princípios tão excelentes entre nós, que há poucas dúvidas de que adotaremos um legislativo federal vigoroso e composto". Rhode Island, continuou Rush, agiu de forma reprovável, mas era um estado tão insignificante em número, força e caráter que sua deserção não teria consequências. Quanto ao velho amigo de Price, o dr. Franklin,

---

[50] *A Defence of the Constitutions of Government of the United States of America* (1787).

"exibe todos os dias um espetáculo de uma benevolência sublime ao comparecer pontualmente à Convenção e, até mesmo, ao participar de suas atividades e deliberações. Ele diz que é a assembleia mais augusta e respeitável da qual ele já fez parte na sua vida".

O comentário mais vívido de todos veio do alegre, bravo e franco general da artilharia Henry Knox, ex-livreiro e herói da Guerra Revolucionária. Henry Knox pesava 150 quilos. Ele e sua senhora eram conhecidos como "o maior casal de Nova York" – onde viviam luxuosamente e recebiam com frequência. Generoso, irreverente, persistentemente extrovertido, Knox, assim com James Wilson, era um especulador de terras, um tomador de empréstimos imprudente, sempre em litígio. Pessoas que não gostavam dele chamavam-no de "Bacanal" e diziam que ele falava demais, mas que guardava um profundo afeto por homens como Washington e Lafayette. Knox estava apaixonadamente interessado pela Convenção Federal e escreveu que suas esperanças estavam assentadas nela.

> Caso eles tivessem a coragem de serem impopulares e de proporem um governo nacional eficiente, livre das complicações dos atuais sistemas estaduais falhos, ainda poderíamos ser uma Nação feliz e grandiosa. No entanto, eu não tenho expectativas de que suas proposições sejam verdadeiramente sábias, de que serão aceitas de forma imediata. Eu deveria, antes, supor que elas seriam ridicularizadas [...] como a arca de antigamente, enquanto Noé a construía [...] Mas, caso a Convenção desejasse obter uma popularidade momentânea, caso eles tivessem visões locais, e não gerais; eles deveriam propor um remendo para a situação vigente, lamentavelmente com defeitos, chamada Confederação. Vigiem, vocês, patriotas, supliquem aos Céus!, pois vocês irão precisar da sua proteção!

CAPÍTULO 8

# A América Dividida.
# O Compromisso de Sherman.
# O Comitê do Todo faz seu Relatório.
# 11 a 13 de Junho.

*Existem grandes períodos em que pessoas com poderes limitados têm justificativa para excedê-los e só uma pessoa desprezível não arriscaria.*
EDMUND RANDOLPH, NA CONVENÇÃO

Foi difícil para um sulista acostumar-se aos costumes do "oeste". Edmund Randolph, governador do seu estado, era um virginiano até os ossos. Suas boas maneiras por natureza possibilitaram que ele se desse bem com os homens da Nova Inglaterra. Contudo, eles pareciam uma espécie à parte – intratáveis, astutos, tinham um choramingo estridente ao falar, que era uma irritação contínua para qualquer pessoa que vivesse abaixo da linha da Pensilvânia. Ouviu-se um sul-caroliniano, que não era um membro da Convenção, dizer que antes de realmente conhecê-los, ele não gostava dos homens da Nova Inglaterra, porque eles usavam meias de lã preta. Esses eram os malditos ianques[51], e tem sido assim desde que os primeiros voluntários saíram da Carolina para se unirem ao exército de Washington. Do Congresso Continental na Filadélfia, John Adams escreveu para casa, alegando que "a essência dos cavalheiros das quatro colônias da Nova Inglaterra difere daquela dos das outras colônias [...] tanto quanto diferiria de várias nações distintas". Adams contou que tinha muito medo das consequências dessas diferenças. "Sem a máxima cautela de ambos os lados e a mais atenciosa

---

[51] Uma carta de um oficial de Massachusetts para seu irmão, datada do Acampamento em Crown Point, 8 de julho de 1776, menciona um conflito no qual as tropas americanas foram gravemente batidas. "Mas me dá prazer", diz o escritor, "informá-lo de que nenhum dos 'malditos ianques' estava lá, como as tropas sulistas têm o prazer de nos denominar".

paciência um com o outro e condescendência prudente das duas partes, tais consequências certamente serão fatais".

Isso foi escrito em 1775. Entretanto, mesmo em junho de 1787, com a Convenção Federal caminhando bem, divisões regionais pareciam intransponíveis. Jefferson havia dito que certas propostas para fechar o Mississippi deixaram-no seriamente apreensivo sobre uma "separação das partes Oeste e Leste da nossa Confederação". Pierce Butler, da Carolina do Sul, escreveu para casa, dizendo que os interesses dos estados do Sul e do Leste eram "tão diferentes quanto os interesses da Rússia e da Turquia". O que Connecticut sabia sobre o cultivo de arroz ou índigo? O que a Pensilvânia sabia sobre uma economia baseada no trabalho escravo? No tratado de paz com a Inglaterra, John Adams determinou como condição básica que Massachusetts pudesse curar e secar peixes apanhados no Grand Banks. Entretanto, que interesse teria à Geórgia o bacalhau sagrado esculpido acima do estrado do alto-falante da Câmara Estadual de Boston? Um nariz sulista não reconheceria o estimado e característico cheiro de um acre de bacalhau saboroso, partido e secando ao sol. Até mesmo James Madison, um homem tão bem-informado quanto qualquer outro na América, confessou saber tão pouco sobre os assuntos da Geórgia quanto sobre os de Kamchatka[52]. Certa vez, Thomas Jefferson escreveu para seu amigo em Chastellux, descrevendo as características dos estados:

| *No Norte eles são* | *No Sul eles são* |
|---|---|
| tranquilos | irascíveis |
| sensatos | hedonistas |
| trabalhadores | indolentes |
| perseverantes | instáveis |
| independentes | independentes |
| ciumentos das suas liberdades e das liberdades dos outros | zelosos de suas próprias liberdades, mas pisoteando as dos outros |
| atentos | generosos |
| enganadores | sinceros |
| supersticiosos e hipócritas em sua religião | sem apego ou pretensões a qualquer religião, exceto à do coração |

---

**52** Península localizada no extremo oeste da Rússia (N.E.).

Na segunda-feira, 11 de junho, a estrela da Convenção seria um homem da Nova Inglaterra, completamente fiel ao padrão. Roger Sherman, de Connecticut, era talhado para o papel e o representou. Aos 66 anos de idade, ele era alto, esguio e tinha um nariz aquilino. Os cabelos eram escuros, cortados reto na linha testa e com mechas grisalhas que caíam até o colarinho. Vestia-se com simplicidade. Tinha mãos e pés grandes, e, nos gestos, alguém observou, era "inflexível como entretelas". Entretanto, via-se dignidade no rosto marcado pelas rugas; uma profundidade por trás dos grandes olhos castanhos. "Aquele velho puritano, honesto como um anjo", disse John Adams sobre Sherman. Jefferson, identificando-o para um visitante do Congresso, comentou: "Esse é o sr. Sherman, de Connecticut, alguém que nunca disse uma coisa tola em sua vida". Filho de um sapateiro, e, quando jovem, foi aprendiz do pai, Sherman cresceu paralelamente entre a atividade agrícola e o direito e foi signatário da Declaração de Independência. As pessoas gostavam de contar histórias a seu respeito, sobre como, ainda um jovem político, costumava aconselhar seus colegas: "Quando você estiver em minoria, fale; quando você estiver em maioria, vote". Como, certa vez, quando foi convidado para fazer um discurso na inauguração de uma nova ponte, ele caminhou sobre ela, deu meia volta e retornou. "Até onde eu vejo, ela me parece estável", pronunciou-se perante uma audiência que o aguardava – e foi tudo o que disse.

Contudo, na Convenção, Sherman falou 138 vezes – apenas Madison, James Wilson e Gouverneur Morris o superaram. Não há outro delegado de quem tenhamos uma descrição mais vívida. O major Pierce, da Geórgia, escreveu sobre Sherman:

> [...] não me lembro de ter conhecido alguém com um jeito mais insólito do que o dele. Ele é desajeitado, inexpressivo e inexplicavelmente estranho em seus modos [...] A bizarrice da sua fala, os vulgarismos que acompanham seu discurso público [...] tornam tudo o que está relacionado a ele grotesco e risível. E, ainda assim, ele merece infinitos elogios. Ele é um político capaz e extremamente habilidoso para alcançar qualquer objetivo específico. Comenta-se que ele raramente falha.

Sherman havia chegado à Filadélfia em 30 de maio e não mostrou pressa em aliar-se e fazer a mesma aposta que os homens do governo nacional. Jeremiah Wadsworth (1743-1804), de Hartford, escreveu que ele temia que Sherman estivesse disposto a remendar a Confederação: "o antigo esquema de governo" ao invés de criar algo mais forte. "Ele é astuto como o diabo", disse Wadsworth, "e, se você o atacar, deve conhecê-lo bem; não é fácil controlá-lo, mas, se ele suspeitar que você está tentando prendê-lo, mais vale pegar uma enguia pela cauda".

Velhaco como o diabo, honesto como um anjo, escorregadio como uma enguia, inflexível como entretelas — só um político poderia atrair para si adjetivos tão contraditórios. Naquela mesma manhã muito quente de segunda-feira, 11 de junho, a Convenção mal tinha sido aberta quando Roger Sherman se levantou com uma proposta que, embora tenha custado o dia, acabaria por salvar a Convenção. A questão — adiada no sábado — era o problema fundamental de como distribuir os votos no Congresso. Os estados pequenos desejavam um voto igual, e os estados grandes, por motivos óbvios, eram pelos votos proporcionais.

"O sr. Sherman propôs [...]" escreveu Madison.

Madison era, para sua época, um excelente soletrador — sem dúvida, ele escreveu o nome de Sherman como era pronunciado. Ele também era inclinado a escrever Rutlidge com um "i", Dickenson com um "e", Pinkney[53] sem um "c", a palavra "secresy" [segredo] com um "s", a palavra "probaly" [provavelmente] com um "b" a menos[54] [...]. "O sr. Sherman propôs que a proporção de sufrágio no primeiro ramo [a Câmara] fosse de acordo com os respectivos números de habitantes livres e que, no segundo ramo, ou Senado, cada estado deveria ter um voto, e não mais".

Levaria um mês até que a Convenção chegasse a essa solução, que entraria para a história como Connecticut, o Grande ou o Compromisso de Sherman. Roger Sherman não pode receber todo o crédito, pois a ideia já havia sido aventada antes. Há registro de Sherman fazendo sugestões a esse respeito já em 1776, quando o Congresso Continental estava preparando os Artigos da Confederação. As colônias deveriam votar em proporção à população ou "de acordo com o que pagam"? Sherman propôs que a votação deveria ser realizada de duas maneiras: por colônias e por indivíduos. Ninguém lhe deu ouvidos. "Quando uma questão de alta relevância é apresentada pela primeira vez", disse John Adams em algum momento, "há muito poucos, mesmo entre as mentes mais brilhantes, que imediata e instintivamente a compreendem em todas as suas consequências".

A Convenção Federal, como o antigo Congresso, recebeu a proposta de Sherman com suspeita, embora ele explicasse como seu projeto protegeria os estados pequenos. "A Câmara dos Lordes", disse ele, "tem um voto equivalente ao da Câmara dos Comuns para que possa defender seus direitos".

A essa altura, nem mesmo a letra fria dos registros deixa passar a agitação que se instalou. Todos estavam falando. Moções e emendas se seguiram desorde-

---

[53] Se é lenda ou não, diz-se que Madison grafou incorretamente o nome de Charles Pinckney, sem o "c", "Pinkney", a fim de zombar do caroliniano do sul, pois não gostava dele. (N.T.)
[54] As palavras corretamente grafadas são respectivamente: "Rutledge", "Dickinson", "Pinckney", "secrecy" e "probably". (N.T.)

nadamente. Rutledge, da Carolina do Sul, dizia que a votação na Câmara Baixa deveria ser conforme as "cotas de contribuição", de acordo com os impostos pagos e com o tributo que cada estado trouxe para o Tesouro Nacional. O colega de Rutledge, Pierce Butler, declarou de forma muito direta que dinheiro é poder e que os estados deveriam ter peso no governo conforme a riqueza de cada um. Se a tributação era para ser a base para a representação, interrompeu Elbridge Gerry, então, o que dizer sobre os escravos? "Os negros são propriedade", pontuou Gerry, "e estão acostumados ao Sul como os cavalos e o gado estão acostumados ao Norte". Assim, por que os cavalos e os gado não deveriam ter direito de representação no Norte?

Era uma pergunta amarga e dolorosa, que ecoou repetidamente ao longo dos anos. James Wilson respondeu propondo a adoção da "regra dos três quintos", conforme sugerido pelo Congresso da Confederação de 1783. Segundo essa regra, a votação deveria ser proporcional ao "número total de cidadãos brancos e outros cidadãos livres e três quintos de todas as outras pessoas, com exceção dos índios que não pagam impostos [...]" Todas as outras, é claro, eram escravos – uma palavra cuidadosamente excluída da Constituição, embora a regra dos três quintos devesse ser adotada e lá permanecesse lei até que a Décima Quarta Emenda[55] fosse aprovada (1868).

Nem era o problema totalmente regional, Norte contra Sul. George Mason, da Virgínia, proprietário de duzentos escravos, era aberta e absolutamente abolicionista. Ele desejava ver libertos todos os escravos. Por outro lado, certos armadores da Nova Inglaterra, que lucravam com a importação e vendas de escravos para os estados do Sul, logo argumentariam que a escravidão não era uma questão moral, mas econômica, e decidir sobre ela era algo que deveria ser deixado para cada estado individualmente.

Já seria agosto quando a matéria sobre a escravidão viria completamente a público. Em junho, a disputa girou em torno da representação proporcional, os estados pequenos contra os grandes. O dr. Franklin, que estava sentado, escrevendo em silêncio, agora pedia para ser ouvido, e James Wilson levantou-se para falar por ele, lendo o texto dele... Ele havia observado, afirmou Franklin, que os estados pequenos são mais facilmente governáveis do que os grandes. Assim sendo, não se oporia a diminuir a Pensilvânia, dando parte dela para Nova Jersey e parte para Delaware.

---

[55] A Décima Quarta Emenda da Constituição dos Estados Unidos é considerada uma das mais importantes por se tratar dos direitos de cidadania e de igualdade perante a lei, redigida e ratificada após a Proclamação da Emancipação (1863) e da Décima Terceira Emenda (1865), que abolia a escravidão. (N.E.)

Vindo do presidente da Pensilvânia, essa foi uma oferta surpreendente. O doutor estava falando sério? Franklin prosseguiu dizendo que, até aquele dia, havia notado com muita satisfação que os debates eram conduzidos com grande frieza e moderação:

> Somos enviados para cá a fim de *deliberar*, e não *rivalizar* uns com os outros. Além disso, declarações de uma opinião fixa, e de uma resolução definida para não mais ser mudada, não nos iluminam nem nos convencem. Otimismo e simpatia, de um lado, naturalmente produzem algo parecido no outro, e tendem a criar e aumentar discórdia e divisão em uma questão de grande interesse, em que harmonia e união são extremamente necessárias para dar peso aos nossos conselhos e torná-los eficazes na promoção e proteção do bem comum.

No que tange à representação, o doutor acreditava não temer que os estados grandes engolissem os estados menores. Que vantagem eles teriam com isso? Ele lembrou que, quando, no início do século, foi proposta uma união entre a Escócia e a Inglaterra, os patriotas escoceses estavam cheios de medos semelhantes. Eles pensavam que seriam arruinados no Parlamento pelos ingleses, que tinham uma maior representação. Além disso, tendo em vista o modo de representação proposto por esta Convenção, estaria ao alcance dos estados menores engolirem os maiores.

Franklin sugeriu, portanto, uma versão estendida do plano de Rutledge, mais complexa e mais detalhada. Quando o doutor terminou, nenhuma moção sobre sua proposta foi feita. Contudo, o recital ajudou a ganhar tempo, permitiu que os ânimos esfriassem. Roger Sherman perguntou a respeito da sua moção sobre a igualdade de votos no Senado. Seis a cinco, os estados votaram contra Sherman – por pouco – e depois votaram seis a cinco a favor da representação proporcional em ambas as casas. O assunto surgiria novamente.

Era hora de encerrar. Os membros saíram para o calor da tarde, caminhado pelas ruas, cansados, em direção aos alojamentos que proporcionavam um pouco de alívio. No jardim do dr. Franklin, a amoreira produzia uma sombra acolhedora. Entretanto, em dias como esse, caso soprasse alguma brisa, ela vinha do Sudoeste e era o sopro de uma fornalha. A cidade sufocava e os delegados resistiam.

*\*\*\**

O calor perdurou ao longo da noite, com uma breve trégua, que duraria nove dias. Sabemos disso pelo diário de um delegado de Connecticut, William Samuel Johnson, o novo presidente do Columbia College, em Nova York. Invariavelmente conhecido como dr. Johnson, ele era uma pessoa cativante, modesta, douta. Houve quem lembrasse que ele se manteve afastado da Revolução – tanto dos conservadores quanto dos rebeldes – e se recusou a servir no Congresso Continental após a eleição. Entretanto, a Convenção mostrou respeito por Johnson, pois ele foi nomeado para comitês importantes. E todas as noites ele fazia um registro sobre como estava o tempo – ele havia chegado à Filadélfia no dia 1º de junho e estava hospedado na City Tavern, na Second Street.

Para quem conhece os verões da Filadélfia, o diário do dr. Johnson é uma leitura pungente. Essa é uma cidade em que o calor úmido oprime o espírito. Para os visitantes de fora era desesperador, "uma verdadeira tortura durante a estação quente da Filadélfia", escreveu um francês:

> [...] são os incontáveis insetos que constantemente pousam no rosto e nas mãos, picando as pessoas e deixando tudo escuro devido à sujeira que deixam por toda a parte. Os quartos devem ser mantidos fechados, a menos que alguém deseje ser atormentado na cama no amanhecer, mas a necessidade de manter tudo fechado torna o calor da noite ainda mais insuportável e o sono ainda mais difícil. E assim, o calor do dia faz com que você anseie pela hora de dormir, mas, um único mosquito que consiga entrar no seu quarto, apesar de todas as precauções, acaba tirando você da cama.

Os visitantes franceses também ficavam irritados com o que chamaram de "costume ridículo da Filadélfia de usar as janelas de guilhotina" que, por abrirem verticalmente, não podiam ser totalmente descerradas, como as janelas de batente [...] "Como esta cidade era movimentada durante o dia e como era barulhenta!", escreveu um jovem inglês, naquele verão de 1787. E, à noite, quão extraordinariamente silenciosa! Por volta das onze horas, "talvez não haja cidade no mundo tão tranquila; naquela hora você pode caminhar pela metade da cidade sem ver um ser humano sequer, exceto o vigia". Havia moscas, mosquitos e percevejos, inclusive, à luz do dia, escreveu Médéric Moreau de St. Méry (1750-1819) – pó de flor de sabugueiro era considerado o melhor inseticida. Quanto aos domingos da Filadélfia, eles eram um purgatório. "Reinava um silêncio sombrio!", escreveu o alegre parisiense Chastellux. "Pode-se imaginar que uma epidemia ou peste violenta havia obrigado todos a se fecharem em casa". Ainda assim, os visitantes franceses e ingleses estavam igualmente encantados com a beleza do Schuylkill, a Oeste, para além da cidade, com os vaga-lumes à noite e os beija-flores nos jardins, durante o dia. O coaxar dos sapos-touro nas poças de argila e a violência das tempestades – para os forasteiros, essas eram curiosidades que mereciam ser contempladas.

Para os delegados, o sono deve ter sido irregular. Os quartos das hospedarias eram pequenos, a pessoa acordava sem estar descansada. Mesmo assim, os delegados pouco se queixavam. Com certeza, as suas noites eram agitadas, bem como suas tardes quando deixavam a Câmara. Muitas das manobras, arranjos entre líderes políticos e planejamento político ocorriam após o encerramento dos trabalhos do dia. Os delegados jantavam juntos, visitavam-se, tomando breves notas desses eventos em cartas e diários, sempre e surpreendentemente atentos à regra do sigilo. William Pierce, da Geórgia, fez uma visita ao dr. Franklin em uma manhã de junho, e reuniram-se no jardim. De acordo com Pierce, a conversa era "animada e alegre". Alguém mencionou a idade avançada do doutor. "Eu vivi o suficiente", respondeu Franklin de um modo agradável, "para me intrometer na posteridade".

O filho de Pierce achou por bem publicar, mais tarde, as notas e as descrições dos delegados feitas por seu pai. Ele as reuniu e encadernou sofisticadamente em um volume em couro vermelho, com um título elegante e emprestado, trabalhado em ouro, *Relíquias de Pierce*. Contudo, é o diário de Washigton, meticuloso, com informações de sobra, que melhor detalha como os delegados ocupavam seu tempo. Segunda-feira à noite, 11 de junho – o dia do Compromisso de Sherman –, o general passou em seu quarto, na casa de Robert Morris; o dr. Johnson havia jantado com eles mais cedo. Na terça-feira, o general assistiu a um concerto na City Tavern. As duas salas do clube eram elegantes, cada uma com pelo menos quinze metros de comprimento [...] Perucas justas e casacos de lã bem-abotoados, mosquitos e água ruim – os delegados suportaram tudo. Talvez, dentro da Câmara eles tirassem seus casacos, afrouxassem suas gravatas. Nesses aspectos, a história se cala, e os heróis sofrem.

Uma anedota, novamente de Pierce, mostra a seriedade com que a regra do sigilo era observada, e ilustra também a reverência que os delegados tinham pelo presidente da Convenção. Certa tarde, assim que a reunião começou, um membro deixou cair um papel no chão, o qual foi apanhado e entregue a Washington. Pierce conta como, no dia seguinte, quando o debate terminou e o encerramento dos trabalhos foi invocado, o general levantou-se do seu assento. "Cavalheiros!", disse ele:

> Lamento saber que um certo membro deste órgão foi tão negligente com os segredos da Convenção a ponto de deixar na Câmara do Estado uma cópia de seus procedimentos, a qual, por acidente, foi recolhida e entregue a mim nesta manhã. Devo rogar-lhes, cavalheiros, que sejam mais cuidadosos para que nossas transações não cheguem aos jornais nem perturbem o repouso público com especulações

prematuras. Não sei de quem é o papel, mas aí está [jogando-o sobre a mesa], que aquele a quem ele pertence venha pegá-lo.

"Ao mesmo tempo, ele se curvou em reverência", continuam as anotações de Pierce:

> [...] pegou seu chapéu e retirou-se da sala com uma dignidade tão austera que todos pareciam preocupados. De minha parte, fiquei extremamente aflito. Quando coloquei a mão no bolso, percebi que não estava com minha cópia do mesmo papel, mas, ao chegar à mesa, meus medos logo se foram. Notei que a caligrafia era de outra pessoa. Quando fui para meu alojamento no Indian Queen, encontrei a minha cópia no bolso de um casaco que eu havia usado naquela manhã. É algo impressionante, aquele papel jamais pertenceu a ninguém.

Se, de fato, os homens ficavam desconcertados com o general, a sua timidez na presença dele era salutar, pois mantinha os ânimos dentro dos limites, controlando línguas soltas pela raiva. No gabinete da Câmara Estadual, o peso dos problemas não resolvidos crescia com o passar das horas. Quanto tempo deveria ser estabelecido para os membros da Câmara dos Representantes? Sherman e Ellsworth ficaram por um ano; Rutledge, por dois; Madison e Jenifer, de Maryland, por três. Devido ao tamanho do país, argumentou Madison, levaria três anos para que os membros se familiarizassem com as necessidades de outros estados além do seu. Um ano, aliás, seria "quase consumido na preparação e nas viagens de ida e volta à sede dos negócios nacionais".

Era verdade. A magnitude da América e a distância entre os estados continuaram sendo o pivô sobre o qual pendiam as grandes questões. Elbridge Gerry, contudo, não aceitaria nenhum argumento de Madison. Eleições anuais, insistia Gerry, eram "a única defesa do povo contra a tirania". Gerry era "contra uma Câmara trienal, bem como contra um Executivo hereditário". "Tem gosto de despotismo", disse ele. "O povo ficará preocupado".

Esse era um clamor antigo dos libertários em todos os lugares. Na Inglaterra, os políticos a quem o conservador Edmund Burke chamou de "cavalheiros entusiasmados por uma causa popular" sempre se apresentavam para assembleias anuais. Havia sido dito, "Onde termina a eleição anual, começa a escravidão", e a expressão se tornou um *slogan*. A própria posição de Eldbridge Gerry na causa popular era um pouco instável. Ele mudava de opinião constantemente, sem se posicionar de forma mais definida. Suas palavras, entretanto, deixaram James Madison evidentemente bem irritado, o qual, por sua vez, deu-lhe uma resposta fria e rápida. Os membros, contava Madison, estavam com frequência fazendo referência ao *povo* e guiando-se pela opinião dele. Como esta Convenção poderia saber o que o povo pensava naquele momento, muito menos, o que ele iria pensar se tivesse "as informações e os esclarecimentos que os membros aqui possuem"? Sem dúvida, o melhor procedimento era considerar aquilo que era necessário para se alcançar um governo adequado, o qual os cidadãos mais esclarecidos iriam apoiar. Gerry reapresentou seu argumento. Contudo, quando a questão foi apresentada, ele perdeu a votação. Sete a quatro, a forma de pensar da assembleia estava voltada para uma Casa trienal.

E como deveriam ser pagos os congressistas das duas Casas? Certamente, insistiu Madison, não seria pelos estados, cuja avareza para com seus legisladores locais era notória. Os melhores homens não serviriam se mal pagos. O dr. Franklin acabou concordando com que os salários fossem "fixos", conforme previsto na terceira resolução da Virgínia. Ele, contudo, preferiu o termo estipêndio[56] *moderado*[57] ao invés de *liberal*. Como sempre, abusos começaram a aparecer. O doutor marcou sua posição com uma pequena história, "narrada de uma maneira muito agradável" – escreveu Madison. Os doze apóstolos, na realidade, não eram pagos, lembrou Franklin. No entanto, observe como os benefícios eclesiásticos cresceram e incharam, levando a todo o complexo edifício do sistema papal!

Quando a votação foi realizada, oito a três estados eram a favor de pagar os congressistas usando recursos do Tesouro Nacional. Já no que diz respeito ao período do mandato dos senadores, Spaight, da Carolina do Norte, sugeriu sete anos. Roger Sherman objetou: "Se eles forem homens ruins, é muito tempo, e, se forem bons, podem ser eleitos novamente". Pierce, da Geórgia, propôs três anos. "Grandes danos aconteceram na Inglaterra a partir do seu ato setenário, o que foi reprovado pela maioria dos seus estadistas patrióticos". Pierce estava exagerando os fatos, mas provou seu ponto de vista. Edmund Randolph era favorável a sete anos. Disse ele:

> A licenciosidade democrática das legislaturas estaduais prova a necessidade de um Senado firme. O objeto desse segundo Poder é o controle do ramo democrático do Legislativo nacional. Se não for um órgão firme, o outro ramo, sendo mais numeroso e vindo imediatamente do povo, irá dominá-lo [...] Uma firmeza e

---

[56] Os estipêndios são normalmente menores do que seria atribuído como salário base por trabalho similar, porque normalmente o estipêndio é complementado por outros benefícios, como a acreditação, a instrução, alojamento ou alimentação. (N.E.)
[57] "Moderado" *versus* "liberal", o sentido dos termos, neste contexto, não se refere ao plano puramente político-conceitual, e sim à acepção denotativa. (N.E.)

independência podem ser mais necessárias também nesse ramo, pois devem proteger a Constituição contra as usurpações do Executivo, o qual estará propenso a formar associações com os demagogos do ramo popular.

Madison, nesse momento, lembrou à Convenção o quanto o novo governo precisava de estabilidade, aquela qualidade "que os inimigos do formato republicano alegam ser inconsistente com a natureza dessa forma de governo". Era de fato lamentável, afirmava Madison, que tivéssemos tão pouca experiência para nos guiar. A Constituição de Maryland era a única que carregava qualquer semelhança com essa parte do plano. Elbridge Gerry, em seguida, moveu para impedir que o Senado imprimisse dinheiro; no Parlamento britânico, apenas os Comuns tinham esse poder. Pierce Butler respondeu com impaciência que "estávamos constantemente fugindo da ideia da excelência do Parlamento britânico e, com ou sem motivo, copiando deles [...] Conosco, as duas casas são nomeadas pelo povo e ambas devem ser igualmente confiáveis". Gerry afirmava que não via razão para repudiar tudo o que o governo britânico fazia, simplesmente porque o odiavam por suas medidas opressivas contra eles.

Sete e três, o Comitê votou contra a medida de Gerry.

\*\*\*

Quatro semanas se passaram desde que a convenção se reuniu pela primeira vez. Todos os seus debates eram baseados nas Resoluções da Virgínia, de 29 de maio. As "Resoluções do Sr. Randolph", como os delegados as chamavam, que, por divisão e subdivisão, aumentaram de 15 para 19. O Comitê do Todo finalmente as havia examinado, votado contra algumas resoluções, concordado com outras e adiado várias das mais importantes. Em um dia 13 de junho, Nathaniel Gorham, de Massachusetts, presidente, anunciou que o Comitê do Todo estava com seu relatório pronto. Isso significava que as Resoluções da Virgínia, conforme emendado, seriam, no dia seguinte, apresentadas à Convenção para consideração oficial e votação oficial.

Gorham leu em voz alta as dezenove resoluções, tal como elas estavam agora e então, colocou-as em discussão. Ficou acordado que os membros poderiam copiá-las e levar as cópias para casa. (Muito provavelmente foram essas resoluções que o membro infrator deixou cair no chão da Câmara Estadual.) Várias cópias sobreviveram, levemente diferentes entre si, mas claras e explícitas. "*Estado das resoluções* [diz o primeiro parágrafo] *submetidas à consideração da Câmara pelo honorável Sr. Randolph, conforme alterado, emendado e acordado em um Comitê do Todo da Câmara*".

Lendo essas Resoluções, vê-se o firme contorno de um governo. Apesar dos obstáculos, a Convenção de fato avançou. Na verdade, isso foi apenas o começo. As Resoluções da Virgínia ainda não eram mais do que um mapa a ser seguido pela Convenção. Desde o dia 29 de maio, os delegados haviam se familiarizado com esse mapa. Eles conheciam o território a ser percorrido e vislumbravam, por assim dizer, o fim da sua jornada. No entanto, um verão de trabalho árduo estava por vir, de desgastes, de riscos crescentes e de esperanças vacilantes. Nova Jersey tinha um plano próprio na manga, um plano de direitos estaduais, drástico, federal, não nacional e contrário ao Plano Virgínia. O estado precisava de tempo para consolidar suas forças e alistar os outros estados pequenos para apoio.

O *The Massachusetts Centinel* naquele dia explodiu em advertências, dirigindo-se aos cidadãos que haviam ficado inquietos sob o sigilo da Convenção:

> Vós, homens da América, bani de vossos seios aqueles demónios, as suspeitas e as desconfianças, que há tanto tempo operam vossa destruição. Estais certos, os homens a quem vós delegastes para elaborar, se possível, vossa salvação nacional, são homens em quem vós podeis confiar – seu amplo saber, habilidades conhecidas e aprovado patriotismo garantem isso [...] Considerai, eles têm como seu líder um Washington, descrever a afabilidade de cujo caráter seria desnecessário.

Na manhã seguinte, uma quinta-feira, Paterson, de Nova Jersey, anunciou que várias das deputações[58] desejavam redigir outro plano, "puramente federal e diferente do Plano relatado". Ele pediu que fosse dado tempo para o que estava sendo proposto. Todos entenderam: os estados dissidentes queriam um dia de reunião política sozinhos. Foi concedido, e a Convenção encerrou as atividades sem mais demora.

"*Quente*", escreveu o dr. Johnson em seu diário. "*Em Convenção, mas adj.*"[59]. Os delegados da Carolina do Norte aproveitaram a oportunidade para escrever ao seu governador, Caswell:

> Embora estejamos nos reunindo dia após dia, incluindo sábados, não é possível para nós determinarmos quando o intento diante de nós pode ser concluído. Um campo muito grande se apresenta à nossa vista, sem uma única reta ou estrada elegível que tenha sido percorrida pelos pés das nações. Uma união de estados

---

[58] Conjunto de membros de uma Assembleia (deliberante), de Câmara Legislativa ou de um grupo comissionado. (N.E.)
[59] Expressão que significa "*on topic*", ou seja, relevante para o assunto em questão. (N.T.)

soberanos, preservando suas liberdades civis e ligados entre si por amarras tais a fim de preservar governos permanentes e efetivos, é um sistema não descrito. Trata-se de uma situação que não ocorreu na história dos homens. Vários membros da Convenção têm suas esposas aqui, e outros cavalheiros mandaram buscar as suas respectivas esposas. Isso parece prometer uma campanha de verão. Aqueles de nós que podem permanecer aqui devido à inevitável ocupação de negócios privados estão decididos a continuar enquanto houver qualquer perspectiva de sermos capazes de servir ao Estado e Nação.

CAPÍTULO 9

# O Novo Plano Nova Jersey. Alexander Hamilton faz seu Discurso. 15 a 19 de Junho.

*Por que um governo nacional deveria ser impopular? [...] Estará sendo um cidadão de Delaware degradado ao se tornar um cidadão dos Estados Unidos?*
JAMES WILSON, NA CONVENÇÃO.

Era sexta-feira, dia 15 de junho, quando William Paterson apresentou o Plano Nova Jersey para a Convenção – o "Plano de Paterson", chamaram-no os delegados. Houve uma discussão sobre como o documento poderia ser abordado da forma mais justa; os membros concordaram que o texto deveria ser encaminhado ao Comitê do Todo e que o "Plano do sr. Randolph" fosse novamente submetido, a fim de fosse feita a devida comparação entre eles. Lansing, de Nova York, pediu mais um dia de adiamento, permitindo que aqueles favoráveis ao novo plano fizessem cópias dele e estivessem melhor preparados para explicá-lo e apoiá-lo. Os delegados, reunidos no Indian Queen e no City Tavern, devem ter trabalhado até tarde naquela noite.

Assim que a reunião foi convocada no sábado, Lansing solicitou uma leitura da primeira resolução de ambos os planos, a qual, dizia ele, envolvia princípios que estavam "diretamente em contraposição". E eles, de fato, estavam em contraste, como imediatamente ficou claro. "*Resolveu-se* [estava o Plano Virgínia] que um governo nacional deveria ser estabelecido, consistindo em um Legislativo, Judiciário e Executivo supremos". "*Resolveu-se* [estava o Plano Nova Jersey] que os Artigos da Confederação deveriam ser revisados, corrigidos e ampliados de modo a tornar a Constituição federal adequada às exigências do Governo e à preservação da União".

O Plano do Sr. Paterson, dizia Lansing de forma contundente, "sustenta a soberania dos respectivos estados; o do Sr. Randolph a destrói". Não apenas, continuou Lansing, a Convenção não tinha poder para propor ou discutir o Plano de

## O NOVO PLANO NOVA JERSEY.

Randolph, mas era improvável que os estados o ratificassem. "O esquema em si é totalmente novo. Não há nada que se compare a ele que possa ser encontrado". Um plano era federal, o outro nacional. "Os estados nunca irão sacrificar seus direitos essenciais a um governo nacional". Caso Nova York suspeitasse – concluiu Lansing – de uma consolidação dos estados e da formação de um governo nacional, nunca teria enviado delegados a esta Convenção.

Os dois lados estavam expostos agora, abertamente alinhados. Foi a retomada de uma batalha clássica, iniciada ainda antes da Independência e marcada por convicções básicas, inerentes, ao que tudo indica, à linhagem dos cidadãos americanos. Em 1787, partidários da soberania dos estados não tinham nenhum desejo de deixar a União, parcamente definida nos Artigos da Confederação. Contudo, como os "velhos patriotas" e os "homens de princípios originais", os apoiadores de Paterson desconfiavam de um governo central forte e preferiam alguma versão da velha Confederação, na qual o Congresso poderia receber ordens dos estados. Os mais convictos e industriosos defensores desse pensamento na Convenção eram: Lansing e Yates, de Nova York; Gunning Bedford, de Delaware; Paterson e Brearley, de Nova Jersey; Luther Martin, de Maryland. Seguindo, cada um com suas razões, estavam Elbridge Gerry, de Massachusttes; Sherman e Ellsworth, de Connecticut; e George Mason, da Virgínia. Read, de Delaware, ocupou uma posição própria – alguém o considerava um "homem de um estado pequeno com ideias de um estado grande". Entre esses nomes, Mason aparece como o mais desinteressado, o mais puro em seus motivos. Aos seus olhos, um governo central forte se opõe aos ideais republicanos pelos quais a Revolução Americana foi travada. Thomas Jefferson acreditava no mesmo. "Não sou amigo de um governo muito ativo", Jefferson escreveu de Paris para Madison.

> É sempre opressivo. Deixa o governo mais sem limite, com prejuízo ao povo [...] No que diz respeito a tudo o que é externo, a política da Europa torna indispensavelmente necessário que sejamos uma nação firmemente unida; um governo interno é o que cada estado deve conservar apenas para si mesmo.

Jefferson, é claro, via a América como um país agrícola, uma nação de pequenos fazendeiros, robustos proprietários livres. Embora ele previsse – em uma frase agora famosa – que, quando o povo americano se "amontoar uns sobre os outros nas grandes cidades", outro sistema poderia ser necessário. É tentador fazer algumas especulações sobre o que Jefferson poderia ter dito e feito se estivesse presente nessa fase da Convenção da Federal. Com certeza ele não era um anticonstitucionalista como Luther Martin, Yates ou Lansing – este último chamaria a Constituição de "um monstro de três cabeças, a mais profunda e perversa conspiração jamais inventada na mais escura das eras contra as liberdades de um povo livre".

A característica mais impressionante do Plano Nova Jersey era um Congresso com uma única Câmara Legislativa na qual os estados votavam da mesma forma, independentemente da população e da riqueza. Em um resumo conciso e brilhante, apresentado quando o debate se encontrava em pleno andamento, James Wilson explicou as diferenças entre os dois planos. Todos os responsáveis por fazer anotações, escreveram:

> O Plano Virgínia propõe dois ramos no Legislativo.
> Jersey, um único órgão legislativo.
>
> Virgínia, os poderes legislativos derivam do povo.
> Jersey, dos estados.
>
> Virgínia, um único Executivo.
> Jersey, mais de um.
>
> Virgínia, a maioria do Legislativo pode atuar.
> Jersey, uma pequena maioria pode controlar.
>
> Virgínia, o Legislativo pode legislar sobre todas as questões nacionais.
> Jersey, apenas sobre objetos limitados.
>
> Virgínia, Legislativo para vetar todas as leis estaduais.
> Jersey, dando poder ao Executivo para obrigar obediência pela força.
>
> Virgínia, destituir o Executivo via *impeachment*.
> Jersey, a pedido da maioria dos estados.
>
> Virgínia, pelo estabelecimento de tribunais judiciais inferiores.
> Jersey, sem provisões.

Alexander Hamilton já havia declarado que "não estava de acordo com nenhum dos planos", possivelmente guardando munição para a próxima segunda--feira. Paterson levantou-se para defender seu plano. Conforme avançava, sua fala ficava mais intensa. Um homem muito pequeno, com apenas um metro se sessenta de altura, Paterson, agora com pouco mais de 40 anos, tinha uma personalidade discreta, "de grande modéstia", dizia-se, "cujos poderes invadem você e criam admiração e espanto". O retrato de Paterson mostra um nariz grande, pontudo, um olhar penetrante e firme, uma peruca elegante acima da toga de advogado. "Se a Confederação estava radicalmente errada", começou ele:

> [...] vamos voltar para os nossos estados e obter poderes maiores, não os tomar por nós mesmos [...] Nós não temos poder para alterar a ideia de soberania uniforme. O único expediente que irá sanar a dificuldade é lançar os estados em uma confusão. Que seja tentado e veremos se os cidadãos de Massachusetts, da Pensilvânia e da Virgínia concordam com ele.

O Plano Virgínia, além disso, seria "extremamente caro", continuou Paterson. "Um total de 270 membros [do Congresso] vindo, ao menos uma vez por ano, das partes mais distantes, bem como das partes mais centrais da república! No presente estado deplorável das nossas finanças, pode-se pensar seriamente em um sistema tão caro?".

A frase de Paterson – do direito medieval – sobre jogar os estados em "uma confusão" imediatamente virou moda. Seria uma moeda argumentativa durante todo o verão, juntamente com alguns favoritos como: *os perigos de um conluio*, *as tentações do ouro estrangeiro*, *o tribunal do* júri, *salvaguarda da nossa liberdade*. James Wilson, cujo estilo mortal e incisivo não precisava de nenhum desses enfeites, levantou-se no mesmo instante para responder a Paterson em um dos discursos mais contundentes da sua carreira. Após seu esboço dos dois planos com suas diferenças essenciais, Wilson apontou que, dada a forma como ele entendia a Convenção, ela estava autorizada a nada concluir, mas a propor qualquer coisa. Quanto aos sentimentos do povo, não era verdade que os sentimentos de um círculo particular de alguém são comumente confundidos com a voz geral? Ele não conseguia se convencer, falava Wilson, de que os governos estaduais e as soberanias eram a tal ponto os ídolos do povo, nem que um governo nacional era tão detestável a ele como pensavam alguns. "Por que um governo nacional deveria ser impopular? Tem menos dignidade? Cada cidadão usufruirá de menos liberdade ou proteção? Estará sendo um cidadão de *Delaware* degradado por se tornar um cidadão dos *Estados Unidos*?"

O general Charles Cotesworth Pinckney, da Carolina do Sul, observou nesse momento, com pertinência e certa acidez, que, se recebesse um voto igual – um em treze –, Nova Jersey não teria objeções a um governo nacional. De sua parte, Pinckney considerava que os delegados estavam autorizados a fazer qualquer coisa para recomendar tudo o que entendessem necessário para remediar os males que tornaram essa Convenção necessária.

Edmund Randolph concordou, só que com mais intensidade. Quando a salvação da república estava em jogo, seria uma traição à incumbência não propor o que julgavam necessário. "Veja nossa situação deplorável atual", disse ele.

> A França, a quem devemos todos os motivos de gratidão e honra, ficou sem receber as grandes somas com que nos supriu no dia da nossa necessidade. Nossos oficiais e soldados, que lutaram nossas batalhas com sucesso, e os que emprestaram dinheiro às pessoas em geral, buscam em você alívio [...] A bravura de nossas tropas está degradada pela fraqueza do nosso governo.

A verdadeira questão, continuou Randolph, era se deveriam aderir ao plano federal ou introduzir o plano nacional. Apenas um governo nacional, propriamente constituído, atenderia a esse propósito. Ele implorou para que se considerasse "que o presente é o último momento para estabelecer um governo. Depois desse experimento seleto, o povo cederá ao desespero".

Era meio-dia de um sábado quando Randolph terminou. No que se refere às suas palavras de fechamento, não iria ser a última vez que a Convenção ouviria a palavra "desespero".

"*Depois, encerraram-se os trabalhos até segunda-feira pela manhã*", escreveu Yates.

\*\*\*

Onze estados estavam representados na Convenção na segunda-feira, e Hamilton foi o primeiro a se colocar em pé. Ele acabaria falando por quase seis horas – o dia todo, na verdade. Quando ele se levantou de seu lugar, os delegados viram um dos mais extraordinários cidadãos que a América havia produzido – e que produziria no futuro. Todos no salão conheciam Alexander Hamilton e sua reputação. Nascido nas Índias Ocidentais, ele veio para a América ainda jovem. Aos 32 anos de idade, já era famoso, e odiado em certos setores. Impaciente com os de raciocínio lento, humilde com aqueles a quem amava, impetuoso, mas capaz de uma arrogância fria, Hamilton carregava sempre um ar discreto de seu nascimento misterioso e em terras distantes – algo que não era verdadeiramente da América e de seus treze robustos estados provinciais. Para John Adams, Hamilton era "o fedelho bastardo de um mascate escocês". "Seus modos", escreveu um delegado da Convenção, "são tingidos de rigidez e, às vezes, com um grau de vaidade que é altamente desagradável".

## O NOVO PLANO NOVA JERSEY.

Possivelmente, nenhum homem nos anais americanos tenha sido caracterizado de maneira tão variada. Um historiador contemporâneo da Nova Inglaterra – e um inimigo político – escolheu descrever Hamilton como "um jovem oficial de origem estrangeira, um aventureiro de gênio ousado, talentos vigorosos e associações venturosas". Por outro lado, Charles-Maurice de Talleyrand (1754-1838) – um diplomata com poderes de percepção nada desprezíveis, ele mesmo íntimo de líderes de Estado na Europa e na América – apontou Hamilton como o maior dos "maiores e seletos homens do nosso tempo". *Lord* Bryce declararia que Hamilton foi o único entre os pais fundadores que não havia sido tratado com total justiça pelos americanos. O 26º presidente americano, Theodore Roosevelt (1858-1919), foi mais longe e colocou Jefferson "infinitamente abaixo de Hamilton". Brilhante, ousado e politicamente implacável, Hamilton enxergava os Estados Unidos como uma nação única e unificada, rivalizando com a Grã-Bretanha e com a França, além de poderosa também no mar. Hamilton se sentiria em casa no mundo industrial moderno. Ele estava, inclusive, convencido de que conhecia o caminho para alcançar seu objetivo, por onde começar e o que fazer.

Não é de admirar que tal homem tenha suportado a desconfiança característica da sua época. Pessoalmente, Hamilton era franzino, com apenas um metro e setenta de altura. "O Leãozinho", era como o chamavam no exército. Ele usava seu cabelo castanho ligeiramente penteado para trás, tinha tez clara, bochechas rosadas como as de uma garota, o nariz pontudo, as narinas e a boca sensíveis como as de um cavalo de corrida. Hamilton mantinha a cabeça erguida, e dizia-se que seus olhos azuis ficavam pretos quando estava com raiva. Era um rosto bonito, vivaz, que ficava iluminado quando ele falava, com uma expressividade de um vigor tal que fazia Jefferson – mais tarde, seu inimigo – comentar que esse homem, "sem ter apoiadores, é uma multidão em si mesmo".

Aqui na Convenção, Hamilton estava em uma posição ímpar, frustrante e constrangedora. Mason escreveu mais tarde que "Yates e Lansing nunca votaram, *em nenhuma circunstância*, com Hamilton, que ficou tão mortificado com essa situação, que acabou voltando para casa". Na verdade, era surpreendente que Hamilton tivesse chegado à Convenção. O legislativo de Nova York nunca o teria nomeado se não fosse pelo prestígio político do seu sogro, Philip J. Schuyler (1733-1804), de uma grande família de senhores de terras. O estado de Nova York encontrava-se nitidamente dividido em dois partidos políticos. George Clinton, agora servindo seu sexto mandato como governador, estava no lado rural, agrário, pelo papel-moeda e pelos direitos dos estados. Em junho de 1788, ele presidiu a Convenção de Ratificação em Poughkeepsie.

Clinton havia derrotado Philip Schuyler na eleição para governador em 1777; a facção clintoniana era muito poderosa entre os grupos de trabalhadores braçais e artesãos da cidade. Schuyler tinha uma facção própria, apoiada pelas antigas famílias de proprietários de terras: Van Rensselaers, Morrises, Van Cortlands, Livingstons, Bayards, juntamente com os interesses financeiros urbanos do estado – banqueiros, advogados e comerciantes. Apoiadores de um governo nacional forte, esses homens asseguraram-se de que, pelo menos, um nacionalista fosse para a Filadélfia. Os membros da Convenção Federal sabiam dessas coisas. Muitos deles haviam participado do Congresso com Alexander Hamilton. Eles também sabiam que Hamilton havia aberta e amargamente lutado contra os clintonianos na questão das terras e propriedades dos *loyalistas*, um ponto vital na política. Declarar uma propriedade confiscada, pronta para venda em licitação pública, era um caminho seguro para a popularidade, e o governador Clinton valeu-se ao máximo desse recurso. Pelo menos, quatro membros da Convenção da Filadélfia protestaram publicamente contra essa política, que eles consideravam não apenas injusta, pois violava os termos expressos do tratado de paz, mas era também ruim para o país. Por que forçar cidadãos de valor, homens de propriedade e educação a continuarem inimigos do governo? Foi "perverso e absurdo", escreveu Hamilton nos jornais de Nova York.

Tudo isso pesava contra ele quando o legislativo de Nova York elegeu seus delegados para irem à Filadélfia. Hamilton teria gostado de uma grande representação, digamos, de cinco, com um John Jay, um James Duane e um William Livingston para apoiá-lo. No entanto, aqui ele estava sozinho, um homem que havia feito muito para realizar a Convenção e, praticamente sozinho, levaria o hostil estado de Nova York à ratificação da Constituição dos Estados Unidos. Hamilton se via como alguém singularmente importante e o era. Ele gostava da aristocracia e admirava a Constituição britânica acima de todos os governos da Terra. Jefferson, mais tarde, acusou Hamilton de estar "enfeitiçado e pervertido pelo exemplo britânico". Era uma paixão que, em poucos anos, levaria Hamilton a um comportamento altamente questionável. Ele empreenderia esforços para anular e minar os planos do governo que ele considerava desfavoráveis às relações anglo-americanas. Apesar de toda a frieza externa de Hamilton, parecia haver uma instabilidade nervosa. Considerando sua absurda e teimosa desavença com seu comandante em chefe em meio à guerra, é possível questionar como esse homem foi capaz de realizar pelo país tudo o que conseguiu. Mesmo assim, Washington confiou em Hamilton. Essa ambição inquieta, contava ele a John Adams, nunca foi desonrosa, mas "do tipo louvável, que leva um homem a se destacar em tudo o que se propõe a fazer".

## O NOVO PLANO NOVA JERSEY.

Era típico do jovem Hamilton buscar um casamento que lhe garantisse vantagens, e foi assim que entrou para uma das famílias mais ricas e mais poderosas do estado. Depois, contudo, apaixonou-se tão profundamente pela sua esposa, sua Betsy dos olhos escuros, que temia ficar incapacitado para os negócios. "Meu anjo", ele escreveu:

> Eu disse a você que verdadeiramente a amo demais. Eu luto com tal excesso que não posso deixar de considerar uma fraqueza e me empenho em trazer-me de volta à razão e ao dever. [...] É realmente uma bela história da qual eu faço parte, mesmo que monopolizado por uma pequena donzela cor de castanha.

Por sua vez, Hamilton conquistou a afeição não só da sua família, mas de um diversificado grupo de amigos. Essa personalidade intensa, uma vez que se entrasse em contato com ela, não poderia ser esquecida. "Eu tenho em mim, lá no fundo", escreveu Lafayette, da França, em 1785, "um desejo de dizer que o amo ternamente".

Alexander Hamilton nunca conheceria a velhice. Ele morreu, como todos sabem, com quase 40 anos de idade, baleado em um duelo com Aaron Burr (1756-1836). De alguma forma, é impossível imaginar Hamilton um homem velho. Mesmo sua obstinação e ceticismo implacável mostravam uma qualidade não de cautela, mas de ousadia juvenil e provocação irresponsável. Hamilton lia vorazmente. Sua capacidade de estadista, seus planos para a restauração do crédito público eram para seus contemporâneos não só tentadores, mas extremamente imaginativos.

Entretanto, algo a seu respeito, sua atitude e disposição o tornavam suspeito. Hamilton estava fadado a ser derrotado em sua época. Muito dele vinha do estrangeiro! – inclusive, o fato de que ele amava pintar, tinha uma voz forte e gostava de cantar. Ele não sentia lealdade a Nova York, não sabia o significado do orgulho do estado, algo para o qual não nasceu e que considerava um provincianismo estúpido. Era a União que Hamilton admirava; era a União, cujo glorioso futuro sua rica imaginação iria às alturas para alcançar. Quando um homem desses se apresentou perante a Convenção Federal na manhã de segunda, 18 de junho, o que ele disse acabaria recebendo elogios duvidosos e preocupados. Na cabeça dos membros, um Plano Virgínia tinha sido debatido e digerido, um Plano Nova Jersey havia sido apresentado e aguardava votação. O que, então, esse impecavelmente vestido genro de Philip Schuyler tinha a oferecer, o que ele estava prestes a propor?

A Convenção sabia que Hamilton era um nacionalista, um continentalista e que ele desejava um governo "em alta sintonia" e um forte poder central que permearia o todo. No entanto, o que ele propôs nesse dia superou em audácia qualquer declaração anterior. Ele leria para o Comitê, disse Hamilton, o esboço de um plano que ele preferia aos dois outros em discussão. Ele "quase se desesperou" diante da possibilidade de que o governo republicano pudesse ser estabelecido sobre uma extensão tão grande do país. No entanto, o que ele sugeriu foi, ele dizia, na forma republicana, um governo eleito "por um processo que tem sua origem no povo". Seu plano foi oferecido não como uma proposta ao Comitê do Todo, mas meramente como uma visão correta de suas próprias ideias – emendas que poderiam ser posteriormente apresentadas ao plano do sr. Randolph.

Ele gostaria de ver na América, revelou Hamilton, um único Executivo, escolhido vitaliciamente pelos eleitores e com poder de veto absoluto. Os senadores deveriam também ser escolhidos de forma vitalícia. Uma Câmara Baixa ou Assembleia seria eleita pelo povo por um período de três anos. Os governadores estaduais deveriam ser nomeados pelo governo nacional. Assim, o Senado e o Executivo (Hamilton o chamava de "governador") equilibrar-se-iam contra uma Assembleia democrática. Um tal governo seria derivado do povo, mas a fúria pela liberdade, seria controlada, reprimida. "Os homens amam o poder", disse Hamilton. "Dê todo poder a muitos, eles irão oprimir poucos. Dê todo o poder a poucos, eles irão oprimir muitos".

Sem hesitar, Hamilton apontou para a Grã-Bretanha, cuja Câmara dos Lordes ele chamava de "a mais nobres das instituições". "Eu acredito", Hamilton continuou:

> [...] que o governo britânico forma o melhor modelo que o mundo já produziu [...] Esse governo tem por objetivo a *força pública* e a *segurança individual*, consideradas por nós como inatingíveis. Todas as comunidades se dividem em poucos e muitos. O primeiro grupo é o dos ricos e bem-nascidos; o segundo é formado pelas massas. Diz-se que a voz do povo é a voz de Deus [...] Não é, de fato, verdade [...] Pode-se presumir que uma Assembleia democrática, que anualmente gira em torno da grande massa, busque com firmeza o bem comum?

As paixões populares, continuou Hamilton, "espalham-se como um fogo selvagem e tornam-se irresistíveis". Ele perguntaria aos estados da Nova Inglaterra se a experiência não confirma isso? Por que devemos temer um monarca eleito por toda a vida mais do que um por sete anos? Os governadores dos estados não eram monarcas que foram eleitos? As próprias anotações de Hamilton para seu discurso foram ainda mais longe. "O monarca deve ter força proporcional", escreveu.

Ele deve ser hereditário e ter uma quantidade de poder tal que não será do seu interesse arriscar muito para adquirir mais. A vantagem de um monarca é esta: ele está acima da corrupção. Ele deve sempre ter em mente, no que tange às nações estrangeiras, o verdadeiro interesse e glória do povo.

À Convenção, Hamilton reiterou suas preocupações referentes a um governo republicano para um país tão grande. "Os estados", disse ainda:

> preferirão suas preocupações particulares ao bem-estar geral [...] O que será a Virgínia com o passar do tempo? Ela tem agora meio milhão de habitantes e, em 25 anos, dobrará o número [...] O governo nacional não pode existir por muito quando se depara com a oposição de um rival de peso.

A história está repleta de avisos a esse respeito, comentou Hamilton. Na Grécia antiga, os Conselhos Anfictiônicos[60] falharam.

O fato de Hamilton não ter sido interrompido parece extraordinário, considerando o teor de seus comentários, sua ousadia e a crescente impopularidade desse "exemplo britânico". *Aniquilar distinções e operações estaduais?* Em todo o encontro, talvez apenas Read, de Delaware, e Butler, da Carolina do Sul, teriam concordado. Um único Executivo, eleito vitaliciamente? Esse sim chegou próximo da monarquia. Paradoxalmente, a ideia de Hamilton de uma Câmara Baixa eleita diretamente pelo povo ia para além do que a maioria dos delegados estava disposta a ceder à "democracia". Até Madison foi contra. *Um governo geral e nacional completamente soberano?* Nada menos, argumentou Hamilton, poderia estabelecer o poder americano no país e o prestígio americano no exterior.

Foi o suficiente para fazer o cabelo de James Madison ficar grisalho. Hamilton iria antagonizar cada um dos homens de um estado pequeno na Convenção. *Messieurs* Yates, Lansing e Luther Martin devem ter se contorcido em seus assentos. O dia estava terrivelmente quente. Hamilton não acabaria de falar antes que fossem três horas da tarde. Nathaniel Gorham, que havia presidido, confessou que estava "realmente vencido pelo calor". A frase final de Hamilton ficou famosa, um provérbio – embora apenas seu oponente, o juiz Yates, tenha-a incluído em suas notas. O Plano Nova Jersey, dizia Hamilton em peroração, talvez fosse o que estava

---

[60] Trata-se de conselhos, inicialmente com propósitos religiosos, que posteriormente assumiram um caráter político muito marcante. Eram formados por representantes (anfictiões) de cada um dos estados confederados da Grécia antiga. O conselho reunia representantes de povos, não das cidades, pois é de uma época anterior ao surgimento da *pólis*. Cada povo designava um representante, o qual, designava outros dois, totalizando vinte e quatro representantes. (N.E.)

mais próximo das expectativas do povo. Seu próprio plano e o Plano Virgínia estavam, ele sabia, "muito distantes da ideia do povo. Mas o povo", concluiu Hamilton, "está gradualmente amadurecendo em suas opiniões sobre o governo. Eles começam a se cansar de um excesso de democracia. E o que é mesmo o Plano Virgínia senão a democracia verificada pela democracia, ou a mesma carne de porco ainda que com uma pequena mudança de molho?".

"*Então adiou*", escreveu Yates sucintamente, "*para amanhã*".

\*\*\*

Alexander Hamilton na Convenção Federal é uma figura decepcionante, em desacordo com seu magnífico desempenho anterior e subsequente em apoio à Constituição. Seu longo discurso – correspondente a um dia de trabalho – estava fora de sintonia. Inaceitável para ambos os lados. É verdade que George Read, de Delaware, mais tarde declarou na Convenção que ele gostaria de ver o plano de Hamilton "no lugar do que está na mesa sendo discutido". É também verdade que Gouverneur Morris definiu o discurso como "uma imensa indiscrição". Entretanto, tendo em vista suas próprias inclinações, Morris provavelmente desconsiderou as preferências britânicas de Hamilton, atribuindo-as à sua origem estrangeira, pois Hamilton confessou-se "um exótico". Cinquenta anos mais tarde, John Quincy Adams, ao encontrar uma cópia do discurso nos papéis de Madison, declarou ser de "grande maestria", e o plano de Hamilton para uma Constituição era teoricamente melhor do que o que foi adotado. "Mais energético", acrescentou Adams, "e aproximando-se da Constituição britânica com muito mais precisão, e, por isso, algo que a opinião pública daquela época nunca iria tolerar".

O fato surpreendente é que não houve discussão enquanto Hamilton fazia seu discurso. Nenhum delegado se levantou na manhã seguinte para contestar, nem foi realizado qualquer movimento em relação às recomendações feitas por Hamilton. O dr. Johnson, de Connecticut, provavelmente refletiu o sentimento geral quando publicamente disse, alguns dias depois, que "um cavalheiro de Nova York, com ousadia e determinação, propôs um sistema totalmente diferente de ambos e, embora ele tenha sido elogiado por todos, não recebeu apoio de ninguém". Parecia que a fala de Hamilton era radical demais para ser refutada, extrema demais, embora estivesse bem evidente que ele falava sério – sua conduta futura corroborava isso. Talvez ele tenha deliberadamente delineado para a Convenção um sistema de governo tão "nacional", tão "consolidado" que faria o Plano Virgínia parecer inofensivo; e o Plano Nova Jersey, impossível.

Entretanto, Hamilton deve ter previsto o efeito das suas palavras. Ele era experiente demais para ser levado, e em especial naquele momento, a declarações precipitadas ou não calculadas. Tivesse a Convenção sido pública, e não secreta, certamente Hamilton não teria se aventurado a ir tão longe. Apesar da sua audácia, havia uma hesitação na sua fala, uma incerteza que transpareceu nos relatórios. E há cinco relatórios: Madison, Yates, Lansing, Rufus King e as notas do próprio Hamilton. O juiz Yates fez Hamilton dizer que estava "muito envergonhado" e " desesperado" – e, duas vezes, que estava "perdido".

Alexander Hamilton pagaria pelo resto de sua vida um preço por seu discurso de 18 de junho, pois o que ele havia dito apareceria para atormentá-lo. Quando chegou o momento, seus inimigos aproveitaram. Eles disseram que a Constituição "tinha tendência a flertar com a monarquia" e que Hamilton queria um rei americano. Ele negou, declarando que o que ele disse naquele dia havia sido uma composição de "afirmações feitas sem a devida reflexão", depois negou até mesmo ter defendido um presidente com mandato vitalício. Tal negação, escreveu Madison, da Virgínia, de forma maliciosa, devia-se "a uma falta de memória".

*\*\*\**

"O sr. Hamilton deixou a cidade esta manhã", escreveria Lansing em 30 de junho. Dez dias depois, o próprio Lansing, assim como Yates, desprezaria para sempre a Convenção e voltaria para Nova York, resolutamente contrário aos procedimentos adotados e preparado para lutar contra qualquer sistema "nacional" que os delegados viessem a produzir. Hamilton, entretanto, voltaria, de vez em quando, à Filadélfia durante o verão. E ele sempre tinha algo pertinente a dizer, algo marcante. Em setembro, Hamilton chegaria sozinho à Câmara Estadual, sem seus dois colegas, a fim de assinar a Constituição – um ato de coragem, desafiando os poderes políticos do seu próprio estado.

CAPÍTULO 10

# O grande debate.
# 19 a 28 de junho.

*A situação desta Assembleia, tateando como que no escuro para encontrar a verdade política.*
BENJAMIN FRANKLIN, NA CONVENÇÃO.

James Madison estava em pé assim que a reunião começou. Era terça-feira, 19 de junho, e a Convenção ainda estava no Comitê do Todo. Madison estava preparado e pronto para o que tinha a dizer. Ele sequer mencionou Hamilton ou o seu discurso de seis horas do dia anterior, o que certamente não tinha ajudado os nacionalistas. Hamilton havia ido longe demais. Afirmações tão extremas como aquelas assustariam possíveis adesões. Na taverna e no clube, a conversa deve ter sido agitada na segunda-feira à noite. Teriam os delegados repreendido o jovem Hamilton por sua precipitação? Teriam eles concordado que a melhor estratégia seria ignorar o que ele havia dito e avançar com o assunto em questão – a saber, a votação que escolheria por fim entre o Plano Nova Jersey e o Virgínia?

Em qualquer caso, Madison, na terça-feira de manhã, não perdeu um minuto, mas continuou a desfazer o Plano Nova Jersey em pedaços, fria e logicamente, ponto por ponto, com cada aspecto formulado como uma pergunta. O Plano Nova Jersey evitaria que os estados abusassem uns aos outros, como os estados devedores haviam feito, emitindo papel-moeda em retaliação contra os estados credores? O Plano evitaria turbulências estaduais internas, como as que Massachusetts experimentou na rebelião de Shays? Ele protegeria a União contra a influência de potências estrangeiras? Os estados pequenos haviam considerado os custos do Plano Nova Jersey, segundo o qual cada estado deve pagar toda a sua delegação ao Congresso? Uma nação poderia sobreviver sob um pacto que não vinculasse o todo?

E os estados pequenos haviam parado para pensar onde estariam se sua teimosa adesão ao Plano do sr. Paterson impedisse a adoção de *qualquer* plano? Os delegados de Nova Jersey declararam que não seria "seguro" – essa foi a linguagem deles – permitir à Virgínia dezesseis vezes mais votos do que Delaware. Esses cavalheiros preferiram reunir todos os estados em uma massa e realizar uma nova divisão em treze partes. Eles não estavam, sugeriu Madison, ficando enredados em suas próprias teias de aranha, fiadas por eles mesmos? A história das confederações estava repleta de armadilhas e perigos como esses.

Quando Madison terminou, Rufus King, de Massachusetts, imediatamente fez a pergunta: o Plano do sr. Randolph era preferível ao do sr. Paterson? Os estados votaram. Sete a três, a moção ganhou, com Maryland dividido. O Plano Nova Jersey estava morto, acabado. Madison havia dado o golpe final. Se o plano tivesse sido apresentado à Convenção antes, poderia ter prevalecido – quem sabe? Entretanto, os delegados tiveram três semanas para pensar sobre o assunto, conversar, discutir, acostumarem-se com o que a princípio parecia ofensivo, impossível. Daquele momento em diante, a Convenção prosseguiria a partir das 19 Resoluções da Virgínia – embora muito fosse ser alterado antes de 17 de setembro. A Constituição tal como foi assinada, acabaria ficando muito diferente das propostas originais de Randolph – um instrumento muito mais flexível.

Em 19 de junho, os delegados votaram contra o Plano Nova Jersey, mas isso não significava que os estados pequenos tivessem capitulado. A batalha pela representação no Congresso grassaria por mais um mês, até o dia 16 de julho, quando a Convenção adotaria o Grande Compromisso, conferindo igual representação no Senado – dois votos para um estado, fosse ele grande ou pequeno – e, na Câmara, representação proporcional. Até então, o drama na Câmara da Pensilvânia escalaria semana a semana, a tensão aumentando, e a atmosfera escurecendo até parecer que não poderia haver solução, sem luz no final do túnel, sem uma nova Constituição forte para os treze estados americanos perseguidos, vigorosos e em litígio.

* * *

Na manhã seguinte, 20 de junho, os delegados se reuniram na Convenção na sua totalidade. Washington retomou a presidência; seria o primeiro dia em que ele participaria de um debate completo desde o fatídico 29 de maio, quando Randolph e Charles Pinckney apresentaram seus planos independentes. Nathaniel Gorham, tendo atuado todo esse tempo como presidente do Comitê do Todo, renunciou para ocupar seu lugar entre os delegados de Massachusetts. Um orador simples e contundente, Gorham agora iria poder se manifestar.

O passo inicial da Convenção naquela manhã foi eliminar a palavra "nacional" da primeira resolução da Virgínia. Ao invés de ler, "Revolveu-se que um governo nacional deveria ser estabelecido, consistindo em um Legislativo, Judiciário e Executivos supremos", Ellsworth, de Connecticut, propôs que a resolução lesse "que o Governo *dos Estados Unidos* deveria consistir [...]".

Foi uma sugestão altamente política, e Gorham apoiou-a. Essa palavra, "nacional", apontou Ellsworth, assustaria as pessoas. Os estados não ratificariam uma Constituição – qualquer uma – a menos que aparecesse como uma emenda aos antigos Artigos da Confederação. Deixem de fora a palavra "nacional"! *"Nem. Con."*[61], escreveu Madison.

A essa altura, John Lansing, de Nova York, levantou-se com um longo e acalorado protesto contra as coisas no geral. Não era fácil ouvir Lansing; ele tinha o que Pierce, da Geórgia, chamou de "uma hesitação na sua fala". Essa Convenção, disse Lansing, não tinha poderes para criar um legislativo de dois ramos. No que diz respeito à proposta de que o Congresso tivesse uma negativa sobre as leis estaduais – "É de se cogitar", exigiu Lansing, "que haja tempo disponível para tal tarefa? Haverá, no cálculo mais moderado, tantos atos expedidos dos estados quanto há dias no ano. Os membros do legislativo geral serão juízes competentes? Um cavalheiro da Geórgia será o juiz de conveniência de uma lei que deve funcionar em Nova Hampshire? Tal negativa seria mais prejudicial do que a da Grã-Bretanha até então". Esse governo geral agora sob apreciação, insistia Lansing, era "totalmente impraticável, inédito demais e complexo".

George Mason, da Virgínia, com o vigor feroz de um velho, pronunciou-se contra os extensivos poderes sendo concedidos ao Congresso. "É de se pensar que o povo da América, tão zeloso de seus interesses, tão ciumento das suas liberdades, irá desistir de tudo, entregar a espada e a algibeira ao mesmo órgão, que também não foi imediatamente escolhido por ele?". Como os impostos nacionais deveriam ser recolhidos? – Mason questionou. "Será que a milícia marchará de um estado para outro a fim de cobrar os impostos atrasados dos membros delinquentes da República?". Fogo e água propriamente ditos não são mais incompatíveis do que essa mistura de liberdade civil e o fazer cumprir pelas mãos de militares! "Os cidadãos do estado invadido não irão ajudar uns aos outros até que se levantem como um só homem e se livrem da União por completo?". Ele ficou horrorizado com essa possibilidade, concluiu Mason.

Foi nesse momento que Luther Martin, de Maryland, levantou-se com o primeiro dos seus discursos intoleravelmente prolixos, que seriam uma característica da Convenção até a sua partida irritada – e misericordiosa – em 4 de setembro,

---

[61] "Nem. con.", abreviação para nemine contradicente em latim, que significa: sem contradições, unânimo. (N.T.)

13 dias antes da assinatura da Constituição. Martin tinha cerca de 40 anos, ombros largos, descuidadamente vestido, cabelo curto, nariz comprido, uma voz áspera e uma inclinação animada pela garrafa, o que mais tarde iria conduzi-lo à insolvência e à desgraça. Ele era impulsivo, indisciplinado; no geral, o homem mais indomável da Convenção, um defensor furioso da soberania do estado, de forma alguma um tolo no que dizia, embora pudesse falar estupidamente sobre "os direitos dos homens e dos estados livres". O perspicaz historiador Henry Adams (1838-1918) descreveu Martin como "o irrequieto, espirituoso e audacioso procurador-geral de Maryland, bêbado, generoso, desleixado, imponente [...] o notório gênio réprobo".

Isso foi, no entanto, dito um século depois. Na Convenção Federal, é de se duvidar que alguém tenha chamado Luther Martin de gênio. Os delegados estavam muito irritados com a sua verbosidade, que escolheu explodir nos dias mais quentes da Filadélfia, quando a Convenção se reunia em um desconforto úmido. O que Martin realmente disse foi que ele não via necessidade de um Congresso com dois ramos. Era preferível um ramo... Um Judiciário nacional estendido aos estados seria ineficaz e mal-recebido... Conceder poderes desnecessários ao governo geral pode muito bem derrotar "o objetivo original da União". O Congresso representava e tinha a intenção de representar não o povo, mas os legislativos estaduais. Luther Martin, além disso, era contra as convenções estaduais para a ratificação da Constituição.

"Essa", escreveu Madison, "foi a substância de um discurso muito longo" – e então, ele riscou a frase.

Incapaz de concordar ou mesmo de discutir a questão primordial – a representação proporcional no Congresso –, uma Convenção paralisada voltava a questões menores, esmiuçando-as, discutindo-as, argumentando, disputando-as e, no processo, conhecendo seu país e avançando lentamente na direção do dia em que se deveria chegar a um compromisso, ou – como cada delegado sabia no seu íntimo – em que a Convenção se desfaria em fracasso. Muito do que foi dito já havia sido ouvido antes. Para os delegados mais experientes, essa repetição era claramente irritante. Mesmo assim, novos argumentos foram levantados, velhas questões abordadas a partir de um novo ponto de vista, e coisas foram ditas, as quais acabariam por influenciar decisões em tribunais gerações mais tarde.

Sobre a questão envolvendo o pagamento dos congressistas, James Wilson sugeriu que o próprio Congresso deveria fixar o valor e pagar com recursos do Tesouro Nacional... "Mas isso era indecente", rebateu Madison. O Legislativo não devia colocar suas mãos no erário público a fim de transferi-lo para suas próprias mãos. Que o estipêndio fosse fixado pela Constituição. Se os governos estaduais decidissem a quantia, o que dizer dos "estados pobres para além das montanhas"? Os estados do Leste que surgirem daqui em diante deveriam ser considerados iguais e confrades e deveriam ser tomadas providências para que eles pudessem enviar seus melhores homens ao Congresso... Quanto aos senadores, eles, de forma alguma, deveriam ser pagos. (Isso dito pelo general Pinckney). Os senadores deveriam representar a riqueza do país, *ergo* [portanto], eles próprios deveriam ser ricos. O dr. Franklin de novo alegou que era contra o pagamento de todos os funcionários do governo. Nesta Câmara, dizia ele, estavam jovens que, sem dúvida, seriam eleitos senadores. A Convenção pode ser acusada de criar cargos lucrativos para si mesma.

Houve uma discussão acalorada sobre os congressistas terem ou não permissão para ocuparem outros cargos no governo durante seus mandatos. Muitos delegados presentes de fato ocupavam tais cargos, estaduais e nacionais. Era um costume já aceito; as pessoas estavam acostumadas a ele. James Wilson foi a favor, não queria desencorajar o mérito. O nosso comandante em chefe de todos os exércitos não havia sido escolhido de dentro do Congresso?

Era um argumento muito forte. Washington permitiu-se dar um sorriso? Embora Rufus King concordasse com James Wilson, Pierce Butler, da Carolina do Sul, opôs-se, alertando sobre Grã-Bretanha, onde os homens entraram no Parlamento a fim de garantir um lugar e um cargo para eles e seus amigos. O governo inglês foi arruinado por essa prática. George Mason era da mesma opinião, ele disse que a porta deve ser fechada para a corrupção. Nathaniel Gorham discordou. A corrupção do governo inglês não poderia ser aplicada à América. Suas eleições eram frequentes, não tinham distritos corrompidos.

A discussão ia e voltava, com Madison afirmando categoricamente que, na Virgínia, era por demais difícil persuadir os melhores cidadãos a servir no legislativo. Os estados deveriam, então, confiar no *patriotismo*? "Se esse for o único incentivo", disse Madison, "você encontrará um grande desinteresse para preencher seu corpo legislativo".

Elbridge Gerry falou secamente, bem à sua maneira. (Certa vez, comentou-se no Congresso que Gerry era do tipo que ficava satisfeito em atirar uma flecha sem se importar com o ferimento que causaria.):

> No início da guerra, possuíamos mais do que virtude romana. Parece-me que agora a situação é inversa. Nós temos mais terras e operadores de ações do que qualquer outro lugar do planeta [...] Temos constantemente nos empenhado em manter distintos os três grandes ramos do governo. Mas, se concordarmos com

essa moção [...] os legisladores irão se beneficiar do [ramo] Executivo, ou serão muito influenciados pelo Executivo, ao procurá-lo por cargos.

O jovem Charles Pinckney declarou fervorosamente que os americanos talvez fossem "as únicas pessoas no mundo que tiveram bom senso suficiente para nomear delegados a fim de estabelecer um governo geral". Por que, então, imitar governos mais antigos, empenhando-se em criar no Senado um órgão como a Câmara dos Lordes? Nos Estados Unidos, a propriedade era dividida da maneira mais uniforme. Poucos poderiam ser chamados de ricos da mesma forma que os homens eram considerados ricos na Europa, ou cujas riquezas poderiam exercer uma influência perigosa. Talvez não houvesse uma centena desse tipo no continente. "A índole do povo [...] é desfavorável à apressada distinção de posições de classes". O povo dos Estados Unidos, afirmava Pinckney, pode ser dividido em três classes: homens profissionais, homens de negócios e os de interesses fundiários. Por que não levar isso em conta e fazer um governo para o povo tal como ele era e como o conheciam? Com uma arrogância inconsciente, Pinckney ignorou os artesãos e mecânicos, cuja única propriedade estava em seu trabalho. Os governos estaduais, finalizou Pinckney, devem permanecer. Eles não devem ser apagados.

A Convenção aproveitou para tocar nesse ponto com tanto zelo como se nunca tivesse sido abordado. A proporção senatorial de representação determinaria se os estados pequenos ficariam sem poder. Mais uma vez, os delegados votaram para adiar essa questão fundamental e, então, votaram a favor para a moção que propunha que os senadores fossem escolhidos pelos legislativos estaduais. E votaram unanimemente que os senadores não deveriam ter menos que 30 anos. Sobre a moção para um mandato senatorial de nove anos, a Convenção votou contra — oito a três. A moção de Nathaniel Gorham para um mandato de seis anos – um terço para sair bienalmente – foi aprovada, sete a quatro. (Seis dias antes, a Convenção havia votado um mandato de dois anos para os representantes).

Aqui James Madison perdeu. Ele havia defendido um mandato de nove anos para os senadores, assim como, desde o início, ele desejava um Senado eleito pelos legislativos estaduais, como contrapeso a uma Câmara popular. Ele era também favorável que o Congresso pudesse vetar leis estaduais. Apenas uma dessas três medidas iria entrar na Constituição: o método de eleição do Senado – e isso duraria até a Décima Sétima Emenda (1913). Olhando para o futuro, Madison viu um Estados Unidos povoado de uma maneira muito diferente daquela do ano de 1787. "Ao formular um sistema que desejamos que dure por muito tempo", disse ele à Convenção:

[...] não devemos perder de vista as mudanças que os anos irão produzir. Um aumento da população necessariamente irá aumentar a proporção daqueles que irão trabalhar sob todas as adversidades da vida e secretamente irão ansiar por uma distribuição mais igualitária das suas bênçãos. Esses podem, com o tempo, ultrapassar em número aqueles que são colocados acima dos sentimentos de indigência.

O poder, disse Madison, poderia então deslizar para as mãos dos inúmeros pobres em detrimento das mãos de alguns poucos ricos. Sintomas de um espírito de nivelamento já havia aparecido em certos locais. Como evitar esse perigo "com base nos princípios republicanos"? Por meio de um corpo no governo (um Senado) "suficientemente respeitável por sua sabedoria e virtude", com um mandato eletivo de nove anos para torná-lo estável — com certeza isso asseguraria a liberdade.

Os leitores de hoje podem ficar um pouco frustrados ao encontrar o pai da nossa Constituição recomendando, com efeito, que os americanos ricos levantem barreiras contra os americanos pobres, os quais, por sua vez, com poder nas suas mãos, podem ser perigosos. Por sintomas de um espírito nivelador, Madison se referia a motins, tumultos e violência sob o governo popular da Pensilvânia; aos recentes distúrbios em Maryland; aos problemas agrários com o papel-moeda de Rhode Island; e, claro, à rebelião de Shays. Entretanto, é injusto fazer julgamentos nos termos de hoje. No ano de 1787, as propostas da Convenção eram essencialmente novas, não haviam sido experimentadas ainda. E, antes que elas entrassem em vigor, o povo deveria aprová-las.

*\*\**

Finalmente, ficou acordado que os senadores seriam pagos — dez estados a um. Contudo, no que dizia respeito à fonte de pagamento, a votação foi mais apertada; seis a cinco para que o recurso viesse do Tesouro Nacional em vez dos legislativos estaduais. George Mason (aquele das terras férteis da Virgínia) sugeriu uma qualificação de propriedade para senadores. Ninguém o apoiou, e a questão foi abandonada. Foi decidido que as duas Câmaras deveriam ter o direito de propor projetos de lei e que ambas eram elegíveis para cargos estaduais, mas não para cargos no governo dos Estados Unidos.

Tudo isso significava progresso e se mostrava encorajador. Por trás, entretanto, ainda espreitava a questão preponderante, que mantinha a Convenção sitiada: como a América seria representada no Congresso — pela população ou equitativamente, estado a estado? Em 27 de junho, o debate sobre essa questão teve início de fato, com os delegados ainda reunidos em plena Convenção e com Washington na presidência.

O tempo continuava quente. Nas duas últimas semanas, houve apenas três dias com uma temperatura mais amena. Na manhã daquela quarta-feira, os delegados deviam estar cansados e nervosos. Luther Martin levantou-se novamente "e escolheu este mais inoportuno momento", escreveu depois um dos membros, "para fazer uma longa arenga". Por mais de três horas, Martin argumentou "longamente e com grande avidez", observou Madison. Tudo o que Martin disse era defasado, uma repetição de seu discurso anterior... Os poderes do governo geral devem ser mantidos dentro de limites estreitos, sendo sua única função preservar os governos estaduais, não governar indivíduos...

Martin fez uma pausa para ler passagens de John Locke, John Somers (1651-1716), Emer de Vattel (1714-1767), dr. Joseph Priestley (1733-1804), um exercício que a Convenção havia até então evitado. Todo político experiente conhecia esses autores e seus respeitados e desgastados argumentos sobre a lei da natureza..., o homem em estado natural..., o pacto entre governante e governado. Durante a Revolução, essas expressões se tornaram quase tão familiares quanto a *Bíblia* e foram aproveitadas ao máximo por todo o político insignificante que conseguia encontrar uma plateia para discursar. Era necessário arar agora esse velho terreno? "Nunca ouvi falar de uma confederação com dois Poderes Legislativos", continuou Martin. "Mesmo o célebre sr. Adams, que tanto fala em freios e contrapesos, não considera isso como algo necessário em uma confederação". Ele nunca, argumentou Martin, confiaria em um governo assim organizado para "todos os escravos da Carolina ou os cavalos e bois de Massachusetts!... O que são chamados de sentimentos humanos, neste caso, são apenas os sentimentos de ambição e cobiça por poder".

Nesse momento, o orador anunciou que estava "exausto demais para terminar seus comentários" e os retomaria no dia seguinte. Os delegados saíram aos tropeções para a rua. Era hora de encerrar. Cansados, eles enfrentaram o dia seguinte. E, no dia seguinte, Martin cumpriu sua palavra. Ele fez seu discurso, escreveu Madison, "com muita verbosidade e considerável veemência".

Um discurso longo é um perigo sob qualquer perspectiva. Entretanto, um discurso longo e feito com veemência é dificilmente suportável. Se os três estados grandes se unissem, gritou Martin, os outros dez poderiam fazer o mesmo! Ele preferia ver essas confederações parciais a se submeter ao Plano Virgínia.

Luther Martin iria pagar por esse discurso. Durante a batalha de ratificação, no inverno que se seguiu, Ellsworth usou os jornais para atacar a posição anticonstitucionalista de Martin, dirigindo-se diretamente ao seu oponente, à moda da época:

> O dia em que você passou a ter um assento [na Convenção] deverá ser lembrado, por muito tempo, por aqueles que estiveram presentes [...] Você mal teve tempo para ler as proposições que foram acordadas após uma investigação mais completa quando, sem solicitar informações, ou ser comunicado sobre as razões da adoção do que você poderia não aprovar, você se voltou contra eles em um discurso que você manteve por dois dias, e que poderia ter durado dois meses, se não fosse por aqueles sinais de cansaço e aversão que você viu fortemente expressos em qualquer lado da Câmara para onde você virava seus olhos mortificados.

Martin se defendeu com igual vigor. Não era uma época de cortesias nas publicações correntes. Os jornais de hoje não ousariam publicar insultos como aqueles que os pais fundadores lançavam uns contra os outros com alegre naturalidade. Na Convenção Federal, entretanto, o grande esforço de Martin gerou pouca reação, além de repulsa. O debate continuou, desconcertante, ao que parece, sem chegar a lugar algum, mas, na verdade, servindo ao propósito de divulgar todos os pontos de vista... Se as combinações de estados grandes deviam ser temidas, analisava Williamson, da Carolina do Norte, então, o que dizer dos novos estados do Oeste? Sua distância do mercado inevitavelmente iria tentá-los a se reunirem, colocando, dessa forma, encargos comerciais sobre os estados antigos... Nesse ponto, Madison exigia o que era mais temível: uma força central superior ou o egoísmo de associados fracos? Que interesse comum poderia fazer com que a Virgínia, Massachussets e a Pensilvânia se unissem? Nenhum! No que diz respeito aos produtos básicos de cada um desses estados, eles eram tão diferentes, dizia Madison, quanto quaisquer outros três estados da União. Tabaco, peixe, farinha, esses eram os seus respectivos produtos. E não eram os estados grandes os mais aptos, em qualquer lugar, a serem rivais do que parceiros? Grandes potências são sempre hostis. A América talvez deva a sua liberdade à inimizade e rivalidade entre a Inglaterra e a França, pontuava Madison.

O velho dr. Franklin, sentado com seus famosos óculos duplos na ponta do nariz, quebrou o silêncio. Ele havia falado pouco nos últimos dias. Dirigindo-se a Washington na presidência, disse Franklin:

> O pequeno progresso que fizemos depois de quatro ou cinco semanas de presença constante e discussões contínuas entre todos, nossos sentimentos diversos sobre praticamente todas as questões [...] gerando quase o mesmo número de "nãos"

e "sins", parece-me ser uma prova melancólica da imperfeição do entendimento humano. Na verdade, parece que reconhecemos nossa própria falta de sabedoria política visto que temos corrido atrás dela. Nós nos voltamos para a história antiga na busca por modelos de governo e examinamos as diferentes formas daquelas repúblicas que, tendo sido formadas a partir das sementes da sua própria destruição, agora já não existem mais. E temos visto Estados modernos por toda a Europa, mas não encontramos nenhuma das suas Constituições adequadas às nossas circunstâncias.

Dada a situação desta assembleia, tateando como se estivesse no escuro para encontrar a verdade política, e mal capaz de distingui-la quando apresentada a nós, como é que pode, senhores, que até agora, nem por uma vez, não pensamos em humildemente solicitarmos ao Pai das Luzes que ilumine nosso discernimento?

Franklin aqui lembrou à Convenção como, no início da guerra com a Inglaterra, o Congresso Continental havia orado por proteção divina – nesta mesma sala. "Nossas orações, senhores, foram ouvidas", continuou Franklin:

> [...] e foram graciosamente respondidas, todos nós que estivemos envolvidos na luta devemos ter observado casos frequentes de uma providência superior a nosso favor. A essa bondosa providência devemos esta feliz oportunidade de aconselhar, em tempos de paz, sobre os meios para estabelecer nossa futura felicidade enquanto Nação. Em em um momento como este, esquecemos aquele amigo poderoso? [...] Eu já vivi, senhores, muito tempo, e, quanto mais vivo, mais provas convincentes eu tenho desta verdade: *a de que Deus governa nos assuntos dos homens.*

No manuscrito desse pequeno discurso do doutor, a palavra "Deus" está sublinhada duas vezes, talvez como indicação para o tipógrafo. Entretanto, quer Franklin considerasse ou não a divindade digna de quatro letras maiúsculas, seu discurso foi oportuno... Se um pardal não pode cair no chão sem ser visto por ele, continuou Franklin, seria provável que um império pudesse surgir sem a sua ajuda?

> Eu acredito firmemente nisso e acredito também que, sem a sua ajuda, não teremos um melhor sucesso nesse edifício político do que tiveram os construtores de Babel. Nós seremos divididos por nossos interesses facciosos locais, nossos projetos serão confundidos, e nós mesmos nos tornaremos um descrédito e uma anedota para os tempos futuros. E o que é pior, a humanidade pode, daqui em diante, a partir dessa lamentável situação, perder a esperança de estabelecer

governos pela sabedoria humana e abandoná-los ao acaso, à guerra e à conquista.

Peço, portanto, permissão para propor que doravante orações implorando a ajuda aos Céus e suas bênçãos sobre nossas deliberações sejam realizadas nesta assembleia todas as manhãs, antes de prosseguirmos com os trabalhos, e que um ou mais clérigos desta cidade sejam chamados a presidir essas cerimônias.

Benjamin Franklin tinha tanta sabedoria e perspicácia política que não há como dizer qual delas era a qualidade superior impulsionando esse discurso. Roger Sherman imediatamente apoiou a moção de Franklin. Contudo, Hamilton e "vários outros" – anotou Madison – temiam que chamar um clérigo em um estágio tão avançado pudesse levar o público a suspeitar de dissenções na Convenção. A isso, Franklin respondeu secamente que um certo grau de inquietação externa poderia fazer tanto bem quanto mal. Williamson, da Carolina do Norte, fez a declaração direta de que todos sabiam o verdadeiro motivo para não trazer um capelão: a Convenção não tinha fundos.

Houve um constrangimento geral. Ninguém gostava de agir contra o ilustre dr. Franklin nem em uma questão como essas. Mais tarde, surgiram histórias fantásticas. Corria o boato de que Hamilton havia ironicamente dito que a Convenção não precisava de "ajuda *estrangeira*". Isso é um absurdo evidente. Mesmo assim, a cena tinha urgência, perigo, drama. Um delegado da Geórgia, William Few, descreveu aquela manhã de 28 de junho como "um momento terrível e crítico. Se a Convenção tivesse então sido suspensa, a dissolução da união dos estados pareceria inevitável". A moção de Franklin fracassou, embora Randolph tivesse cuidadosamente proposto que, no próximo 4 de julho, um sermão fosse pregado a pedido da Convenção e que, daí em diante, orações começassem a fazer parte da rotina.

Ainda assim, quer o doutor tivesse falado com base na política, quer na fé, sua sugestão foi benéfica, convocando uma assembleia de mentes duvidosas para a compreensão de que o próprio destino estava presente nessa sala como convidado, ou testemunha. Franklin solenemente lembrou que uma república de treze estados unidos – uma aventura inédita e ousada – não poderia ser alcançada sem sacrifício mútuo e uma convocação dos melhores, mais difíceis e mais criativos esforços por parte dos homens.

CAPÍTULO 11

# A Tensão Aumenta. Europa e América.

*Eu, cavalheiros, não confio em vocês.*
GUNNING BEDFORD, NA CONVENÇÃO

Até Elbridge Gerry, combativo por natureza, começava agora a lamentar a contenciosidade dos delegados. "Em vez de vir para cá como um grupo de irmãos, pertencentes à mesma família", dizia ele, "parecemos ter trazido conosco o espírito de negociadores políticos". O dr. Johnson, de Connecticut, afável e conhecido por sua influência sobre certos sulistas, observou que a controvérsia deveria ser interminável enquanto os cavalheiros divergissem sobre as bases de seus argumentos. Com relação aos temores referentes a uma união forte, Nathaniel Gorham lembrou à Convenção que o próprio estado de Massachusetts já havia sido três colônias: Massachusetts Bay, Plymouth e Maine. O mesmo se dera com Connecticut e New Haven e com East e West Jersey. "O pavor da união era recíproco", revelava Gorham. Ainda assim, "a incorporação ocorreu, todas as partes estavam seguras e satisfeitas, e todas as diferenças foram esquecidas". Se seus colegas de Massachusetts vissem a união dos estados da mesma forma que ele a via, consideraria seu dever, finalizou Gorham, ficar aqui enquanto qualquer outro estado permanecesse com eles e concordar com algum plano que pudesse ser recomendado ao povo.

Os delegados já haviam votado contra a igualdade de representação na Câmara. Após mais de duas semanas de debates, a Convenção votou novamente – e não conseguiu resolver o impasse. Os estados grandes permaneceram firmes, embora Madison tivesse uma maneira de sempre colocar a culpa da obstinação nos estados pequenos. A votação estava agora ocorrendo não mais no Comitê do Todo, mas em plena Convenção. As regras, porém, possibilitavam alterar qualquer decisão, convocando uma nova votação para o dia seguinte, travando o processo de forma exasperante. Entretanto, no final, era uma boa regra, dando a cada delegado a sua oportunidade. Ninguém, quando chegasse a hora, poderia dizer que a Constituição dos Estados Unidos havia sido misturada de qualquer jeito, com pressa.

Pela terceira vez, Connecticut apresentou o Grande Compromisso tal como fora orginalmente proposto por Roger Sherman, que dava, no Senado, voz igual a estados grandes e pequenos. Se os estados grandes recusassem esse plano, alegava Ellsworth, nós nos separaríamos. No geral, ele não era um homem de concessões, mas preferia fazer a metade do bem que podia, ao invés de não fazer nada. Madison, contudo, não cederia. A igualdade de representação dos estados era um princípio injusto, argumentava ele. James Wilson concordou. *Por que os estados pequenos deveriam temer os grandes?*... Tratava-se da velha e desgastada pergunta, tantas vezes feita e nunca respondida. Irritado, Wilson disse à Convenção que havia apenas dois tipos de governos: o que faz muito e oprime, o que faz pouco e é fraco.

Ellsworth não estava convencido. Os estados pequenos deveriam receber poder de defesa contra os grandes. Diante disso, Madison falou de maneira atipicamente irascível, algo muito próximo ao insulto. "O cavalheiro", perguntou ele, "esqueceu-se de que seu estado se recusou a pagar a sua parte durante a guerra"? Não havia Connecticut *"terminantemente recusado"*[62] sua obediência a uma requisição federal? "O estado pagou", prosseguiu Madison, "nos últimos dois anos, algum valor para o Tesouro continental? E isso parece governo ou a observância a um pacto solene?".

Foi demais para Oliver Ellsworth. Como qualquer americano daquela época – ou de hoje – ele não podia ver seu estado ser impugnado. Foi o suficiente para fazer a águia[63] gritar. Ellsworth voltou-se para a presidência:

> Posso com confiança apelar a Vossa Excelência [...] As listas de alistamento militar mostrarão que Connecticut tinha mais tropas em campo do que, até mesmo, o estado da Virgínia. Reunimos todas as forças para levantá-las [...] Sentimos os efeitos disso até hoje [...] Estamos constantemente nos esforçando para tirar dinheiro dos bolsos dos nossos cidadãos de forma tão rápida quanto entra [...] Se meu estado se provou inadimplente apenas por incapacidade, não o é mais do que os outros e sem a mesma desculpa.

Logicamente, isso não era resposta. No entanto, a cordialidade e a lealdade de Ellsworth eram atraentes. Teria ficado menos severo o rosto de Washington? O jovem Davie, da Carolina do Norte, apoiou a moção de Ellsworth para representa-

---

[62] As palavras aqui em itálico estão em destaque no texto original de Madison.
[63] A "águia" refere-se à moeda de ouro antigamente usada nos Estados Unidos, que tinha uma águia estampada no verso e com valor de face de dez dólares – ela foi retirada de circulação em 1934. (N.E.)

ção igual no Senado. James Wilson sugeriu um senador para cada 100 mil almas e, para os estados menores, não mais do que um membro cada – incluindo cerca de 26 ao todo, mantendo assim o Senado convenientemente pequeno. "Eu faço essa proposta", concluiu Wilson, "não porque pertenço a um estado grande, mas a fim de demolir uma casa podre e lançar as bases de um novo edifício".

O dr. Franklin interveio e disse:

> Quando se quer fazer uma mesa larga, e as bordas das tábuas não se encaixam, o artesão toma um pouco de ambas e faz um bom encaixe. Da mesma forma, neste caso, os dois lados devem se afastar de algumas de suas exigências a fim de que possam se encontrar em alguma proposta harmônica.

Ele havia preparado essa proposta, acrescentou Franklin, para ser "colocada na mesa para apreciação".

Entretanto, hoje parecia que nem mesmo o dr. Franklin poderia apaziguar ou abrandar a situação. A discussão cresceu e assumiu um tom feio. Rufus King declarou que não poderia, nem jamais daria ouvidos a uma igualdade de votos no Senado; seus sentimentos estavam atormentados, seus temores agitados pelo seu país. Jonathan Dayton, de Nova Jersey, aos 26 anos de idade, comentou acidamente que o discurso público havia sido substituído por uma discussão. "Quando uma declaração é dada como prova", disse Dayton, "[...] ela não terá efeito, não importa quão eloquentemente tenha sido apresentada. Eu considero o sistema em avaliação [o Plano Virgínia] uma novidade, um monstro anfíbio, e estou convencido de que nunca será recebido pelo povo".

O meio-dia se aproximava. Era sábado, e de novo estava muito quente. E outra semana de debate inconclusivo ficava para trás da Convenção. Foi quando Gunning Bedford, de Delaware – articulado, gordo e irado –, levantou-se e repreendeu severamente os estados grandes. "Olhem", dizia ele, "as votações desta Convenção!". Não foram elas determinadas pela ambição? O interesse próprio não havia cegado os estados grandes, e não era evidente que eles buscavam se engrandecer às custas dos pequenos? Até a Geórgia os seguiu, movida pela expectativa de logo se tornar ela mesma um estado grande. O mesmo ocorre com a Carolina do Norte e a Carolina do Sul – esta última "inchada pela posse de sua riqueza e de escravos". Será que se esperava, exigiu Bedford, que os estados pequenos agissem com maior pureza do que o resto da humanidade? Os estados grandes, aos gritos, perguntavam onde estava o perigo na coalizão? "Eles insistem [...] que nunca irão fazer mal ou ferir os estados menores. *Eu, cavalheiros, não confio em vocês*!", falou Gunning Bedford – e o relator sublinhou as suas palavras.

Bedford devia estar olhando diretamente para os delegados de Massachusetts, da Pensilvânia e da Virgínia – ele se dirigia precisamente a eles. "Onde está a fé que vocês deram por garantia?", requereu ele. "Vocês vão esmagar os estados menores?". Se os estados pequenos de fato se confederarem, continuou Bedford:

> [...] a culpa será sua, e todas as nações da terra nos absolverão. Disseram-nos, com um ar ditatorial, que este é o último momento para um julgamento a favor de um bom governo. Será o último, de fato, se as proposições relatadas pelo Comitê forem levadas ao povo. Os estados grandes não ousam dissolver a confederação. Se o fizerem, os pequenos encontrarão algum aliado estrangeiro com mais honra e boa fé que os pegará pela mão e lhes fará justiça. Eu digo isso não para ameaçar ou intimidar. Se, em algum momento, nós deixarmos esta assembleia e solenemente renunciarmos ao seu novo projeto, qual será a consequência? Vocês vão aniquilar o seu governo federal, e a ruína irá olhá-los fixamente!

*Pegar pela mão uma potência estrangeira*! Era uma declaração feroz e precipitada. E, embora devesse haver outros homens de estados pequenos que tenham dito o mesmo em particular, Bedford havia se colocado ostensivamente de forma errada. É sempre fácil para o outro lado exclamar: "Desertor!". Bedford foi imediatamente repreendido. Rufus King declarou-se "entristecido que tal pensamento tenha entrado no coração" do honorável membro. Ele estava "ainda mais triste" por tal expressão ter saído de seus lábios. O único pretexto que o cavalheiro poderia usar seria o de ter sido movido por uma intensa e forte emoção. "Quanto a mim, seja qual for o meu sofrimento", concluiu o delegado de Massachusetts, em voz alta e clara, "Eu jamais irei flertar com uma potência estrangeira buscando para mim ajuda a fim de livrar-me dele". Mais tarde, Edmund Randolph também protestou – "criticando", escreveu Madison afetadamente, "a linguagem emotiva e impetuosa do sr. Bedford".

Seria interessante saber o que os colegas de Bedford disseram a ele naquela tarde, quando a reunião foi dispensada pelo fim da semana, e os membros foram juntos para Chestnut Street. A explosão de Bedford forçou a abertura de uma questão que estava latente na cabeça das pessoas: os perigos da intervenção estrangeira e dos subornos estrangeiros, embora até hoje nenhuma colônia tivesse usado isso como uma ameaça contra suas irmãs na Convenção. Alexander Hamilton havia observado anteriormente que "o lado fraco do governo republicano é o perigo da influência estrangeira". E, no dia seguinte – 19 de junho –, Madison questionou se o Plano Nova Jersey "protegeria a União contra a influência de potências estrangeiras sobre seus membros".

## A TENSÃO AUMENTA.

A Europa era um fato na vida de todos. Os estados não podiam se livrar disso simplesmente condenando os sistemas monárquicos ou aristocráticos e elogiando os seus próprios sistemas. "Somos um povo comercial", lembrou Gouverneur Morris à Convenção, "e, como tal, seremos obrigados a participar da política europeia".

Na Convenção, havia dez ou uma dúzia de homens nascidos ou educados no exterior. Gouverneur Morris nunca deixou as costas americanas, no entanto, para ele, como para Hamilton e James Wilson, era possível conhecer algum tipo de comunicação política pacífica e até vantajosa com a Europa. Elbridge Gerry, contudo, expressou mais claramente o espírito da maioria dos delegados. "Se não chegarmos a um acordo entre nós", disse ele, "alguma espada estrangeira provavelmente fará o trabalho por nós".

Mais cedo ou mais tarde, os estados, enquanto nação, teriam de escolher entre a amizade com a França ou com a Inglaterra. No momento, estavam mais perto da França, que, afinal, tinha sido sua forte aliada na guerra. Sem as tropas francesas e uma frota – sem o general Jean-Baptiste Rochambeau (1725-1807) e o almirante François de Grasse (1722-1788) – Washington não poderia ter derrotado Charles Cornwallis em Yorktown. A França era a nação mais poderosa da Europa. O gosto francês, o exemplo francês de monarquia dominava, e cada príncipe[64] insignificante tentava imitar os esplendores de Versalhes.

Nenhum delegado da Convenção Federal previu a Revolução Francesa (1789-1799), sentiu sua iminência ou sonhou que, dentro de alguns poucos anos, as ruas da Filadélfia estariam barulhentas com cidadãos usando gorros da liberdade, cantando Ça ira[65]. No entanto, a América estava ciente de que, em certos círculos, a solidariedade francesa pela Revolução Americana existia desde o início. Em Paris, *les insurgents* [os insurgentes] estavam na moda e, após os tumultos do chá[66], os *philosophes*[67] jogavam um jogo de cartas chamado "le Boston":

Bam, Bam, Bam, [sangue certo, bravos espíritos]

---

[64] No texto, a autora usou o termo *"princeling"*, que significa um príncipe de um pequeno país. (N.T.)
[65] Uma das canções da Revolução Francesa. (N.E.)
[66] Trata-se de um protesto ocorrido em Boston, em 16 de dezembro de 1773, contra um novo tributo sobre o chá, imposto unilateralmente às colônias americanas pelo Parlamento britânico. No episódio, que ficou conhecido como Festa do Chá de Boston (Boston Tea Party), colonos americanos, vestidos como índios, invadiram três navios no porto de Boston e destruíram a carga de chá, jogando-na na água. (N.T.)
[67] Os *philosophes* eram um grupo de pensadores e escritores radicais, em especial intelectuais do Iluminismo da França do século XVIII que tinha a missão de justificar e teorizar as ideias filosófico-políticas que os revolucionários implementariam posteriormente nas repúblicas. Entre eles, encontram-se Voltaire, Denis Diderot e Jean-Jacques Rousseau. (N.E.)

É em Boston
Vamos ouvir o sofrimento do canhão!⁶⁸

Um jornal oficial francês publicou o texto completo da Declaração de Independência; uma folha de notícias ousou até a reproduzir longos trechos da alta diatribe[69] de Thomas Paine contra a realeza, o *Common Sense*[70]. "A nossa causa é o que realmente os americanos pleiteiam", disse o espirituoso defensor Simon-Nicholas Linguet (1736-1794). Jefferson, em Paris, escreveu para Madison, na América, dizendo que o *Estatuto da Virgínia para a Liberdade Religiosa* (1777) havia sido traduzido para o francês e inserido na famosa *Encyclopédie*. Paris desenvolveu uma afinidade romântica com os *quakers* da Pensilvânia, referiu-se a eles como "*quaqueurs*", "*kouakres*" ou "*trembleurs*" e exaltou seu fundador, William Penn (1644-1718), um famoso iluminista. Ficou claro que qualquer francês que acreditasse na liberdade e na igualdade deveria necessariamente apreciar essa *Utopie de Pennsylvanie*. Foram escritos poemas sobre os *quakers*:

> [...] *um verdadeiro sábio, um bom homem requer*
> *Aquele que não gosta de jogo, nem de vinho, nem de mulher*[71].

William Penn era um Licurgo[72] moderno, que parecia ter estabelecido uma Idade de Ouro.

Tudo era encantador e inspirador. No entanto, tinha pouca relação com a política estatal europeia, tal como a Convenção Federal e os comissários dos Estados Unidos na Europa a conheciam. Se o povo francês amava os americanos, o governo francês preferia nos ver fracos e divididos. O rei francês Luís XVI (1754-1793) havia consentido uma aliança mais por rivalidade com a Inglaterra do que por solidariedade para com *les insurgents*. Que oportunidade para desestabilizar o Império Britânico! E foi bem-sucedido. "Podemos agradecer à perfídia da França",

---

**68** "*Bon, bon bon, [sang certain brave spirits]*
   *C'est à Boston*
   *Qu'on entend soufflent les canons!*"
**69** Diatribe é um discurso violento e injurioso que acusa ou critica. (N.R.)
**70** *Common Sense* [Senso Comum] era panfleto político. Contribuiu para a divulgação do ideal independentista, antes da declaração formal da Independência dos Estados Unidos. (N.E.)
**71** "[...] *un vrai sage, un homme de bien,*
   *Qui aime ni le jeu ni le vin ni les femmes*".
**72** Licurgo de Esparta foi um legislador do século IX a.C, é considerado o pai da Constituição de Esparta, além de ter fundado também instituições militares e um sistema educacional. (N.E.)

escreveu o poeta William Cowper (1731-1800), "que arrancou a pedra preciosa da coroa da Inglaterra".

A França era nossa aliada; não havíamos esquecido. Entretanto, por sangue e história, os estados eram ingleses e, como tal, haviam lutdo contra os franceses em solo americano durante um século inteiro. *Guerra do Rei William* (1688-1697), *Guerra da Rainha Anne* (1702-1713), *Guerra do Rei George* (1744-1748), esses eram títulos americanos para batalhas que, na Europa, eram conhecidas pelos nomes de dinastias que ascendiam e ruiam – a Guerra da Sucessão Espanhola, da Sucessão Austríaca. A Europa estava indefinidamente em guerra. E, desde a fundação da Virgínia, as guerras europeias – civis, religiosas, dinásticas – sempre, e inevitavelmente, reverberaram na América, influenciando o curso dos assuntos internos. Por mais que lutassem para se libertar de "embaraços externos", os estados jamais seriam livres.

A Europa, por sua vez, manteve um olhar atento sobre os estados americanos. Caso a união deles fosse cementada por essa nova Constituição, como diziam os rumores, era possível que o crédito americano aumentasse e merecesse um tratado comercial aqui e ali. Desde a paz, apenas a Holanda propôs um empréstimo. Tudo ia bem para os *philosophes* e libertários aplaudirem esses bem-sucedidos rebeldes. No entanto, os chefes de estado e os monarcas absolutistas em todos os lugares perguntavam-se por que deveriam encorajar os revolucionários, mesmo a essa distância. "Ainda temo", escreveu o filósofo francês Jean D'Alembert (1717-1783) ao rei Frederico II da Prússia (1712-1786), "que essa gota de óleo se espalhe até nos alcançar". Frederico II, *der alte Fritz* [o velho Fritz], havia morrido um ano antes, em 1786. Na Rússia, reinava Catarina, a Grande (1729-1796), e na Espanha, o rei Charles III (1716-1788). Por toda a Europa um despotismo eficiente era o modelo e a palavra de ordem. A reforma social, é verdade, estava no ar, mas a reforma achava-se na mão direita do governante. As esperanças dos homens por melhores dias estavam unicamente concentradas em um príncipe melhor. A leste do Elba, a estrutura permaneceu príncipe e camponês, senhor e servo. E se a grande Catarina flertou com os *philosophes* e princípios do Iluminismo, nunca foi ao ponto do risco social ou político.

O fato de os americanos serem, até o momento, rebeldes bem-sucedidos não fazia deles parceiros adequados para os favores comerciais que buscavam. Os estados não pagaram suas dívidas; eles não conseguiam nem mesmo pagar os juros. Um homem da Nova Inglaterra, que negociava com países europeus, disse na convenção do seu estado que ele encontrou "este país preso pelas nações estrangeiras da mesma forma que um escravo bem comportado está preso na família de um cavalheiro". Arrogantes, provocadores, mas totalmente cientes da sua fraqueza financeira e militar, os estados americanos, de sua parte, consideravam a Europa um deserto político, um desperdício extremo de desgraça e opressão. "As nações da Europa", disse Washington, "estão permeadas pela escravidão".

E, em verdade, o governo representativo em todos os lugares estava em declínio. Em Portugal, as Cortes[73] haviam desaparecido há cem anos, e as Cortes espanholas haviam se reunido apenas oito vezes no século. Na Dinamarca, os estados não se reuniam desde 1660 e, em nenhum lugar da Alemanha, elas eram mais do que um sobrevivente. A Assembleia Legislativa húngara havia perdido a sua autoridade. O imperador José II da Áustria (1741-1790) trabalhou arduamente por seu país, mas logo morreria desapontado – embora, em seu coração, soubesse, dissera ele, que havia sido destinado pela Providência a usar sua diadema. Foram os acidentes de um nascimento real que determinaram as guerras europeias, as fronteiras europeias e o destino dos homens. É verdade que a Inglaterra tinha seu Parlamento, sua Câmara dos Comuns e viveu a longa tradição do *common law*[74]. No entanto, permanecia o fato de que, na Inglaterra, a terra era o rei. O *common law* tinha mais consideração pela terra do que pela vida humana. Os grandes proprietários de terras liberais[75], arrogantes e implacáveis quanto aos seus próprios interesses, controlavam o Parlamento. A Reforma teria de aguardar um novo século.

A população da Grã-Bretanha era de 15 milhões; da França, mais de 25 milhões; em Viena, eram governados cerca de 27 milhões. O absolutismo monárquico na Europa havia atingido seu auge. E era, agora, neste fértil verão do Novo Mundo, que uma jovem Nação de 3,5 milhões de almas elegera delegados para se reunirem na Filadélfia a fim de criarem um governo republicano nacional independente, moldado de acordo com suas próprias concepções, sem rei, nobres ou feudos hereditários. Na verdade, foi o único momento, a única batida do relógio continental quando tal experimento teve uma chance de sucesso. Cinco anos antes, os estados não estariam prontos. Desde então, a criação e o exercício de suas próprias Constituições estaduais os ensinaram e prepararam. Cinco anos depois e a Revolução Francesa, com sua violência e sangue, teria diminuído a cautela dos estados, colocando-os – como de fato os dividiu – em campos ideológicos opostos. Tom Paine identificou o momento, viu-o e sentiu-o com sua presciência impetuosa, sua

---

[73] As Cortes Gerais são o Parlamento constituído por representantes do povo. Em Portugal, foi reunida pela última vez em 1697 e retomada após a Revolução do Porto em 1821 – seriam as ordens das Cortes que acabariam apressando a Independência do Brasil em 1822. (N.E.)

[74] Direito Consuetudinário (ou lei ordinária, justiça comum). (N.E.)

[75] Os liberais eram conhecidos como *whigs*. O Partido Whig caracterizava-se por tendências liberalizantes no Reino Unido e era formado, em sua maioria, pela pequena nobreza e comerciantes que se opunham à aristocracia e representavam interesses dissidentes e mercantis. (N.E.)

## A TENSÃO AUMENTA.

eloquência de gênio —e bem no início das hostilidades com a Inglaterra. "*O momento nos alcançou*", escreveu ele:

> A liberdade tem sido caçada em todo o globo [...] A Europa a considera uma estranha, e a Inglaterra avisou-lhe para se afastar. Agora é tempo de semear união, fé e honra Continental [...] Uma nova era para a política se estabeleceu [...] Um novo método de pensamento surgiu. Todos os planos, propostas, etc., anteriores a 19 de abril[76] são como os almanaques do ano passado.

Foi Benjamin Franklin, é claro, quem descobriu Tom Paine em Londres e o mandou para a América. E, agora, Paine havia voltado para a Europa, e o velho Franklin estava sentado na Câmara Estadual da Pensilvânia, observando seus jovens compatriotas debaterem-se poderosamente com esse "novo método de pensamento", essa nova forma de governo: metade federal, metade nacional, embora totalmente republicana. Tendo muita experiência com os tribunais europeus, Franklin estava ciente de que uma mudança de governo, razoável e pacificamente implementada, não poderia ter ocorrido no Velho Mundo, construída como se fosse uma pirâmide baseada em uma massa de camponeses analfabetos e brutais, ascendendo a um auge de privilégios hereditários há muito aceitos. Os aristocratas europeus, com chapéus emplumados e cabelos epoados, usando suas espadas em festas noturnas, eram uma raça à parte do resto da humanidade. Mesmo na universidade, a nobreza se mantinha indiferente, comendo, dormindo e estudando sozinha. Na igreja e no teatro, eles se sentavam em seus lugares privilegiados. Para o "novo pensamento" de Paine, era necessário um cidadão diferente. E a América o encontrava naquela classe de pessoas, nem ricas nem pobres – o que Franklin celebrava como "nossa mediocridade feliz".

John Adams, em Londres, viu-se extremamente infeliz entre os chapéus de plumas. Um exilado americano *loyalista*, Samuel Curwen (1715-1802), ficou sabendo que o novo ministro escolheu se considerar "um simples republicano americano, com seu traje simples, sem espada". Isso estava levando as ideias além-mar longe demais, escreveu Curwen. Ele confiava que o sr. Adams não demonstraria sua obstinação rabugenta a ponto de aparecer em uma recepção da corte, ou em uma sala de visitas em Saint James, ou em um dia de tribunal, sem sua espada.

"Eu não estou em casa neste país!", Adams escreveu com raiva para Jefferson. Ele havia tomado a resolução de deixar a Europa, continuou Adams. Até agora, a Inglaterra não enviou nenhum ministro para a América. Era, portanto,

---
[76] A Batalha de Lexinton, 1775.

inconsistente com a honra e a dignidade do Congresso renovar sua comissão perante a Corte de Saint James. Se o Congresso de fato a renovasse, Adams estava inclinado a enviar a comissão de volta a Nova York. Era verdade que o rei George III o havia recebido amigavelmente. "Senhor", disse Sua Majestade, "fui o último homem em meu reino a consentir com sua Independência e serei o último a fazer qualquer coisa para infringi-la". Contudo, depois de passar uma noite com a aristocracia em um baile em Mayfair[77], John Adams escreveu em seu diário: "Há uma timidez constrangedora, de forma geral. Esse povo não consegue me olhar nos olhos. Há uma culpa e vergonha conscientes em seus semblantes quando me olham. Eles sentem que se comportaram mal e que estou ciente disso".

"Nada americano convence aqui", escreveu Adams para casa, em Massachusetts. "Há um desejo e um esforço universal para esquecer a América e uma resolução unânime de não ler nada que possa trazê-la ao pensamento. Eles não podem se lembrar disso sem dor". A esposa de Adams, a invencível Abigail, apesar de sua origem puritana, havia gostado dos anos em Paris. Assim como seu marido, ela ficava incomodada em Londres. Ela escreveu:

> Esse rabugento John Bull[78] está fazendo barulho e resmungando, olhando para os pastos abundantes que perdeu, com um olhar malicioso e invejoso e, embora lhe seja oferecida nomeação para um cargo em termos decentes, ele está tão envergonhado e de estômago cheio que, mesmo ansiando por um pedaço, ele ainda não concordou em dar uma única mordida.

Até Jefferson, que não tinha a metade da intransigência dos Adams, escreveu eloquentemente de Paris sobre "aqueles animais carnívoros ricos, orgulhosos, agressivos, blasfemadores que vivem do outro lado do Canal[79]". A convite urgente de Adams para vir a Londres e ajudá-lo, Jefferson dirigiu-se para lá; em sendo apresentado ao rei e à rainha em uma recepção declarou que "era impossível que qualquer coisa fosse mais indelicada do que a maneira como anunciaram o sr. Adams e eu". O ministro das Relações Exteriores, *Lord* Carmarthen (1751-1799), confirmou a crença de Jefferson na "aversão britânica a ter qualquer coisa a ver conosco". Durante sete semanas, Jefferson esperou em vão por uma segunda entrevista com Carmarthen. Depois voltou para os ares mais agradáveis de Paris,

---

[77] Mayfair é um bairro elegante no West End de Londres, na Inglaterra. A região recebeu esse nome devido a uma feira anual que lá era realizada até 1708. (N.E.)
[78] Caricatura que personifica a Grã-Bretanha, criada em 1712 pelo dr. John Arbuthnot (1667-1735). (N.R.)
[79] Referência ao Canal da Mancha. (N.E.)

## A TENSÃO AUMENTA.

onde, disse ele "um homem pode passar uma vida sem encontrar uma única grosseria". Ele queria, escreveu Jefferson, que seus compatriotas pudessem adotar ao menos um pouco dessa polidez "a ponto de estarem prontos para fazer todos aqueles pequenos sacrifícios próprios, os quais realmente tornam os modos europeus amáveis e livram a sociedade das cenas desagradáveis às quais ela frequentemente fica sujeita".

Nesse verão crítico, foi bom que os Estados Unidos (ainda não efetivamente unidos) tivessem dois tão extraordinários – e diferentes – representantes no exterior: um teimoso, combativo, leal, incorrigivelmente provinciano em seus modos da Nova Inglaterra; o outro criado ao estilo sulista, sem cerimônia e informal. No entanto, ambos possuíam a mais alta inteligência, eram diligentes por natureza, leitores insaciáveis, cheios de uma perpétua curiosidade sobre governos, agricultura, política e a natureza da humanidade. Jefferson, por acreditar no povo, via o melhor governo como aquele que menos governava. John Adams via todo o homem no poder como "um predador voraz", que deve ser inspecionado, controlado, equilibrado por outros poderes governamentais. Quando seu primo Samuel escreveu solenemente que o amor à liberdade estava entrelaçado na alma do homem, John respondeu: "A mesma coisa acontece, segundo La Fontaine, na alma de um lobo". Hamilton e Madison teriam concordado. Era a visão do século XVIII, cética, deísta, "razoável", embora estranhamente otimista, permitindo que o objetivo do governo fosse declarado como a busca da felicidade – ou, como dizia Adams, o melhor governo é "aquele que comunica facilidade, conforto, segurança ou, em uma palavra, felicidade para o maior número de pessoas e no mais alto grau".

Com o advento de julho, a Convenção Federal, infelizmente, não estava mais próxima de uma solução, nem mais próxima do governo perfeito do que estava há dois meses. O dia 2 de julho caiu numa segunda-feira. Assim que a reunião começou, a grande questão foi colocada: os estados deveriam ter igual voto no Senado? Para a consternação de todos, o resultado foi um empate: cinco estados a favor, cinco contra, e a Geórgia dividida. Uma melancolia desceu sobre o plenário, uma sensação quase de choque. Os delegados não poderiam votar essa questão para sempre, dia após dia. "Se cada lado não ceder um pouco", disse um membro da Carolina do Norte, "nosso trabalho logo chegará ao fim". "Parece termos chegado a um ponto", disse Roger Sherman, "em que não podemos nos mover para lado nenhum". "O mundo como um todo espera algo de nós", disse Gerry. "Se não fizermos nada, parece-me provável que teremos guerra e confusão". Um comitê foi eleito via votação secreta, com um membro de cada estado, para tentar algum tipo de entendimento a respeito da representação no Senado e na Câmara. Ninguém tinha muita esperança, mas pelo menos o comitê teria três dias para trabalhar antes que a Convenção se reunisse novamente.

\*\*\*

Quarta-feira foi o Dia da Independência, o Quatro Glorioso, e a Convenção não se reuniu. A Filadélfia celebrou com pompa, toque de sinos e saudação de armas – *feu de joie*[80] do Light Horse e três vezes três rodadas da artilharia. Houve uma marcha com pífano e tambor, e o sermão do Dia da Independência na Igreja Luterana. (Para Washington, um episcopal da Virgínia, era "a Igreja Calvinista".) Ninguém mencionou a situação precária em que estava a Convenção Federal, pois ninguém, além dos delegados, sabia a respeito. Por todo o país, brindes foram realizados e felicitações mútuas trocadas: "A Grande Convenção, que eles formem uma Constituição para uma República eterna!", "A Convenção Federal, que o resultado de sua reunião seja tão glorioso quanto são ilustres os seus membros!". Na London Coffee House, na City Tavern, em Oellers, no Indian Queen e, do outro lado do rio, na costa de Jersey, os cidadãos se reuniam para festejar, para cantar e regozijarem-se em relação a um país onde "as florestas estão caindo pela mão do trabalho, nossos campos estão dobrando de tamanho [...] nossas cidades estão prosperando e milhões de homens livres estão cobrindo as margens de nossos rios e lagos com todas as artes e o prazer da vida civilizada. Os jornais fizeram a sua parte. "Com zelo e confiaça", escreveu o *The Pennsylvania Herald*, "esperamos da Convenção Federal um sistema de governo adequado à segurança e preservação dos direitos que foram promulgados pela sempre memorável Declaração de Independência".

Na manhã seguinte, a Convenção dirigiu-se em um tom melancólico aos seus lugares na Câmara Estadual. O novo comitê estava pronto com um relatório. Ninguém gostou, ninguém concordou. Gouverneur Morris declarou questionáveis tanto a forma quanto a matéria. A raça humana toda, advertiu ele, seria afetada pelos procedimentos adotados nesta Convenção. Gunning Bedford tentou explicar o que ele quis dizer outro dia quando falou sobre os estados pequenos tomando alguma potência entrangeira pela mão. "Nenhum homem pode prever", disse ele, "a que extremos os estados pequenos podem ser levados pela opressão". Gouverneur Morris severamente falou que "os homens não se unem pela liberdade ou pela

---

[80] *Feu de joie* [*fire of joy*, fogo da alegria] é uma saudação da artilharia em que os soldados enfileirados atiram em rápida sucessão, causando o efeito de uma cascata branca e barulho característicos. Era comum ocorrer nas celebrações de vitórias militares ou aniversários de personalidades importantes durante os séculos XVIII e XIX. (N.E.)

## A TENSÃO AUMENTA.

vida [...] eles se unem pela *proteção da propriedade*[81] [...] Nunca houve", continuou ele, "nem nunca haverá uma sociedade civilizada sem uma aristocracia". Nathaniel Gorham, de Massachusetts, insistiu que os estados grandes deveriam ser divididos, suas fronteiras reduzidas. Benjamin Franklin interveio brevemente, alegando que era sempre importante que as pessoas soubessem quem havia disposto do seu dinheiro e como. "É um aforisma que afirma que quem sente pode julgar melhor".

Passaram-se 5 de julho... 6... 7... 8... 9 de julho. "Estávamos à beira da dissolução", escreveu Luther Martin, "mal mantidos unidos pela força de um fio de cabelo, embora os jornais públicos anunciassem nossa extrema unanimidade". Era 10 de julho quando Yates e Lansing deixaram a Convenção. Sua deserção deve ter sido deprimente, um verdadeiro golpe, pois eles foram os primeiros homens a se retirar em protesto, com a intenção expressa de não retornar. George Mason disse que enterraria seus ossos na Filadélfia antes de desistir sem ter encontrado uma solução.

Na Filadélfia, por volta dessa época, estava presente um dos oficiais franceses de Washington, De Maussion. Para sua mãe no exterior, o jovem escreveu que o general parecia muito melancólico ao vir da Câmara Estadual. "A expressão em seu rosto", contava De Maussion, "lembrou-me de sua expressão durante os meses terríveis em que estivemos no acampamento de Valley Forge[82]".

Naquela noite de 10 de julho, Washington escreveu para Alexander Hamilton, em Nova York. "Lamento que você tenha partido", disse o general:

> Eu gostaria que você voltasse. A crise é igualmente importante e alarmante. [...] Nossas reuniões estão agora, se é que é possível, na pior situação que jamais estiveram; vocês encontrarão muito pouco terreno sobre o qual se possa estabelecer a esperança de um bom fundamento. Em suma, quase me *desespero* de ver uma questão favorável aos procedimentos da Convenção e, portanto, eu me arrependo de ter desempenhado qualquer papel neles.

---

[81] As palavras aqui em itálico estão em destaque no texto original de Yates.
[82] George Washington ficou durante seis meses acampado em Valley Forge durante o inverno de 1777-1778, passando frio e fome durante um período importante da Guerra da Independência e num lugar estratégico, já que a Filadélfia, a poucos quilômetros de lá, estava ocupada pelo exército britânico. Lá eles construíram uma estrutura com tendas e casas para as famílias dos soldados e criaram um local onde treinavam, o que teria dado ânimo às tropas, contudo, após duas batalhas (Brandywine e Clouds), Valley Forge foi atacado e saqueado pelo exército britânico sob o comando do general Wilhelm von Knyphausen, e o exército continental se retirou. (N.R.)

CAPÍTULO 12

# Viagem Pelos Estados Americanos. O Cenário Físico.

"Ide, vós, povos guerreiros, vós, povos de escravos e tiranos, ide para a Pensilvânia! Lá vós encontrareis todas as portas abertas, todos as propriedades desprotegidas, nenhum soldado e muitos comerciantes e trabalhadores". Para os liberais franceses, a Pensilvânia era, de todos os estados, o mais admirável. O Sul foi povoado por escravos. A Nova Inglaterra havia sido cruel com os *quakers* honestos, os quais, na Filadélfia, tinham a virtude adicional de serem ricos. Ide, ó povo dominado por tiranos, para a Filadélfia!

Ao longo das décadas de 1780 e 1790, os visitantes franceses vieram para a América – e, depois da Paz de 1783, os ingleses vieram para turismo, comércio e colonizar –, homens como o dr. Priestley e Thomas Cooper, favoráveis aos ideais revolucionários. Esse advento começou ainda mais cedo, com a Aliança Francesa de 1778, quando 6 mil soldados franceses desembarcaram nas costas americanas[83]. Os habitantes temiam sua chegada, e por que não? Por gerações, a América lutou contra os franceses e seus aliados indígenas. Além do mais, desde o primeiro missionário-explorador jesuíta, os franceses sabiam como lidar com os índios, davam-se bem com eles – uma característica evidentemente traiçoeira em qualquer homem branco. No entanto, ali estavam 6 mil soldados, magnificamente vestidos e equipados, com um comportamento surpreendentemente impecável, permanecendo em seus acampamentos à noite e disciplinados contra a pilhagem. Seus oficiais, nobres de berço, ricos, jovens, sem nada da soberba dos seus pares ingleses, encantavam por onde quer que fossem.

---

[83] A Aliança franco-americana entre a França de Luís XVI (1754-1793) e as treze colônias americanas – Segundo Congresso Continental – ocorreu durante a Revolução Americana. Era um pacto financeiro e armamentício que acabou com a Revolução Francesa em 1789. (N.E.)

Principal entre eles era, é claro, "o marquês", favorito de Washington, o jovem Lafayette. Havia também o conde de Rochambeau e os condes de Noailles (1715-1794) e de Maussion, o *chevalier* de Chastellux e, mais tarde, o civil Moreau de St. Méry. O cônsul-geral francês, o marquês François de Barbé-Marbois (1745-1837), viveu seis anos na Filadélfia e conquistou muitos corações. E aquele perspicaz *chargé d'affaires* [encarregado de negócios], Monsieur Louis-Guillaume Otto (1754-1817), relatou a Versalhes tudo o que pôde descobrir sobre a Convenção e seus delegados.

A respeito dos possíveis arranjos de comércio americano-europeu, "seria inútil comentar, meu senhor", escreveu Otto "que, na América, como em todas as repúblicas comerciais, as afeições seguirão de forma muito próxima às transações financeiras". Os homens pareciam pensar, informou ele, que seria impossível unir sob um único chefe todos os membros da Confederação.

> Seus interesses políticos, suas visões comerciais, suas aduanas e suas leis são tão variados que não há uma resolução do Congresso que possa ser igualmente útil e popular no Sul e no Norte do Continente. Seu ciúme parece um obstáculo intransponível. Os habitantes do Norte são pescadores e marinheiros; os dos estados centrais, agricultores; os do Sul, fazendeiros.

Rhode Island – *le Rhodeisland* – era malvista por suas colônias irmãs. Connecticut havia enviado como delegados dois cidadãos mais típicos, os *messieurs* Ellsworth e Sherman. "O povo deste estado", observou Otto, "de um modo geral, tem um caráter nacional não encontrado com frequência em outras partes do país. Eles se aproximam da simplicidade republicana, pois sem serem ricos, eles estão todos em circunstâncias confortáveis".

Esses cavalheiros franceses viajavam, mantinham diários, escreviam cartas para casa, cartas maravilhosamente descritivas e originais, cheias de percepções objetivas, porém todas apresentadas com muita leveza, feitas por homens do mundo que poderiam se dar ao luxo de se divertir com costumes e defeitos dos quais não precisavam compartilhar por muito tempo. Bem-dispostos, os viajantes viram o que escolheram ver e estavam prontos para ignorar os aspectos mais incômodos dessa admirável nova sociedade. Os livros que mais tarde foram publicados por esses visitantes ostentavam títulos atraentes, com um estilo muito francês: *Rélation Fidèle* [Relato Fiel], *Promenades* [Passeios], *Voyage Pittoresque* [Viagem Pitoresca]. E o mais famoso de todos, o clássico *Letters from an American Farmer* (1782), de Jean de Crèvecoeur, que amava a América, chamou sua filha de America-Frances e deu o melhor de si para persuadir o mundo a compartilhar seus sentimentos. Foi Crèvecoeur quem, ao ler a Constituição dos Estados Unidos, em novembro de 1787, disse a Thomas Jefferson que estaria disposto a lutar por ela ou voltar para a Europa caso fracassasse. Nenhum nativo americano poderia ter descrito seu país tão bem. Nesses relatos, nesses diários e cartas, vemos os estados para os quais a Convenção Federal estava fazendo a Constituição e os enxergamos não apenas como eram, mas como os viajantes, em casa, haviam sido levados a pensar. A Pensilvânia, por exemplo, era habitada não apenas pelo honesto *kouakeur* em seu chapéu largo, mas também por aquele filho da natureza, o selvagem, franco, belo de corpo, inocente da corrupção endêmica que varria as cidades e as cortes reais:

> Eu sou tão livre como quando a natureza o homem criou,
> Antes mesmo do momento em que a lei básica da servidão começou,
> Quando livre na floresta, o nobre selvagem se lançou.[84]

Era o ideal do século XVII, arcadiano, greco-romano. Os poetas confundiam facilmente o herói pagão, o asteca e o iroquês[85]. É razoável que alguém que nunca viu um moicano ou *cherokee* imagine-o com a pele negra em vez de vermelha. Havia, além do mais, uma noção na Europa de que os americanos estavam aplicando os princípios gregos ao seu governo. O reitor de Harvard, Joseph Willard (1738-1804), em 1788, recebeu uma carta de um apoiador inglês. Dizia o escritor que havia ouvido falar que haveria um reavivamento dos Jogos Olímpicos na América. "Todos os amigos dela desejam e dizem que são capazes de fazê-lo e que, tendo agido segundo princípios gregos, deveriam ter exercícios gregos". A ilusão chegou até mesmo à Escócia, onde Lord James Monboddo (1714-1799), o excêntrico jurista e filósofo, exaltava as bênçãos da natureza e defendia os benefícios de andar nu e comer vegetais crus.

Do índio americano ao herói pagão foi uma bela transferência poética, mas que irritou o dr. Samuel Johnson (1709-1784), em Londres, que disse a seu biógrafo, James Boswell (1740-1795), para não "se inclinar em defesa dos selvagens". Thomas Hobbes (1588-1679) considerava a vida do selvagem "solitária, pobre, desagradável, brutal e curta". Os americanos que viviam nas fronteiras do Leste poderiam ter desjado que fosse ainda mais curta. É duvidoso que muitos colonos do século XVIII olhassem para os moicanos ou *cherokees* como algo além de

---

[84] *"I am as free as Nature first made man,*
*Ere the base laws of servitude began,*
*When wild in woods the noble savage ran".*
[85] Também conhecido como "moicano". (N.E.)

parasitas, ladrões e um incômodo potencialmente feroz. A donzela escura com uma flor de abóbora no cabelo, o zéfiro, o regato, o estreito vale solitário... apenas os poetas da Europa podiam se dar o luxo de imaginar tais coisas. Como regra, os americanos odiavam os índios vermelhos, desejavam vê-los exterminados, e, na maioria das vezes, era assim que os tratavam. Um William Penn, um Benjamin Franklin, um Anthony Benezet (1713-1784), um Conrad Weiser (1696-1760) ou mesmo um William Johnson eram poucos e distantes entre si. O botânico John Bartram (1699-1777), um *quaker*, disse que a única maneira de lidar com os índios era "atacando-os resolutamente". Para a Europa, porém, o índio nunca foi um "problema", mas sempre uma curiosidade.

De Constantinopla a Londres, as noções sobre a América, à medida que apareciam impressas, eram maravilhosamente engenhosas. A árvore *wakwak* dava frutos maduros e deliciosos na forma de mulheres jovens. A razão de ser tão frio na América devia-se às grandes florestas que cobriam o interior desde a primeira cadeia de montanhas até o Oceano Pacífico. Árvores de crescimento denso impediam que o sol chegasse à terra, que naturalmente permanecia fria. Apenas na costa marítima o clima era ameno e se tornava mais ameno ainda conforme as florestas iam dando lugar a terras abertas. Na América, cresciam plantas maravilhosas, que produziam duas variedades de frutas em uma colheita. No caso da batata, exclamou o viajante Brissot de Warville (1754-1793): "Lá está o alimento para o homem que quer e que é capaz de ser livre!". Esse vegetal, disse Brissot, brota em todos os lugares, sem ser cultivado. Outra curiosidade entre os americanos, que não têm nem padres nem mestres, dizia Brissot, é a existência de "um grande número de indivíduos conhecidos como 'homens de princípios'" – um tipo produzido pelos americanos pelo frequente exercício da razão e "um tipo tão pouco conhecido entre nós", continua o francês, "que nem mesmo foi nomeado. É entre esses homens de princípios que você encontrará os verdadeiros heróis da humanidade". Brissot citou como exemplos William Penn, Franklin e Washington.

Outros escritores europeus, pretendendo desprezar a fantasia e olhar com realismo para o mundo ocidental, perceberam que o continente americano, tendo sido formado apenas recentemente, mal havia acabado de secar; em alguns lugares, a terra ainda era um pântano profundo. Portanto, a vegetação escassa, as plantas inodoras, os animais frágeis e os homens com o corpo mais curto do que o normal, sem pelos e desanimadoramente impotentes no leito conjugal – essas foram as conclusões do temível abade Cornélio de Pauw (1739-1799). Até o naturalista conde de Buffon (1707-1788) declarou que os animais americanos eram inferiores devido às escassas gramíneas nativas, que não eram tão grandes e suculentas quanto as da Europa. Foi dito que os cães paravam de latir após respirarem o ar americano. Jefferson, lendo tudo isso em Paris, ficou irritado o suficiente a ponto de mandar buscar, da América, o esqueleto de um alce.

Relatos de viagens na América foram tão bem-recebidos na França e eram tão populares que os homens, por fim, começaram a inventá-los. Um estudioso bastante respeitável, que jamais havia pisado em um navio transatlântico, escreveu, sob um pseudônimo, um livro inteiro sobre as suas aventuras e enganou a todos. Foi somente na oitava edição do livro que o autor assinou seu verdadeiro nome. Embora seu trabalho fosse divertido, era também perceptivo.

Era natural que os europeus especulassem sobre esse vasto continente não penetrado. Os próprios exageros continham um elemento de verdade. Poucos homens viram, até aquele momento, o potencial físico, os quase ilimitados recursos para riqueza e expansão material. No entanto, o potencial espiritual da América foi reconhecido. Ao mesmo tempo em que era temida pelos déspotas, era celebrada pelos iluminados. Ali estava realmente um abrigo, um refúgio para os oprimidos. Se o nobre selvagem era uma ficção, o forte cidadão *quaker* não o era, nem o agricultor lavrando seu próprio solo, livre dos dízimos da igreja e do senhor feudal, também o artesão e o trabalhador que ousavam levantar a voz na reunião municipal contra seus superiores. Na América, a âme republicaine [alma republicana] encontrou condições essenciais para ser nutrida. Os liberais alemães repercutiram esse entusiasmo. "Na América", disse uma folha de notícias *Deutsche Chronik*, "treze portões de ouro estão abertos para as vítimas da intolerância e do despostismo".

Os amigos da América não eram, de jeito nenhum, em grande número na Europa, mas eram francos e gostavam do seu desafio. La Rochefoucauld-Liancourt (1747-1827) escreveu calorosamente ao dr. Franklin sobre os princípios constitucionais americanos. Que a Europa não os "entendeu" estava claro para todos os americanos que iam para o exterior, entretanto, estava claro também que certos círculos olhavam para os americanos com esperança e boa fé, equiparando seus próprios planos revolucionários ao sucesso de sua experiência. Esses homens estudaram as novas Constituições estaduais e ficaram observando com grande interesse a Constituição nacional, que, ouviram eles, seria publicada em um futuro próximo.

Contudo, filosofia é uma coisa, e os fatos do cotidiano são outra. Desembarcando de seus navios, os viajantes europeus encontraram na América menos – ou terrivelmente mais – do que haviam sido levados a esperar. Havia uma dureza nessa terra, nesse chão, que os poetas e *philosophes* haviam deixado de mencionar. Em vez do vale estreito, do regato, do zéfiro, eles encontraram um clima irregular, estradas incrivelmente ruins ou nenhuma estrada além de uma trilha na floresta, rios avolumados sem pontes e, em todos os lugares, tocos de árvores feios, de sessenta centímetros de altura, que os americanos viam com indiferença, ou mesmo com orgulho, como símbolo da floresta conquistada. Aqui havia tempestades de relâmpagos e trovões como não havia em seu país de origem e a neve caía por dias seguidos. No verão, ocorriam as mudanças mais violentas do calor para o frio, escreveu um viajante inglês, "por meio do vento noroeste que, neste país, é o mais forte e severo de todos os que existem no globo terrestre. O vento é perfeitamente *seco* e tão penetrante que estou convencido de que destruiria as pragas do Egito". Aqui havia vaga-lumes, beija-flores, sapos-touro que coachavam nos pântanos como bezerros tirados das suas mães. As árvores floridas eram fascinantes. Barbé-Marbois cavalgou da Filadélfia para "uma floresta vizinha", onde ele viu magnólias

> cujas flores perfumam o ar [...] árvores de tulipas cuja sombra, dizem, rejuvenece velhos casais, catalpas, sassafrás [...] louros de todos os tipos e com os quais devemos coroar os heróis da América, mas que ainda estão esperando que ela produza um poeta.

Mesmo assim, estava claro que neste país a floresta era inimiga do homem. "Comparado com a França", escreveu um viajante, "o país inteiro é uma vasta floresta". Isaac Weld (1774-1856), um visitante inglês, escreveu sobre a "aversão inconquistável às árvores" que o americano tinha. Outro disse que seu senhorio "cortou hoje 32 cedros jovens para fazer um chiqueiro". O solo, dizia Weld, não poderia ser arado, nem os habitantes poderiam se sustentar até que as árvores fossem destruídas.

> O homem que pode cortar o maior número de árvores e ter o campo ao redor de sua casa o mais limpo de todos eles, é considerado o cidadão mais trabalhador e aquele que mais progride no país [...]. Ouvi falar de americanos desembarcando em partes áridas da costa noroeste da Irlanda e demonstrando a maior supresa e alegria pela beleza e melhoria do estado do país "tão sem árvores!".

Considerando o calor escaldante do verão, algumas poucas árvores perto de casa não poderiam ser poupadas?, perguntava Welden. "Oh, não", respondiam os proprietários, "isso seria perigoso".

Os tocos eram deixados para apodrecer, algo que levaria anos. Nos jardins da frente, não havia flores. Os fazendeiros plantavam trigo e milho até a porta de entrada da casa. Em todos os lugares, havia barreiras de madeira em zigue-zague, conhecidas como cercas de cobras – uma visão deprimente, sem nada do charme das cercas vivas inglesas ou dos álamos franceses. As casas de fazenda eram firmadas entre os tocos e os pés de milho. Enroscando-se nas árvores maiores, Weld notou trepadeiras venenosas que pareciam videiras, mas que, se manuseadas, deixavam bolhas grandes.

Os europeus ficaram chocados com a destruição das árvores pelos americanos e com a feiura resultante disso. Mesmo assim, os viajantes que calvagavam pela Virgínia, Ohio, oeste da Pensilvânia, contaram que seus corações se elevavam ao som de um machado contra a madeira: isso significava uma habitação, companhia humana. A floresta americana! Apenas um homem que fez sua própria clareira, que, diante da fome, de animais silvestres, de tempestades e de selvagens, colocou seu machado às árvores, arou a terra e semeou sua primeira safra de milho, só ele poderia saber que na América "a floresta" significava a região não cultivada, não habitada e inóspita e que "uma clareira" significava civilização. Para um americano, "a floresta" era o sertão, o local distante, o país pioneiro. O avô do revolucionário John Marshall era conhecido como John Marshall da Floresta. Ele veio do condado de Fauquier, na fronteira oeste da Virgínia, onde era difícil de se obter mercadorias e as mulheres Marshall tinham que usar espinhos como alfinetes. Para os europeus, entretanto, "a floresta" era sinônimo da América como um todo. Ainda em 1827, um francês que morou nos Estados Unidos falava sobre "aquelas florestas nas quais passei onze anos tão livre e independente [...] onde não se encontram nem camponês nem indigente, onde se entra sem passaporte e de onde se sai sem permissão". O temível abade Claude Robin (1750-1794), observando em Connecticut as elaboradas toucas das mulheres, declarou-se surpreso ao encontrar a moda francesa "no meio das florestas americanas". Em Paris, Thomas Jefferson mudou a perspectiva, perguntando a um correspondente se ele gostaria de ouvir o que "um selvagem das montanhas da América" pensava da Europa.

O Novo Mundo convidava. "O rio Ohio", escreveu um visitante britânico, "é, além de qualquer competição, o mais belo do universo". Os franceses o chamavam de "*la belle rivière*". Havia uma grandeza no cenário americano, um convite incrível e impetuoso. No entanto, a terra mostrou-se inóspita para qualquer um que não quisesse reivindicá-la pela via do trabalho árduo. "Não acho que a América seja o lugar para um homem voltado aos prazeres da vida", escreveu Thomas Cooper. Cooper era um cientista e um teólogo altamente instruído que, no início de 1790, emigrou para a Pensilvânia com o dr. Priestley e se estabeleceu no condado de Northumberland. Mesmo na Filadélfia, Cooper conhecia, disse ele, apenas um "cavalheiro professo, isto é, pessoa ociosa, desocupada e de dinheiro. A hora deles ainda não chegara". Cooper aconselhou o emigrante em potencial a evitar os invernos de sete meses em Nova Hampshire e Massachusetts, além dos verões abrasadores de Nova Jersey e das Carolinas. Em Nova Jersey, observou Cooper, uma pessoa encontraria insetos, répteis, um calor opressivo, febres e malária. "A influência de um sol quente sobre a terra baixa e úmida da costa americana quase que infalivelmente sujeita um europeu [...] a ataques de intermitência"[86]. Assim como o célebre dr. Priestley, Cooper preferia o noroeste da Pensilvânia, a região alta e aberta de Susquehanna. No Kentucky, corria-se o risco contínuo de um ataque dos índios.

    E como foi difícil limpar a terra! Os americanos chamavam esse processo de *"grubbing"*[87]. Para o *grubbing*, os trabalhadores recebiam três xelins por dia, mantimentos e uma dose de uísque de manhã e uma à noite. Matar uma grande sede apenas com água, sem álcool, era considerado extremamente perigoso. No verão, viram homens caírem mortos nas ruas da Filadélfia depois de beberam água fria das bombas. Recomendava-se a sangria, disse Moreau, para aqueles que bebiam rápido demais. Algumas bombas exibiam uma placa que dizia: "Morte a quem bebe rápido demais". E a grande quantidade de bebidas alcóolicas que os americanos consumiam! Quando bêbados, tinham tendência a brigar. Na região Sul e Oeste do país, confrontos eram considerados uma forma de divertimento. Nenhuma regra de honra ou esportiva era observada, e os homens se reuniam para assistir a dois campeões arrancarem olhos, quebrarem mandíbulas e arrancarem a dentadas a ponta dos dedos, demonstrando um prazer feroz.

    Os visitantes franceses eram propícios a ver essa paisagem e seu povo de maneira mais cordial. Em um mês de setembro, três nobres franceses, incluindo o marquês de Lafayette, partiram de Albany em uma expedição. Por acaso, James Madison era um dos integrantes. Eles planejavam ver os índios oneida, além de visitar uma colônia de *shakers*[88] na qual Lafayette – um ardente admirador do dr. Mesmer (1734-1815), em Paris – estava especialmente interessado, pois as suas práticas se assemelhavam ao mesmerismo[89]. Estava frio, Lafayette vestia uma capa de tafetá engomado que lhe fora enviada da França, embrulhada em jornais. As folhas tinham grudado na goma do tecido "de tal modo que", escreveu Barbé-Mar-

---

[86] O Transtorno Explosivo Intermitente, também conhecido por "ataque de raiva", é um distúrbio mental grave. A pessoa que sofre dele caracteriza-se por ter ataques agressivos, em intensidade e frequência, além do normal, muitas vezes de forma incapacitante. Ao não conseguir controlar sua raiva, o que afeta a própria pessoa, o transtorno prejudica também a vida das outras que a cercam, além de suas atividades interpessoais, familiares e profissionais. (N.E.)
[87] Processo de cavar, cavoucar. (N.T.)
[88] Os *shakers* consistem em uma seita cristã, fundada a partir de uma cisão, em 1747, com os *quakers* da Inglaterra, e que vieram para os Estados Unidos, em 1774. Durante os cultos de adoração, as pessoas eram dadas a tremores de êxtase; além disso, defendiam o celibato para os seus membros, além de praticarem a posse comum da propriedade. (N.E.)
[89] Doutrina defendida por Franz Anton Mesmer (1734-1815), um médico alemão, sobre o magnetismo animal e o hipnotismo para a cura de doenças. (N.E.)

bois, "um curioso poderia ler, no peito ou nas cosas, o *Journal de Paris*, o *Courier de L'Europe*, ou notícias de outros lugares".

Quanto ao *chevalier* de Chastellux, ele cavalgava pelas florestas e cidades com uma pena de gaio-azul no gorro, deleitando-se com tudo. Era natural sentir-se à vontade em relação a um povo com quem havia lutado lado a lado. Em Connecticut, o *chevalier* foi caçar esquilos, uma forma de diversão, escreveu ele, muito na moda naquela parte do país. Os animais, dizia ele, eram maiores do que os da Europa, tinham pelos mais grossos e eram muito mais hábeis em pular de uma árvore para outra. Se um esquilo fosse ferido sem cair, seria apenas um pequeno inconveniente; alguém com frequência estava por perto para cortar a árvore. "Como os esquilos não são raros", concluiu Chastellux, "pode-se muito bem concluir que as árvores são muito comuns".

O ragu de esquilo era saboroso e com gosto de carne de caça, embora muitos preferissem seus esquilos fritos para o jantar e com café. Os viajantes com frequência levavam consigo a sua comida, carne ou fubá. Os estalajadeiros os deixavam cozinhar em uma fogueira. Os visitantes estavam impressionados com o tamanho e a aparência do peru selvagem americano. "Por que os americanos não domesticaram essa ave nobre?", perguntou William Priest (1756-1843). Os franceses reclamaram sem piedade do pão americano, mas observaram que, em um tempo surpreendentemente curto, um dono de hospedaria já conseguiria preparar pequenas *galettes*[90] quentes, assadas ou amassadas. Para Chastellux, estavam ao seu gosto.

Percebia-se que pessoas de todas as classes bebiam café e chá. Os americanos tomavam café da manhã com o que chamavam de "condimentos": peixes salgados, bifes, galinhas grelhadas, presunto e *bacon*. Ostras eram muito consumidas, assim como o sável que, embora um exelente peixe, tinha atrelado a si "uma lei fanática, aprovada pelos *quakers*", que proibia sua captura aos domingos – um grande desperdício, considerando que os peixes permaneciam no rio por pouco tempo. A população de Boston comia peixe todos os sábados "a fim de privilegiar sua pesca", e, nas residências privadas, as pessoas oravam em agradecimento antes de comer. Barbé-Marbois verificou que todos os pratos, inclusive a sobremesa, eram colocados à mesa ao mesmo tempo. As toalhas de mesa caíam sobre os joelhos e ocupavam o lugar dos guardanapos, ao estilo inglês. Em Boston – uma cidade de 18 mil habitantes –, para os viajantes, tudo lembrava Londres: as casas de tijolos e madeira, os costumes, até mesmo o jeito de falar e o sotaque. Contudo, parecia

---

[90] *Galletes* são uma espécie de panqueca de massa fina, diferentes das panquecas americanas. A receita remonta a oito mil anos. (N.T.)

estranho que, em um dia quente de agosto, as pessoas se visitassem vestindo veludo, cetim e tecido adamascado. No campo, cercas de pedra dividiam as propriedades. As igrejas da Nova Inglaterra eram limpas e bem iluminadas; para os franceses, elas não pareciam igrejas. Parecia uma sala com bancos, sem pinturas ou ornamentos – "sem endereços para onde direcionar o coração e a imaginação". Tampouco havia mendigos ali, "nem mesmo", escreveu Barbé-Marbois, "um homem desleixado, ninguém do hospital de cegos para bater em você com a bengala, nem sacristão para interrompê-lo com o barulho de sua alabarda".

Connecticut, notaram os viajantes, era tão povoada quanto a Inglaterra. Passava-se constantemente por cidades e aldeias. Hartford não tinha galerias, jardins públicos ou palácios, mas mostraram para Barbé-Marbois o Charter Oak[91]. "Neste país", escreveu ele, "tudo o que tem uma conexão com a liberdade é sagrado". E que costumes estranhos foram atribuídos à liberdade e à igualdade! Até mesmo o costume bárbaro de permitir outro homem na mesma cama quando se está dormindo em uma pousada. Outro sinal dessa assim chamada liberdade, escreveu Moreau, foi a recusa de uma carruagem em alterar seu curso enquanto se desloca, a menos que ela se visse na ameaça de uma colisão por um veículo mais pesado. Era encantador ver alunos, meninos e meninas, formarem fila ao longo da estrada e, com reverências ou tirando o chapéu, saudarem um estranho que está passado por perto – embora alguns americanos protestassem contra esse costume por entendê-lo como servil, algo obsoleto proveniente da Inglaterra.

Em 1787, Nova York – com uma população de 33 mil – ainda mostrava a devastação da guerra. A cidade havia sido ocupada pelo inimigo por sete anos, até que os ingleses partiram, e os conservadores com eles. Agora os cais estavam em ruínas, sem navios. O Grande Incêndio[92] havia varrido quase todos os edifícios na Broadway, incluindo a Igreja da Trinidade. O que restou foi uma coleção de casebres de madeira, casas com gabletes[93] holandesas e de tijolos amarelos. Nos East e

---

[91] *Charter Oak* [Carvalho da Carta Patente] é a árvore oficial de Connecticut, datado do século XII ou XIII – até ter sido destruído em uma tempestade em 1865. (Hoje há outra árvore plantada no local.) Após a tempestade, inúmeros objetos foram feitos com pedaços de madeira retirados do que restou do carvalho, como peças de um jogo de xadrez. Muitos desses objetos podem ser vistos no Connecticut Historical Society. De acordo com a lenda, os colonos haviam escondido no tronco oco dessa árvore a Carta Real de Connecticut (1662) para que não fosse confiscada pelo governador-geral inglês, em 1687. Esse documento, uma espécie de alvará da nova colônia, funcionava como uma Constituição que garantia o amplo autogoverno dela. (N.E.)

[92] O Grande Incêndio de Nova York ocorreu em 21 de setembro de 1776, durante a ocupação militar pelo exército britânico. Um terço da cidade foi detruído, e o restante saqueado após o incidente. Não se sabe se foi acidental, tendo começado em uma taverna, ou se foi proposital. Tanto os britânicos quanto os rebeldes americanos foram acusados de terem iniciado o incêndio. (N.E.)

[93] Ornamento triangular construído sobre telhados, portas ou janelas. Também conhecido como frontrão. (N.R.)

North Rivers, pode-se avistar toinhas[94]. Baltimore, com seus 13 mil habitantes, era mal pavimentada e "com apenas uma dúzia de lâmpadas em toda a cidade".

Quase todos os viajantes franceses teceram comentários sobre como a vida na América era em grande proporção. Brissot de Warville comentou que não era raro ver um carroceiro dirigindo sua carroça e comendo uma asa de peru e um pouco de pão branco. Os salários dos trabalhadores eram muito mais altos do que na Europa e, quando um navio carregado de escoceses desembarcou em Nova York, "no dia seguinte, não havia um que não estivesse contratado e ocupado". Os viajantes concordaram que, quanto mais ao Sul eles fossem, mais essa possibilidade diminuía. Foi na Virgína que Chastellux viu pessoas pobres "pela primeira vez", disse ele, "desde que cruzei o mar". Não apenas os escravos negros, mas também os brancos pálidos e esfarrapados, em suas cabanas miseráveis, despertavam sua compaixão. Na Virgínia, os cavalos eram lindos, finamente criados para correr. As casas dos cavalheiros eram espaçosas, bem mobiliadas com linho e prataria, mas poucos tinham livros ou bibliotecas, e os solares das fazendas estavam lotados quanto à ocupação dos quartos: "eles não veem problema em colocar três ou quatro pessoas no mesmo quarto". Os carrapatos tornavam a vida miserável no verão, bem como os percevejos que, na Virgínia, eram chamados de *chinches*". Para os sulistas, o consumo de bebidas alcóolicas era uma cerimônia deliciosa – e frequente –, que envolvia misturas extraordinárias: *mint sling, pumpkin flip, bumbo* e *apple toddy*[95].

Na Virgínia, Chastellux encontrou-se com seu primeiro pioneiro, um jovem que havia vindo da Filadélfia com sua linda esposa e bebê e estava partindo para o "Kentucket". Chastellux ficou impressionado com a maneira tranquila como esse pioneiro prosseguiu com sua expedição, com apenas um cavalo, sem ter gado ou ferramentas. "Eu tenho dinheiro no bolso", disse com firmeza o jovem, "e nada me faltará". Na Pensilvânia, boas terras eram "caras demais para se conseguir". Essa maneira despreocupada em sair de um lugar para outro parecia, de fato, uma das características mais marcantes dos americanos. Escreveu Moreau:

> Quatro vezes seguidas eles vão abrindo terreno para um novo lar, abandonando sem pensar a casa em que nasceram, a igreja onde aprenderam sobre Deus, os túmulos dos seus pais, os amigos da sua infância, os companheiros de sua juventude e todos os prazeres da sua primeira comunidade.

---

[94] Uma espécie de golfinho. (N.E.)
[95] Em tradução livre: estilingue de hortelã, virada de abóbora, bumbo (ponche frio com rum) e ponche de maçã. (N.T.)

O americano não se apegou a nada. Por um determinado preço, disse Moreau, ele se separaria de "sua casa, sua carruagem, seu cavalo, seu Deus".

Esse repúdio ao passado era a antítese exata da Europa; e isso repelia ou insipirava o extrangeiro – a depender da sua filosofia pessoal.

CAPÍTULO 13

# Viagem Pelos Estados Americanos: Continuação. O Povo.

*O que, então, é um americano, esse novo Homem?*
CRÈVECOEUR

As árvores derrubadas, as "florestas" americanas, a terra livre esperando para ser reivindicada, o belo rio e o cenário romântico selvagem, as cascavéis no mato, as cercas em zigue-zague, os beija-flores, o ragu de esquilo, os riachos sem pontes para serem atravessados, o vento noroeste livre e frio – nos relatos dos europeus, tudo isso ficava em segundo plano para os próprios americanos. Homens, mulheres e crianças que habitavam este Novo Mundo e que pareciam uma espécie de um Novo Povo. "Por *americano*", escreveu William Priest, "você deve entender um homem branco, descendente de um nativo do Velho Continente, e por *índio*, ou *selvagem*, um dos aborígenes do Novo Mundo". "Os americanos", observou Moreau, "são considerados uma espécie de combinação de europeus e índios. É evidente que eles progrediram para muito além dos índios e estão rapidamente se tornando mais e mais como os europeus".

Talvez o cavalheiro tenha mostrado moderação, considerando tudo. Quanto mais tempo ele ficava na América, menos seus habitantes pareciam europeus. Moreau e seus amigos continuamente se surpreendiam com a condição de igualdade entre os cidadãos de diferentes classes sociais, e nada do que haviam lido antes de viajarem para a América os tinha preparado para isso. Na França, um homem vivido ficaria envergonhado, disse Brissot de Warville, em andar em um veículo tão indigno como uma diligência pública. Ainda assim, nos Estados Unidos, viu-se um membro do Congresso sentado na diligência ao lado de um trabalhador "que votou nele", e os dois conversando animadamente. "Você não vê gente fingindo ser o que não é, algo que é comum na França", acrescentou Brissot. Ele havia viajado por Nova Jersey em uma carruagem desse tipo com o filho do governador Livingston – e nem saberia da identidade do seu companheiro de viagem se os estalajadeiros das paradas não tivessem saudado o jovem sr. Livingston "com um ar de respeitosa familiaridade". Dizia-se que o próprio governador com frequência usava a praça pública.

Tudo isso era extraordinário. Certamente, era uma prova de que o experimento americano estava sendo bem-sucedido? Aqui, a igualdade do homem não era assunto para filósofos, poetas e conversas em salas de visitas mais esclarecidas. Aqui foi colocado em prática, aceito como um fato cotidiano. É preciso, entretanto, acostumar-se – e acostumar-se nem sempre era fácil. Barbé-Marbois escreveu para casa contando que seu grupo achou necessário dirigir-se de forma mais cortês aos estalajadeiros. Um tom imperativo não teve sucesso, pois mais de um desses donos de hospedarias disse que era possível solicitar-lhes algo, mas não lhes dar ordens. "As pessoas nos tratam com muita familiaridade", disse o francês, "e o fazem com tanta inocência, que seria muito difícil nos darmos bem como eles se tomássemos isso de forma negativa". Os carroceiros, após recolherem as carroças e alimentarem seus cavalos, vinham e se juntavam naturalmente à companhia para jantar, sem necessidade de se desculparem ou de se explicarem. Nas residências privadas, não havia zeladores, nem porteiros. Em Boston, o próprio governador do estado atendeu à porta quando eles vieram lhe fazer uma visita certa noite. Após o término da visita, sua Excelência conduziu-os até a porta com uma vela na mão. Com frequência, era possível encontrar magistrados respeitados – Barbé-Marbois os chamava de "senadores" – voltando do mercado com verduras ou peixes, e eles nem tentavam esconder os embrulhos sob suas capas.

Quanto aos cocheiros das diligências, eles eram um fenômeno. Não mostravam surpresa quando as pessoas se dirigiam a eles chamando-os de "coronel", participavam das conversas, relatou Brissot, e faziam todos os tipos de perguntas como "uma espécie de magistrado". Era raro alguém advertir de forma grosseira um cocheiro, mesmo da maneira mais humilde, sobre sua maneira de manejar as rédeas. E, se surgissem desentendimentos sobre a extensão da estrada, sobre a viagem ser ou não confortável, sobre a carreira de cavalos e sua linhagem, ou sobre as fortunas particulares dos cavalheiros, cujas casas eram vistas ao longo da estrada, o cocheiro era consultado e ouvido com deferência. E como era agradável viajar com tão pouca interferência oficial! Na Nova Inglaterra, escreveu Barbé-Marbois, "passamos por lindos vilarejos sem que nenhum oficial tenha aparecido, de forma humilde e com uma expressão piegas, pedindo-nos que, em nome nos treze estados, saíssemos de nossas carruagens e os deixássemos inspecioná-las". Aqui não havia direitos senhoriais para entrar ou sair dos distritos e não havia vigias nas fazendas.

Os nobres franceses que haviam servido como oficiais sob o comando de Washington ficaram surpresos ao encontrar capitães e majores aposentados cuidando de pousadas; havia, inclusive, um boticário que tinha sido general. Na Europa, a guerra era uma profissão; um cavalheiro comprava sua licença como ele compraria um lugar no governo. Além do mais, a guerra era uma política de príncipes, um instrumento de poder continuamente em uso a ser considerado por homens de ambição. E como, pelo amor de Deus, o general americano Knox, um ex-livreiro, poderia ter atuado tão bem como comandante de artilharia durante o conflito com a Inglaterra? Escreveu Lafayette:

> Essas coisas são muito diferentes na Europa. O patrão e a patroa sentam-se à mesa com você, fazem as honras de uma excelente refeição, e, quando você sai, paga sem pechinchar. Quando você não quer ir para uma estalagem, você encontra casas de campo onde é recebido com as atenções que receberia de um amigo na Europa.

Para os visitantes ingleses tanto quanto para os franceses, era difícil entender um povo sem tradição de feudalidade, sem a lealdade de um camponês ao senhor que o protegia, ou a de um inquilino ao senhorio. Não apenas os americanos não tinham essa tradição – transmitida de geração em geração – como tampouco a conheciam. Embora nascidos como colonos, eles pareciam ter nascido livres da classe acima deles. Um viajante inglês, Francis Baily (1774-1844), atrabuiu esse aspecto ao fato da subsistência fácil. Uma vez que a terra poderia ser adquida a baixo custo, a dependência dos homens uns dos outros era "tão insignificante, que o espírito de servidão para com aqueles acima deles, tão predominante nos costumes europeus, é completamente desconhecido e [os americanos] passam a suas vidas sem qualquer preocupação com os sorrisos ou carrancas dos homens de poder". Thomas Cooper disse quase a mesma coisa. Não havia americanos de grande posição, escreveu ele, nem muitos de grande riqueza. "Tampouco os ricos têm o poder para oprimir os menos ricos, pois a pobreza, como existe na Grã-Bretanha, é praticamente desconhecida". O próprio termo "fazendeiro", disse Cooper, tinha na América outro significado. Enquanto na Inglaterra significava um inquilino pagando um aluguel pesado a algum senhor e ocupando uma posição inferior na vida, aqui, na Pensilvânia, um fazendeiro era proprietário de terras, igual a qualquer homem no estado, "tendo voz na nomeação de seus legisladores e uma chance razoável [...] de ele mesmo tornar-se um. Na verdade, nove décimos dos legisladores na América são fazendeiros".

Barbé-Marbois tem uma andedota que ilustra maravilhosamente a incompreensibilidade da condição americana para um europeu de alta posição. Em um belo dia de setembro em Massachusetts, ele e seu companheiro francês caminhavam da sua estalagem no campo para um vale próximo, onde muitos homens estavam ocupados, trabalhando na colheita. Barbé-Marbois escolheu um deles – um sujeito bem-vestido, contou ele, provavelmente o fazendeiro responsável – e fez uma série de perguntas: quem exercia os diferentes níveis de poder de justiça no seu distrito; qual o valor do aluguel que ele pagava ao senhor do povoado; quem tinha direito ao pagamento do quinto de um quinto; se ele tinha permissão para caçar e pescar; se a prensa da cidra, a torre e o moinho ficavam longe; se ele tinha permissão para ter um pombal; se o dízimo era pesado e o trabalho forçado era frequente e penoso; quantas arrobas de sal ele era obrigado a comprar; quanto era o imposto sobre as bebidas; se havia pena de morte para aqueles que eram condenados por terem plantação de tabaco nos seus jardins?

Há um elemento de fantasia nessa cena: o fazendeiro suado, os dois franceses educados, sendo cuidadosos para não serem condescendentes. "Diante de todas essas perguntas", continua Barbé-Marbois:

> [o homem] começou a rir [...] Ele nos disse que não existia níveis de justiça na América para ricos ou pobres, porque a justiça era perfeitamente imparcial e igual para todos, e nós não conseguíamos fazê-lo entender de jeito nenhum que tipos de seres eram os senhores do povoado. Ele continuava achando que estávamos tentando falar sobre um juiz de paz, e não conseguia diferenciar a ideia de superioridade da ideia de magistratura.

Os estrangeiros que foram para o Sul ficaram chocados ao ver uma senzala em Mount Vernon, embora percebessem que Washington era benevolente com seus escravos e que, como Jefferson, desaprovava a escravidão. Entretanto, como poderia o pai da liberdade não libertar essas pobres criaturas? Ele temia uma insurreição geral como resultado? Ele achava que a libertação deveria ser deixada para o Congresso? Todos os estrangeiros concordavam que a escravidão era um mal. No entanto, o problema parecia grande demais para discussão. Alguns proprietários de escravos eram brutais, alguns bondosos, portanto, era difícil fazer um julgamento geral, embora concordassem que nenhum proprietário de escravos seria justificado pelos princípios da decência humana. Nicholas Cresswell (1750-1804), passando por Maryland, sem tecer opinião, registrou que tinha visto um escravo acorrentado a uma árvore pelo quadril "por assassinar seu feitor".

Quando os estrangeiros falavam de pobreza na América, eles se referiam à pobreza dos homens brancos. E ficavam com frequência surpresos por não encontrarem mais desse tipo de miséria. Talvez os viajantes estivessem comparando o que viram aqui com as condições na Europa, onde os americanos, por sua vez, expressaram seu choque ao verem a terrível condição dos pobres de Londres ou dos mendigos de Paris. Em Massachusetts, Barbé-Marbois e seu companheiro, carregando seus próprios suprimentos, certo dia perceberam que tinham trazido comida demais. "Dissemos ao nosso anfitrião: 'Dê isso aos pobres'. Ele praticamente não nos entendeu e nenhum pobre foi encontrado". Mendicância era algo desconhecido, comentava o francês. De Boston à Filadélfia, ele não havia visto um único indigente, nem encontrado um "camponês" que não estivesse bem vestido, ou que não tivesse uma boa carroça ou, pelo menos, um bom cavalo. Chastellux declarou que, na América, não se viam muitas pessoas pobres. "Todos desfrutam de uma situação favorável".

Um viajante vê o que ele deseja ver, e a curiosidade americana pelos forasteiros era insaciável, especialmente nos distritos rurais –, o que era quase o mesmo que dizer em toda a parte. Nenhum camponês europeu, nenhum soldado de cavalaria britânico ousaria fazer essas perguntas. Isaac Weld viajou para Lexington, Kentucky e relatou:

> De todos os seres humanos broncos que eu encontrei na América, essas pessoas da parte leste do país eram as mais interessantes; sua curiosidade era ilimitada. Com frequência eu fui parado abruptamente por um deles em um trecho solitário da estrada. E era parado de uma tal maneira que, se fosse outro país, eu teria imaginado que se tratava de um salteador que iria exigir minha bolsa [...] "Pare, senhor! Eu acho que o senhor está vindo do estado novo", "Não, senhor". "Oh! ora, então, diabos, agora, de onde você pode estar vindo?", "Da parte Sul do país". "Ora, você deve ter ouvido todas as notícias, então. Diabos, agora, senhor, qual será o preço do *bacon* por aquelas bandas?", "Palavra de honra, amigo, não tenho como dar essa informação para você". "Sim, sim, senhor, qual seria o seu nome?". Um desconhecido que vai pelo mesmo caminho tem a certeza de estar na companhia de pessoas dignas, ávidas por informações, até a próxima taberna, onde raramente ele fica cinco minutos até que seja novamente abordado com a mesma pergunta.

Isaac Weld deve ter sido um jovem muito seco. Se ele se recusasse a falar, contava, corria o risco de se envolver em uma briga, especialmente quando a outra pessoa descobrisse que ele não era um americano.

Tanto para os franceses quanto para os ingleses, era perturbador não haver diferença na forma de vestir da empregada doméstica e da patroa, ou das classes inferiores e do primeiro magistrado do estado. "O luxo", escreveu Beajour, "entrou na cabana do trabalhador". Moreau ficou surpreso ao ver que todos sabiam ler e escrever, "enquanto quase nenhum marinheiro francês fosse capaz do mesmo".

## VIAGEM PELOS ESTADOS AMERICANOS: CONTINUAÇÃO.

Notou-se que os jornais e as publicações eram numerosos e mantinham as pessoas bem-informadas; no campo, eles eram semanais; na cidade, chegavam duas vezes por semana; nas grandes cidades, duas vezes por dia – "de manhã, ao meio-dia e à noite", escreveu um francês. De seu alojamento em uma pequena cidade de Massachusetts, La Rochefoucauld relatou que as pessoas da casa "se ocupavam muito com política, e, do proprietário à empregada doméstica, todos liam dois jornais por dia".

Essas observações foram feitas ao longo da costa atlântica. Nos locais mais remotos – "o grande país do interior", como Gouverneur Morris os chamava – não existiam escolas. A vida era difícil; e o trabalho, árduo. Aqui um menino de 14 anos já era um homem, proficiente em armas de fogo, capaz de caçar, trazer a caça para comer em casa, preparado se necessário para se juntar à defesa de sua propriedade contra os selvagens. A história americana é iluminada pelo milagre de homens que cresceram "na floresta" e, na maturidade, eram capazes de falar um inglês excelente, tendo sido alimentados por uma prosa como a da *Bíblia do Rei James* (1611), *O Peregrino: a Viagem do Cristão à Cidade Celestial*[96] (1678), os ensaios de Joseph Addison (1672-1719), John Milton (1608-1674), os dísticos heroicos de Alexander Pope (1688-1744). John Marshall, aos 12 anos, jamais havia visto uma escola. Contudo, pelo estímulo de alguém – provavelmente seu pai –, o menino já havia transcrito, integralmente, o *Ensaio Sobre o Homem* (1734), de Pope, e sabia longas passagens de cor. No Back River, no condado de Elizabeth City, na Virgínia, o *chanceler* Wythe, quando jovem, aprendeu latim e os rudimentos do grego com sua mãe. Ao longo de todo o século XVIII, os viajantes comentavam sobre a pureza da fala americana, sua correção gramatical e a ausência de dialetos locais. Nicholas Cresswell, na década de 1770, chegou ao ponto de declarar que os americanos falavam um inglês melhor do que os ingleses.

No entanto, certamente esses visitantes deviam ser parcialmente surdos, ou pertencer apenas aos melhores círculos. As evidências contra o que eles disseram são abundantes e podem ser percebidas: nas cartas soletradas foneticamente de soldados durante a guerra, em glossários e manuais preparados para a correção da fala. A *Columbian Grammar*, publicada em Boston, em 1795, tem uma lista de impropriedades: *"acrost"* no lugar de *"across"* [através, por meio, cruzando], *"bekays"* no lugar de *"because"* [porque], *"chimbley"* no lugar de *"chimney"* [chaminé], *"drownded"*

---

[96] Trata-se de um livro escrito pelo pastor batista reformado John Bunyan (1628-1688), publicado pela primeira vez em 1678, na Inglaterra. O livro, uma história puritana, consiste em uma alegoria da vida cristã, alertando sobre os perigos e vicissitudes enfrentados por aqueles que desejam seguir os ensinamentos bíblicos a fim de buscar a prometida "coroa da vida". Desde a sua publicação, o livro jamais deixou de ser impresso. (N.E.)

no lugar de "*drowned*"[97] [afogado], "*larnin*" no lugar de "*learning*" [aprender], "*ourn*" [nosso/nossa], "*yourn*" [seu/sua], "*theirn*" [deles/delas], "*watermilyon*" no lugar de "*watermelon*" [melancia], "*cheer*" no lugar de "*chair*" [cadeira], "*riz*" no lugar de "*risen*" [levantar-se], "*kivver*" no lugar de "*cover*" [abrigo, coberta]. Durante a guerra, um bravo soldado da infantaria em Bound Brook compôs uma canção, "Song of the Minute Men[98]":

> Agora para nossa estação. Vamos marchar e com prazer nos reunir;
> Temos sido como bravos defensores de um tesouro e com tão grande prazer servir;
> Nós os deixamos imediatamente ver que homens de coragem nós somos;
> Nós, garotos de Jersey, que não tememos nenhum barulho, nem nunca recuamos[99].

Os habitantes da Nova Inglaterra pronunciavam "*do*" [fazer] como /*dew*/[100] e "*too*" [também] como /*tew*/. Noah Webster (1758-1843), em seu *Dissertations on the English Language* (1789), observa o termo /*keow*/ para "*cow*" [vaca] da Nova Inglaterra, mas defende que não é pior do que a pronúncia londrina de "*sky*" [céu], que é /*skei*/, e /*kaaind*/ para "*kind*" [amável]. Quanto ao hábito daqueles vindos do Oeste de dizerem "este país aqui", "aquele homem lá"[101], Webster declara que ele remonta aos saxões primitivos. Ele deseja, contudo, que as pessoas nos estados centrais não digam /*fotch*/ no lugar de /*fetch*/ para "fetch" [pegar, buscar] e /*cotched*/ no lugar de /*cot*/ para "*caught*" [capturada(o)]. As pronúncias /*fotch*/ e /*cotched*/ "são mais frequentes e igualmente grosseiras". Webster também observa que, no geral, as pessoas dizem /*admírable*/ [admirable/ admirável], /*dispútable*/

---

[97] O inglês americano não usa muito as formas irregulares dos verbos no passado, preferindo as formas que terminam em "-*ed*". (N.T.)
[98] Os *minutemen* eram homens armados que prometiam estarem prontos para entrar em ação um minuto depois de serem convocados, ou seja, uma espécie de serviço militar instantâneo – não eram, é claro, oficiais do exército. Eles lutaram antes e durante a Guerra da Independência dos Estados Unidos. (N.E.)
[99] "*Now tew oure Station Let us march and randevouse with pleasure/ We have been like Brave minut men to sarve so Great a Treasure/ We let them se amediately that we are men of* mettle/ *We Jarsey boys that* fere no nois *will never flinch for Battle*". Os trechos sem itálico são palavras escritas de maneira fonética, e não no inglês correto. (N.R.)
[100] A pronúncia da vogal é mais longa em /*dew*/ do que em /*do*/. (N.T.)
[101] Expressões como "*this here*" e "*that there*" são consideradas redundantes, pois adjetivos demonstrativos "este/estes/esta/estas" e "aquele/aqueles/aquela/aquelas" já carregam consigo as noções de aqui ou lá, respectivamente. Essas construções soam incultas ou arcaicas para os falantes do inglês padrão – mesmo quando usadas para dar ênfase. Nas línguas escandinavas, como em muitas outras, os adjetivos demonstrativos não funcionam como no inglês. Ou seja, eles não necessariamente carregam a noção de proximidade ou distância. Dessa forma, nesses casos, então, um equivalente adverbial de aqui ou lá não estaria fora do lugar. (N.T.)

[*disputable*/disputável] e /*cómpareable*/ [*comparable*/comparável][102]. E que elas, afirma Webster, estão corretas.

 Realmente parecia que uma nova língua estava sendo criada. Thomas Jefferson estava sensível a isso e impaciente com revisores de periódicos ingleses que se opunham ao que consideravam ser a adulteração da língua por palavras americanas. "As novas circunstâncias nas quais nos encontramos", escreveu Jefferson a Washington, "exigem novas palavras, novas frases". Chastellux, em suas viagens, notou que as pessoas costumavam dizer a ele: "Você fala bem o americano" ou "o americano não é difícil de aprender". Uma forma enfática, acrescenta Chastellux, de expressar aversão aos ingleses. Benjamin Franklin, cujos próprios livros tinham um tom inconfundivelmente nativo, gostava de ouvir um dialeto local malicioso e observou que "o modo de Boston, a mudança de expressões, até mesmo do tom de voz e do sotaque na pronúncia, tudo isso me agrada e parece me reanimar e revigorar".

 Foi Noah Webster, entretanto, quem descobriu na língua americana mais do que um afastamento ou uma expressão de ódio pela Grã-Bretanha. Para Webster, a língua americana constituía uma filosofia e uma crença muito apaixonada. "Agora é a hora", escreveu ele (1785), "e *este* é o país em que podemos esperar sucesso na tentativa de mudanças favoráveis para [...] estabelecer uma língua nacional, bem como um governo nacional". Como um povo independente, acrescentou Webster, em todas as coisas deve-se ser federal, ser *nacional*. Era uma palavra que ele gostava de sublinhar. O seu *The American Spelling Book* (1786)[103] chegou a milhões de cópias – 15 milhões durante a vida do autor, 60 milhões em um século; o *American Dictionary of the English Language* (1828) tornou seu nome uma palavra conhecida por todos. A filosofia da linguagem de Webster foi muito além da filologia convencional. Pessoas de grandes fortunas e famílias ilustres, dizia ele, tinham uma maneira de falar ousada e independente, como testemunha a Nova Inglaterra, onde não há escravos, poucos empregados e pouquíssimo interesse sobre descendência familiar. As pessoas se dirigem umas às outras de uma maneira muito diferente do que no Sul. Ao invés de dizer "você deve" [*You must*], os habitantes da Nova Inglaterra usam uma pergunta: "não é melhor?" [*Is it not best?*][104]. Ou, ao darem uma opinião, usam

---

[102] No lugar de /*ádmirable*/, /*dísputable*/ e /*cómpareable*/. (N.T.)
[103] Originalmente era intitulado *The First Part of the Grammatical Institute of the English Language* (1783) e passou por uma série de alterações, entre elas o novo título, sendo relançado três anos depois do original. (N.R.)
[104] O "*must*" é relacionado com o inglês britânico, sem contar que, dessa forma, está sendo feita uma asserção. Nesse contexto lexical, sintático e pragmático, a impressão que passa é a de uma ordem direta. A ideia de ordem pode até ser o caso, mas a forma de veiculá-la, através de uma pergunta "não é melhor?" soa mais polido. (N.T.)

um tom de indecisão, como nas expressões: "é melhor você" [*you had better*], "creio eu que" [*I believe*]. Essa ideia de igualdade de berço e de fortuna, diz Webster, "dá um tom singular à sua língua e atitude às suas maneiras".

Nicholas Cresswell, durante as suas viagens, escreve que os habitantes da Nova Inglaterra "têm uma espécie de cadência de lamúria que eu não consigo descrever". Sobre essa particularidade todos concordavam, embora, como Cresswell, ninguém pudesse explicá-la. Se Roger Sherman, de Connecticut, falasse a respeito da filha do seu vizinho, em vez de pronunciar[105] a palavra "*daughter*"[106] [filha] como /*dótha*/, ele a pronunciava como /*dátter*/; ao falar "*cranberry sauce*" [molho de framboesa], ele não pronunciava "*sauce*" como /*sóss*/, mas como /*sass*/; com seus vizinhos, ele não exaltava as leis de Deus e da /*natur*/ [natureza]. Quando jovem, Sherman escreveu e publicou uma série de almanaques que ele vendia para ganhar dinheiro.

> As várias harmonias [ele escreveu] nas Obras da Criação
> Manifestam a Sabedoria do Criador.
>
> No aprender quando falar e quando em silêncio ficar
> Os tolos com frequência falam e sua falta de inteligência mostram.[107]

A maioria dos americanos usava a pronúncia vigente do século XVIII, /*sárve*/ para /*sêrve*/ [*serve*, servir], /*desárve*/ para /*desêrve*/ [*deserve*, merecer] e diziam /*consate*/ para /*conceit*/ [*conceit, presunção*] e /*desate*/ para /*deceit*/ [*deceit*, engano]. Eles também diziam /*obleege*/[108] [*oblige*, obrigar] e /*deef*/ por /*deaf*/ [*deaf*, surdo]. Eles parecem ter achatado o /a/ final na América – de qualquer forma, eles cantavam vigorosamente boas-vindas ao general Washington:

> Salve, dia brilhante e promissor!
> Por muito tempo a América
> Ressoa teu louvor.[109]

---

[105] A fim de facilitar a compreensão da pronúncia de uma palavra e das suas diferenças, optou-se não pelo uso do Alfabeto Fonético Internacional, mas de uma aproximação gráfica entre letra e som — o que, é claro, compromete, para fins didáticos, a ortografia da palavra. (N.T.)
[106] No inglês americano, o som /t/, quando entre vogais, é pronunciado como um /d/ suavizado. (N.T.)
[107] "*The various Harmony [he wrote] in the Works of Nature/ Manifest the Wisdom of the Creator./ Learn when to speak and when to silent set/ Fools often speak and shew their want of wit.*"
[108] O "ee" é pronunciado como "i" longo. (N.T.)
[109] "*Hail, bright auspicious day! / Long shall America/ Thy praise resound*".

## VIAGEM PELOS ESTADOS AMERICANOS: CONTINUAÇÃO.

No College of William and Mary, o corpo docente se esforçou de maneira especial para que seus alunos aprendessem a pronúncia correta. Os cavalheiros se importavam com a forma como seus filhos falavam. Robert Carter (1662-1732), um fazendeiro da Virgínia, colocou um anúncio em busca de um tutor "educado em boas escolas do Continente" – referindo-se ao continente americano –, em vez de um tutor inglês ou escocês. Ele o fez não pensando em qualquer tipo de superioridade na formação ou no caráter da pessoa, mas porque Carter preferia o sotaque nativo. Na Filadélfia, o corajoso professor pré-revolucionário David James Dove (?-1769) tentou encontrar um assistente

> que fosse capaz de pronunciar o inglês de maneira articulada e de ler com ênfase, sotaque, quantidade[110] e pausas. Mas se ele não tem as qualificações, embora ele se [...] autodenomine professor e orador, de fato, será rejeitado como impostor.

Os viajantes franceses, mesmo aqueles que falavam inglês, descobriram que precisavam adquirir um novo vocabulário, nativo e colorido: florestas densas, interior, canoa à vela, corveta, sapo-boi, berinjela, vaga-lume, javali. Dos índios foi adaptada uma sucessão desconcertante nomes próprios e topônimos. É impossível soletrar essa língua americana poliglota! Ao escreverem para casa, visitantes franceses fizeram o melhor que puderam: a música "Jancky Dudle" ["Yankee Doodle"], o estado do Kentokey [Kentucky], a localidade de Norege [Norwich], em Connecticut. Os cavalheiros escreveram sobre aquelas tribos indígenas mais conhecidas, os *scherokys* [*cherokees*] and *tchactas* [*choctaw*]. Em Newburyport, Chastellux foi devidamente derrotado após a visita educada de um coronel "cujo nome", escreveu o Chevalier, "foi pronunciado algo como *Wigsleps*[111]".

Mesmo antes de 1780, havia pelo menos dezessete faculdades na América; depois da guerra, elas começaram a surgir em todos os lugares – da Union College, no estado de Nova York à Transilvânia "além das montanhas". Das instituições mais antigas, as mais conhecidas eram, claro, Harvard, William and Mary, Yale, Columbia e "as faculdades de Princeton e Nova Jersey". Os viajantes visitaram essas instituições, conversaram com os professores e ficaram bastante impressionados. Na Filadélfia, eles visitaram a Library Company e foram recebidos pelos membros da American Philosophical Society, uma con-

---

[110] Nesse contexto, pronúncia com quantidade refere-se à extensão, ou seja, à duração percebida de um som de vogal ou sílaba. (N.T.)
[111] Os americanos também experimentaram um sentimento de perplexidade quando foram confrontados pela primeira vez com a tribo de Wigglesworth, de Massachusetts.

fraria de eruditos, instituída pelo dr. Franklin "para a promoção do conhecimento útil".

Nenhum americano negaria que, em seu país, o aprendizado tendia para o útil. Parecia, de fato, que a utilidade, a aplicação prática de uma teoria experimental, fazia parte da âme *républicaine* [alma republicana], tendo em Benjamin Franklin seu profeta e a na Filadélfia seu centro natural. Ali estava David Rittenhouse [1732-1796] com seu famoso planetário e telescópio, que ele mesmo construiu para ver o trânsito de Vênus; aqui estava o Bartram's Garden com sua coleção botânica; dr. Benjamin Rush (1746-1813) com seus novos tratamentos para aqueles com problemas mentais. Esses eram os homens que, depois de Franklin, os estrangeiros instruídos se esforçavam para conhecer pessoalmente.

A Filadélfia ostentava sua College of Physicians, com os doutores John Morgan (1735-1789), John Redman (1722-1808), William Shippen Junior (1736-1808), Hutchinson (?-?), Adam Kuhn (1741-1817), homens corajosos e criativos, frequentemente brigando entre si, como sábios dignos, cujos corações estavam em seu trabalho. O dr. Adam Khun, com sua bengala de castão de ouro e caixa de ouro de rapé, seu cabelo encaracolado e empoado, era uma visão em qualquer enfermaria. Ele e seus confrades prescreviam casca vermelha, láudano e ópio; aplicavam calor e enemas, examinavam vômitos e prescreviam catárticos, aplicavam sangrias em pacientes com febre e com pleurisia "por um quarto", observou mais tarde um escritor de jornal diário. Mulheres durante a gravidez e o parto recebiam sangrias devido à pletora, disse o dr. Shippen; muito sangue. Os bons médicos vinham para os partos com os instrumentos chocalhando em suas maletas. Como consequência disso, as jovens mães acabavam morrendo mais tarde de febre do parto causada por infecção. E, em casos mais difíceis, o bebê era extraído aos pedaços com um gancho. Os horrores do tratamento são indescritíveis: cânceres de rosto queimados com emplastros, seios removidos enquanto homens fortes se sentavam nos pés da paciente ou a seguravam pelos ombros.

Não é de admirar que as pessoas só chamassem um médico a menos que eles se vissem obrigados. Os vizinhos se medicavam uns aos outros com ruibarbo e sena, óleo de rícino, elixir Daffy, chá feito de raiz de *quashee* ou urtiga. Faziam emplastros de mel e farinha, cebola, alho e gordura de veado. Elizabeth Drinker (1735-1807), da Filadélfia, considerada uma autoridade em medicina, verificou que havia curado um terçol muito ruim com uma maçã podre e o pé profundamente machucado de uma criança com cataplasmas de esterco de vaca. Muitas vezes, as pessoas chamavam charlatões. A filha de um governador conseguiu que o pé coxo do filho fosse triunfantemente curado por uma reunião de curandeiros indígenas. Para icterícia, uma infusão em vinho branco de esterco de ganso e minhocas era considerada útil.

A sujeira era jogada nas ruas, os poços eram contaminados por latrinas de quintal. Febre tifoide, malária, varíola, fluxo de sangue (desinteria amébica) e crupe (difteria) varriam as cidades no verão como uma foice. Raquitismo e escorbuto eram abundantes. Aqueles eram os bons e velhos tempos, tão frequentemente lamentados pelos modernos em uma recaída romântica. É de surpreender que 55 delegados tenham sobrevivido até a maturidade e à Convenção Federal. Um estalajadeiro da Virgínia e sua esposa disseram a Chastellux que tiveram 14 filhos, nenhum dos quais sobreviveu até os 2 anos de idade.

Apesar disso, os médicos trabalhavam arduamente, arriscavam suas vidas em tempos de epidemia, estudavam dia e noite para aprender, dissecar, descobrir, curar. E os médicos não enriqueciam. Os livros-caixa dos maiores deles mostravam pagamentos em açúcar, vinho – "uma vaca vermelha, conforme acordado". Dr. Benjamin Rush (1745-1813) realizou sangrias em muitos pacientes até a morte, durante a epidemia de febre amarela de 1793. Mesmo assim, ele era um homem de visão e desejava mudar toda a ênfase do aprendizado na América, e não apenas na medicina. Ele propôs a fundação de uma faculdade de pós-graduação a fim de preparar os jovens para vida pública. Por que, perguntava Rush, os jovens deveriam estudar as partículas gregas e a configuração das ruínas de Palmira quando deveriam estar adquirindo "aqueles ramos do conhecimento que aumentam as conveniências da vida, diminuem a miséria humana, melhoram nosso país, impulsionam a população, exaltam o entendimento humano e estabelecem a felicidade doméstica e política?".

Sir Francis Bacon (1561-1626) havia nutrido uma visão semelhante, um século e meio antes. No entanto, até o sonho do dr. Rush chegou muito rápido, muito cedo. O povo americano ainda não estava pronto. O barco a vapor de Fitch ainda era motivo de riso, e, até mesmo, os experimentos elétricos do dr. Franklin eram considerados inúteis no geral, exceto para a instalação de para-raios. O general Washington desejava estabelecer uma universidade nacional, erigida e apoiada pelo Congresso. Na Convenção, o jovem Charles Pinckney havia feito essa proposta como parte do seu plano original. Contudo, embora Pinckney e Madison fossem apresentá-la novamente em agosto e setembro – com o cuidado de chamá-la de federal, não nacional —, a moção por fim seria rejeitada com base no argumento de que o Congresso teria poder suficiente para fundar uma universidade.

A América, em 1787, estava à beira da expansão industrial e científica. Ainda se recuperando da guerra, com cicatrizes visíveis por todos os lados pelos quais os exércitos britânicos marcharam, em uma década, os estados veriam grandes mudanças: construção de estradas com pedágios, além de canais — realizando, assim, o sonho de Washington de abrir o país do Oeste. Eles veriam o uso do carvão que, até o momento, diziam os homens, servia apenas para *apagar* incêndios. Na década de 1790, Eli Whitney (1765-1825) introduziria seu descaroçador de algodão, e Samuel Slater (1768-1835) montaria uma fábrica de fiação com as máquinas cujos planos ele trazia na mente desde a Inglaterra. Os americanos de 1787 demonstravam imenso orgulho, retumbante e comovente, pelo país. A primeira ponte sobre o rio Charles, em Boston (1786), inspirou folhetos e poemas:

> Eu celebro o dia em que a ponte;
> Estiver acabada e completada.
> Rapazes de Boston e Charleston alegram-se;
> E disparam suas armas.
> A ponte está terminada agora eu digo;
> Ultrapassa cada ponte;
> Pois a ponte de Londres com a nossa em comparação;
> Parece mesmo é dissimulação[112].

Moreau ficou perturbado com a virulência do orgulho de estado, resultando em desprezo por outros distritos, particularmente entre os oriundos do Oeste e sulistas. Uma falta grave, segundo o francês. "As tênues diferenças entre os vários estados", disse ele, "não são de maneira alguma marcadas pela polidez. Eles têm a mesma forma de governo, as mesmas ideias, as mesmas percepções sobre as coisas e os residentes de cada estado têm a opinião mais alta sobre si mesmos e sobre a sua região". Um cidadão da Filadélfia disse a Moreau, que a América não trocaria de lugar com nenhum país da Terra – "Não, senhor!"

*\*\*\**

A vanglória e a ostentação eram, na verdade, parte de um jovem vigor e de um jovem desafio. A América deveria gritar seu nome, sua independência. O mundo todo deveria ser informado dos seus novos e grandiosos planos, os quais abrangiam um continente e se preocupavam nada menos do que com a igualdade dos homens. "Estamos fazendo experimentos", disse Franklin.

---

[112] *"I sing the day in which the Bridge/ Is finished and done./ Boston and Charleston lads rejoice / And fire your cannon guns./ The Bridge is finished now I say/ Each other bridge outvies/ For London Bridge compared with ours/ Appears in dim disguise."*

## VIAGEM PELOS ESTADOS AMERICANOS: CONTINUAÇÃO.

Pouco tempo sobrou em meio a tudo isso para as belas artes. A literatura não era um comércio ou meio de vida como o era na Europa. "Literatura na América é apenas uma diversão", escreveu Thomas Cooper. Barbé-Marbois, elogiando a ausência de pobreza, relutantemente admite que, se ele não viu nenhum mendigo na América, tampouco encontrou um Christoph Gluck (1714-1787), um Jean-Baptiste Greuze (1725-1805) ou um Edmé Bouchardon (1698-1762), ou um autor de obras-primas literárias. Chastellux atribuiu isso à ausência de benfeitores ricos. Benjamin Franklin reconheceu que o Mundo Novo não tinha lugar para artistas. À medida que gênios artísticos dessa natureza surgiam na América, afirmava ele, invariavelmente trocavam seu país pela Europa, onde poderiam ser recompensados da maneira mais adequada.

Foi John Adams quem fez a observação mais sincera. Em Paris, ele viu as Tulherias, as praças e jardins públicos ornamentados com "estátuas verdadeiramente magníficas". Perturbado, Adams escreveu à sua esposa afirmando que não eram de fato das belas artes que o país precisava. "As artes mecânicas são aquelas para as quais temos oportunidades em um país jovem, ainda simples e não muito avançado no luxo. Eu tenho que estudar política e guerra para que meus filhos tenham a liberdade de estudar matemática e filosofia, geografia, história natural e arquitetura naval, navegação, comércio e agricultura, a fim de darem aos seus filhos o direito de estudar pintura, poesia, música, arquitetura, estatuária, tapeçaria e porcelana.

\*\*\*

Os visitantes estrangeiros que chegavam aos estados, com todas as suas discussões filosóficas sobre esse novo homem, o americano, encontraram tempo para discursar eleoquentemente sobre as mulheres americanas. Alguns achavam as garotas de Boston as mais bonitas, outras achavam que eram as da Filadélfia. Em um belo dia de inverno, ao longo da calçada norte da Market Street, entre as ruas Third e Fifth, escreveu Moreau com cuidadosa precisão histórica, "pode-se ver quatrocentas jovens, cada uma das quais certamente seria seguida em qualquer passeio de Paris". Essas donzelas, tão charmosas e adoráveis aos 15 anos, infelizmente, estarão apagadas aos 23 anos, velhas aos 35 anos, decrépitas aos 40 ou 45 anos". E como é extraordinário que uma mulher deixe seus cabelos com a cor natural! Aplicar rouge foi proibido, assim como pó-de-arroz. O pudor das jovens matronas americanas não era nada razoável. Sobre um cavalheiro, em uma festa à noite, perguntado se as donzelas francesas cavalgavam, ao ouvirem que "sim, cavalgavam como homens [...] todas as mulheres coraram", escreveu Barbé-Marbois, "elas se esconderam atrás de seus leques e, por fim, caíram na risada. Elas não conseguiam entender como uma mulher pode fazer a toalete diante de um homem, ou mesmo como ela pode se vestir na presença do marido".

Tudo isso era muito ridículo, comentou Moreau. Ele havia visto uma mulher fazer o irmão sair do quarto enquanto ela trocava a fralda do filho de cinco semanas. Certas palavras eram proibidas: liga, perna, joelho, camisa. As mulheres americanas dividiam seus corpos em duas grandes partes: da cabeça à cintura era a barriga, o resto eram os tornozelos. Pelo amor de Deus, como um médico poderia adivinhar a localização de uma doença feminina? "Ele está proibido ao menor toque", escreveu Moreau. "Sua paciente, mesmo com o risco de vida, deixa-o na mais vaga dúvida".

E que pena que os americanos seguissem servilmente o costume inglês de fazer as mulheres saírem ao final da sobremesa! Certamente, escreveu Chastellux, "toda diversão que separa os homens das mulheres vai de encontro ao bem-estar da sociedade, é calculada para tornar um dos sexos grosseiro e o outro obtuso; e, em suma, para destruir essa sensibilidade, a raiz que a natureza colocou para diferenciar os sexos". Havia uma terrível solenidade para as jovens senhoras americanas. Quando uma delas era convidada a um sarau para cantar, ela se sentava na cadeira, ereta como um atiçador e com os olhos fixos no chão. "As pessoas esperaram até que sua voz começasse a anunciar que ela não estava petrificada".

Os visitantes estavam vivenciando, na melhor das hipóteses, uma sociedade provinciana. Homens e mulheres não tiveram tempo de adquirir a atitude, o riso leve e as pilhérias dos salões parisienses. A pobre jovem que cantava, sem dúvida, estava realmente petrificada até à medula. Dois nobres franceses parados em uma animada elegância diante dela eram tão aterrorizantes quanto dois gatos selvagens *monongahela*. Nessas cidades americanas, acrescenta Chastellux:

> [...] se a sociedade se tornar ali descomplicada e alegre, se elas aprendem a apreciar o prazer quando ele chega sem ser formalmente convidado, então, será possível desfrutar de todas as vantagens decorrentes de seus costumes e maneiras, sem ter que invejar tudo na Europa.

Os franceses estavam apenas descobrindo o que é inevitável que alguém acabe encontrando em uma civilização jovem e em um novo mundo em estado natural: severidade, espírito de clã, desconfiança em relação ao estrangeiro, a alegria fácil e o riso fácil, ausência de pudor – pertenceriam essas coisas à posição, ao dinheiro, a um conhecimento consciente de poder e de lugar? Simplicidade de maneiras, austeridade *quaker*, damas da Nova Inglarerra com os cabelos sem pó, jovens esposas e jovens maridos com moral austera, "homens de princípios" – ninguém poderia procurar por isso e por uma elegância sofisticada em um só lugar e tempo. Os visitantes franceses ficavam entediados com a simplicidade e rigidez, mas reconheciam uma correspondência significativa. "Esses mesmos homens", escreveu Barbé-Marbois, "que abrem eles próprios suas portas, que vão a pé julgar o povo, que compram sua própria comida, são os que fizeram essa Revolução". Foram esses homens que, quando necessário, ergueram um mosquete e marcharam sobre o inimigo. "E entre nós", ele concluiu, "não tenho certeza de que as pessoas que têm carregadores, administradores, mordomos e carruagens cobertas teriam oferecido a mesma resistência ao despostismo".

CAPÍTULO 14

# O Território Oeste, as Companhias de Terras e a Ordenança do Noroeste. Manasseh Cutler.

*Pode-se supor que este vasto país, incluindo o Território Oeste, daqui a 150 anos permanecerá uma nação?*
NATHANIEL GORHAM, NA CONVENÇÃO

Western Lands Ceded by States, 1782-1802

Western lands and territories claimed by states

## O TERRITÓRIO OESTE, AS COMPANHIAS DE TERRAS E A ORDENANÇA DO NOROESTE.

O território em questão era gigantesco. Da barreira dos Apalaches estendeu-se para o oeste até o Mississippi, dos Grandes Lagos ao sul até à Flórida espanhola. Dez estados seriam um dia criados[113] a partir dele. Contudo, no ano de 1787, a oeste das montanhas, não havia estados admitidos, apenas caos e guerras indígenas, junto com o sonho de riquezas e de uma terra livre.

Antes da Independência, o problema do Oeste pertencia à Grã-Bretanha. Havia sido dela o dever de manter a paz com os índios, lutar contra os franceses e espanhóis e encontrar um método de colonização transmontana, gradual e ordeiro. Sem esperança, em 1763, a Grã-Bretanha fechou o Oeste por proclamação. Contudo, com a Paz de 1783, o império do Oeste caiu nas mãos dos estados, assim como a responsabilidade e a recompensa. Ficou logo claro que a construção de um império exigia um esforço mais central e coordenado do que os estados estavam preparados para dar. O Congresso tentou por meio de vários atos, resoluções, relatórios e ordenanças.

O problema era que os estados tinham noções diferentes sobre o que deveria ser feito com o Oeste, e cada estado agia em seu próprio benefício. Assim que a Inglaterra entregou o território, sete estados o reivindicaram, pedaço por pedaço, como sendo seu. Os documentos originais concediam-no a eles, disseram a Virgínia, Nova York, Connecticut, Massachusetts, Geórgia e as Carolinas. Contudo, quando os problemas aumentaram e começaram a pressionar, quando os índios se recusaram a vender suas terras ou, traídos, voltaram-se contra seus opressores, os estados começaram a ceder seus territórios a Oeste à União. Relutantes, entretanto, seria somente em 1802 que o assunto seria encerrado com a Geórgia desistindo de suas enormes reivindicações, as quais chegavam até o rio Mississippi.

Anos de negociação precederam essas cessões. A Convenção Federal, no fundo, sabia disso; muitos membros haviam se debatido com o problema em seus legislativos estaduais. Os delegados estavam familiarizados com os termos, com as negociações no Congresso e eles sabiam também sobre as regiões problemáticas que ameaçavam se separar dos estados grandes e estabelecerem-se de forma independente. O canto noroeste da Carolina do Norte agora havia decidido autodenominar-se estado de Franklin; a Pensilvânia há muito vinha sendo perseguida por seus cidadãos do Oeste que desejavam estabelecer um estado próprio. E por que não? – argumentavam alguns delegados da Convenção, como Luther Martin, de Maryland. Os estados grandes eram "membros perigosos de uma república fede-

---

[113] São eles: Kentucky, Tennessee, Ohio, Indiana, Mississippi, Illinois, Alabama, Michigan, Wisconsin e West Virginia.

ral". A Geórgia, por exemplo, era maior do que "toda a ilha da Grã-Bretanha". Não estava a províncía do Maine (em sua anotação, Madison grafou "Mayne"), neste verão de 1787, realizando uma convenção para considerar separar-se de Massachusetts? Vermont, ainda fora da União, localizava-se entre montanhas, desfrutando de uma vida feliz sem impostos para a crescente irritação dos seus vizinhos – Nova Hampshire, Massachusetts e, especialmente, Nova York que há muito cobiçavam seu território. O dr. Johnson, de Connecticut, disse, certo dia na Convenção, de forma muito direta, que Vermont deve ser *compelido* a entrar na União.

De alto a baixo dos Estados Unidos, problemas como estes se apresentavam: fronteiras, reivindicações de terras, soberania. Entretanto, foi no Oeste que a questão se tornou maior e mais sombria. Era incerto se o Tennessee e o Kentucky abandonariam a União completamente. A questão do Mississippi era vital e um duro golpe. A Espanha controlava a margem oeste do rio. A Flórida era espanhola, assim como Nova Orleans e todas as saídas para o mar. A Espanha possuía uma enorme área conhecida como Louisiana. Para o Kentucky e o Tennessee, nenhuma política de estado ou União importava tanto quanto o livre comércio pelo Mississippi, um porto marítimo para suas mercadorias. Se eles não conseguissem, se os estados atlânticos não os ajudassem, se o Congresso permanecesse indiferente, então, Kentucky e Tennessee criariam seus próprios termos referentes à sua soberania e em relação à Espanha.

O Oeste ouviu rumores de tramas para transformar o Kentuky em uma província espanhola. Um certo James Wilkinson (1757-1825) compôs memoriais solenes sobre uma "honrada" transferência de lealdade. Por que, perguntava ele, um "ser inteligente" deveria ficar plantado "como um vegetal onde nasceu", recusando um *status* melhor se tal lhe fosse oferecido por sua majestade católica, com livre comércio pelo Mississippi? A Nova Inglaterra, ocupada com a pesca do bacalhau e com o comércio marítimo, mostrou-se teimosamente insensível aos interesses do Oeste. Em agosto de 1786, John Jay insistiu para que o Congresso cedesse por 25 a 30 anos a navegação do Mississippi à Espanha em troca de certas vantagens comerciais. Quando o Sul e o Oeste souberam disso, ambos ficaram indignados. Essas "vantagens comerciais" seriam atribuídas apenas para o Leste. Aqueles do Oeste deveriam ser, portanto, "vendidos como vassalos aos cruéis espanhóis, para serem seus escravos como foram os israelitas aos egípcios?". Patrick Henry declarou que o plano de Jay invalidava a União. Até mesmo Madison ficou indignado.

A medida de Jay foi derrotada, no entanto, como essas questões deveriam ser resolvidas? Como esse vasto império deveria ser governado? Havia intrigas britânicas ao longo do Mississippi. A Inglaterra não lamentaria separar o Terri-

## O TERRITÓRIO OESTE, AS COMPANHIAS DE TERRAS E A ORDENANÇA DO NOROESTE.

tório Oeste da União americana; *Lord* Dorchester (1724-1808), no Canadá, havia se mostrado solidário aos esforços de Wilkinson. "Os estados do Oeste", escreveu Washington, "ficaram como se estivessem sobre um eixo. O toque de uma pena os faria girar para qualquer lado". O fato de o problema ser antigo não o tornava menos urgente. No verão de 1787, o Congresso voltou-se para ele mais uma vez. A Convenção Federal havia debatido o assunto, intermitentemente, desde que Randolph apresentou o Plano Virgínia: "*Resolveu-se*, que provisão deve ser feita para a admissão de estados que surjam legalmente dentro dos limites dos Estados Unidos [...]".

Ainda assim, não cabia à Convenção Federal ordenar a administração interna do Território Oeste. Isso ficaria para o Congresso. O que preocupava a Convenção – e a Constituição dos Estados Unidos – era se esse grande país do interior, essa eventual massa de grandes novos estados, seria admitido na União em termos de igualdade. Um estado jovem, a oeste das montanhas, teria direito ao mesmo número de representantes no Congresso que os estados originais? E tal igualdade não se provaria uma política perigosa, uma enxurrada de conselhos governamentais mais velhos e experientes realizados por uma horda de homens selvagens vestidos em perneiras com franjas, rudes, sem instrução e totalmente incivilizados? Ironicamente, os estados atlânticos olhavam para a sua vasta fronteira a oeste da mesma forma como a Grã-Bretanha uma vez olhou para as colônias americanas: com a suspeita paterna de seus próprios filhos estrangeiros.

Não havia tempo a perder. Passando por sobre montanhas, colonos se espalhavam, seguindo a Wilderness Road[114] através do Cumberland Gap para o país do capim-azul, abrindo caminho ao longo do rio Watauga para o leste do Tennessee, queimando árvores e estabelecendo suas reivindicações à machadinha no vale verde de Kanawha. Alguns tomaram o Warrior's Path para o norte, ou conduziram suas carroças pela Braddock's Road e pela Forbes's Road através da Pensilvânia até a bifurcação do Ohio. Muitos chegaram pela Great Genesee Road vindo da Nova Inglaterra. É difícil avaliar os números; não houve censo até 1790. Contudo, a população das montanhas que, em 1775, somava apenas alguns milhares, em 1790 chegaria a mais de 110 mil. Em 1787, foi feita a contagem dos barcos descendo o rio Ohio. Mais do que 900 deles, carregando "18 mil homens, mulheres e crianças e 12 mil cavalos, ovelhas e gado e 650 carroças".

---

[114] Wilderness Road, Cumberlad Gab, Forbes's Road, Braddock Road, Great Genesee Road são caminhos usados durante o período colonial pelos americanos a fim de desbravar e assentar a Oeste. Alguns eram parte de antigas trilhas indígenas. (N.E.)

Esta é a história americana e em todos os lugares ela difere. O solo do Kentucky era escuro e sangrento, ou assim os índios o nomearam, enquanto ao norte, no Lake Eire, os habitantes da Nova Inglaterra colonizaram a Reserva a Oeste de maneira ordenada, prepararam seus lotes e celebraram o Quatro de Julho como se estivessem em casa, em Connecticut. E, com os colonos, vieram os especuladores e oportunistas, ladrões de terras, vigaristas enganadores, jogadores, trapaceiros, bandidos, intermediadores. Muito antes da guerra com a Inglaterra, os especuladores começaram seu trabalho, e financiadores de Londres não deixaram de escapar a promessa desse território virgem. Para a Convenção Federal, as companhias de terras eram tão conhecidas quanto as regiões que seus nomes representavam. Havia a velha Ohio Company, em 1747, a Loyal Land Company, e, na década de 1760, a Indiana Company, a Vandalia e o empreendimento Grand Illinois, no qual Benjamin Franklin havia investido. Os seus nomes eram muito pitorescos: Greenbrier [um tipo de planta], Transilvânia, Wabash [um rio que flui de Ohio para Indiana], New Wales [Nova Gales], Military Adventurers [aventuras militares]. As fatídicas companhias Yazoo [o nome significa afluente que corre em paralelo a um rio] ainda não haviam aparecido. Contudo, por cerca de 40 anos, as companhias foram se formando e se dissolvendo, fazendo de tudo para conseguir concessões de terras, primeiro em Londres, depois com o Congresso Continental, ou com os legislativos estaduais, oferecendo-se para dispor de 10 mil acres ou 5 milhões e, desde a guerra, comprando-os com moeda depreciada e mantendo-os para lucro futuro.

George Washington foi o principal promotor da Mississippi Company, em 1763. Interessado desde sua juventude, aos 16 anos, ele saiu para fazer um levantamento das terras de *Lord* Thomas Fairfax (1693-1781) no vale Shenandoah. Depois da guerra, ele fez uma pressão muito forte a favor dos oficiais do exército que desejavam concessões de terras, e o general reclamou que, enquanto o Congresso debatia com a Virgínia sobre a cessão de suas propriedades, *banditti* [bandidos] surgiam e se apossavam das concessões alheias. Em 1784, Washington decidiu ver por si mesmo. Viajou pelas montanhas até Kanawha e comprou de velhos soldados seus mandatos de demarcação de terras. A vastidão das concessões surpreendeu o general. Ele tinha ouvido compradores em potencial falarem em "50, 100 e até 500 mil acres, da mesma forma que um cavalheiro falava em mil acres". O próprio Washington morreria sendo dono de cerca de 41 mil acres de território de fronteira.

Outros membros da Convenção Federal não tiveram tanta sorte. James Wilson já estava para além da sua capacidade financeira com as especulações imobiliárias. Ele havia sido presidente da Illinois-Wabash Company, seus interesses comerciais eram múltiplos e extensos. O vício delirante de Wilson por jogos de azar havia se tornado uma obsessão, e, da mesma forma que Robert Morris, ele pagaria por isso com sua reputação. Morris logo estaria desastrosamente envolvido nas terras ao Leste e, no papel, ele possuía um pequeno império.

Ainda assim, não há evidências que mostrem que esses homens permitiram que seus interesses especulativos influenciassem sua atuação na Convenção Federal. Talvez Williamson, da Carolina do Norte, tenha colocado isso em palavras aos seus colegas quando, mais tarde, assegurou a Madison que, para ele, suas opiniões não eram tendenciosas devido a interesses privados, mas "tendo concessões a uma quantidade considerável de terras no país ao Oeste, estou totalmente convencido de que o valor dessas terras deve ser aumentado com um governo federal eficiente".

Havia homens da mesma opinião que se provaram menos escrupulosos. Se as companhias de terras desejavam um governo firme para o Território Oeste, era apenas por ser a maneira para garantir seu dinheiro. Em 13 de julho de 1787, chegou à Filadélfia um representante dessa facção. Um cavalheiro extraordinário, primeiro exemplar de um tipo que seria notório na América: o agente, o homem do dinheiro, que defendia grandes riscos e grandes negócios.

Seu nome era Manasseh Cutler (1742-1823) – o reverendo doutor Cutler, de Ipswich, Massachusetts, ex-capelão do exército, que havia estudado direito e trabalhado como médico, além de ser um botânico de realizações nada desprezíveis. Cutler havia passado os últimos oito dias em Nova York, negociando com o Congresso em nome da recém-constituída Ohio Company, da qual ele era fundador. Ele havia de fato conseguido garantir o direito de ocupar – por cerca de nove centavos (em espécie) por acre – 1,5 milhão de acres da melhor parte da terra na junção dos rios Ohio e Muskingum. Escreveu Cutler:

> Obtivemos a concessão de quase 5 milhões de acres [...] um 1,5 milhão para a Ohio Company, e o restante para uma especulação privada, na qual muitos dos principais personagens da América estão envolvidos. Sem relacionar com essa especulação, termos e vantagens semelhantes não poderiam ter sido obtidos para a Ohio Company.

Foi o maior contrato já feito na América e a sua elaboração envolveu o Congresso na redação e na promulgação da grande Ordenança do Noroeste[115],

---

[115] Também conhecida como Lei Noroeste, a Ordenança Noroeste foi aprovada em 13 de julho de 1787, pelo Congresso da Confederação dos Estados Unidos com o intuito de declarar a criação do primeiro território

aprovada por *quorum* de apenas oito estados, no mesmo dia em que Cutler cruzou com a balsa e tomou a diligência para a Filadélfia. Cutler estava exultante. Seu triunfo foi alcançado satisfatoriamente e sem a necessidade de reflexões morais sobre os meios que haviam sido usados para conquistar congressistas relutantes.

    Manasseh Cutler era uma figura alta, corpulenta e apresentável, que frequentemente usava vestes de veludo preto, meias de seda preta, joelheira de prata e fivelas nos sapatos. Seu retrato mostra um rosto benevolente, uma expressão sincera e sombrancelhas grossas. Tinha uma energia ilimitada; sua natureza, para todos os efeitos, era extraordinariamente alegre e agradável – em resumo, era um lobista perfeito. Um cidadão da Virgínia descreveu Cutler como "um homem aberto, franco e honesto da Nova Inglaterra, um animal incomum". Na realidade, Cutler parece ter sido flexível como uma enguia. Rápido para mudar de posição quando via que o lucro estava logo ali. Na Filadélfia, ele não perdeu tempo antes de se encontrar com os membros da Convenção Federal. Era seu dever cuidar para que a Constituição dos Estados Unidos, assim como a Ordenança do Noroeste, não incluísse medidas obstrutivas à expansão para o Oeste – e à Ohio Company.

    A Convenção Federal, em contato estreito com o Congresso, sabia tudo a respeito da Ordenança do Noroeste. Rufus King ajudou a redigi-la, no entanto, ele, assim como outros da Convenção Federal, não estava, de forma alguma, satisfeito com a Ordenança tal como havia sido promulgada, nem com as medidas que a precederam. O Congresso havia sido imprudente, disse King, ao definir o território em estados, pois teria sido melhor primeiro alcançar algum tipo de equilíbrio entre o Leste e o Oeste. O que Massachusetts – e a Convenção Federal – não podia saber era quão extraordinariamente bem-sucedida seria a Ordenança do Noroeste de 1787. Foi considerado o terceiro grande documento da história americana, depois da Declaração de Independência e da Constituição.

    Atravessando o Território Oeste em linha reta, dividindo-o quase no meio, o rio Ohio corria dos Alleghenies[116] ao Mississippi. Acima dele, o Território do Noroeste alcançava o norte dos Grande Lagos. Ao sul do Ohio, uma região igualmente vasta, que seria mais tarde dividida em estados, mas com licença para a escravidão; isso, no entanto, deveria esperar até que a Geórgia e as Carolinas cedessem suas enormes reivindicações. Enquanto isso, o Congresso lutava para delinear o Território do Noroeste, examiná-lo, marcá-lo em faixas. Nos seus planos aprova-

---

organizado, o Território do Noroeste. (N.E.)
**116** As Montanhas Allegheny fazem parte da Cordilheira dos Apalaches do leste do Estados Unidos e do Canadá. Elas já representaram naturalmente uma barreira e trouxeram uma grande dificuldade para viagens terrestres. (N.E.)

## O TERRITÓRIO OESTE, AS COMPANHIAS DE TERRAS E A ORDENANÇA DO NOROESTE.

dos, os detalhes simples e práticos evocam o velho Oeste, a distância em que ficava o território e a ansiedade do Congresso em demarcar as sete primeiras grandes faixas.

> O geógrafo deve pessoalmente atentar para o funcionamento da primeira linha Leste e Oeste [...] As linhas serão medidas com uma corrente e devem ser claramente marcadas por rachaduras nas árvores e exatamente descritas em uma planta – cartografadas –, na qual a sua distância apropriada deve ser anotada pelos inspetores, e de todas as minas, nascentes de água salgada, cochos de sal[117] e assentos de moinhos que chegarem ao seu conhecimento, além de todos os cursos d'água, montanhas e outras coisas notáveis e permanentes, sobre e perto das quais essas linhas irão passar, além da qualidade das terras.

A Ordenança do Noroeste previa que todo o território seria administrado inicialmente por um governador, um secretário e três juízes, nomeados pelo Congresso. Em toda a região de 6,5 milhões de acres, não menos do que três nem mais do que cinco estados deveriam ser criados. Quando, em qualquer região, a população chegasse a 5 mil habitantes livres do sexo masculino, um legislativo poderia ser eleito, e um delegado, sem direito a voto, enviado ao Congresso. Assim que um dos cinco estados atingisse uma população de 60 mil habitantes, poderia ser admitido na União e redigir sua própria Constituição. A escravidão era proibida, e uma declaração de direitos garantia liberdade de culto, *habeas corpus*, tribunal do júri e segurança dos contratos. "Escolas e meios para educação devem ser sempre incentivados", disse o Artigo III. Havia um critério referente à propriedade: eleitores deveriam possuir 50 acres; e legisladores, 200 acres. Havia também uma cláusula que ficou mais famosa por ser violada do que por ser respeitada: "A máxima boa-fé para com os índios deve ser sempre mantida".

Em suma, os novos estados deveriam ser admitidos em pé de igualdade com os antigos, "tão logo fossem compatíveis com o interesse geral"[118].

Em meados de julho, a Ordenança foi promulgada em lei. Ainda assim, estava dentro do poder da Convenção Federal paralisar o crescimento do Oeste em

---

[117] Terrenos impregnados de sal que os animais procuram para lamber. (N.E.)
[118] A Ordenança do Noroeste foi baseada em um plano elaborado por Jefferson em 1784, antes de ele ir para a França –um plano que previa o governo do povo, direto e imediato, além da admissão de novos estados em situação de igualdade com aos antigos. Ela foi substituída pela Ordenança de 1787, criticada por historiadores como sendo muito menos liberal do que o plano de Jefferson, favorecendo as empresas fundiárias. No entanto, o território cresceu e prosperou até se tornar, finalmente, os cinco estados de Ohio, Indiana, Illinois, Michigan e Wisconsin.

mais de uma maneira. A favor ou contra esses estados em potencial, desde o início, a Convenção tomou partido e defendeu-os de forma veemente, com os proponentes carregados de sentimentos. Na verdade, o ciúme do Leste em relação ao Oeste não era novidade. Mesmo antes do problema se tornar continental, Pensilvânia, Virgínia, as Carolinas, Massachusetts e Nova York, quando podiam, apegavam-se a uma desigualdade de representação nos seus legislativos estaduais; as áreas remotas do interior continuavam reprimidas.

E agora, em 1787, a velha questão assumiu uma nova face. A população estava mudando tão rapidamente que um legislador não conseguia acompanhá-la. Rhode Island e Massachusetts reclamavam que estavam perdendo cidadãos para o Oeste, ou mesmo para o Maine. O Sudoeste estava sendo povoado com uma rapidez surpreendente. A Geórgia, com sua distante fronteira com o Mississippi, poderia absover quantos fossem. Quando Read, de Delaware, perguntou por que a Geórgia tinha permissão para ter dois representantes na Câmara, dado que o estado tinha menos habitantes do que Delaware, Gouverneur Morris respondeu que, antes que a Constituição pudesse entrar em vigor, a Geórgia provavelmente teria direito a esse número.

Tudo isso significava um novo alinhamento, uma possível e perturbadora transferência de poder. Legisladores tentaram prever o desenvolvimento, predizer o futuro comercial dos estados do Oeste – e Madison os via como "totalmente agrícolas". O que realmente aconteceria no século e meio que se seguiu provou-se tão diferente desses prognósticos inciais, que é de impressionar que o problema tenha sido resolvido com tal segura e equitativa imprecisão, e que a Constituição, no Artigo IV, Seção 3, tenha deixado os novos estados livres para se expandirem no vasto e exuberante império conglomerado em que se tornaram.

A Convenção havia concordado desde cedo que, nos estados originais, cada 40 mil habitantes tinham direito a um representante na Câmara. Contudo, com a nova onda de emigração para o Oeste, isso subitamente se tornou perigoso. A energia dessas pessoas da montanha era desanimadora. Os estados se formaram e adotaram nomes, sem nem mesmo pedir licença. Transilvânia, Westsilvânia, Franklin, Vandalia... Criando governos e tribunais de justiça próprios e improvisados. Em pouco tempo, poderia haver o mesmo número de pessoas a Oeste assim como há de estados a Leste. E essas pessoas eram pobres! Eles não teriam como pagar sua parte na União, pagar seus tributos e impostos, nem pagar sua própria milícia para conter os índios.

O argumento reaparecia de forma persistente. Esses pobres colonos ingnorantes teriam permissão para terem mais votos do que os estados marítimos? Melhor deixar o Leste cuidar de seus próprios interesses, "negociando o direito de representação em proporções seguras" – isso vindo de Nathaniel Gorham, de Massachusetts. George Clymer, o comerciante da Filadélfia, um "velho patriota" – ele havia assinado a Declaração da Independência – considerou "suicídio" os estados originais encorajarem o território a Oeste. Clymer, assim como seu colega Ingersoll, era um dos membros da Convenção de grande experiência política, mas mais eficaz na mediação política do que no plenário.

Luther Martin falou de maneira exaltada, confusa. Ele queria uma cláusula na Constituição garantindo aos Estados Unidos as terras ainda não cedidas: as terras remotas do interior, as "terras devolutas" era como ele as chamava. Além disso, deveria um novo distrito, pronto para se tornar um estado, esperar pela permissão dos estados vizinhos? Deveria Vermont ficar à mercê de Nova York, e o novo estado de Franklin depender da Carolina do Norte? Em casa, em Anápolis, Martin rapidamente iria informar ao legislativo do seu estado as dificuldades irracionais impostas por uma Constituição que forçava os estados a oeste das montanhas a permanecerem ligados aos estados do lado do Atlântico. Na opinião irada de Martin, isso justificaria o recurso às armas "para se livrarem de um jugo tão ignominioso".

Massachusetts se manifestou contra a admissão do Oeste em termos iguais. Os princípios republicanos de Elbridge Gerry com frequência conflitavam com seus interesses enquanto comerciante da Nova Inglaterra, mas ele se dizia convencido de que os estados para além das montanhas logo seriam mais densamente povoados antes do que os estados do Norte. Eles abusariam do seu poder e "drenariam nossa riqueza para o território a oeste". A fim de se prevenir contra isso, Gerry desejava que a Constituição limitasse a admissão de novos estados "de uma maneira tal que eles nunca deveriam ser capazes de superar os estados do Atlântico".

Gerry apresentou uma moção formal nesse sentido, apoiado por Rufus. Contudo, Roger Sherman, na sua ianque e monótona voz, era da opinião de que "não havia possibilidade de o número de estados futuros exceder aquele dos estados existentes". Tal eventualidade era remota demais para ser considerada.

> Além disso, estamos tomando providências para nossa prosperidade, para nossos filhos e netos, que provavelmente seriam cidadãos dos novos estados a Oeste, bem como dos estados antigos. Com base unicamente nesse aspecto, não devemos fazer nenhuma discriminação tal como foi proposto pela moção.

Entretanto, alguns de seus filhos, contestava Gerry, ficariam para trás. Dada essa onda de emigração, não deveríamos também cuidar dos interesses deles?

Além disso, estrangeiros estavam recorrendo àquele país, tornando incerto o rumo que as coisas tomariam.

A moção de Gerry foi votada e caiu por cinco a quatro, com a Pensilvânia dividida. Gerry, Gorham, King, Martin, Clymer, Butler e Rutledge, da Carolina do Sul, todos defendiam a contenção do Oeste. No entanto, em toda a Convenção, ninguém se mostrou tão decidido a esse respeito quanto Gouverneur Morris. Que as pessoas do Oeste iriam trazer uma guerra com a Espanha era inevitável, dizia ele; e elas não teriam nenhum escrúpulo em envolver todo o continente em prol do rio Mississippi. Morris aconselhou fortemente a divisão de todos os representantes do Congresso no Leste *e* no Oeste por propriedade, e não por números. Pierce Butler havia dito o mesmo, e Rutledge concordou. Isso resolveria tudo, garantiria que o poder permanecesse em mãos "seguras". E que razão havia para pensar, Morris depois insistiu, que, do interior do país, poderiam sair estadistas esclarecidos em administração? "Os refúgios favoritos e movimentados dos homens, não a imensidão remota, eram a escola apropriada para talentos políticos. Os membros dos locais mais distantes sempre foram mais avessos às melhores medidas".

Até o fim, e para além da Convenção, Morris iria persistir. Ele próprio, meticuloso e educado, não gostava daqueles do Oeste, de sua política, de seus modos, do seu discurso. Temia o potencial que tinham de gerar terror. "Eu tenho pavor do temperamento frio e amargo dos condados do interior", escreveria ele a Washington, durante a ratificação na Pensilvânia. Morris jamais cedeu um centímetro. Até agosto e início de setembro, ele trabalhou em um comitê para alterar o Artigo IV, Seção 3 de tal maneira que novos estados não pudessem entrar incondicionalmente. As ideias de Morris se estendiam além do Território do Nordeste, para regiões ainda mais discutíveis, como muito mais tarde ele confessaria. Escreveu ele em 1803.

> Eu sempre pensei que, quando adquiríssemos o Canadá e a Louisiana, seria apropriado governá-los como províncias, e não permitir que eles tivessem voz em nossas assembleias. Ao redigir a Seção 3 do Artigo IV, fui até aonde as circunstâncias permitiram estabelecer a exclusão [...] A franqueza me obriga a acreditar também que, se tivesse sido expressa de forma mais incisiva, uma forte oposição teria sido feita.

Os homens que se levantaram contra Morris foram poucos, mas surpreendentemente eficazes: Madison, Sherman, George Mason, James Wilson e, de tempos em tempos, Randolph, da Virgínia. No início de julho, este último lembrou à Convenção que o Congresso já havia prometido fé pública aos estados novos, "que eles serão admitidos em termos iguais". Randolph se referia a uma resolução anterioriormente aprovada pelo Congresso, prometendo que quaisquer novos estados que entrassem na União, deveriam ter "os mesmos direitos de soberania, liberdade e independência que os outros estados". Era algo que Gouverneur Morris estava decidido a esquecer.

James Wilson, enérgico, experiente, defendeu, sem deixar a menor dúvida, a igualdade ao Oeste. Wilson não recebeu muita atenção dos historiadores. Os ombros estreitos e as roupas escuras, os óculos de estudioso na ponta do nariz, o queixo e as bochechas rechonchudas, tudo isso não convida a uma descrição em grande estilo. No seu retrato, os olhos são representados vigilantes, como se ele estivesse pronto para soltar suas críticas com farpas intelectuais. Benjamin Rush disse que sua mente era "uma labareda de luz". Nos autos da Convenção, quando Wilson se levantou para falar, era como se uma carga elétrica descesse pela página. Não o clarão induzido por um Patrick Henry, ou a iluminação rápida e espirituosa de um Gouverneur Morris, mas sim a dura e implacável luz do intelecto. Quando Wilson falava, ele não perdia tempo, nem levava em consideração os sentimentos de ninguém.

Quanto ao Oeste, ele "viu sem apreensão", disse Wilson, o tempo em que alguns estados poderiam conter membros superiores – a maioria das pessoas, onde quer que fosse encontrada, deveria em tudo governar a minoria. "Se o interior do país adquirir essa maioria, não só terá o direito, mas irá se valer dele, quer queiramos ou não". Qualquer governo, Wilson sugeriu, poderia ser enganado pelo ciúme. O ciúme não enganara a Grã-Bretanha? "As máximas funesta adotadas pela Grã-Bretanha eram de que as colônias estavam crescendo rápido demais e que seu crescimento deveria ser limitado com o tempo". E quais foram as consequências? "Primeiro a inimizade da nossa parte, depois separação efetiva". Se a mesma política fosse seguida pelo Leste em relação ao Oeste, o mesmo resultado viria. "Além disso", concluiu Wilson, "se os números não são uma regra adequada [para a representação], por que alguma regra melhor não é indicada? O Congresso nunca foi capaz de descobrir uma regra melhor".

Madison também defendeu o Oeste. Ele olhava para o futuro, pois suas palavras mostravam reflexão, longa ponderação. A característica não menos surpreendente da Convenção Federal foi que – ao contrário da tradição das assembleias políticas – ela se deixou ser influenciada por homens de pensamento e perspectiva histórica. Com relação aos estados a Oeste, Madison disse que estava "claro e firme, em sua opinião, que nenhuma distinção desfavorável era admissível, tanto do ponto de vista da justiça quanto da política". A seu ver, a esperança de contribuições do Oeste para o Tesouro geral havia sido muito subestimada. Sempre que o Mississippi devia ser aberto ao povo do Oeste – o que necessariamente seria o caso assim que sua população o permitisse – então, os impostos sobre o comércio no Oeste seriam coletados "com menos despesas", disse Madison, "e com uma maior certeza do que os impostos dos estados do Atlântico". Enquanto isso, era preciso lembrar que os suprimentos do Oeste teriam que passar pelos estados do Atlântico para chegar ao mar e eles teriam que pagar de acordo.

Madison se manifestou fortemente contra a moção de Gouverneur Morris a respeito da admissão condicional de novos estados. O Oeste, disse ele, "não se submeteria, nem deveria se submeter a uma União que os degradasse de uma posição igual a de outros estados". Além disso, afirmou Madison, de forma abrupta, o cavalheiro [Morris] era inconsistente. Primeiro, ele recomendava uma lealdade implícita do Sul ao Norte, para depois exortar todos ao ciúme de uma maioria do Oeste. O cavalheiro determinava o caráter humano usando os pontos cardeais? A verdade era que se deveria desconfiar, em certa medida, de todos os homens que têm poder... E, "se os estados do Oeste, que surgirem daqui em diante, forem admitidos na União, devem ser considerados iguais e confrades".

George Mason apoiou Madison. É interessante que esses dois cidadãos da Virgínia, muito diferentes em personalidade e classe social, fossem tão liberais em relação ao Oeste. Nenhum deles apreciava o preconceito de Gouverneur Morris. Madison falou com emoção. Fortes objeções, dizia ele, emergiram do perigo que os novos estados do Oeste apresentavam para os interesses do Atlântico.

> Devemos sacrificar o que sabemos ser intrinsecamente certo por receio de que se mostre favorável a estados que ainda não existem? Se os estados do Oeste devem ser admitidos na União à medida que se formam, eles devem, e eu repito, eles devem ser tratados como iguais, e não serem submetidos a nenhuma discriminação degradante.

Esse não foi o primeiro assunto sobre o qual George Mason apelou aos princípios dos homens. O dr. Franklin comentou na Convenção que alguns dos piores desonestos que ele conhecia eram os desonestos mais ricos. O doutor também destacou que os governos, contudo, precisam de homens ricos que sejam independentes na forma de pensar. George Mason foi um bom exemplo. As pessoas do Oeste, disse Mason, "terão o mesmo orgulho e outras paixões que nós temos e poderão tanto não se unirem quanto se revoltarem rapidamente contra a União, se não tiverem, em todos os aspectos, em pé de igualdade com seus confrades". Quanto à expectativa de sua pobreza e da sua incapacidade de contribuir para o Tesouro geral, ele não saberia dizer, concluiu Mason, mas que, com o tempo, eles seriam mais numerosos e mais ricos do que seus confrades do Atlântico, embora talvez não antes de decidirem se tornar um povo separado.

Madison riscou o último cláusula: "um povo separado". Talvez ele não suportasse vê-la registrada no papel. Talvez ele não desejasse que ninguém a visse fora da Convenção.

\*\*\*

Foi em meio a essa discussão que o reverendo Manasseh Cutler chegou de Nova York e se hospedou na Indian Queen. Sua missão era clara: persuadir a Convenção Federal – como ele havia persuadido o Congresso – de que a Constituição não deveria permitir que estados novos ou antigos violassem seus contratos na venda de terras no Oeste. Cutler já havia vendido ações da Ohio Company para congressistas e havia manipulado a situação de modo que o general St. Clair fosse nomeado primeiro governador do território, em vez do general Israel Putnam (1718-1790), que, até então, havia sido o candidato. (St. Clair foi presidente do Congresso, um fator significativo.) O diário de Cutler, discreto, mas intenso, ocupa dois volumes impressos. Tudo o que ele escreveu sobre a Filadélfia é interessante – na visão do reverendo Manasseh, Ipswich, em Massachusetts, ou mesmo Boston, essas cidades não tinham nada que se comparasse com os requintes dessa grande e luxuosa metrópole da União.

Do seu aposento na Indian Queen, conta Cutler, ele tinha uma bela vista do rio e da costa de Jersey. O jovem negro que o conduziu ao quarto era elegante, usava uma camisa de babados e tinha o cabelo empoado. A mobília era bonita, e duas das últimas revistas de Londres estavam sobre a mesa. O jovem negro foi imediatamente buscar um barbeiro para arrumar o cabelo do visitante. Cutler enviou uma mensagem para Caleb Strong, de Massachusetts e, em muito pouco tempo, foi apresentado a Gorham, Madison, Mason, ao governador Martin, Williamson, Rutledge, Charles Pinckney e Alexander Hamilton. Eles ficaram festivamente reunidos até depois da uma hora da manhã.

O diário de Cutler omite a conversa, mas ele era um homem talhado para negócios e, com ou sem regra de sigilo, há poucas dúvidas quanto à possibilidade de ele ter manipulado a conversa envolvendo o Congresso, a Ordenança do Nordeste, o exuberante Vale do Ohio, as sete faixas e os lucros que seriam obtidos caso a nova Consituição impedisse os estados de interferir. Em Nova York, os congressistas mostravam estarem ansiosos para investir na empresa. Era de se presumir que os membros da Convenção ficariam satisfeitos com uma oportunidade semelhante antes que a corrida por ações começasse. O filho de Cutler, de 19 anos, estava saindo com as primeiras carroças, e ele próprio esperava acompanhá-lo em breve. Seu programa, o qual estava pronto para explicar, permitia aos Estados Unidos pagar mais de 4 milhões da dívida pública. Sem dúvida, a Convenção Federal não colocaria nada no caminho de tal plano?

A personalidade de Manasseh Cutler parece ter sido irresistível. Assim que os delegados o conheceram, convidaram-no para suas casas. Na manhã seguinte, esse cidadão da Nova Inglaterra se levantou cedo e caminhou com Caleb Strong até a casa de Elbridge Gerry, na Spruce Street. O dia estava frio; a cidade tranquila àquela hora. Para a surpresa de Cutler, a sra. Gerry, jovem e bonita, juntou-se aos cavalheiros no desjejum, embora fossem apenas cinco e meia da manhã – ao passo que, em Boston, escreveu Cutler, as senhoras "dificilmente viam uma mesa de café da manhã às nove horas sem cair em histeria". Cutler ficou encantado com o bebê de dois meses de idade e observou em seu diário que poucos velhos bacharéis eram tão felizes no casamento quanto o sr. Gerry. Foi surpreendente com que facilidade a conversa transcorreu entre convidados hospedados na casa e os desconhecidos presentes. O diário de Cutler deu destaque a isso:

> Que coisas boas vêm de uma educação concluída e da melhor companhia! Como isso afasta aquela resistência constrangedora, tão comum quando estranhos se reúnem. Como agrega os mais perfeitos estranhos na total liberdade de uma reunião social simples e agradável, da qual usufruem apenas os amigos mais íntimos!

Há algo de envolvente em Manasseh Cutler, em seu desejo de ver, aprender, melhorar suas maneiras. Levado até à Câmara Estadual, Cutler achou-a arquitetonicamente mais rica e grandiosa do que qualquer edifício público que já havia visto. Na sala oeste, localizada no andar inferior, a Suprema Corte da Pensilvânia estava reunida, e os três juízes vestidos em manto escarlate. O presidente do tribunal, Thomas McKean (1734-1817), estava usando seu chapéu, o que Cutler achou estranho, embora fosse o costume. As sentinelas estavam "muito atentas no desempenho do seu dever".

À tarde, Cutler visitou o dr. Franklin, na Market Street, e sentiu-se como se estivesse prestes a ser apresentado a um monarca, escreveu ele. Contudo, quando chegaram ao jardim, lá estava o doutor sentado sob sua amoreira – "um velho baixo, gordo e truncado, vestido em roupas *quaker* simples, careca no topo da cabeça e com madeixas curtas brancas". Franklin se levantou, pediu a seu visitante que puxasse a cadeira para mais perto, mostrou-lhe uma cobra com duas cabeças, capturada no rio Delaware, e estava prestes a contar uma história envolvendo

## O TERRITÓRIO OESTE, AS COMPANHIAS DE TERRAS E A ORDENANÇA DO NOROESTE.

répteis de duas cabeças e a Convenção Federal quando foi interrompido por uma pessoa que os acompanhava, que pedia que o doutor se lembrasse da regra do sigilo. Cutler relatou:

> [a despeito da idade de Franklin, seus modos eram] perfeitamente agradáveis, e tudo nele parece propagar uma liberdade e felicidade irrestritas. Ele tem um ininterrupto talento para o humor, acompanhado de uma vivacidade incomum, que parece tão natural e involuntária quanto sua respiração. Ele insistiu que eu o visitasse novamente, o que minha curta permanência não irá permitir.

Cutler deixou a Filadélfia e seguiu seu caminho. O que havia se passado entre ele e os delegados nunca saberemos. Muito possivelmente, eles não responderam tão abertamente (ou tão venalmente) como o Congresso de Nova York. Contudo, os delegados ofereceram uma hospitalidade pessoal e mostraram-se receptivos. O reverendo Manasseh poderia dizer aos seus colegas na Nova Inglaterra que as coisas pareciam promissoras para a Ohio Company.

A Convenção Federal, entretanto, de forma alguma, havia concluído a questão dos estados do Oeste; esse assunto se estenderia durante todo o verão. Foi Rufus King quem, em 28 de agosto, propôs que a Constituição incluísse as importantes expressões, adaptadas da Ordenança do Noroeste, de que os estados não poderiam aprovar leis que impedissem a obrigação de contratos. Gouverneur Morris, contudo, resistiu até o fim. Se não fosse por ele, a Constituição teria incluído uma cláusula determinando que os novos estados "deveriam ser admitidos nos mesmos termos dos estados originais". Durante as sessões do Comitê do Detalhe, Morris fez com que a cláusula fosse excluída. Na sua redação final, o Artigo IV, Seção 3 acolhia os novos estados na União, desde que não tivessem sido formados "dentro da jurisdição de qualquer outro estado" sem o consentimento dos legislativos locais envolvidos. Muito apropriadamente, coube ao Congresso "dispor e fazer todas as regras e regulamentos necessários referentes ao território, ou a outra propriedade pertencente aos Estados Unidos".

Durante o período de ratificação, após setembro de 1787, a questão do Oeste tomaria uma imensa proporção. Em *O Federalista* (1788), Madison e Hamilton trouxeram-na como um forte argumento a favor da Constituição. Eles mencionaram a ameaça de desunião, a possível secessão do Oeste, os ciúmes entre os novos estados e ganância da Europa, esta, por sua vez, interessada nas terras virgens. Citando o Artigo IV, Madison declarou tal disposição "absolutamente necessária" para que a União se sustentasse. Dever-se-ia dar total fé e crédito para cada estado tendo em vista seus atos e procedimentos para com todos os outros; os cidadãos em toda a União tinham o direito a privilégios e isenções semelhantes. Tudo isso a Constituição garantia.

 A história dos Estados Unidos pode mostrar muitas ameaças de desunião. Devido à Guerra Civil, costumava-se pensar essas ameaças como vindas do Sul. No entanto, é bom lembrar que, se a Convenção tivesse falhado, se o Território Oeste não tivesse sido admitido em termos de igualdade, poderia ter se seguido toda uma série de revoluções, de lutas civis e de secessão territorial à medida que a nação avançava cada vez mais para Oeste e os novos estados atingiam a maturidade. Sob tais condições, não é impossível conceber os Estados Unidos propriamente ditos como terminando na Cordilheira dos Apalaches.

* * *

 Em dezembro de 1787, o pequeno bando de pioneiros de Manasseh Cutler, junto ao filho deste, despediu-se com saraivadas de tiros diante da casa de Manasseh, em Ipswich. Sobre as lonas pretas das suas carroças cobertas, em tinta branca, destacavam-se as letras: **PARA O OHIO NO MUSKINGUM**.

CAPÍTULO 15

# O Grande Compromisso. Um Rei para a América. Um Adiamento de dez Dias. O General Washington vai Pescar.

*Se o governo geral ficasse dependente das legislaturas estaduais, seria uma felicidade para nós se nunca tivéssemos nos reunido nesta sala.*
JOHN DICKINSON, NA CONVENÇÃO

Benjamin Franklin, como o general Washington, jamais negligenciou uma oportunidade para influenciar o público. Talvez tenha sido Franklin quem deu ao *The Pennsylvania Packet* um pequeno parágrafo alegre, mas enganoso, que foi publicado em 19 de julho de 1787: "Escutamos que é tão grande a unanimidade que prevalece na Convenção sobre todos os grandes assuntos federais que foi proposto que se chame as salas em que eles se reúnem de Salão da Unanimidade".

Na verdade, os delegados estavam longe da unanimidade. Três dias antes, a Convenção havia aprovado aquela medida essencial que veio a ser conhecida como o Grande Compromisso, segundo a qual cada estado deveria ter dois membros no Senado dos Estados Unidos. Isso compensaria a representação proporcional na Câmara, na qual naturalmente os estados grandes levavam vantagem – com um representante para cada 40 mil habitantes. Há críticos hoje que acham que a Convenção errou, e que o Senado, como a Câmara, deveria ter permanecido proporcional, no entanto, sem o Grande Compromisso, é difícil ver como a Convenção Federal poderia ter prosseguido. Desde o início, esse aspecto havia sido motivo de conflito. O esforço para resolvê-lo, escreveu mais tarde Luther Martin, "quase terminou com a dissolução da Convenção". Foi essa questão – tanto quanto qualquer outra – que fez com que Washington, no dia 10 de julho, escrevesse a Hamilton dizendo que a crise era alarmante e que "quase se desesperou".

Talvez os delegados nunca tivessem chegado a um acordo se o calor não tivesse diminuído. Na segunda-feira, dia 16 de julho, a Filadélfia estava fria após um mês de tormento. Na sexta-feira, uma brisa soprava do Noroeste. No final de semana, os membros puderam descansar e ter um tempo de lazer, dormir confortavelmente em seus aposentos apertados nas hospedarias ao longo da Market Street, ou da colina da Second Street, acima do rio. Até os insetos estavam calmos, embora, nas ruas, ao meio-dia, as mutucas zumbissem e voassem em disparada.

Os estados pequenos estavam jubilantes com o Compromisso, e os estados grandes, alarmados, tentaram se reorganizar e recuperar sua posição. Embora a Convenção tivesse votado, as regras teriam permitido que eles voltassem ao assunto. Contudo, não havia mais o que fazer, pois os estados grandes tinham sido derrotados e, depois de 17 de julho, eles deixaram a questão morrer. De agora em diante, os assuntos se moveriam mais facilmente. Os estados pequenos estavam melhor preparados para enfrentar os grandes e mais dispostos a ceder em muitas questões. Eles se sentiam seguros, não mais ameaçados por aqueles valentões imponentes – Virgínia, Pensilvânia, Massachusetts, ou qualquer combinação possível dos três. Os delegados relataram esperançosamente a seus amigos que a Convenção havia "quase chegado a um acordo sobre os princípios e o esboço de um sistema". Davie, da Carolina do Norte, escreveu que, em breve, voltaria para casa. Misteriosamente, acrescentou que "os dois grandes personagens, sobre os quais você sempre pergunta, se movem com uma cautela inconcebível. Suas circunstâncias, embora diferentes, são específicas e delicadas".

Possivelmente, Davie se referia aos seus colegas das Carolinas. No entanto, se ele estava falando de Washington, era verdade que o general havia permanecido em silêncio na Convenção, mas mostrava como se sentia, a favor ou contra as medidas, conforme sorria ou franzia as sobrancelhas. Se o outro "grande personagem" fosse Franklin, sua discrição permitia que uma história sobre a Convenção escapasse de vez em quando na sua companhia. Entretanto, a jovialidade do doutor nunca ultrapassava a linha da revelação de fato, e Franklin poderia ficar em silêncio quando quisesse.

Era natural que os delegados observassem de perto o general e o doutor, prestando atenção às suas reações e respostas. Franklin mostrou-se satisfeito com o Grande Compromisso e, em 18 de julho, enviou uma mensagem a seu amigo e *protégé*, o capitão John Paul Jones (1747-1792), em Nova York: "A Convenção segue de forma satisfatória, e há esperança de um grande bem como resultado dos seus conselhos".

## O GRANDE COMPROMISSO.

O doutor era otimista, fazia parte da sua natureza. Contudo, na verdade, a luta entre os estados pequenos e grandes tinha ido muito longe e ecoou por anos. Ao longo do inverno seguinte, os delegados enviaram relatórios a esse respeito às suas convenções estaduais para ratificação. Caleb Strong disse a seus colegas em Boston que a Convenção Federal estava "perto de se romper", exceto pelo Compromisso. Luther Martin declarou em Anápolis que até o dr. Franklin havia concordado com igualdade no Senado apenas quando percebeu que outros termos não seriam aceitos. Em 1796, durante a briga com a Inglaterra sobre o Tratado de Jay[119], já como o primeiro presidente americano, Washington disse a uma Câmara dos Representantes hostil que a soberania e a segurança política dos estados menores dependiam de votos iguais no Senado. Em 1803[120] – novamente um momento crucial –, Jonathan Dayton, de Nova Jersey, lembrou ao Senado que os criadores da Constituição haviam feito a provisão de verificações contra associações de estados ao conceder votos iguais em uma Câmara e votos proporcionais na outra. Quando a anulação começou a gerar uma agitação em 1830, Charles Pinckney, da Carolina do Sul, informou ao Congresso que a Convenção Federal de 1787 ficou em debate "da maneira mais obstinada por quase seis semanas" sobre o Compromisso. "Nada além da prudência e da tolerância dos estados grandes", disse Pinckney, "salvou a União".

A Carolina do Sul estava em uma posição média. No entanto, os estados pequenos também foram tolerantes e mostraram paciência. Madison, na sua velhice, deixaria um testemunho claro em cartas a amigos. A contenda sob ameaça na Convenção Federal, contaria ele, não se voltara, como muitos supunham, sobre o grau de poder a ser concedido ao governo central, mas sim sobre "a regra pela qual os estados deveriam ser representados e votar no governo" – a questão "a mais ameaçadora que foi encontrada na elaboração da Constituição".

Cerca de uma semana após a aprovação do Grande Compromisso, os dois delegados de Nova Hampshire finalmente apareceram – com nove semanas de atraso. A Convenção sabia que haviam esperado até o governador John Langdon (1741-1819) se oferecer para pagar a viagem. Um deles, Nicholas Gilman, escreveu para casa, afirmando que havia ainda muito trabalho a ser feito pela assembleia:

---

[119] Tratado de Jay [Tratado de Amizade, Comércio e Navegação entre Sua Majestade Britânica e os Estados Unidos da América], negociado pelo estadista e diplomata John Jay (1745-1829), foi um acordo assinado em 19 de novembro de 1794 entre Grã-Bretanha e Estados Unidos. O intuito era acertar as pendências entre os dois países após o fim da Guerra da Independência, pois mercadorias americanas estavam sendo bloqueadas; navios americanos eram apreendidos, e os marinheiros "pressionados" a entrarem para o exército de Sua Majestade e lutar contra a França; e o exército britânico ainda ocupava territórios. (N.E.)
[120] Em 30 de abril de 1803, a Louisiana (mais precisamente, a região entre a Louisiana até Montana) foi comprada do Império Francês, comandado por Napoleão Bonaparte. (N.E.)

"Mentes fracas", disse ele, "são para medidas fracas, e algumas para remendar roupa velha; enquanto mentes vigorosas [...] defendem uma monarquia de alto nível".

A expressão "alto nível" era gíria vigente, significava "poderoso", "centralizado" – exatamente o tipo de governo que Alexander Hamilton foi acusado de promover. No entanto, os usos da palavra "monarquia" nos são hoje surpreendentes. Por que Gilman, de Nova Hampshire, declarou que "mentes vigorosas" (com certeza as melhores mentes) desejavam uma monarquia? A sra. Mercy Warren (1728-1814), esposa do político James Warren (1726-1808) e irmã de James Otis Junior (1725-1783), estava no momento ocupada, escrevendo o *History of the American Revolution*, que acabou sendo publicado em três volumes. Mercy Warren era uma senhora formidável, uma patriota dos velhos tempos de Sam Adams, a qual viu a Revolução ser traída a cada passo. Além disso, era ferozmente inclinada para o lado dos direitos dos estados. Ela escreveu para todo mundo, coletando informação, dando conselhos patrióticos – e todos responderam, incluindo John Adams, na Inglaterra. Para Catharine Macaulay (1731-1791), uma *bluestocking*[121] de Londres, a sra. Warren escreveu em agosto de 1787 que, na América,

> os jovens espíritos ardentes [...] clamam pela monarquia". Esses homens, "em busca de cargos e emolumentos", tendo a Sociedade dos Cincinnati apoiado-os, formam um corpo formidável, disse ela, "pronto para se curvar ao cetro de um rei.

Se a sra. Warren estava exagerando ou não, o próprio fato da sua declaração já nos dá uma ideia. Mais uma vez, porém, é estranho pensar em mentes descritas como vigorosas, jovens e apaixonadas clamando, ousadamente, por algo supostamente abominável para o espírito americano. Talvez Hamilton fosse um bom exemplo. Ele mesmo uma mente jovem, apaixonada e vigorosa, além de ambicioso, era atraído pela ideia de uma monarquia eletiva. Ele não via razão por que um chefe do Executivo com um mandato vitalício pudesse interferir em um governo verdadeiramente republicano. Uma geração mais tarde, Rufus King, no Senado dos Estados Unidos, iria lembrar a um jovem membro que a Convenção de 1787, em algum momento, chegou a olhar para uma possível monarquia ame-

---

[121] *Bluestocking* era o nome dado aos membros de um clube literário que existiu na Inglaterra a partir de 1757. Era comum que seus membros usassem meias de lã azuis em protesto à maneira luxuosa de se vestir à época. Também faz referência a mulheres educadas que estudavam bastante e eram mal-vistas pelos homens, o que teria possivelmente levado à concepção pejorativa do termo, relacionado a uma mulher pedante que exibe um conhecimento que não possui. (N.R.)

ricana com menos repulsa. Todos os delegados da Convenção, contava o cidadão da Nova Inglaterra, cresceram como súditos leais de um rei; eles estavam acostumados com a palavra. John Adams, em 1789, desafiou Roger Sherman a dizer se a Constituição não era, afinal, "uma república monárquica ou, se preferir, uma monarquia limitada. A permanência do nosso presidente", argumentou Adams, "não é perpétua nem vitalícia; é por apenas quatro anos; mas seu poder durante aqueles quatro anos é muito maior do que de um eleitor, um cônsul, um *podestà*[122], um duque, um *stadholder*[123]; não, maior do que de um rei da Polônia; não, maior do que de um rei de Esparta". Quando Gouverneur Morris foi nomeado ministro da França, no início da década de 1790, George Mason declarou que suas doutrinas políticas o tornavam inadequado para o cargo. Mason tinha ouvido Morris dizer abertamente na Convenção Federal que "mais cedo ou mais tarde, deveremos ter uma monarquia (embora eu ache que a palavra que ele usou tenha sido "déspota"), e, quanto mais cedo nós o recebermos, enquanto podemos barganhar com ele, melhor". É importante também prestar atenção a uma pequena e amarga entrada no diário daquele político mordaz, o senador Maclay, representando a Pensilvânia no primeiro Congresso realizado sob a Constituição:

> Ontem, 5 de junho de 1789, foi o aniversário do nascimento de Sua Majestade britânica. Foi um grande dia e, por isso, celebrado com grande festa. O velho fermento antirrevolucionário levedou toda a massa, não podemos sequer manter o Congresso livre de sua influência.

Um rei para a América!... Inacreditável que patriotas pós-revolucionários se permitissem tal pensamento. "Estou surpreso", escreveu Jefferson a um congressista, no verão de 1787, "que algumas pessoas estejam considerando o governo de um rei como refúgio". A Convenção Federal já havia avançado em mais da metade dos trabalhos quando Williamson, da Carolina do Norte, fez seu comentário sobre estar "bastante certo de que deveríamos, em um ou outro momento, ter um rei". Na opinião de Williamson, um único magistrado de fato constituiria um rei eleito e "teria o espírito de um. Ele não irá poupar esforços para se manter no cargo e, então, desenvolver planos para a sucessão dos seus filhos". Nenhuma precaução deve ser ignorada "a fim de adiar essa situação o máximo possível".

---

[122] Uma espécie de prefeito em um povoado medieval. Nos municípios italianos medievais, era a magistratura única que representava seu órgão executivo supremo. (N.E.)
[123] Era o magistrado-chefe das Províncias Unidas dos Países Baixos entre o século XV e final do século XVIII. (N.E.)

Não menos do que sessenta cédulas foram necessárias antes que se decidisse pelo método a ser empregado para a seleção do presidente. Repetidamente, os delegados eram pegos de surpresa por essa questão como se nunca a tivessem debatido. A Convenção votou a favor da nomeação do presidente pelo Congresso cinco vezes. Uma vez eles votaram contra isso; uma vez para que os eleitores escolhidos pelos legisladores estaduais e duas vezes contra isso; e, assim, repetidamente votaram para reconsiderar todo assunto. Madison continuou se opondo à eleição popular, um de seus argumentos era o de que as pessoas prefeririam um cidadão do seu próprio estado, o que colocaria os estados pequenos em desvantagem.

Da mesma forma, muitas votações secretas separadas foram realizadas sobre outros assuntos relativos ao ramo do Executivo. O presidente deveria estar sujeito à perda de mandato? Em caso afirmativo, ele não poderia ser considerado um monarca, pois um rei não pode sofrer *impeachment*. Gouverneur Morris achava que o presidente deveria ser suscetível a sofrer *impeachment*. "Ele pode ser subornado por um poder maior para trair sua responsabilidade". Morris lembrou aos delegados que, embora alguém pudesse pensar que o rei da Inglaterra estivesse bem protegido contra suborno, o rei Charles II havia sido subornado por Luís XIV (1638-1715). O magistrado americano, entretanto, "não é o rei, mas o primeiro-ministro", disse Morris. "O povo é o rei [...] A maneira de manter afastado um governo monárquico é estabelecendo uma república que faça o povo feliz e previna contra o desejo de mudança".

Deve ser permitido a um presidente mais de um mandato, e por qual período? A questão interrompia repetidamente a Convenção. No próximo inverno, ela surgiria novamente nos debates de ratificação. Como argumento para um mandato de longo prazo, Alexander Hamilton, no *O Federalista*, perguntou se a paz e a estabilidade seriam satisfeitas tendo meia dúzia de ex-presidentes "vagando entre as pessoas como fantasmas descontentes e suspirando por uma posição que eles estavam destinados a jamais possuírem novamente?". Benjamin Franklin, na Convenção, mostrou-se firme a respeito da reeleição. Por que o magistrado-chefe deveria se sentir degradado – como os delegados pareciam pensar – por ser devolvido ao povo depois de ter ocupado o cargo? Essa noção era contrária aos princípios republicanos. "Em governos livres, os governantes são os servos", disse Franklin, "e o povo, seus superiores e soberanos. Portanto, o fato de aqueles retornarem para estes não significa que terão sido *degradados*, mas *promovidos*" (nas anotações de Madison, essas palavras estão sublinhadas).

Pierce Butler acrescentou um pós-escrito interessante à discussão sobre poder e privilégio presidencial. Butler, iria ser lembrado, era o aristocrático cidadão da Carolina do Sul, nascido e criado no exterior, que gostava de ostentar seu parentesco com a nobre família inglesa de Percy, mas que, mesmo assim, em seu próprio estado, havia defendido a causa do pobre colono das regiões remotas sem direito a voto. Depois da Convenção, Butler escreveu ao seu filho que os poderes do presidente haviam sido tornados "plenos e grandes", maiores do que ele mesmo estava disposto a torná-los. Era sua opinião particular que esses poderes teriam sido menos extensos se muitos membros não tivessem olhado para o general Washington como seu primeiro presidente. "De tal forma que", Butler concluiu, "o homem que, por seu patriotismo e virtude, contribuiu amplamente para a emancipação do seu país possa ser o meio inocente da existência da sua Nação quando ele for humilhado, oprimido".

No terceiro mês da Convenção, o debate sobre um rei para a América chegou no seu ponto mais alto. Um jornal trouxe informações sobre um movimento, persistente e perturbador, com o objetivo de convidar o "bispo de Osnaburgh[124]" – o príncipe Frederick (1764-1827), duque de York e Albany, segundo filho de George III – como rei para a América. O boato se espalhou de cidade em cidade e acabou atribuído a um *loyalista* de Connecticut que havia feito uma circular, sugerindo que, como os estados não possuíam perspicácia suficiente para se governarem, o príncipe deveria ser chamado. O coronel David Humphreys (1752-1818), amigo de Washington, escreveu, inclusive, que o príncipe foi o primeiro a ser saudado em um brinde em um jantar do qual participou.

A Convenção foi rápida em agir. Uma nota no *The Pennsylvania Journal* mencionou certos "relatórios que casualmente circulavam", os quais haviam sido recebidos pelos delegados. "A esses relatórios", concluiu o *Journal*, "tem sido respondido de maneira uniforme que, embora não possamos afirmativamente dizer o que estamos fazendo, podemos negativamente dizer o que não estamos fazendo: nunca pensamos em um rei". Mesmo assim, o *The Independent Gazetteer* publicou uma anedota oportuna sobre a derrubada da COROA (em maiúsculas) do campanário da Igreja de Cristo da Filadélfia, o qual foi atingido por um raio. Quando um transeunte perguntou o que deveria ser feito com a coroa, "um rapaz malicioso", concluiu o *Gazetteer*, "disse que era melhor esperar até que a Convenção terminasse e saber primeiro o que *eles* recomendavam". Da mesma forma, depois da Convenção, a questão de um monarca para a América passou a ser capital político em época de eleição. Em maio de 1788, muito se falou sobre um certo pedaço de papel escrito, durante a Convenção, por John Francis Mercer, delegado de Maryland, em

---

[124] O título de príncipe-bispo de Osnaburgh (ou Osnabrück) ocorreu em 1764, quando tinha 6 meses de idade. O principado eclesiástico fazia parte do Sacro Império Romano (1225-1803) cujos governantes – a partir de 1624 – seriam selecionados entre católicos e protestantes da Casa Real de Hanover. (N.E.)

que estariam listados todos os participantes da Convenção que haviam sido a favor de um rei americano – pedaço de papel esse que McHenry e Luther Martin copiaram. Diz-se que Daniel Carroll, também de Maryland, nomeado em uma votação preliminar para o Congresso, figurava nessa lista de malditos. Havia contra-acusações, recriminações, votos perdidos e ganhos. No final, Mercer negou tudo, e Carroll entrou para o Congresso.

Contudo, a tradição da monarquia na América resistiu muito para morrer. Quando a questão do título do presidente surgiu no Senado, John Adams, que não era monarquista, queria que fosse "Sua Alteza, o Presidente dos Estados Unidos e Protetor das suas Liberdades". Nada a menos, dizia Adams, seria proporcional à autoridade e dignidade de seu cargo e à riqueza, poder e população da Nação. A Câmara recusou. Washington e seus sucessores permaneceram simplesmente "Sr. Presidente".

\*\*\*

Na quinta-feira, dia 26 de julho, a Convenção nomeou um pequeno comitê, chamado de Comitê do Detalhe, a fim de organizar suas resoluções, sugestões, emendas e proposições em um arranjo viável para ser trabalhado, ou, como Washington escreveu em seu diário, "colocar em método e dar forma aos vários assuntos que haviam sido acordados pela Convenção como uma Constituição para os Estados Unidos". Não se esperava, de jeito nenhum, que os cinco membros – Randolph, da Virgínia; Wilson, da Pensilvânia; Gorham, de Massachusetts; Ellsworth, de Connecticut; e Rutledge, da Carolina do Sul – fossem produzir uma Constituição acabada. Intitulando o seu trabalho de "relatório", eles se basearam nas 23 resoluções já aprovadas e foi-lhes dado até o dia 6 de agosto – onze dias – para prepará-lo. Enquanto isso, a Convenção seria suspensa.

Os jornais veicularam avisos sobre o adiamento; houve uma enxurrada de cartas escritas por delegados e por espectadores interessados. Um membro da Carolina do Sul pediu desculpas ao governador do seu estado por não poder dar mais informações. O sigilo era algo de extrema necessidade, alegava ele. "Muitas questões ainda em estado rudimentar", que eram diariamente tratadas no plenário, "poderiam causar uma impressão indevida no populacho excessivamente crédulo e irracional". O pai de James Madison, irritado por não receber notícias, escreveu sugerindo que seu filho poderia pelo menos dar algumas informações a respeito do que a Convenção *não* estava fazendo. John Jay escreveu a John Adams que a Convenção havia "concordado sobre os princípios fundamentais do seu plano e nomeado um comitê para dar-lhe forma, mas não sabemos do que se trata, e eu acredito que seja melhor não sabermos". O jovem James Monroe enviou a Jefferson um relatório vago e disse temer a ruína do país, caso as recomendações da Convenção fossem rejeitadas. Ele confiava, no entanto, que a presença do general Washington "intimidaria e subjugaria o demônio do partidarismo e que a assinatura do general na nova Constituição "garantiria sua passagem pela união".

O próprio general cavalgou pelo interior com seus amigos, pescando trutas. Ele ainda estava morando na Market Street com Robert Morris e sua senhora, que descreveu seu visitante como extraordinariamente quieto e modesto. Era hábito de Washington, ao voltar da Convenção, entrar na casa sem se anunciar. Ninguém sabia que ele estava em casa até o encontrarem trabalhando em seus papéis ou sentado, em silêncio, meditando. O general interessou-se muito pela maneira como a sra. Morris administrava a casa. Ela era, disse ele, "uma senhora notável na organização da casa". No final, ele comprou dela, de segunda mão, um espremedor de roupas – "*Acho* que é assim que eles são chamados", escreveu ao seu secretário, Tobias Lear (1762-1816).

A reputação de Washington mudou muito de uma geração para outra. Durante sua vida, ele sofreu duras críticas, tanto como comandante em chefe e, mais particularmente, como presidente quando a Revolução Francesa dividiu os estados em facções iradas. Com o passar dos anos, a virulência do sentimento partidário arrefeceu, e a lenda de Washington começou a crescer. Ela desabrochava e murchava de acordo com a moda da época. Washington foi rotulado como um santo americano; um arrogante tipo Parson Weems (1759-1825); um general que perdeu batalhas; um comandante brilhante; um cavalheiro rural bronco; uma figura firme, porém sombria, aparentemente feita de pedra, com dentes falsos que se encaixavam de forma lamentável. Charles Wilson Peale, que com frequência fez retratos dele, disse que o general tinha "um olho de porco" (pequeno e cinza), feições que ficavam vermelhas com vinho do Porto e a figura de Apolo. O pintor Gilbert Stuart (1755-1828), por outro lado, disse que os ombros do general eram altos e estreitos, suas mãos e pés grandes demais para seu corpo. O busto esculpido por Jean-Antoine Houdon (1741-1828) e a máscara da vida, do mesmo artista, mostram um rosto surpreendentemten bonito, com sombrancelhas regulares, uma forte estrutura óssea e olhos fundos e bem separados.

Entre as diferentes descrições contemporâneas de Washington, sobre um aspecto parece haver uma concordância –, e com frequência o vemos sendo mencionado: "Há um notável ar de dignidade nele, com um impressionante de nível de graciosidade", escreveu um inglês em 1780. "Ele se comporta com liberdade", comentou Barbé-Marbois, "e com uma espécie de graça militar. Ele tem uma aparência masculina, sem que seus traços sejam menos gentis por isso. Jamais vi alguém que fosse mais natural ou espontaneamente educado".

Nessa forma de proceder de Washington – essa "nobre e gentil urbanidade", como um observador a chamou –, estava algo que ia além das virtudes sociais, influenciando profundamente aqueles que o conheciam. A sra. John Adams visitou o acampamento de Washington perto de Boston, em 1775. Abigail Adams podia ter uma natureza mordaz e não ser dada a descrições pessoais lisonjeiras, ainda assim, ao conhecer o general, ela não se desculpou por citar os versos eloquentes, que disse "terem-lhe ocorrido instantaneamente":

> Assinale sua majestosa estrutura; ela é um templo;
> Sagrada por nascimento e construída por mãos divinas;
> Sua alma é a divindade que ali se hospeda;
> Nenhuma grande edificação é indigna de Deus.[125]

Trevelyan, o historiador inglês, afirma que a influência de Washington sobre seus aliados franceses na guerra "deveu-se muito à dignidade e ao charme da sua presença física, aquele dom explícito que [...] é raramente desprezado, exceto por aqueles a quem é recusado". Robert Morris disse a um vizinho que Washington era "o único homem cuja presença inspirava-lhe alguma reverência". Quando o general ia ao teatro, as pessoas gostavam de vê-lo e de prestar atenção na sua risada calorosa. Depois que ele foi presidente, embora os títulos tivessem sido evitados, Washington parecia "um cidadão modesto, simples e tranquilo, não obstante as pessoas geralmente se dirigissem e se referissem a ele como Sua Alteza o Presidente", escreveu um contemporâneo. Um coronel da Virgínia reclamou que, em suas recepções oficiais[126], a forma do general se inclinar para fazer uma saudação era mais distante e mais rígida do que a de um rei. Washington respondeu de forma pesarosa que não conseguia fazer suas saudações de outra maneira; sua rigidez se devia à sua idade, ou à inabilidade de seu instrutor –, certamente não ao orgulho e à dignidade do cargo, "o qual, Deus sabe, não tem encanto para mim".

Alguns homens têm talento para atuação ou oratória. O talento de Washington parecia estar em seu caráter. Ele era apaixonado, bem-humorado, controlado. Sua família em Mount Vernon não o temia. Não há relatos de crianças

---

[125] *"Mark his majestic fabric; he's a temple*
*Sacred by birth, and built by hands divine;*
*His soul's the deity that lodges there;*
*Nor is the pile unworthy of the God".*
[126] *Official Levee* é uma recepção formal, como as realizadas em uma corte real. (N.T.)

aterrorizadas, nem suas cartas para os jovens trazem o tom exortatório implacável de Jefferson ao escrever para sua filha Martha.

Existe uma anedota, em diferentes versões, sobre Gouverneur Morris e o general, naquele verão de 1787. Talvez a história seja uma mera lenda, mas as lendas podem ilustrar a verdade. Morris anunciou na presença de várias pessoas que não tinha medo de ninguém na terra. Alexander Hamilton, então, apostou que Morris não se atreveria a saudar o general Washington com um tapinha nas costas. Impetuoso, alegre, autoconfiante, Morris entrou em uma sala de visitas algumas noites depois e encontrou Washington em pé, junto à lareira. "Bem, general!", disse Morris, colocando a mão no ombro de Washington. O general não disse coisa alguma, mas Morris imediatamente percebeu seu erro e, alegou mais tarde, estava pronto para cavar um buraco no chão e sumir.

Em uma Convenção em que as brigas entre os estados eram constantes e impetuosas, era bom ter como presidente alguém de uma natureza mais reservada, em quem a característica do ciúme mesquinho – bastante perceptível quando ele era um jovem tenente – fora conquistada e abatida. "Não acho que a vaidade seja um traço do meu caráter", escreveu Washington de maneira bastante simples. É possível sentir essa influência na Convenção. É possível ver o general presidindo. O rosto sério, atento, as marcas da varíola aparecendo vagamente quando ele se volta para a luz. É possível sentir a sua ansiedade, seu profundo comprometimento. "Não é suficiente", escreveu Washington, "para um homem ser um amigo passivo e simpatizante da causa". Há quem se recorde de um visitante de Mount Vernon, durante os debates de ratificação, que observou que nunca havia visto o general tão ansioso por qualquer coisa como ele estava pela adoção da nova Constituição.

\*\*\*

No diário de Washington, na entrada de segunda-feira, 30 de julho de 1787, lê-se: "Em companhia do Sr. Govr. Morris em sua pequena carruagem e com meus cavalos, fomos até à casa de uma certa Jane Moore (em cuja casa nos hospedamos) nas proximidades de Valley Forge para pescar trutas". Terça-feira, 31 de julho: "Enquanto o sr. Morris estava pescando, eu passei pelo antigo acantonamento de inverno [do exército] americano, 1777 e 1778; visitei todos os edifícios, que estavam em ruínas e os acampamentos nas florestas onde as terras não haviam sido cultivadas".

O general cavalgou sobre o seu antigo acantonamento no clima quente de julho. Havia agora campos arados entre as fortificações; as encostas por onde ele havia cavalgado estavam secas e empoeiradas. O Valley Forge e todos os edifícios, em ruínas. O que um homem poderia sentir além de tristeza por um passado terrível, gratidão pela paz, pelo verão e pela colheita do vinho? O general voltou para seus amigos e pescou na corrente noturna.

No dia seguinte choveu, e o grupo voltou para a Filadélfia. Os membros da Convenção haviam se dispersado durante o período de suspensão dos trabalhos; Sherman e Johnson foram para casa na diligência para Connecticut. Pierce Butler estava em Nova York, para onde trouxe sua família da Carolina do Sul – "a Filadélfia não sendo tão saudável", ele alegou. O general Charles Cotesworth Pinckney havia arreado seus dois finos cavalos baios castrados e ido a Belém para passear. Ele comprou os cavalos de Jacob Hiltzheimer (1729-1798), um comerciante *quaker* que forneceu o roteiro para a viagem, com os nomes das melhores estalagens.

No sábado à noite, 4 de agosto, um concerto foi anunciado na Opera House na Filadélfia, seguido por uma leitura cômica em cinco atos, chamada *The Generous American*, após a qual veio uma ópera cômica em dois atos, intitulada *The Padlock (1768)*. Deve ter sido uma noite intensa. E Washington escapou dela. Ele tinha ido pescar novamente, desta vez perto de Trenton, para pegar percas – e, escreveu ele, "[pescar] com mais sucesso". As pessoas ficaram satisfeitas com o fato de o general ter dedicado tempo para visitar o Trenton Iron Works, descrita pelo *The Pennsylvania Packet* como "a maior e mais bem construída fornalha da América, sendo carregada com 14 toneladas de ferro – na época convertido em aço. Sua Excelência teve o prazer de expressar sua aprovação".

Sua Excelência se interessou também pelo trigo sarraceno, perto do Valley Forge, e teve o cuidado de aprender com um fazendeiro como cultivar e usar o grão como alimento para o gado. Transformado em lavagem, [o trigo sarraceno] era "excelente", diz o diário do general, para "engordar porcos". E, misturado com batatas irlandesas, "era muito bom para potros que estão desmamando".

CAPÍTULO 16

# O Comitê do Detalhe.
# O Compromisso da Escravidão.

*Eu não consigo me conformar com a ideia de uma divisão deste Continente, mesmo daqui a cinquenta anos.*
JOHN ADAMS A WILLIAM TUDOR, 18 DE SETEMBRO DE 1789

Na segunda-feira, 6 de agosto, o Comitê do Detalhe estava pronto com seu relatório. Os cinco membros haviam trabalhado arduamente. Eles, de maneira alguma, imaginavam que estariam apresentando à Convenção a Constituição final dos Estados Unidos. Na melhor das hipóteses, era o Plano Virgínia mais uma vez alterado – outra etapa no progresso de um verão.

O trabalho do Comitê pôde ser parcialmente seguido nos vários rascunhos escritos por Randolph e Wilson, com alterações na ininteligível caligrafia de Rutledge. Entre os papéis de George Mason, encontra-se um documento fascinante com a caligrafia de Randolph, consistindo em nada a menos do que pistas sobre como redigir uma Constituição – ideias talvez compiladas quando os cinco homens estavam reunidos na biblioteca, ao lado da Câmara da Convenção. Uma Constituição fundamental, Randolph a denomina. Em primeiro lugar, apenas os princípios essenciais deviam ser inseridos a fim de que o governo não fosse obstruído por disposições permanentes e inalteráveis que deveriam ser definidas para tempos e eventos futuros. Uma linguagem simples e precisa deveria ser usada, mas nada além de proposições gerais deveriam ser determinadas, "pois a construção de uma Constituição oriunda da necessidade difere daquela construída oriunda de um decreto".

Com relação a um preâmbulo, o Comitê teve dúvidas. Preâmbulos, afirmou Randolph, têm como propósito designar os objetivos do governo e da política humana – uma matéria mais adequada para as academias, ou algo para ser expresso na primeira formação de governos estaduais. Aqui, observa Randolph, "não estamos tratando dos direitos naturais de homens ainda não reunidos em uma sociedade, mas sobre aqueles direitos modificados pela sociedade e entrelaçados com o que chamamos de direitos dos estados". Nem é apropriado comprometer em um preâmbulo a fé mútua das partes. "Isso pode ser feito de maneira mais solene no encerramento do processo, como na [nos Artigos da] Confederação". O objeto desse preâmbulo em particular era:

> [...] declarar de forma breve que o presente governo foederal é insuficiente para a felicidade geral, que a convicção a respeito desse fato deu origem a esta Convenção e que o único meio eficaz que eles podem desenvolver para curar essa insuficiência é o estabelecimento de um Legislativo, Executivo e Judiciário supremos [...] (Nessas condições, podemos efetivar a primeira resolução.), escreve Randolph entre parênteses. Que seja declarado a seguir que o que se segue é a Constituição e os fundamentos do governo dos Estados Unidos.

É sempre uma surpresa encontrar homens agindo com extrema simplicidade na direção de um objetivo complexo e imensamente importante. O Comitê, dada toda sua experiência, trabalhou duro e humildemente para definir um preâmbulo constitucional. Preâmbulos, afinal, haviam sido inventados há séculos. Os Comuns ingleses os usaram para publicar suas opiniões ao povo. Arautos liam esses preâmbulos nas esquinas, e a rainha Elizabeth não gostava disso. Os monarcas Tudor não viam a necessidade de justificar as novas leis para o povo. As leis representavam a iniciativa da Coroa, portanto, elas deviam ser obedecidas, não explicadas.

Entretanto, os problemas de um governo, assim como os problemas de um casamento, parecem ter que ser abordados de maneira nova a cada ocasião e a cada geração. E cada geração devem encontrar suas próprias palavras. Lembramo-nos do dilema de Jefferson em 1774, quando a Virgínia desejou expressar preocupação oficial porque o porto de Boston havia sido fechado pelos britânicos. Solidariedade poderia ser demonstrada por um dia de jejum e oração. Contudo, como estabelecer um dia para tal, como procamá-lo? Jefferson e seus amigos retiraram das prateleiras as velhas *Coleções Históricas* de Rushworth e se debruçaram sobre os registros parlamentares do período Stuart – "vasculharam", escreveu Jefferson, "em busca de precedentes e formas revolucionárias [...] nós elaboramos uma resolução, modernizando, de certa maneira, suas expressões [...] para um dia de jejum, humilhação e oração".

Após 1787, haveria um surto de criação de Constituições por toda a Europa, terminando de maneira quase abrupta em 1815. Nesse processo de dar forma às Constituições, certas expressões tornaram-se lugares comuns: o *bem-estar público*, a *felicidade geral*. Sendo a América a primeira Nação a escrever tal Consti-

## O COMITÊ DO DETALHE.

tuição, é interessante notar a modalidade de expressão de Randolph: o governo deve ser "suficiente para a felicidade geral". Mais tarde, ainda naquele verão, o Comitê de Estilo fez um lindo trabalho com as palavras quando se comprometeu a refinar a Constituição, colocando-a em uma forma literária. Para o seu relatório de agosto, o Comitê do Detalhe teve como modelos as Resoluções da Virgínia; as Resoluções de Charles Pinckney; o Plano Nova Jersey, de Paterson; os Artigos da Confederação; e todas as Constituições estaduais. "O que é a Constituição dos Estados Unidos", John Adams exclamaria, um ano depois, "se não a de Massachusetts, de Nova York e de Maryland! Não há um aspecto dela que não possa ser encontrada em uma ou outra".

    John Adams tinha o hábito desconcertante dos historiadores de voltar sempre aos originais. Anos depois de trabalhar no comitê designado para redigir a Declaração de Independência, ele friamente observou que o documento não continha nada que não tivesse sido dito e repetido no Congresso ao longo de dois anos... Agora, o Comitê do Detalhe olhou para os modelos escritos que estavam em sua mesa. No entanto, em meio a todos esses documentos, os cinco membros do Comitê – e da Convenção – poderiam regressar a uma longa tradição de sociedades anônimas, convênios, alvarás, pactos, desde o *Massachusetts Body of Liberties*[127] e as *Fundamental Orders of Connecticut*[128] até o Plano de União de Franklin, em 1754, o Plano de Galloway e os Artigos da Confederação. Nem todos esses contratos e projetos foram bem-sucedidos. Ainda assim, eles se apoiaram naquele princípio que se encontra no cerne do governo constitucional e que Roger Williams (1603-1683), há muito tempo, formulou como "o poder civil, ou o povo consentindo e concordando". Os estados, em suma, costumavam reunir seus cidadãos com o objetivo de redigir o corpo de leis básicas. "Foi acordado", diz o diário do governador John Winthrop (1587-1649), na data de 1635, "que alguns homens deveriam ser nomeados para elaborar um corpo de fundamentos legislativos, nos mesmos moldes de uma Magna Carta, que, sendo permitido por alguns dos ministros e pelo tribunal geral, deve ser acolhido por leis fundamentais".

    O Comitê do Detalhe dividiu seu material em artigos e seções, organizou-o e mandou imprimi-lo cuidadosamente, por Dunlap, na Filadélfia, para o dia se-

---

[127] Corpo de Liberdades de Massachusetts [The Massachusetts Body of Liberties] foi o primeiro código legal instituído na Nova Inglaterra (1641) e revogado em 1684 pelo rei Charles II, reestabelecendo a lei inglesa sobre a comunidade. (N.E.)

[128] Ordens Fundamentais de Connecticut [Fundamental Orders of Connecticut] foram adotadas pela colônia de Connecticut, em 1639. Elas consistem no estabelecimento da estrutura e dos poderes do governo, assemelhando-se a uma Constituição. O documento não só atribui a autoridade suprema ao tribunal geral eleito, como omite qualquer referência à autoridade da Coroa britânica ou outra autoridade externa. (N.E.)

guinte. Em 6 de agosto, Rutledge, da Carolina do Sul, distribuiu cópias na Câmara Estadual. Poucos compareceram, havia delegados ainda retornado de suas férias de dez dias. Contudo, o que eles tinham agora em suas mãos eram um projeto claro para um governo de poderes enumerados, ousado, "nacional" e voltado para o povo como indivíduos ao invés dos estados como ententidades corporativas.

O novo documento continha muitas coisas surpreendentes, até chocantes, embora não incluísse nada que já não tivesse sido discutido, debatido, arguido. No entanto, ver isso expresso de forma tão clara, registrado por artigo e por seção, atraía os temores de um homem, levando-o a mais uma vez à cautela. Pelas regras da Convenção, qualquer uma dessas cláusulas poderia ser reformulada, até mesmo votada novamente. Cinco semanas de intenso debate se seguiram antes que os delegados pudessem concordar e entregar o documento a um novo comitê para o polimento final.

Assim que as cópias foram distribuídas, a reunião foi encerrada. Os membros levaram seus documentos para discussão. A delegação de Maryland se reuniu no alojamento de Daniel Carroll: McHenry, Carroll, Luther Martin, John Francis Mercer (recém-chegado à Filadélfia) e o solteiro e cordial Daniel de St. Thomas Jenifer. McHenry ficou muito preocupado com o artigo que dava ao Congresso o poder de aprovar leis de navegação, coletar taxas e impostos e "regular o comércio entre os vários estados". Isso significava, disse McHenry, que "os interesses mais caros do comércio" estariam sob o controle de quatro estados grandes. O que seria, então, do comércio de exportação do Sul, dos seus produtos mais importantes como tabaco, arroz e índigo? "Nós ficamos assustados", escreveu McHenry,

> com o destino do comércio de Maryland caso não conseguíssemos fazer uma mudança nesse poder extraordinário [...] e concordamos que nossa delegação jamais deveria concordar com esse artigo no formato como está.

Durante todo o verão, esse tópico daria trabalho e, no final, seria resolvido por meio de um acordo que, com uma espécie de conveniência brutal, girou em torno da questão da escravidão. Os estados do Norte concordaram que o Congresso não deveria aprovar nenhuma lei de navegação por mera maioria, mas deveria ter dois terços de cada Câmara. Concordaram também que o imposto de importação de escravos não excederia dez dólares por cabeça e que os escravos seriam contados, para fins de representação e de impostos, na proporção de cinco escravos para três habitantes brancos livres – a "proporção federal". Em troca, os estados do Sul aceitaram que a importação de escravos cessaria no ano de 1808.

## O COMITÊ DO DETALHE.

Hamilton, contaria mais tarde que, sem a proporção federal, "nenhuma união poderia ter sido formada". Era verdade, assim como também o era que a Constituição não poderia ter passado sem o acordo sobre a escravidão. A questão perante a Convenção não era "a escravidão será abolida", em vez disso, era "quem terá o poder de controlá-la: os estados ou o governo nacional?". Dada a maneira como a Constituição se encontrava no momento, o Congresso poderia controlar o tráfico de escravos exatamente como controlava todos os outros negócios e comércio.

Mesmo assim, sempre que o assunto surgia, os membros falavam francamente e com um posicionamento sobre a questão moral básica. Roger Sherman disse que considerava o comércio de escravos algo "íniquo", mas não se considerava obrigado a fazer oposição. Gouverneur Morris declarou ser a escravidão "uma instituição nefasta, a maldição dos Céus sobre os estados onde ela prevalecia". Viaje por todo o continente [129], pronunciou-se Morris, com raiva, e compare as regiões livres, suas "plantações ricas e nobres [...] com a miséria e a pobreza que se espalham pelos desertos estéreis da Virgínia, Maryland e de outros estados com escravos". O Norte deve então enviar sua milícia para defender o Sul contra tal instituição caso surja a necessidade e os escravos se rebelem contra seus senhores? "Africanos desgraçados!", exclamou Morris. "A vassalagem dos pobres sempre foi a prole favorita da aristocracia!".

Essa foi uma declaração ousada. Gouverneur Morris, quando se colocava em pé — perna de madeira, bengala forte, olhos brilhantes —, raramente parava antes de ter alcançado o objetivo do seu intento retórico.

Rutledge disse categoricamente que a religião e a humanidade nada tinham a ver com a questão. "Interesse por si só é o princípio que governa as nações". O século XVIII raramente se enganou a respeito dos princípios de governantes ou nações, portanto, Rutledge não estava sendo irônico. Ele pretendia mudar a discussão sobre os direitos dos seres humanos para as conveniências dos negócios e comércio e foi bem-sucedido. A questão de fato, disse Rutledge, era "se os estados do Sul serão ou não partes da União". Que o Norte consulte seus interesses e não irá se opor ao aumento do número de escravos para fazer a colheita dos produtos cujo transporte caberá a si. Ellsowrth, de Connecticut, sugeriu que a decião fosse deixada para os estados separadamente: "O que enriquece a parte, enriquece o todo, e os estados são melhores juízes de seus interesses particulares". Além do mais, a velha Confederação não interferiu nesse aspecto, assim, Ellsworth não viu a necessidade de incorporá-lo à política da nova. Charles Pinckney abruptamente disse que a

---

[129] Morris escolheu ignorar Nova York com seus 20 mil escravos.

Carolina do Sul não concordaria com nenhum governo que proibisse o comércio de escravos. E, se os estados tivessem total liberdade, a Carolina do Sul, aos poucos, provavelmente "faria de si mesma o que bem quisesse".

É um lema permanente: deixe os estados sozinhos, e eles irão se comportar, mostrar-se-ão membros exemplares da família americana. George Mason, entretanto, não aceitaria isso de jeito nenhum. Em 22 de agosto, ele se levantou para fazer seu famoso discurso, que foi provocado por Roger Sherman, o qual teria repetido que, embora reprovasse o comércio de escravos, a abolição parecia já estar, aos poucos, acontecendo. O bom senso dos vários estados provavelmente completaria, de forma gradativa, o processo; Sherman achou melhor deixar o assunto como o encontrou e não criar mais objeções ao novo governo.

Mason estava em uma excelente posição para dizer o que pensava e ser ouvido pelos seus colegas sulistas. Todos sabiam que sua magnífica plantação tinha 200 escravos e que seu senhor há muito os teria libertado se isso fosse possível. "Esse tráfico infernal", começou Mason, "originou-se na avareza dos comerciantes britânicos! O governo britânico constantemente controlava as tentativas da Virgínia para colocar um fim nisso".

O quanto dessa declaração os delegados estavam dispostos a aceitar, não há como avaliar. Tudo isso lembrava muito a diatribe de Jeffersn em seu rascunho da Declaração da Independência: o "rei da Grã-Bretanha mantinha aberto um mercado em que *homens* eram comprados e vendidos, e aviltava sua negativa ao suprimir as tentativas legislativas da Virgínia de restringir esse comércio execrável". (Antes de adotar a Declaração, o Congresso eliminou cada palavra a esse respeito.) Mason, contudo, agora usava com confiança o velho argumento, passando então a falar da escravidão não em termos de conveniência – "interesse", comércio, navios, lucro –, mas em um alto tom moral. Disse ele, indignado:

> [os escravos] produzem os efeitos mais perniciosos sobre os costumes. Todo senhor de escravos nasce um tirano mesquinho; eles trazem o julgamento dos Céus sobre um país [...]. A escravidão desencoraja as artes e a produção de manufaturas. Os pobres desprezam o trabalho quando o veem sendo executado por escravos [...]. O povo do Oeste já está clamando por escravos para suas novas terras e vai encher este país com eles se puderem consegui-los através da Carolina do Sul e da Geórgia. Eu considero essencial, em todas as perspectivas, que o governo geral tenha o poder de impedir o aumento da escravidão [...]. Eu lamento que alguns dos nossos confrades do Leste [homens da Nova Inglaterra] tenham, devido a um desejo imoral por lucro, embarcado nesse tráfico nefasto.

## O COMITÊ DO DETALHE.

A flecha atingiu o alvo. Os delegados que eram proprietários de navios negreiros ficaram imediatamente na defensiva. Oliver Ellsworth declarou friamente que, como jamais teve um escravo, não poderia julgar os efeitos da escravidão sobre o caráter e que, se a questão fosse considerada sob uma luz moral, deveriam ir mais longe e libertar os escravos que já estavam no país. A abolição já não havia ocorrido em Massachusetts? Connecticut, por sua vez, estava tomando providências para tanto.

O jovem Charles Pinckney manifestou aqui a única defesa moral da escravidão que foi expressa na Convenção. A instituição foi justificada a partir de exemplos identificados em todo o mundo, como testemunharam a Grécia, Roma e a sanção dada pelos Estados modernos da França, Holanda e Inglaterra. "Em todas as eras", disse Pinckney, "metade da humanidade foi escrava. Se os estados do Sul fossem deixados em paz (de novo o argumento), provavelmente parariam de importar por si próprios".

O general Charles Cotesworth Pinckney imediatamente apoiou seu primo e camarada caroliniano, declarando que, mesmo se ele próprio e todos os seus colegas concordassem com o novo governo nesses termos, eles nunca iriam obter a anuência de seus eleitores: "A Carolina do Sul e a Geórgia não podem ficar sem escravos". Abraham Baldwin, da Geórgia, desejava que a questão fosse deixada para os estados e James Wilson respondeu friamente que, se a Geórgia e a Carolina do Sul estivessem tão dispostas a se livrar do tráfico de escravos em um tempo tão curto quanto havia sido sugerido, elas nunca se recusariam a entrar na União apenas porque a importação poderia ser proibida. John Dickinson, no seu jeito admirável característico, saiu em defesa de um controle nacional para a questão.

> [Ele] considerava inadmissível, em todos os princípios de honra e segurança, que a importação de escravos devesse ser autorizada aos estados pela Constituição. A verdadeira questão era se a felicidade nacional seria algo promovido ou impedido pela importação, e essa questão deveria ser deixada a cargo do governo, não dos estados particularmente interessados.

Quanto aos argumentos baseados na Grécia e em Roma, esses Estados foram feitos infelizes por seus próprios escravos; aliás, tanto a Inglaterra quanto a França excluíram os escravos dos seus reinos.

Rufus King disse que o problema deveria ser abordado "apenas sob a luz da política". Langdon, de Nova Hampshire, fez um grande esforço para dar o poder de proibição ao governo geral. Ele não poderia, dizia, em sã consciência, deixá-lo para os estados. Rutledge declarou que o povo das Carolinas e da Geórgia "nunca seria tolo a ponto de desistir de um ganho tão importante". Roger Sherman disse que era melhor deixar os estados do Sul importarem escravos do que se separar de tais estados, "caso eles façam disso uma condição *sine qua non*".

No final, chegou-se a um acordo: a Constituição permitiria a importação de escravos até 1808, e, após esta data, [a importação] seria proibida. Até então, Mason e Dickinson tinham conseguido defender bem seu posicionamento: uma questão que dizia respeito ao bem público deveria ser transferida da autoridade local para a central, do estado para o Congresso. Nenhum delegado havia vindo para a Filadélfia esperando algo tão drástico como declarar a escravidão ilegal nos Estados Unidos, e isso incluía até aqueles que mais a odiavam. Esse não era um órgão legislativo para fazer leis. Era tarefa dos delegados criar uma Constituição para o país tal como ele era, e, se a escravidão ridicularizasse as palavras autodeterminação, liberdade, os direitos do homem, então, aqueles que assim pensassem poderiam ter voz na assembleia.

Sem perturbar a Convenção e destruir a União, não poderiam fazer mais nada. A hora ainda não havia chegado.

CAPÍTULO 17

# Estrangeiros no Congresso. Os "Dezesseis Quilômetros Quadrados".

*Lemos muitas coisas nos registros, mas não sabemos com que paixão e seriedade isso foi feito.*
SIR JAMES WHITELOCKE, MEMBRO DO PARLAMENTO

O calor de agosto foi impiedoso. Do dia 7 ao dia 27 de agosto, o diário do dr. Johnson fala de apenas dois dias agradáveis. Duas vezes choveu. Depois, o sol brilhou através de uma névoa úmida, até as folhas das árvores não mostravam vigor. Aqueles que viveram os verões da Filadélfia conhecem essas tardes e podem visualizar com compaixão os delegados lentamente caminhando para casa, enxugando os rostos com lenços e se perguntando se os pântanos da Geórgia tinham um clima pior a oferecer.

Na Câmara Estadual, os problemas pareciam se multiplicar ao invés de diminuir. Por exemplo, a questão da admissão de estrangeiros no Congresso. Para estar qualificado, por quanto tempo um homem deve ser um cidadão? O Comitê do Detalhe, em seu relatório, disse que eram necessários quatro anos para um senador e três para um representante, mas a Comissão não estava pronta para concordar. Gouverneur Morris queria catorze anos para senadores. Era preciso sete anos para aprender a ser sapateiro, alegava ele,

> catorze pelo menos são nececessários para aprender a ser um legislador americano [...] Não devemos ser educados em detrimento da prudência. Diz-se que algumas tribos indígenas levam a sua hospitalidade a ponto de oferecer suas esposas e filhas a estranhos.

Seria esse um modelo adequado para nós?, perguntava Morris. Ele iria admiti-los em sua casa, convidá-los-ia para sua mesa, daria a eles um alojamento confortável, mas não levaria a complacência a ponto de colocá-los na cama com a sua esposa. Quanto àqueles cavalheiros filosófos – àqueles "cidadãos do mundo", como eles chamavam –, Morris admitiu que não queria ver nenhum deles em nossos conselhos públicos. Ele não confiava neles.

> Os homens que conseguem abrir mão das ligações que têm com seu próprio país nunca conseguirão amar qualquer outro [...] Admita um francês em seu Senado, e ele trabalhará para aumentar o comércio da França; um inglês, e ele sentirá igual tentação a favor da Inglaterra.

Charles Pinckney era da mesma opinião, mas sem a mesma oratória. Porque o Senado tem o poder de fazer tratados e de ratificar embaixadores, haveria um "perigo singular e uma impropriedade em abrir suas portas para aqueles que têm ligações com o estrangeiro". Pinckney lembrou que, para os atenienses, era passível de morte qualquer estrangeiro levantar a voz em seus procedimentos legislativos. George Mason disse que restringiria a elegibilidade senatorial aos que eram naturais do país, não fosse o fato de muitos estrangeiros terem "adquirido grande mérito durante a Revolução".

Madison afirmava que, se as restrições estivessem corretas, elas não deveriam estar na Constituição. O Congresso já havia concedido o direito de regulamentar a naturalização, portanto, que o Congresso se encarregasse de fazer as leis necessárias. Caso a nova Constituição trouxesse estabilidade e reputação aos Estados Unidos, um grande número de europeus respeitáveis estaria pronto para transferir suas fortunas para cá – "homens que amam a liberdade", disse Madison, "e desejam participar de suas bênçãos [...] Todos eles sentitiram a vergonha de serem qualificados com incapacidades duvidosas".

O dr. Franklin comentou que lamentaria muito ver algo semelhante à iliberalidade inserida na Constituição:

> As pessoas na Europa são amigáveis para com este país. Mesmo no país com o qual temos, nos últimos tempos, estado em guerra, temos agora, e tivemos durante a guerra, muitos amigos, não apenas entre o povo em geral, mas em ambas as Casas do Parlamento [...] Descobrimos, no decorrer da Revolução, que muitos estrangeiros nos serviram fielmente e que muitos indígenas participaram contra seu país. Quando os estrangeiros, depois de procurarem outro país onde possam ser mais felizes, dão preferência ao nosso, é uma prova de apego que deve despertar nossa confiança e carinho.

Edmund Randolph não tinha certeza se os estrangeiros eram úteis ou não. Contudo, ele jamais concordaria em inabilitá-los para um cargo por um período de catoreze anos. Randolph advertia que era preciso lembrar-se do que falavam "nossos patriotas" durante a Revolução e dos princípios estabelecidos em "nossas Constutições estaduais". Confiando nesses convites, muitos estrangeiros poderiam ter vindo para cá e concentrado sua fortuna "entre nós". Randolph disse que aceitaria até sete anos como exigência de cidadania para senadores, não iria além disso.

Pierce Butler, da Carolina do Sul, era decididamente contra a permitir que estrangeiros ingressassem no Congresso sem terem residido por longo tempo no país. Essas pessoas trariam consigo, afirmava Butler, não apenas ligações com outros países, mas ideias de governo "tão distintas das nossas que, em todos os aspectos, tais ideias são perigosas". Caso ele próprio tivesse sido chamado para a vida pública logo após a sua chegada aos Estados Unidos, seus "hábitos e ligações com o exterior teriam-no tornado um agente impróprio nas questões públicas".

A Convenção estava bem ciente de seus muitos membros nascidos no exterior – na Irlanda, Escócia, Inglaterra, Índias Ocidentais. Pierce Butler havia ido para a América como oficial do exército de Sua Majestade; James Wilson, aos 22 anos, havia chegado em meio aos problemas da Lei do Selo. Os dois homens exerceram função pública durante grande parte da sua vida adulta. A Convenção sabia que o que esses dois americanos nascidos no exterior tinham a dizer sobre os imigrantes poderia ser altamente relevante. Wilson discordava profundamente de Butler… "expressava-se a partir dos seus sentimentos", escreveu McHenry, de Maryland. Quando um homem está inflamado pelas emoções, seu sotaque estrangeiro fica mais acentuado, e o sotaque rural escocês de Wilson foi sempre perceptível. Ele disse que se manifestou com sentimentos que eram talvez um tanto singulares. Ele não nasceu neste país. Se as ideias de alguns cavalheiros fossem empreendidas, poderia acontecer que aquele que fosse considerado digno de confiança para formular a Constituição, fosse impedido de ocupar um lugar sob ela. Ele considerou tal exclusão "como uma das amarras mais exasperantes que a mente humana poderia experimentar". Era errado, avaliou Wilson, "privar o governo dos talentos, virtudes e habilidades de tais estrangeiros que pudessem escolher se mudar para este país". Wilson logo observaria, com um exagero perdoável, que, no último exército, quase todos os oficiais generais da linha da Pensilvânia eram estrangeiros – não se ouviram queixas contra sua fidelidade ou mérito. Além disso, três dos delegados da Pensilvânia, na Convenção, não haviam nascido no país: Robert Morris, Thomas Fitzsimons e ele mesmo.

Wilson leu em voz alta uma cláusula da Constituição da Pensilvânia de 1776, a qual concedia aos estrangeiros com residência de dois anos todos os direitos de cidadania. Os Artigos da Confederação, dizia ele, tornavam um cidadão de um estado cidadão de todos. Para Wilson, leis restritivas contra estrangeitos constituíam uma violação da confiança. Alexander Hamilton, também, considerou essas leis ofensivas. "Em geral, sou contra constranger o governo com restrições insignificantes", afirmou ele.

> Há, por um lado, o possível perigo que foi sugerido e, por outro, a vantagem de encorajar os estrangeiros é óbvia [...] As pessoas de fortunas moderadas na Europa gostarão de vir para cá, onde estarão no mesmo nível que os primeiros cidadãos. Proponho que a seção seja alterada de modo a exigir apenas cidadania e habitação.

Madison apoiou a moção. A Convenção votou e votou novamente... a favor da moção de Hamilton, a favor da cidadania de 9 anos, por cinco, por quatro. No final, ficou em 7 anos como cidadão para representantes e 9 anos para senadores. Não houve discussão sobre a decisão de que o chefe do Executivo devesse ser nascido no país.

\*\*\*

A batalha sobre onde estabelecer a sede do governo foi mais feroz no Congresso do que na Convenção. E ela havia começado anos antes. O Congresso havia perdido prestígio por estar sempre em movimento, padecendo por ser perseguido de cidade em cidade: Filadélfia, Trenton, Princeton, York, Lancaster, Anápolis, Nova York. Os congressistas do Sul, surpreendentemente, não insitiram por um local no Sul. Eles gostavam do clima do Norte, diziam, e, quando partiam para viajar, iam para o Norte e chegavam facilmente a Nova York e Boston por água, bem como a Chesapeake. Nova Jersey e a Pensilvânia, em 1785, ofereceram somas consideráveis de dinheiro para que o governo se fixasse em Treton ou na Filadélfia. Os congressistas da Virgínia escreveram ao governador Patrick Henry insistindo que uma "localidade foederal" fosse construída em algum lugar separado, longe de uma grande cidade, e sugerindo Georgetown adequada para tanto, ou Falls of the Delaware.

A Convenção Federal conhecia muito bem essa situação. A movimentação constante do Congresso, comentou um membro, "desonrou o governo federal e exigiria uma cura tão forte quanto possamos imaginar". Observou-se que um lugar permanente era ainda mais necessário para o novo governo do que para o antigo. Haveria mais congressistas do que antes, muitos deles de várias partes do interior do país, os quais não conseguiriam fazer sua jornada facilmente por água e teriam que vir por terra. Era melhor que o Congresso ficasse em Nova York até que uma capital fosse selecionada, e os edifícios necessários fossem erguidos. Alguém objetou que, se o governo fosse fixado em Nova York, ele nunca seria capaz de se mover, especialmente se o presidente fosse um homem do Norte. Para isso, Gouverneur Morris respondeu, com sua arrogância imprudente, que uma desconfiança dessa natureza era "inconsistente com todo o governo" – em suma, não fazia sentido.

A sede do governo, argumentou-se, não deveria ser na mesma cidade que o governo estadual. Disputas jurisdicionais poderiam surgir e, além disso, daria um ar de província às deliberações nacionais. Ainda assim, Nova York e a Filadélfia tinham expectativas de ser a capital nacional; não seria bom fazer inimigos dessas cidades. Williamson, da Carolina do Norte, lembrou aos delegados quão profundamente as paixões dos homens eram agitadas por esse assunto.

É difícil determinar exatamente quem sugeriu que o Distrito Federal tivesse dezesseis quilômetros quadrados. Entretanto, a ideia virou moda para ser usada com muito jeito pelos anticonstitucionalistas no inverno seguinte. George Mason, que na Convenção Federal foi bastante moderado a respeito das propostas para uma capital nacional, quando em casa, na Virgínia, desenvolveu uma fobia a respeito desse assunto. Ele propunha à sua convenção estadual para ratificação para pensarem, "apenas pensem", em dar ao Congresso um poder ilimitado sobre essa região federal! "Esse quadrado de dezesseis quilômetros pode desafiar as leis dos estados vizinhos e pode [...] tornar-se o santuário dos crimes mais sombrios! Aqui os tribunais federais devem se reunir [...] Que tipo de júri teremos dentro dos dezesseis quilômetros quadrados?". Mason respondeu à sua própria pergunta:

> As criaturas imediatamente próximas ao governo! Que chance terão os pobres? [...] Aqui o maior transgressor pode encontrar proteção. Caso qualquer um dos oficiais, ou criaturas [do governo nacional], tente oprimir o povo, ou caso realmente tente perpetrar o ato mais tenebroso, ele não tem nada a fazer a não ser entrar nos dezesseis quilômetros quadrados.

A forma como os anticonstitucionalistas usaram isso foi maravilhosa e engenhosa. Patrick Henry lançou seus alarmes sobre a tirania a ser exercida por um governo supremo nesses dezesseis quilômetros quadrados. Luther Martin, no legislativo de Maryland, referiu-se ameaçadoramente "à sede do império". O governador Clinton, de Nova York – amigo de Lansing e Yates, inimigo de Hamilton –, escreveu, sob o pseudônimo Catão[130], diatribes ao *The New York Journal* a respeito

---

[130] Catão, o Jovem (95 a.C.-46 a.C.), foi um senador romano notável pela defesa da liberdade e por sua luta pela restauração da República Romana – que antes destacava-se pelo estado de direito, separação dos poderes

dos dezesseis quilômetros quadrados. A corte do presidente estaria localizada lá, disse Clinton. Nesse lugar, os homens veriam todos os vícios das cortes principescas: "ambição com ociosidade, infâmia com orgulho, a sede de riquezas sem trabalho [...] bajulação [...] traição [...] perfídia, mas, acima de tudo, a ridicularização perpétua da virtude".

A Convenção Federal deixou a decisão, finalmente, para o legislativo nacional. O Artigo I, Seção 8 diz que o Congresso terá o poder de [...]

> [...] exercer *Legislação exclusiva em todos e quaisquer casos sobre tal distrito (não excedendo os dezesseis quilômetros quadrados) para que possa, pela cessão de determinados estados e pela aceitação do Congresso, tornar-se a sede do governo dos Estados Unidos*[131].

Houve um breve debate, mas movimentado, a respeito do estabelecimento de um período para o Congresso se reunir. Deveria ser uma vez por ano, deixando a data em aberto? Nathaniel Gorham observou que os estatutos e as Constituições da Nova Inglaterra há muito fixaram datas determinadas, sem que disso resultasse em inconveniente algum. Rufus Kings não via motivo para que se encontrassem todos os anos. Legislar demais era um grande vício do "nosso sistema"; deveriam ser os estados, não o governo federal, quem faria as leis. Roger Sherman trouxe de volta o velho e resistente argumento revolucionário de que as reuniões frequentes do Legislativo eram uma salvaguarda essencial para a liberdade – como havia sido durante a Revolução Puritana[132] na Inglaterra. E, além disso, a maioria dos estatutos estaduais na América exigia assembleias anuais. Os membros sentiram que certamente haveria trabalho suficiente para exigir isso. O Oeste do país, por sua vez, criaria problemas adicionais. George Mason observou que, se não surgissem questões legislativas suficientes, o Congresso teria "poderes inquisitoriais" que deveriam ser usados. Ninguém contestou a declaração. Sob a Confederação, o Congresso, com funções legislativas, executivas e judiciárias – todas em uma só unidade –, havia feito uso frequente de sua função inquisitória.

---

e os direitos individuais. Foi um implacável opositor a Júlio César, pois via-o como uma ameaça capital à República, tendo liderado a obstrução à agenda ditatorial de César. (N.E.)

**131** A batalha política por um local para o distrito federal continuaria até 1790 quando, por força de uma agora famosa barganha, o Distrito de Colúmbia seria criado e o próprio presidente Washington escolheria um local para o edifício do Capitólio.

**132** Revolução Puritana ocorreu na Inglaterra, na década de 1640. Foi um conflito entre a monarquia e o parlamento. O rei Charles I (1600-1649) não aceitava a intervenção dos parlamentares no seu governo, feita de maneira autoritária. Uma petição entregue ao rei solicitava que aspectos referentes a impostos, prisões, julgamentos e convocações do exército só pudessem ser realizados com a autorização do parlamento. (N.E.)

Gouverneur Morris foi contra a convocação do Congresso em dezembro, conforme havia sido sugerido. Maio seria melhor. "Pode acontecer com frequência", disse ele, "que nossas medidas devam ser influenciadas por aquelas da Europa, as quais no geral foram elaboradas durante o inverno e das quais informações chegariam na primavera". A Seção 4 do Artigo I, na sua redação final, declara: "*O Congresso reunir-se-á pelo menos uma vez a cada ano, e essa reunião será na primeira segunda-feira de dezembro, a menos que por lei seja designado um dia diferente*".

CAPÍTULO 18

# Prova de Juramento, Deísmo e Tolerância. Um Exército Permanente. Traição Definida.

*Ficamos cada vez mais céticos à medida que avançamos. Se não decidirmos logo, não poderemos chegar à decisão alguma.*
OLIVER ELLSWORTH, NA CONVENÇÃO

Com o passar das semanas, alguns delegados não suportavam mais ouvir as mesmas questões sendo reabertas: os poderes presidenciais, por exemplo, e a negativa do presidente sobre as novas leis. "Adiem a matéria, adiem!", pediam os membros cautelosos. "O sr. Rutledge", escreveu Madison em 15 de agosto, "foi rigoroso contra o adiamento e reclamou muito da monotonia dos procedimentos". Três dias depois, Rutledge retomou suas queixas e "colocou sobre a longa duração de uma sessão", observou Madison:

> a provável impaciência do público e a extrema ansiedade de muitos membros da Convenção para encerrar o assunto; concluindo com uma moção segundo a qual a Convenção irá se reunir daqui em diante precisamente às dez da manhã e que, precisamente, às quatro da tarde, o presidente irá encerrar os trabalhos da Casa sem moção pertinente ao propósito, e que nenhuma moção para encerrar antes será permitida.

Paterson, de Nova Jersey, deixou a Filadélfia no final de julho e foi para casa, assumir sua prática como advogado. "Sobre o que trata a Convenção?", escreveu ele a Ellsworth, em 23 de agosto:

> Quando eles vão se manifestar? Eles vão concordar com um sistema enérgico e eficaz ou vão se separar sem fazer nada pertinente ao propósito? Cheio de contro-

vérsias e barulhento como o vento, dizem que você tem medo das próprias janelas e que tem um homem plantado sob elas para evitar que os segredos e atos voem para fora.

Ele esperava, acrescentou Paterson, que os membros não tivessem tantos desentendimentos sobre detalhes como tiveram para "organizar os princípios do sistema".

Desde o primeiro dia da reunião, os "princípios do sistema" foram muitas vezes escritos e apresentados à Convenção: no Plano Virgínia, no Plano Pinckney (nunca debatido); no "Relatório" do Comitê do Todo (em 13 de junho), no Plano Nova Jersey, que o próprio Paterson havia apresentado. E, em 6 de agosto, como Paterson certamente sabia, no abrangente Relatório do Comitê do Detalhe.

Todos esses planos e resoluções e proposições e relatórios demandavam um governo em três partes: Executivo, Legislativo e Judiciário. Ninguém havia contestado essa proposição elementar, por mais revolucionária que fosse, embora aplicada a um sistema nacional. Entretanto, "os desentendimentos sobre os detalhes" haviam sido, na verdade, uma batalha contínua e incessante por princípios para definir uma traição, determinar a sede e a extensão do poder tributário e a proporção de represententantes de estado para estado. Esses "detalhes", conforme finalmente acordado, iriam transformar os Estados Unidos de uma confederação em uma república federal durável e viável. Dois poderes em equilíbrio: Congresso e Executivo, estados e governo central, com o Judiciário como árbitro. Seria uma conclusão triunfante.

Entretanto, em agosto de 1787, a Convenção não conseguia ver muito à frente. A novidade do seu plano, a ousadia dele, deslumbrou-os e até cegou-os às vezes. Eles conseguiam apenas tatear entre os detalhes como em uma floresta, um labirinto de círculos sempre mais amplos. Não deixa de ser significativo que, quando a Convenção foi encerrada em setembro, e a Constituição tornou-se pública, os membros mostraram-se surpresos com o que haviam alcançado. Washington declarou que era "muito para se admirarem [...] praticamente um milagre". Madison, escrevendo para Jefferson, também usou a palavra "milagre". Charles Pinckney disse aos seus companheiros das Carolinas que eles deveriam estar "surpreendentemente satisfeitos" com o fato de um governo "tão perfeito ter sido formado com um material tão discordante e nada promissor".

Isso, no entanto, estava no futuro. Nesse ínterim, na Câmara Estadual, cientes de que o fim se aproximava, os delegados apresentaram suas percepções particulares: um conselho para aconselhar com presidente, um vice-presidente que deveria presidir o Senado, uma lei para proteger o direito de autores e inventores.

George Mason desejava que o Congresso tivesse poder sobre os gastos pessoais dos cidadãos envolvendo vestuário, móveis e tecidos, especialmente os importados da Europa. Tais regulamentos eram chamados de "leis suntuárias". Era natural para Mason, o velho revolucionário, propor a moção. A não importação fazia parte do *slogan* revolucionário desde 1765 e fazia parte da Associação Continental da Independência[133]. Ao redigir a famosa Declaração de Direitos da Virgínia, em 1776, Mason declarou que "nenhum governo livre ou as bênçãos da liberdade podem ser preservados para qualquer povo a não ser por uma firme adesão à temperança, frugalidade e virtude". Nova Hampshire, Massachusetts, Vermont fizeram o mesmo. Incentive as manufaturas locais, use ternos e roupas de fabricação local. "Economia, frugalidade e manufaturas americanas!", proclamou Mason na Convenção.

Foi um belo casamento entre comércio e patriotismo. Desprezar o luxo, vestir-se com simplicidade era republicano, era americano. Em Paris, o dr. Franklin havia aproveitado ao máximo. Os arranjos domésticos da América do século XVIII seriam vistos hoje como austeros, na melhor das hipóteses, se não completamente desconfortáveis, com menos banhos e trajes de brocados de senhora usados por anos e deixados em testamento para a próxima geração. Ainda assim, na Convenção Federal, havia membros que repetidamente investiam contra a crescente extravagância de seus compatriotas. A boa vida e o alto padrão corroeram a fibra moral. Observe o destino dos últimos romanos! "Luxo trazendo 10 mil males em seu comboio", escreveu Abigail Adams, de Londres.

Para George Mason, as leis suntuárias mereciam um lugar não apenas na Legislação estadual, mas nacionalmente também; tal política concordaria, afirmava ele, "tanto com as visões econômicas quanto com as republicanas". Contudo, a Convenção preferiu manter o assunto sob o controle do estado.

No final de julho, ficou acordado que congressistas, juízes, o presidente e outros oficiais deveriam fazer juramento de apoio à Constituição. James Wilson objetou. Ele nunca gostou de juramentos, explicou, e os considerava apenas uma segurança fictícia. Um governo bom não precisava deles, "e um governo mau não podia, ou não deveria, ser apoiado". Toda revolução nacional dá muito valor aos juramentos e prestações de juramento; o que foi lealdade na segunda-feira pode muito bem ser traição na terça-feira. Além do mais, a natureza federal da nova

---

[133] A Associação Continental da Independência foi um sistema criado no Primeiro Congresso Continental, de 1774, com o intuito de boicotar o comércio e negociações com a Grã-Bretanha, que havia imposto por meio das Leis Intoleráveis e cujas interferências nas colônias começavam a trazer desgastes entre os colonos. (N.R.)

## PROVA DE JURAMENTO, DEÍSMO E TOLERÂNCIA.

união confundia a questão. A proclamação do general Washington, de 1777, exigindo juramentos de fidelidade de todos os que anteriormente haviam jurado defender a Grã-Bretanha, irritou certos elementos do Congresso: a fidelidade aos Estados Unidos poderia diminuir a fidelidade de um homem, digamos, ao estado soberano da Geórgia.

A maioria dos estados incluiu uma qualificação religiosa em seus juramentos para titulares de cargos públicos, e, portanto, muitos deles acabaram discriminando católicos, judeus, deístas e descrentes. Além do princípio fundamental de que a Igreja e o Estado devem ser separados, a religião na América era, e foi desde o início, uma questão de escolha local. Quando, *por volta de 1636*, perguntaram ao reverendo Hugh Peters (1598-1660), de Salém, Massachusetts, o que eles faziam com os dissidentes na Nova Inglaterra, ele respondeu que os expunha no rio[134]. Contudo, se a Virgínia havia começado anglicana, Massachusetts como puritana, a Pensilvânia como *quaker*, eles haviam adquirido uma percepção e uma liberdade mais amplas – isto é, dentro dos limites protestantes – e criado um limite definido por uma ironia refinada, mas involuntária, pelo reitor Ezra Stiles (1727-1795), da Yale College, como uma "liberdade universal, justa, religiosa e *protestante*". Dentro dessas fronteiras, os estados, desde muito cedo, praticaram uma diversidade surpreendente – tanto o presbítero quanto o padre teriam-na considerado uma anarquia –, o que acabaria se tornando uma força para a Nação ao invés de uma fraqueza. Por todo o continente, estendiam-se as torres de igrejas de diferentes seitas, cujas congregações viviam, se não em harmonia, pelo menos em paz, mesmo que apenas no nome. "Sou amigo de várias seitas", disse Edmund Randolph, "porque elas mantêm umas às outras em ordem".

A Convenção Federal não tratou da religião. A relação entre Igreja e Estado, já bem estabelecida, não fazia parte dos assuntos em discussão. No entanto, não havia nenhum delegado cujas ideias de governo, ou de filosofia política, não fossem profundamente influenciadas por suas crenças religiosas e formação. O deísmo estava no ar. Duas gerações antes haviam feito a travessia dirigindo-se a Oeste, para a imensa perturbação dos fiéis. Aqui estava uma religião sem credo: o universo newtoniano, o Renascimento clássico, a descoberta de novos mares e de novas terras haviam ampliado o mundo, mas superado de forma rude o velho dogma. Ezra Stiles, que alardeava poder "viver e conversar livremente em amizade civil com judeus, romanistas e todas as seitas protestantes", foi obrigado a acrescentar

---

[134] Tratava-se de uma forma de punição. As pessoas eram amarradas a uma cadeira [*ducking-stools*/banquinhos de abaixar] presa na ponta de um mastro, ou de um poste, que era abaixada no lago ou rio, assim mergulhando os criminosos. (N.T.)

no final "e até mesmo com os deístas". O dr. Franklin poderia ter definido essa religião sem credo, pois, como Jefferson e John Adams, o doutor compartilhava a perspectiva deísta. "Religião natural" era como os deístas chamavam sua fé. Existe um Deus, disseram eles, mas Ele deve ser encontrado por meio da razão, não por meio da revelação. Deus criou este mundo, mas não interferiu em seu funcionamento. O céu e o inferno de um homem foram criados por ele mesmo. O deísmo era uma maneira de ver o Cosmos; era um estado de espírito, e os ortodoxos estremeciam ao ouvir a palavra, declarando-a "igual ao antigo paganismo filosófico".

Para além dos muros da Câmara Estadual, as pessoas não tinham como saber se o "novo plano" da Convenção exigiria provas de juramento de oficiais do governo. Na Pensilvânia, as provas de juramento foram um assunto polêmico. A Convenção recebeu uma carta de um homem famoso na cidade: Jonas Phillips (1736-1803), um comerciante que esteve politicamente ativo como um revolucionário, lutou com a milícia da Filadélfia e ajudou a fundar a sinagoga Congregação Mikveh Israel [Santa Comunidade da Esperança de Israel]. "Senhores", começava a carta, "eu, o assinante, sendo uma das pessoas chamadas de judeus da Cidade de Filadélfia, um povo espalhado e disperso entre todas as nações, vejo com preocupação [...]", continuou Phillips, citando a Seção 10 da Constituição da Pensilvânia, exigindo que cada representante de estado jurasse que acreditava em Deus e reconhecesse que o Antigo e Novo Testamentos foram divinamente inpirados. Fazer qualquer juramento desses, escreveu Phillips, "é absolutamente contra os princípios religiosos de um judeu e contra a sua consciência". Além disso:

> [...] sabia-se muito bem entre todos os cidadãos dos treze estados, que os judeus foram liberais verdadeiros e fiéis e, durante a última disputa com a Inglaterra, os primeiros a dar suporte e a assistir os estados com suas vidas e fortunas. Eles apoiaram a causa, lutaram bravamente e sangraram pela liberdade da qual não podem desfrutar.

Jonas Phillips, sem saber os verdadeiros feitos da Convenção, ou talvez não ousando mencionar uma Constituição nacional, formulou seu apelo em termos locais, referindo-se à Constituição do seu próprio estado. Se a honorável Convenção, sugeriria ele, achasse adequado alterar o juramento mencionado e omitir a parte relativa às Escrituras do Novo Testamento, então, os "israelitas considerar-se-ão felizes por viverem sob um governo no qual todas as sociedades religiosas estão em situação de igualdade". A carta termina com uma nota de oração e louvor:

Que o povo desses estados se levante como um grande e jovem leão. Que eles prevaleçam contra seus inimigos [...] Que Deus estenda paz sobre eles e a sua descendência enquanto durarem o Sol e a Lua. Que o Deus Todo-Poderoso de nosso pai Abraão, Isaque e Jacó revista esta nobre assembleia de sabedoria, discernimento e unanimidade em seus conselhos [...].

A carta foi maravilhosa e comovente, porém não sabemos em que termos foi respondida. Nós sabemos que o Artigo VI, após vários ajustes no comitê, exigiu dos oficiais federais e estaduais um juramento de apoio à Constituição dos Estados Unidos, *"mas nenhum teste religioso"*, acrescentou, *"será jamais exigido como critério qualificador para qualquer ofício ou obrigação pública nos Estados Unidos"*. A cláusula, um triunfo da tolerância, garantiu rica munição para os anticonstitucionalistas durante o período de ratificação. Deus não poderia ser reconhecido no preâmbulo, ao menos?, questionaram eles. O juiz William Williams (1731-1811), de Connecticut, fez essa sugestão em uma carta ao *American Mercury*, em fevereiro de 1788: "Nós, o povo dos Estados Unidos, em uma firme convicção do ser e das perfeições de um Deus vivo e verdadeiro, o Criador e Supremo Governador do mundo [...]".

Luther Martin, na convenção de Maryland para ratificação, declararia que o Artigo VI havia sido adotado pela Convenção sem muito debate. "Entretanto", continuaria ele, em alto arroubo de sarcasmo, fortemente marcado em itálico na versão impressa:

> No entanto, havia alguns membros *tão antiquados* a ponto de pensar que *a crença na existência de uma divindade* e em *uma circunstância de recompensas e punições futuras* seria algum tipo de segurança para a boa conduta de nossos governantes, e que, em um país cristão, seria pelo menos decente fazer alguma distinção entre os professos do cristianismo e [aqueles] da completa incredulidade ou paganismo.

\*\*\*

A Convenção ainda usava como sua base de trabalho o relatório do Comitê do Detalhe, de 6 de agosto que, como a Constituição final, foi dividido em artigos e seções. O Artigo VII do relatório arrolou os poderes do Congresso, começando com o "poder de arrecadar e cobrar impostos", presseguindo daí para a famosa cláusula de comércio – "poder de regular o comércio com as nações estrangeiras e entre os diversos estados" – e assim por diante, por meio do estabelecimento de uma agência dos correios, da cunhagem e tomada de empréstimo de dinheiro e da instalação de tribunais judiciais. Seguia-se diretamente uma cláusula dando ao

Congresso sanção "para subjugar uma rebelião em qualquer estado, mediante a petição do seu legislativo; para entrar em guerra; para levantar exércitos; para construir e equipar frotas [...]".

Rebelião em algum estado? Para alguns delegados, a expressão era uma ofensa, exagerada pela opinião insípida de Gouverneur Morris de que seria desnecessário o Congresso aguardar a "petição" de ajuda para um estado. "O governo geral", disse Morris, "deve impôr a obediência em todos os casos em que for necessário". Isso fez Elbridge Gerry colocar-se de pé. Percebia-se o entusiasmo nesse homem franzino e nervoso, o cenho profundamente fechado, as mãos rígidas de tensão. Ele era contra "soltar os mirmidões[135] do Estados Unidos em um estado sem o consentimento deste. Mais sangue teria sido derramado em Massachusetts na última insurreição [a de Shays] se o governo geral tivesse interferido".

A resposta de Morris foi razoável, exasperante até. A Convenção estava desempenhando um papel muito estranho, dizia ele. "Primeiro, formamos um homem forte para nos proteger e, ao mesmo tempo, queremos amarrar suas mãos atrás dele". Com certeza, "tal poder poderia ser confiado ao Congresso a fim de preservar a tranquilidade geral". Contudo, Gerry não estava convencido. Ele "percebeu", escreveu Madison, que o Artigo VI não continha "nenhum controle contra exércitos permanentes em tempos de paz".

Era o antigo pesadelo. Um tirano, ou um Cromwell surgiria... Gerry desfilou os desgastados argumentos contra um exército permanente – ele os havia usado todo o verão –, tais como: as pessoas estavam com ciúmes e, se o novo plano permitisse, uma grande oposição se levantaria; ele mesmo jamais aceitaria um exército de número indefinido, portanto, 2 mil ou 3 mil soldados seriam suficientes. Se não houvesse restrição, alguns estados muito bem poderiam estabelecer governos militares... E como esse exército deveria ser treinado? Os estados deveriam, então, ser transformados em instrutores militares, preparando sua milícia para um exército nacional? Ele teve a satisfação de ver os cidadãos de Massachusetts desarmados a ponto de tomar-lhes o comando e submetê-lo ao Congresso. Esse seria considerado um sistema de despotismo. "Será que algum homem dirá que a liberdade estará tão segura nas mãos de oitenta ou dez homens vindos de todo o Continente, quanto nas mãos de duzentos ou trezentos vindos de um único estado?... Algumas pessoas", observou Gerry melancolicamente, "apoiarão um plano de governo vigoroso que assume todos os riscos".

---

135 Mirmidões é um antigo povo do sul da Tessália, um povo lendário, do qual teriam se originado os que lutaram junto de Aquiles na igualmente lendária guerra de Troia, retratada na clássica obra *Ilíada* de Homero. (N.E.)

Estava ele olhando para Gouverneur Morris enquanto dizia essas palavras? "Outros, de uma matriz mais democrática", continuou Gerry, "irão se opor a ele com igual determinação. E uma guerra civil pode ser gerada pelo conflito!".

Com a discussão no seu ápice, Ellsworth, de Connecticut, achou por bem lançar uma nota do tipo "feito em casa, caseira" — uma daquelas sugestões simples, um tanto além do ponto, que podem colocar uma reunião exaltada de volta à segurança da realidade. Como esses soldados deveriam ser disciplinados? "Os estados nunca irão se submeter às mesmas leis das milícias. Três ou quatro xelins como penalidade na Nova Inglaterra irão forçar a obediência melhor do que quarenta chicotadas em outros lugares".

Certamente, sorriram os delegados. Os habitantes da Nova Inglaterra eram conhecidos como avarentos, e os sulistas sempre gostavam de uma piada às custas do "Leste". Contudo, Gerry permaneceu taciturno. Ao final da Convenção, ele se mostraria inclinado a ver com preocupação um governo geral que iria usurpar o poder em todas as direções. Ele declarou que, se os delegados continuassem nessa linha, eles colocariam na Constituição "uma marca tão negra quando a que foi colocada em Caim. Ele não tinha tanta confiança no governo geral", comentou Gerry, "como possuíam alguns cavalheiros".

\*\*\*

Naquela manhã de sábado, nada foi definitivamente decidido, mas, na segunda-feira, 20 de agosto, a Convenção passou para a seção seguinte do Artigo VII[136]. Esta, por sua vez, dizia respeito à questão da traição, um debate vivo em todos os estados, a causa de litígios frequentes e violentos e, em si mesmos, capazes de determinar o resultado das eleições políticas.

Como a Constituição definiria traição, e qual punição deveria ser indicada? A traição deveria ser estipulada como traição ao estado ao qual um homem pertencia e também aos Estados Unidos, mas isso não colocaria em risco duplo uma pessoa acusada de traição contra seu estado? George Mason argumentou que os Estados Unidos, sob a nova Constituição, possuiriam apenas uma soberania qualificada. Portanto, um ato contra um determinado estado – como a Rebelião de Bacon[137] na Virgínia – não seria traição contra os Estados Unidos.

---

[136] Artigo III, Seção 3 na Constituição tal como ficou na revisão final.
[137] A Rebelião de Bacon, ocorrida em 1676, foi liderada por Nathaniel Bacon, que ajuntou pequenos agricultores contra as políticas fiscais e, principalmente, contra a falta de proteção em relação ao ataque de índios. Uma série de batalhas e disputas políticas se seguem sobretudo contra o então governador William Berkeley, que privilegiaria apenas grandes proprietários. (N.E.)

Traição é, na melhor das hipóteses, um problema jurídico sombrio, duplamente difícil vindo após uma grande guerra. Para a maior parte da Convenção, as palavras "conservador" e "traidor" eram sinônimos. As leis estaduais eram claras o suficiente, permitindo que as propriedades de conservadores fossem confiscadas ou taxadas de forma ruinosa. Em alguns estados, se um cidadão pudesse provar que seu vizinho era um *loyalista*, havia uma boa chance de confiscar a propriedade dele ou, pelo menos, apossar-se daquelas desejáveis pradarias que ficavam, digamos, ao sul, para além do campo daquele que estava de olho nelas. Após seis anos de batalhas, não era difícil para a ganância operar sob o disfarce de patriotismo. Nove estados exilaram seus *loyalistas*, cinco privaram-nos dos seus direitos civis. O *Pennsylvania Test Act*, de 1777, permaneceu em vigor até março de 1787, e, sob pena de perder sua cidadania, os suspeitos deveriam renunciar à fidelidade ao rei George, jurar lealdade à Pensilvânia e jurar expor conspirações. Nova York, Virgínia, as Carolinas e a Geórgia foram igualmente duras.

A Convenção estava ciente de tudo isso, perfeitamente ciente também de que essas leis estaduais eram contrárias ao tratado de paz de 1783, que declarava que:

> [...] não serão feitos futuros confiscos, nem quaisquer processos iniciados contra qualquer pessoa ou pessoas por, ou em razão da parte que ele ou ela possa ter assumido na [...] guerra; e que ninguém deve, por conta disso, sofrer qualquer perda ou dano no que diz respeito à sua pessoa, liberdade ou propriedade.

Nada poderia ter sido mais claro. Da sua parte, a Grã-Bretanha concordou com a livre navegação do Mississippi "desde a sua nascente até o oceano". Sua Majestade britânica iria, "com toda velocidade oportuna [...] retirar todos os seus exércitos, guarnições e frotas dos ditos Estados Unidos e de todos os postos, locais e portos".

A Grã-Bretanha, no entanto, ainda mantinha seus postos ao longo dos Grande Lagos e do Mississippi. Por que, ela se perguntaria, uma das partes deveria honrar um tratado que as outras visivelmente violaram? Contudo, o Tratado de 1783, retrucaria a Carolina do Norte, não fazia parte da sua lei estadual. Ela não permitiria que ex-*loyalistas* buscassem nos tribunais estaduais o pagamento das dívidas – outra violação total do tratado. Ela também definiu traição como um levantar armas contra "os Estados Unidos reunidos no Congresso" ou contra "o Estado da Carolina do Norte".

O Congresso havia tentado em vão argumentar com os estados, recomendando leniência e observância mútua do tratado. A Virgínia, entretanto, foi veementemente contra; Edmund Randolph havia declarado que nem mesmo a ressurreição dos profetas convenceria os americanos que deveriam pagar as dívidas antigas com a Grã-Bretanha simplesmente porque o Congresso e o Tratado de Paz recomendavam tal conduta. William Paterson, de Nova Jersey, também foi severo. Entre os delegados da Convenção estavam aqueles que, como o governador Alexander Martin (1740-1807), da Carolina do Norte, haviam usado a traição dos *loyalistas* como a pedra angular de uma carreira política. (Certa vez, o governador Martin observou que gostaria de enforcar todos os conservadores.) Em seu estado, era traição ter servido como oficial sob o rei, ter sido citado a qualquer momento em uma lei do confisco, ter permanecido fora do estado mais de um ano após a aprovação da lei de lealdade. Além do mais, na Carolina do Norte, a velha lei inglesa de traição trivial ainda estava em vigor e incluía assassinato, estupro, roubo, incêndio de residências, entre outros crimes. Em 1787, os expedientes judiciais do estado ainda estavam lotados de processos por traição.

Durante o longo curso da história da Inglaterra, muitos crimes foram punidos com ultrajante crueldade sob o nome de "traição", e muitas dívidas privadas foram, por meio desse expediente, acertadas. Delegados da Convenção sabiam a respeito dessas coisas; eles tinham ouvido falar de ocasiões em que, na Inglaterra, a religião de um homem era considerada traição, e, por isso, ele poderia ser dilacerado membro a membro – e tudo devidamente legal e de acordo com a Constituição. Os advogados americanos estavam cientes dos perigos de uma doutrina constitucional vaga sobre esse ponto. (Durante o período de ratificação, James Wilson deveria lembrar sua convenção estadual de que se tratava de um velho truque dos tiranos estender intencionalmente a definição de traição, alcançando assim um grande poder sobre o povo.) Gouverneur Morris, Mason e Randolph desejavam que a Constituição usasse as palavras consagradas pelo tempo da velha Lei da Traição[138] inglesa, promulgada no reinado de Eduardo III (1351). No entanto, "dar ajuda e conforto ao inimigo" deveria ser especificado, ou bastava dizer que a traição consistia em "fazer guerra e unir-se ao inimigo?" Madison era a favor de dar mais latitude para o Congresso, onde o assunto estaria, disse ele, tão a salvo quanto nos legislativos estaduais. John Dickinson requereu saber exatamente o que o antigo estatuto queria dizer ao exigir o "depoimento de duas testemunhas". Essas testemunhas deveriam atestar o mesmo ato ilícito ou diferentes atos ilícitos?

---

138 A Lei da Traição definia o que seria crime de traição, a partir da *common law*. Qualquer um que tentasse fazer algo que somente o rei poderia seria considerado traidor, tais como caçar em áreas reais, matar algum superior, falsificar a cunhagem, etc. As penas variavam entre diversas maneiras de morte e a perda das propriedades. (N.R.)

O dr. Johnson, de Connecticut, alegou que a traição não poderia ser contra ambos, a saber, os Estados Unidos e os estados individuais. O velho Franklin, em sua sabedoria, observou que "os procedimentos penais por traição eram geralmente virulentos, e o perjúrio era usado com muita facilidade contra a inocência". James Wilson observou quão "extremamente difícil" poderia ser encontrar provas de traição – como por meio de uma correspondência traidora com um inimigo. Randolph era contra dar ao presidente o poder para perdoar traidores. O próprio presidente poderia fazer parte da trama. Por outro lado, seria totalmente impróprio, disse Rufus King, conceder tal poder ao Congresso. "Em Massachusetts", disse King, "uma assembleia teria enforcado todos os insurgentes [na Rebelião de Shays]. A próxima estaria igualmente disposta a perdoar todos eles".

Sete vezes, no dia 20 de agosto, a Convenção votou para alterar a redação do artigo mencionado. Tendo recebido o poder total sobre os traidores, o Congresso poderia anular as leis estaduais de traição e invalidar todos os procedimentos penais estaduais correntes e rejeições do tratado de paz. Por outro lado, esse poder total do Congresso deveria ser definido para que ele jamais pudesse expandir seu escopo, nem introduzir a traição trivial na jurisprudência americana, nem usar a traição como arma contra oponentes políticos. A traição deve ser limitada a atos de guerra, atos associados a um inimigo nacional. Gouverneur Morris e Randolph novamente fizeram referência ao antigo estatuto inglês, minuciosamente específico quanto à definição. "É essencial para a preservação da liberdade", disse Morris, "definir precisa e exclusivamente o que constituirá o crime de traição".

Em meio a grandes dificuldades, a Convenção conseguiu chegar a tal definição. De alguma forma, brigas e ciúmes locais foram desfeitos; de certo modo, uma definição restrita foi feita e mantida. Nada específico é dito na Constituição dos Estados Unidos sobre a traição contra um estado. O poder da punição é deixado para o Congresso – mas a punição é estritamente limitada. O problema da dupla penalização foi resolvido por um uso preciso do pronome no plural – a única vez na Constituição que os estados são assim referidos. Está no Artigo III, Seção 3:

> *A traição contra os Estados Unidos consistirá, unicamente, em levantar armas contra eles, ou associar-se com seus inimigos, prestando-lhes auxílio e apoio. Ninguém será condenado por traição a não ser mediante depoimento de duas testemunhas sobre o mesmo ato, ou mediante confissão em sessão pública do tribunal.*
>
> *O Congresso terá o poder de determinar a pena por crime de traição, mas não será permitida a morte civil ou o confisco de bens, a não ser durante a vida do condenado.*

"Corrupção de sangue" era a antiga expressão inglesa do estatuto do rei Eduardo III. Através dela, a desonra recaía sobre a próxima geração: os filhos de um traidor não podiam herdar seus títulos, honras e propriedades. Entretanto, com relação a esse velho estatuto, a Convenção ignorou a primeira e, talvez, a mais famosa caracterização de alta traição: "Planejar ou imaginar a morte do rei". A Convenção não estava estabelecendo uma monarquia, mas uma república, e o presidente não seria um soberano. Eleito entre a população, ele retornaria à população quando seu mandato terminasse. Parece que os delegados temiam mais conceder muito poder ao presidente do que vê-lo ser prejudicado de alguma forma. Eles temiam que o presidente pecasse ao invés de temerem que se pecasse contra ele[139]. Contudo, se a Seção 3 do Artigo III foi um triunfo para as liberdades dos cidadãos, não foi para escapar da reprovação no próximo inverno, notadamente feita por George Mason e Luther Martin. E os dois homens seriam amplamente criticados por isso, pois, se eles se opunham à cláusula de traição, por que não disseram isso na Convenção? Por que esperar até que o assunto fosse resolvido? Na Convenção de Maryland para ratificação, o tom de Martin a respeito desse aspecto foi alto e significativo: "Pelos princípios da Revolução Americana", disse ele, "o poder arbitrário pode e deve ser resistido, mesmo pelas armas, se necessário! Pode chegar a hora em que será dever de um estado, a fim de se preservar da opressão do governo geral, recorrer à espada". No entanto, sob a nova Constituição, isso faria traidores de patriotas e exigiria que os cidadãos *"mansa e passivamente, rendessem--se ao despotismo* ou se opusessem a ele sob o risco do cabresto!"[140].

"Quando chegar a hora...". Tal qual a ameaça de Gerry com respeito a um exército nacional, essa outra era um prenúncio, um presságio. "Guerra civil!", Gerry havia dito. No país, muitos estavam prontos para ouvir, pois o sentimento ainda era intenso contra um governo forte, um Congresso forte, um exército permanente. Era intenso a favor da "liberdade", e, quanto menos governo, melhor. No próximo inverno, durante a ratificação estadual, o povo no geral teria sua chance para expressar esse sentimento.

Ainda assim, na Convenção Federal, Gerry esmurrou o vento. Na verdade, é complicado definir a palavra "traição". Implica definir não apenas o crime, mas o corpo contra o qual pecou – neste caso, uma União, um Estados Unidos forte o suficiente para resistirem e repelirem todas as ameaças, tanto internas quanto ex-

---

[139] Vinte e um meses após a morte do presidente Kennedy, o Congresso, em 28 de agosto de 1965, tornou crime federal assassinar o presidente. O objetivo deles era levar processo a um tribunal federal com um promotor federal e agências federais de investigação.
[140] Itálicos de Martin, presentes no seu discurso impresso e intitulado "Genuine Information Relative to the Proceedings of the General Convention Held at Philadelphia in 1787".

ternas. Os delegados pretendiam que a Constituição dos Estados Unidos refletisse essa força. Ela deve *"assegurar tranquilidade doméstica, providenciar defesa comum"*. E, se no processo, os cidadãos abrissem mão de um pouco de suas estimadas liberdades, então, eles deveriam ser ensinados, persuadidos de que, no final, teriam a ganhar mais do que renunciaram.

Para Madison, Morris, Wilson, Ellsworth e os fortes constitucionalistas, deve ter parecido que o caminho à frente era muito longo. Aqui, em seu gabinete que dava para a Chestnut Street, eles ficaram reunidos durante três meses. Por esse período, eles haviam tentado, por meio de debate ou manobras, fazer-se entender, acalmar a suspeita, inspirar o relutante. Entretanto, a desconfiança estava ainda latente. E, quando eles voltassem para casa, para seus representantes, e o processo de ratificação começasse, uma batalha deveria ser travada novamente. Com uma obstinação já exaurida, eles sabiam disso e se voltaram para a luta.

CAPÍTULO 19

# Quem irá Ratificar? O Povo ou os Estados?

*Considero a diferença entre um sistema baseado apenas nas legislaturas e um baseado no povo ser a verdadeira diferença entre uma aliança, ou tratado, e uma Constituição.*

JAMES MADISON, NA CONVENÇÃO.

Dia 30 de agosto. Restavam à Convenção apenas dezesseis dias úteis de trabalho. Nenhuma data havia sido marcada para a dissolução. Entretanto, desde o começo, os membros haviam planejado ficarem reunidos, no máximo, até setembro. Agora, no final de agosto, o encerramento estava à vista. Isso intensificou o debate, deixou os membros inquietos e os ânimos irascíveis. Dos 55 delegados originais, onze já haviam desertado sob a desculpa de doença na família ou de assuntos de cunho privado – ou, como Lansing e Yates, de Nova York, por franca oposição aos procedimentos[141].

---

[141] Depois que a Convenção encerrou os trabalhos, Yates e Lansing escreveram ao governador Clinton, de Nova York, apresentando as suas razões para deixar a Filadélfia. A carta deles, uma expressão clara da posição anticonstitucionalista, dizia em parte:

> É com a mais sincera preocupação que verificamos [...] que fomos reduzidos à desagradável alternativa de ou exceder o poder que nos foi delegado e dar nosso consentimento a medidas que consideramos destrutivas para a felicidade política dos cidadãos dos Estados Unidos, ou de opor nossa opinião à de um corpo de homens respeitáveis, a quem aqueles cidadãos deram as mais inequívocas provas de confiança [...]. Assim circunstanciado, [...] demos aos princípios da constituição [...] nossa dissidência evidente e sem reservas; mas devemos confessar com sinceridade que deveríamos ter sido igualmente contra qualquer sistema, não importando quão modificado, que tivesse por objetivo a consolidação dos Estados Unidos em um governo [...].
> Éramos da opinião de que a característica principal de toda emenda [à Confederação] deveria ser a preservação dos estados individuais, em seus desenfreados direitos constitucionais. [...]. Um governo geral [...] deve inevitavelmente, em um curto espaço de tempo, produzir a destruição da liberdade civil de tais cidadãos, que poderiam ser efetivamente coagidos por ela [...] as extremidades dos Estados Unidos não podiam ser mantidas na devida submissão e obediência às suas leis [...] o custo de sustentá-las se tornaria insuportavelmente oneroso [...] os interesses de uma grande maioria dos habitantes [...] devem necessariamente ser desconhecidos.
> Não estivemos presentes na conclusão da nova Constituição, mas, antes de deixarmos a Convenção, seus princípios estavam tão bem estabelecidos a ponto de nos convencer de que nenhuma al-

O trabalho da Convenção estava praticamente concluído. E já era hora, e o país esperava o resultado. No dia anterior, *The Pennsylvania Gazette* relatou que:

> [...] os estados negligenciam suas estradas e canais até verem se essas necessárias melhorias não irão se tornar objetos de um governo nacional. Empresas de comércio e manufatura suspendem suas viagens e produtos até que vejam a que ponto seus negócios serão protegidos e promovidos por um sistema nacional de regulamentações comerciais. O usurário de prática legítima tranca ou enterra seu dinheiro em moeda até que veja se a nova estrutura do governo irá livrá-lo da maldição ou do medo do papel-moeda e das leis brandas.

O *Gazette*, é claro, era extremamente pró-Constituição e não se importava em forçar limites pelo bem da causa. Contudo, na verdade, o tempo era essencial. A Convenção não poderia se arrastar até o outono. Em 5 de setembro, a legislatura da Pensilvânia – a Assembleia, eles a chamavam – deveria se reunir na Câmara Estadual, e eles precisariam do salão leste onde a Convenção Federal estava reunida. No dia 30 de agosto, os delegados chegaram ao último ponto da Constituição a ser considerado. No Relatório do Comitê, os Artigos XXI, XXII e XXIII referiam-se à ratificação e a certas medidas práticas para estabelecer um novo governo. O Artigo XXI era breve e extremamente controverso: "As ratificações das Convenções dos estados serão suficientes para organizar esta Constituição".

Um espaço em branco foi deixado para o número de estados. E o número poderia ser decisivamente significativo. Uma vez que o documento fosse assinado na Filadélfia, deveria ir diretamente para o Congresso para sua "aprovação", e, somente depois, o Congresso recomendaria que fosse enviado aos estados para ratificação em casa. Contudo, suponha que todos os treze estados fossem obrigados a ratificar? Obviamente, Rhode Island votaria contra a Constituição no Congresso, o que, da mesma forma, aconteceria com Nova York e Maryland, cujos delegados na Convenção Federal ficavam dia a dia mais hostis.

Quanto ao número treze, havia uma outra dificuldade básica a ser contornada. Legalmente, a Convenção Federal se reuniu para aperfeiçoar os Artigos da Confederação, uma medida que exigia a concordância de todos os estados da União. Estrategicamente, a oposição poderia se valer muito disso na Convenção,

---

teração deveria ser esperada para colocá-la em conformidade com as nossas ideias de conveniência e segurança [...].

Temos a honra de ser, com o maior respeito, os mais obedientes e humildes servos de Vossa Excelência,
Robert Yates,
John Lansing, Jun.

## QUEM IRÁ RATIFICAR?

no Congresso ou, mais tarde, quando a Constituição fosse enviada aos estados. Chegar a um acordo sobre a ratificação por menos do que treze estados seria reconhecer a nova Constituição como uma revolução no governo, com a velha Confederação revogada e derrubada. Todos os delegados já sabiam que esse era realmente o caso e eles não poderiam ter chegado ao Artigo XXI sem estarem cientes disso. Até hoje, contudo, esse reconhecimento tem sido ignorado ou contestado por homens a favor de um governo forte – como Madison, Wilson, Gouverneur Morris. E o Artigo XXI traz isso à tona.

James Wilson havia participado do Congresso Continental que elaborou e ratificou os Artigos da Confederação. Ele conhecia as implicações de uma ratificação feita por menos do que treze estados. Ele deveria estar determinado a um ataque direto, pois, assim que o Artigo XXI foi lido em voz alta, William sugeriu que o espaço em branco fosse preenchido com o número sete – sendo este, explicou, a maioria do todo. Imediatamente, a discussão irrompeu. Maryland propôs o adiamento da questão; muito provavelmente sua delegação queria tempo para um *caucus* noturno, um recrutamento de forças. Havia negociações de um lado para outro, com um membro a favor de dez estados, e outro a favor de nove. Wilson, vendo para que lado o vento soprava, aumentou seu número para oito. Madison levantou objeções, uma ratificação por sete, ou oito, ou mesmo nove estados colocaria "todo o corpo do povo" sob uma Constituição que foi ratificada por menos do que a maioria.

Madison dizer isso é de surpreender. Wilson interveio rapidamente: apenas os estados que ratificaram estariam vinculados à nova Constituição. "Devemos", disse Wilson, "neste caso, nos voltarmos para os poderes originais da sociedade. A casa em chamas deve ser colocada abaixo, sem um respeito melindroso a direitos ordinários".

Era o velho argumento revolucionário ressuscitado. Wilson tinha ouvido isso muitas vezes no Congresso Continental, durante o inverno de 1775-1776: quando uma nação está malgovernada, os homens devem recorrer a uma lei superior, uma lei acima de reis, príncipes e parlamentos. Contudo, na Convenção Federal, Wilson evitou a expressão "lei da natureza", preferindo "os poderes originais da sociedade". Imediatamente, Pierce Butler manifestou-se a favor para a ratificação por nove estados e "se revoltou contra a ideia de que um ou dois estados deveriam impedir os outros de discutirem sua segurança".

O movimento de Butler foi inteligente. Quando se pisa fora da legalidade, é bom lembrar aos colegas que eles não estão votando em inovação e em novas doutrinas perigosas, mas em "segurança" e ordem. Carroll, de Maryland, declarou-se agora a favor da ratificação por todos os treze estados, o que pareceu ser equivalente a desejar a derrota da Constituição. Ele alegava que uma Confederação que havia sido estabelecida por unanimidade não poderia ser dissolvida sem unanimidade. Ele mesmo um homem de governo forte, Carroll talvez achasse estratégico – e, a essa altura, seguro – ficar do lado de seus colegas dissidentes de Maryland.

Havia chegado a hora de dar o dia por encerrado. À medida que a Convenção se levantava, McHenry, de Maryland, rabiscava em suas anotações: "Proposta à realização de uma conferência privada amanhã, antes da reunião da Convenção, a fim de tomar providências para o cumprimento das propostas, etc."

Deve ter havido outras conferências e *caucuses* naquela quinta-feira à noite. Na manhã seguinte, o Artigo XXI do Comitê, conforme modificado, "foi então aceito por todos os estados", escreveu Madison, "com exceção de Maryland". O espaço em branco foi preenchido com o número nove.

\*\*\*

Agora surgiu a questão de saber se a nova Constituição deveria ser ratificada pelos legislativos estaduais, ou pelo povo no geral. O Plano Virgínia original previa

> Assembleias de Representantes [...] expressamente escolhidos pelo povo". Já em 5 de junho, uma moção a esse respeito foi votada favoravelmente no Comitê do Todo, embora Roger Sherman tenha ficado contra; e Elbridge Gerry, nervoso. Foi então que este comentou que o povo tinha "as ideias de governo mais loucas do mundo".

Os estados não estavam acostumados com a ratificação popular. Independentemente do método pelo qual suas várias constituições tivessem sido elaboradas – por convenção, por legislativo local ou pela combinação de ambos – quando o assunto passou a ser a ratificação, apenas Massachusetts e Nova Hampshire tomaram a iniciativa de submeter suas Constituições às Assembleias Municipais para aprovação.

Por que não deixar, portanto, os legislativos estaduais ratificarem a Constituição Federal? Para muitas pessoas, parecia um procedimento muito menos perigoso do que convocar treze convenções separadas. No entanto, como apresentar um sistema tão novo, tão singular para os legislativos estaduais, que estavam solenemente obrigados a defender o antigo? Pierce Butler disse que isso não poderia ser feito. A Convenção já havia debatido intensamente esse aspecto, com Randolph destacando que, se os legislativos estaduais fossem autorizados a ratificar, os demagogos locais, com medo de perderem seus lugares em um novo sistema governamental, sem dúvida votariam contrariamente ou conseguiriam bloquear sua aprovação. "Homens astutos", disse Nathaniel Gorham, "encontrarão meios de atrasar de um ano a outro, se não acabar frustrando totalmente o sistema nacional". Os legisladores sabiam como interromper uma medida importante "pressionando habilmente uma variedade de pequenas negociações".

Gorham, aquele velho cavalo de guerra político, sabia do que estava falando, tendo atuado como presidente do Congresso e presidente da Câmara de Massachusetts – e na Convenção Federal –, ele presidiu sessões turbulentas no Comitê do Todo. Agora, aos 50 anos, Gorham comportava-se de modo agradável e parecia conciliatório em relação a tudo; exceto ao estado de Rhode Island, cuja recalcitrância nunca deixava de irritá-lo. Contudo, independentemente de qual fosse o tipo de sistema de ratificação, deveriam todos os estados sofrer até à ruína, perguntava ele, caso Rhode Island persistisse em sua oposição?

Ellsworth, de Connecticut, disse abertamente que "um novo conjunto de ideias parece ter se levantado desde que os Artigos da Confederação foram estabelecidos. Convenções do povo, ou com poder derivado expressamente do povo, não foram pensadas no momento. Os legislativos foram considerados incompetentes". Para Madison, entretanto, estava claro que os legislativos estaduais eram "incompetentes para fazer as mudanças propostas". Seria de fato uma doutrina original e perigosa se um legislativo pudesse mudar a Constituição sob a qual mantém sua existência. "Eu considero", disse Madison, "a diferença entre um sistema baseado apenas nos legislativos e um baseado no povo ser a verdadeira diferença entre uma *liga* ou *tratado* e uma *constituição*". George Mason disse a mesma coisa, mas de maneira mais emocional. Ele declarou:

> Os legisladores são meras criaturas das Constituições estaduais e não podem ser maiores do que seus criadores [...] A quem, então, devemos recorrer? Ao povo [...] É de grande importância que essa doutrina seja apreciada como a base de governo livre.

No dia em que Madison disse isso, a Convenção votou pela ratificação popular por nove a um. Entretanto, eles não deixariam o assunto de lado por muito tempo. A palavra "ratificação" trouxe a nova Constituição de forma alarmante para perto, sugerindo um *fait accompli* [fato consumado] e evocando todos os fantasmas que seus oponentes mais temiam. Maryland continuava repetindo que seus funcionários estaduais juraram não permitir que alterações no governo fossem feitas por qualquer entidade, exceto por eles próprios.

Durante todo o verão, a Convenção lutou contra esse argumento, expresso em uma dúzia de diferentes formas: deixem que os estados tenham poder; não o entreguem ao Congresso e a essa entidade indefinida chamada "o povo no geral". Contudo, Madison estava irredutível. Disse ele, "[o povo] era de fato a fonte de todo o poder, e, ao recorrer a ele, todas as dificuldades foram superadas". O povo "podia alterar as Constituições como bem entendesse. Era um princípio nas declarações de direitos [estaduais], segundo as quais se poderia recorrer aos primeiros princípios".

Isso era forte demais para Luther Martin. Como uma ironia perversa, ele respondeu que havia "o perigo de agitações em se recorrer ao povo e aos primeiros princípios, nas quais o governo poderia estar de um lado e o povo de outro". Martin estava certo de que Maryland não ratificaria a não ser que fosse impelida a fazê-lo – levada a agir com pressa, por ser tomada de surpresa. Rufus King retrucou que Massachusetts não só havia jurado não alterar a Constituição por uma década, mas também havia enviado representantes à Filadélfia. O estado, além disso, devia estar pensando nos termos dos primeiros princípios.

Os primeiros princípios significavam, entre outras coisas, o direito de derrubar um mau governo –; para a oposição, essas palavras, em data já tão avançada, devem ter soado insuportavelmente hipócritas. Elbridge Gerry havia participado do Congresso Continental de 1776 e havia assinado a Declaração de Independência, portanto, que direito tinha de recitar princípios revolucionários a um recém-chegado como Rufus King? Gouverneur Morris sugeriu que cada estado fosse deixado livre para buscar do seu próprio sistema de ratificação. Gerry, provocado para além da prudência, afirmava que o novo sistema estava cheio de vícios e que era totalmente impróprio destruir a Confederação sem o consentimento unânime daqueles que a criaram. Ele propôs o adiamento da votação do Artigo XXII. George Mason o apoiou, declarando que (observou Madison):

> [...] preferiria amputar sua mão direita do que colocá-la na Constituição tal como o texto se encontra neste momento. Ele desejava que alguns pontos, sobre os quais ainda não havia decisão, fossem definidos antes de ser obrigado a dar um parecer final sobre o Artigo. Se esses pontos não fossem devidamente resolvidos, seu desejo seria então levar toda a matéria diante de outra convenção geral.

A ideia de uma outra convenção geral era um anátema para Madison e seus amigos, pois significava fracasso, o fim de todo o seu trabalho e de todas as suas esperanças. Gouverneur Morris disse seca, quase grosseiramente, que há muito desejava outra convenção, que fosse mais firme em fornecer um governo vigoroso, "algo que temos medo de fazer". Gerry perdeu sua moção de adiamento, e o Artigo XXII foi votado. Contudo, dez dias depois, Gerry trouxe novamente à tona toda a questão, ligando-a com o debate do Artigo XIX a respeito do poder de emenda. Depois que a Constituição for ratificada e entrar em vigor, quantos estados devem ser obrigados a votar a favor de uma proposta de emenda? Dois terços? Três quartos? Ou seria necessário unanimidade?

A discussão deu voltas e voltas. A Carolina do Sul mostrou-se temerosa de que os artigos referentes ao comércio de escravos fossem afetados. Isso aconteceu no dia 10 de setembro, uma segunda-feira. Alexander Hamilton estava presente – ele havia voltado para a Filadélfia e ficaria lá para a assinatura. Surpreendentemente, ele se posicionou ao lado de Gerry, retornou mais uma vez ao Artigo XXI e disse que achava errado permitir que nove estados instituíssem um novo governo sobre as ruínas do existente. Madison deve ter sido duramente testado por Hamilton nesta Convenção. Tendo perdido as discussões do verão, e dada a lenta e habilidosa aquisição de força pelos homens do governo forte, lá estava Hamilton de volta, discutindo com a oposição. No entanto, Gerry, talvez encorajado por esse apoio vindo de uma parte inesperada, declarou que seria indecente e pernicioso dissolver as obrigações solenes da Confederação de maneira tão superficial. "Se nove entre treze podem dissolver o acordo, seis entre nove serão igualmente capazes de dissolver o novo acordo no futuro".

Edmund Randolph anunciou que, se nenhuma mudança fosse feita nessa parte do plano, ele seria obrigado a divergir de todo o sistema. Quase duas semanas antes, ele havia feito essa ameaça, alegando que, dada a condição na qual a Constituição se encontrava naquele momento, havia características tão abomináveis que ele duvidava se seria capaz de concordar com ela. Naquele instante, então, declarou que, "desde o início, estava convencido de que eram necessárias mudanças radicais no sistema da União". Convencido disso, "ele apresentou um conjunto de propostas republicanas como base e perfil de uma reforma".

Randolph se referia, é claro, ao Plano Virgínia. Entretanto, suas propostas, continuou, haviam sido ampla e irreconciliavelmente rejeitadas. Ele propôs, assim, que as convenções estaduais "deveriam ter a liberdade de apresentar emendas ao Plano, e que essas [emendas] fossem submetidas a uma segunda convenção geral com plenos poderes para estabelecer o Plano de forma definitiva". Ele não esperava ser bem-sucedido nessa proposta, concluiu Randolph, "mas o cumprimento de seu dever, que era tentar, deixá-lo-ia em paz com sua consciência".

Hamilton sugeriu aqui uma resolução substituta para o Artigo XXI sobre a aprovação do Congresso e, na sequência, um modo para enviar a nova Constituição aos estados. Gerry apoiou a sugestão. Contudo, James Wilson, profundamente motivado, disse que "agora era necessário falar livremente". Expressando-se no que Madison chamou de "termos fortes", Wilson declarou-se contra a busca da aprovação do Congresso. Seria "pior do que loucura" confiar no voto *a favor* de Rhode Island no Congresso – ou no voto de Nova York, ou Maryland. "Depois de passar quatro ou cinco meses na árdua e laboriosa tarefa de formar um governo para o nosso próprio país, nós mesmos estamos chegando perto de lançar obstáculos insuperáveis para seu sucesso".

Foi uma declaração forte, absolutamente verdadeira e que colocou Randolph em pé, mais uma vez, pronto para listar suas objeções específicas: o pequeno número de representantes no Congresso, a falta de limite sobre um exército permanente, a falta de alguma restrição particular sobre os atos de navegação, o poder presidencial para perdoar traição... Estaria ele, então, exigiu Randolph, "por promover o estabelecimento de um plano que ele realmente acreditava que terminaria em Tirania?". (Madison grafou o "T" maiúsculo na palavra.) Madison continuou escrevendo sobre o que Randolph disse:

> Ele [Randolph] não estava disposto a impedir os desejos e o julgamento a Convenção, mas deve se manter livre, caso deva ser homenageado com um assento na Convenção do seu estado, para agir de acordo com os ditames de seu julgamento. A única forma pela qual seus constrangimentos poderiam ser eliminados seria através da submissão do plano ao Congresso, para deles seguir para as Assembleias Estaduais e delas para as Convenções Estaduais, as quais teriam poder de adotar, rejeitar, ou emendar o processo de fechamento com outra convenção geral com plenos poderes para adotar ou rejeitar as alterações propostas pelas convenções e estabelecer finalmente o governo.

Randolph apresentou seu plano na forma de uma resolução. Franklin apoiou. Os dois formavam uma equipe forte, mas sua moção nunca chegou a ser votada. George Mason interveio para insistir que a moção fosse adiada por um ou dois dias e prevaleceu. No final, a questão seria resolvida por estratégia, uma manobra, em comitê, imensamente inteligente e totalmente bem-sucedida, que evitou uma renovação do debate no plenário, mas que, mesmo assim, satisfez a Convenção.

Os delegados estavam alheios a essa estratégia. Depois que a moção de Mason foi aceita, Charles Pinckney propôs que se elaborasse um discurso a fim de preparar o povo para acompanhar a Constituição e que a redação do discurso fosse encaminhada ao comitê apropriado para tanto.

"Encerrado", escreveu Madison ao pé da página.

CAPÍTULO 20

# Elaborando a Constituição. Entra em Cena o Comitê de Estilo e Arranjo. De 8 a 12 de Setembro.

*Um governo livre é uma máquina complexa, cujo ajuste delicado e preciso de molas, rodas e pesos ainda não é bem compreendido pelos artesãos da época, e menos ainda pelo povo.*
JOHN ADAMS A THOMAS JEFFERSON,
QUINCY, 19 DE MAIO DE 1821.

Apesar das divergências, indecisões, ameaças de revogações e artigos ainda não resolvidos, a Convenção estava pronta para dar a forma definitiva à Constituição e apresentá-la ao país. A Câmara Estadual estava barulhenta e ocupada com homens passando de um lado para outro atrás das portas fechadas da grande câmara leste. A Assembleia da Pensilvânia se reuniu, em 5 de setembro, de acordo com o planejado; mas, de forma muito respeitosa, ofereceu-se para mudar sua reunião para o andar de cima, e os delegados da Convenção garantiram a seus irmãos da Pensilvânia que não demorariam mais do que dez dias, no máximo. Poucos dias depois, Madison fez o registro de que um comitê havia sido escolhido por votação "para revisar o estilo e organizar os artigos sobre os quais a Câmara havia concordado". Os cinco homens selecionados foram William Samuel Johnson, Alexander Hamilton, Gouverneur Morris, James Madison e Rufus King. Eles foram chamados de Comitê de Estilo e Arranjo.

É difícil ver como uma escolha melhor poderia ter sido feita embora pareça estranho que eles tenham ignorado James Wilson. Não se pode dizer que Wilson inspirasse simpatia, mesmo na Pensilvânia não era uma unanimidade gostar dele, e os membros sulistas da Convenção poderiam ter desconfiado do seu posicionamento intransigente em relação a um governo central forte. No entanto, cada um dos cinco era partidário de um governo forte – nem um homem favorável à soberania dos estados participou do Comitê. A omissão de George Mason é um pouco surpreendente, considerando sua reputação como redator de documentos de Estado. Talvez ele tenha se recusado a servir, já sabendo que provavelmente repudiaria a Constituição.

O dr. Johnson foi imediatamente nomeado presidente – o homem perfeito para presidir esses quatro mestres da argumentação e da estratégia política. Os delegados não esqueceram que, no Congresso, Johnson era conhecido como "o homem de quem os sulistas gostavam muito". A sua presença no comitê deve ter sido tranquilizadora. A natureza pacata do doutor acalmava. Na Convenção, ele não faltou um dia sequer desde sua chegada, no início de junho, e sua maneira de estar sempre pronto para instruir e deixar as pessoas a par dos acontecimentos era agradável. Em resumo, os homens gostavam do novo reitor da Columbia College – um contemporâneo chegou a afirmar que, pessoalmente, o médico era o "o conjunto completo de um homem perfeito, no rosto, na forma e na proporção".

Quanto a Alexander Hamilton, o seu discurso de 18 de junho ainda não havia sido esquecido, nem seu viés monárquico, no entanto, os delegados conheciam o entendimento que ele tinha da situação, sabiam também que sua pena era rápida e eloquente e que ninguém conseguiria expressar melhor do que ele o que ele queria dizer sobre a constituição de governos. No final de julho, Hamilton havia lançado no *The New York Daily Advertiser* um poderoso ataque à posição anticonvencionalista do governador Clinton. Além do mais, ele se correspondia com Washington e Rufus King e, evidentemente, mantinha-se informado sobre o progresso dos trabalhos. "Homens pensantes", escreveu ele a Washington, em julho, "parecem estar convencidos de que um governo forte e bem montado irá se adequar melhor ao gosto popular do que um outro com uma aparência diferente". Além disso, a bravata pessoal e a arrogância que tornaram o jovem Hamilton detestado em certas esferas seriam contidas neste Comitê – nenhum dos seus quatro colegas eram homens para quem se poderia dar ordens. E, se eles sentiam que, devido ao seu ar de estrangeiro, Hamilton não amava "o povo", sabia-se, sem dúvida, que ele amava a União. Ele também não achava, como muitos, que um governo consolidado, uma União poderosa, restringiria as liberdades individuais. Hamilton acreditava, e disse isso, que a América poderia ser livre *e* poderosa.

Gouverneur Morris – o "Garoto Alto" –, andando a passos pesados com sua perna de maneira e suas maneiras elegantes, era, a seu jeito, tão audacioso quanto Hamilton. Morris também não gostava muito do povo no geral. Sofisticação, esse traço pouco americano, era algo instintivo em Morris e ele ousava ter aquele sentimento antipatriótico de que o luxo poderia não ser "uma coisa tão ruim quando as pessoas acreditavam". Aqui estava a voz da Convenção ouvida com mais

## ELABORANDO A CONSTITUIÇÃO.

frequência, o delegado que falava mais do que qualquer pessoa no plenário e que tinha coragem de mudar de opinião publicamente quando percebia que estava errado.

Morris havia sido nomeado escrevente para a atribuição dada do Comitê – que seria de estilo e arranjo, sem mudanças substanciais. As pessoas diziam que Gouverneur Morris era alguém que conhecia a natureza humana – uma característica dificilmente exigida naquele responsável por redigir uma Constituição. Era uma convicção de Morris que escrever a história exigia mais do que erudição, e que o historiador estaria se preparando melhor lendo William Shakespeare do que lendo David Hume (1711-1776). Contudo, reunir fatos históricos requer capacidade de julgamento e habilidade. O esqueleto deve ser vestido com aqueles "músculos", dizia Morris, que são simetria, força e graça à forma completa, a qual, por sua vez, receberá suas cores da própria perspectiva e experiência do historiador.

A Convenção Federal ignorava tudo isso quando votou em Gouverneur Morris para o Comitê de Estilo e Arranjo. No entanto, a harmonia da forma não é um algo ruim em um documento como esse, e escrever uma Constituição nacional que possa ser carregada no bolso talvez seja uma realização de arte, bem como de discernimento.

Ninguém jamais disse sobre James Madison, quarto membro do Comitê, que ele conhecia a natureza humana – e dizer isso não vem ao caso. O que Madison sabia era de ciência política, governos, Constituições, livros e tratados. Aqui, além disso, estava um homem que se conhecia e se movia dentro do venturoso escopo da sua natureza. O poder de Madison estava na compreensão do assunto em debate, uma capacidade de comparar um sistema político ou uma ideia entre si, na velocidade da luz, igualando o presente com o passado. As suas convicções eram profundas e apaixonadas. No entanto, por treinamento ou dom natural, ele possuía uma tenacidade implacável e podia aguardar seu momento, daí então erguer-se, com sua mente livre e, sem a necessidade de retórica ou ostentação, desistir ou reafirmar a oposição.

Durante quase quatro semanas, Madison foi extremamente diligente e vigilante. Até o fim da sua vida, ele iria explicar e apresentar a nova Constituição – no Congresso, como presidente dos Estados Unidos e, anos mais tarde, em Montpellier, respondendo a cartas vindas de todo o país. Agora ele se sentava no seu lugar à mesa de conferências, cansado, sério, uma pessoa que tinha, escreveu alguém que o conhecia, "uma expressão calma, um olho azul penetrante e parecia um intelectual".

Rufus King era o quinto membro do Comitê. Como congressista, duvidou da Convenção de Anápolis e veio para a Filadélfia com muitas apreensões. Ele considerava o Congresso o órgão adequando para propor alterações na Confederação. Contudo, durante o verão, King lentamente foi mudando de ideia e se tornou um forte defensor da Constituição. Um convertido é sempre um entusiasta, e a participação de King na Convenção foi grande. Ele mostrava uma formidável reputação para oratória – Brissot de Warville o chamou de "o homem mais eloquente dos Estados Unidos". Daniel Webster, mais tarde, daria o testemunho de que, como orador, King era "inigualável". Entretanto, uma reputação para oratória, assim como uma reputação para dançar balé, é difícil de ser passada para as gerações seguintes; depende muito do método e da personalidade. Rufus King era conhecido por todos os membros do Congresso e, de forma bastante evidente, causava uma impressão admirável e extraordinariamente elegante. Pierce, da Geórgia, de uma forma solene, escreveu que King poderia "com propriedade ser considerado um dos luminares da presente época".

No dia em que o Comitê de Estilo foi formado – um sábado –, seu presidente dirigiu-se até Falls of Schuylkill para jantar cedo com um delegado, Thomas Mifflin, e sua encantadora esposa *quaker*, Sarah. Naquela mesma noite, o dr. Johnson seu reuniu com seu comitê. Era para terminarem a tarefa em quatro dias. Se eles começaram com o preâmbulo ou – como parece mais provável – com o corpo do documento, por uma questão de absoluta estratégia, uma das coisas mais inteligentes que eles fizeram foi excluir completamente os Artigos XXII e XXIII, relativos à ratificação, e colocá-los no formato de duas resoluções em um apêndice elaborado para a instrução do Congresso quanto ao procedimento imediato. Na Constituição, o artigo final simplesmente afirma que *"A ratificação das convenções de nove estados será suficiente para o estabelecimento desta Constituição nos estados que a tiverem ratificado"*.

Uma carta foi redigida para "acompanhar o plano ao Congresso", disse Johnson, e ser assinada por George Washington representando a Convenção. "Senhor", começava, "temos agora a honra de submeter à consideração dos Estados Unidos, no Congresso reunido, aquela Constituição que nos pareceu mais aconselhável".

Em sua justificativa sobre o trabalho da Convenção, a carta substituiu um longo preâmbulo como aquele que prefaciou a Declaração de Independência. A carta chegou até nós com a caligrafia de Gouverneur Morris – um documento muito engenhoso e comovente, que inspira confiança no que a Convenção alcançou, e não pede desculpas, mas diz com seriedade e humildade exatamente o que a tal Convenção de diversos estados sentiu que poderia e o quê não poderia fazer. Está escrito no segundo parágrafo:

É obviamente impraticável no governo federal desses Estados, assegurar todos os direitos de uma soberania independente para cada um e, ainda assim, garantir o interesse e a segurança de todos. Os indivíduos que entram na sociedade devem abrir mão de uma parte da liberdade a fim de preservar o restante dela. A magnitude do sacrifício deve depender tanto da situação e circunstância quanto do que se pretende obter. É sempre difícil traçar com precisão a linha entre os direitos que devem ser renunciados e aqueles que podem ser preservados, e, na presente ocasião, essa dificuldade foi agravada por uma diferença entre os vários estados quanto à sua situação, extensão, hábitos e interesses particulares.

De fato, estava "aumentada". O surpreendente é que doze estados tenham ficado meses em discussão, sem se dispersarem, e que a Comissão de Estilo pudesse agora continuar com sua tarefa, sem impedimentos. A carta ao Congresso, à medida que avançava, usava uma expressão perigosa. Dizia que o maior interesse de cada americano está na "consolidação da nossa União, na qual está envolvida nossa prosperidade, felicidade, segurança, talvez nossa existência nacional".

Desde o dia 29 de maio, quando as Resoluções da Virgínia foram apresentadas, os membros haviam se acostumado com a noção de um governo consolidado — embora, mais tarde, a palavra soasse o alarme em algumas esferas. A carta ao Congresso terminava dizendo que, embora não fosse de se esperar que a Constituição atendesse à aprovação total e integral de todos os estados [...]:

> cada um, sem dúvida, considerará [...] que está sujeito a tão poucas exceções quanto poderia ser razoavelmente previsto, é o que esperamos e acreditamos. Que possa promover o bem-estar duradouro daquele país tão caro a nós todos e assegurar sua liberdade e felicidade, é o nosso desejo mais ardente.

Há algo de revigorante em usar, no século XVIII, a palavra "felicidade" em documentos públicos. A "busca da felicidade" de Jefferson era um "direito inalienável" da humanidade, juntamente com a vida e a liberdade. Ainda antes, na Declaração de Direitos da Virgínia, George Mason concedeu aos homens "certos direitos inerentes, a saber, a alegria pela vida e pela liberdade, com os meios para adquirir e possuir propriedade, e buscar e obter felicidade e segurança". Chastellux, amigo da América, havia escrito um tratado *Sobre a Felicidade Pública*, no qual colocava: "O verdadeiro espírito nacional se alia perfeitamente à liberdade e à felicidade".

Alexander Hamilton apontou uma dúzia de mudanças na expressão. Um historiador listou-as: a prosperidade pública, a segurança pública, o bem-estar público, a felicidade pública, o bem geral, a felicidade nacional, a felicidade permanente da sociedade. William Penn abriu suspeitas contra a palavra. Os homens pareciam concordar, explicava ele, que o objetivo de um governo era a felicidade, mas diferiam perigosamente na definição dos meios para esse objetivo. Em 1786, Madison escreveu a James sobre a máxima vigente:

> que o interesse da maioria é o padrão político do certo e errado. Tomando a palavra "interesse" como sinônimo de "felicidade suprema", em cujo sentido é qualificada com todos os elementos morais necessários, a proposição é, sem dúvida, verdadeira. Mas, tomando-a no sentido popular, como se referindo ao aumento imediato da propriedade e da riqueza, nada pode ser mais falso. Nesse último sentido [...] o termo está apenas reestabelecendo, sob outro nome e de uma forma mais enganosa, a força como medida de direito.

Madison não era um político romântico. O direito de possuir propriedade, de apegar-se a ela e de ser representado em qualquer órgão que determinasse impostos, isso era parte essencial da liberdade e da felicidade pública. No século seguinte, a "felicidade pública" tomaria o nome um tanto sombrio de "utilitarismo", e, em nossa própria época, um juiz no tribunal[142] falaria do direito à "busca ordeira da felicidade" – uma modificação ligeiramente exortativa de uma esperança gloriosa.

Entretanto, no ano de 1787, o Comitê de Estilo e Arranjo não tinha tais cuidados ou escrúpulos, o seu "desejo mais ardente" era garantir a "liberdade e felicidade" e o "bem-estar duradouro de um país tão caro a todos nós". Tendo a carta do Congresso coberto todos os pontos de justificativa necessários para os procedimentos do verão, o Comitê deixou seu novo preâmbulo sucinto. "*Nós, o povo dos Estados Unidos*", escreveu Morris corajosamente.

A expressão, tal como Morris a redigiu, era algo muito novo. Sobre a mesa, diante dele, estavam as 23 resoluções da Convenção – disputadas, votadas e, muitas vezes, reescritas – dispostas em artigos e seções. Esses artigos traziam seu próprio preâmbulo, que nada dizia sobre o "povo dos Estados Unidos". O que os artigos diziam era, "Nós, os delegados abaixo assinados do Estados de Nova Hampshire, baía de Massachusetts..." e assim por diante na lista de treze, incluindo (com mais esperança do que julgamento) as "*Plantations* de Rhode Island e Providence". Ainda assim, para o Comitê, havia pouca utilidade em prometer o apoio de Rhode Island a essa nova Constituição, ou o de Maryland, ou o de Nova York. Melhor seria evitar

---

[142] Juiz McReynolds em Meyer *versus* Nebraska, 1923.

a enumeração e deixar os vários estados ratificarem quando e se quisessem... "*Nós, o povo dos Estados Unidos...*".

Nenhum membro do Comitê disse conhecer o significado dessa expressão, ou supôs que ela despertaria a oratória amarga de homens como Patrick Henry, para quem a União significava os estados, não o povo enquanto Nação. Para Henry, esta expressão, "o povo", permitiria a um governo nacional pisotear os estados e seus direitos. Os membros do Comitê tampouco previram que, na Europa, a expressão serviria como uma inspiração, uma bandeira de desafio contra os reis absolutistas. Se *nós, o povo*, de fato, provarmos sermos uma entidade, um ser corporativo, que poder essa incorporação um dia poderá representar!

Tendo resolvido um problema inconveniente e se livrado do perigo de nomear estados que não se importariam em serem nomeados, Morris continuou... "*a fim de*", escreveu ele,

> *formar uma União mais perfeita, estabelecer justiça, assegurar tranquilidade interna, providenciar a defesa comum, promover o bem-estar geral e garantir para nós e nossos descendentes as bênçãos da liberdade, promulgamos e estabelecemos esta Constituição para os Estados Unidos da América.*

Os sete verbos apresentados: formar, estabelecer, assegurar, providenciar, promover, garantir, promulgar. Alguém pode desafiar os séculos a fim de aperfeiçoar esses verbos. Morris estudou para chegar a eles, ou eles simplesmente caíram da sua pena? Uma graça era necessária, acreditava Morris, para uma boa escrita histórica – harmonia e "músculos". Morris estava estabelecendo um instrumento funcional de governo que deve ser claro, breve e estrategicamente pouco vago em alguns lugares, para dar espaço a circunstâncias futuras. "É importante não tornar o governo muito complexo", disse Caleb Strong na Convenção; e Nathaniel Gorham insistiu que "a imprecisão dos termos constitui a propriedade deles".

Na cabeça de Morris e na cabeça do Comitê, ecoaram as palavras e argumentos de um longo verão. Os cinco homens vieram bem-preparados para sua tarefa. Esses 23 artigos foram o resultado de batalha, de discursos longos e concessões. "Sempre deixe os perdedores falarem", *sir* Francis Bacon havia dito isso dois séculos antes, aconselhando a si próprio quando um jovem advogado. Ao criar a Constituição dos Estados Unidos, todos os perdedores com certeza se manifestaram, e a esse fator o sistema deve sua força. E se o novo governo foi realmente uma revolução, ele carregava uma vantagem que poucas revoluções demonstraram: nenhum poder central, nenhum "líder" o fez existir. Aqui estava uma fusão que devia sua validade não apenas aos dissidentes. O Comitê de Estilo, consciente desse aspecto, fez seu trabalho de forma coerente com tal percepção. "*Esta Constituição*", escreveu Morris no Artigo VI, "...*será a Lei suprema do país*". Em torno dessa expressão antiga (que veio da Magna Carta), o Congresso e os estados girariam como em um eixo. Luther Martin propôs essa resolução – embora não tenha dito "Lei suprema do país", ele usou "Lei suprema dos respectivos estados".

O Comitê de Estilo nunca tinha ouvido falar da cláusula de supremacia, a cláusula de comércio, a cláusula plena de fé e crédito. Essa nomenclatura veio depois, quando os tribunais começaram suas interpretações. Tudo o que Gouverneur Morris pôde fazer foi pegar os 23 artigos e condensá-los em sete, com suas seções apropriadas. Ele tinha orgulho de seu trabalho e, muitos anos depois, contou ao político Timothy Pickering (1745-1829) que a Constituição "foi escrita pelas mãos que escreveram esta carta", acrescentando que "tendo rejeitado termos redundantes e equívocos, acreditei ter ficado o mais claro que a nossa língua poderia permitir".

Madison é a melhor testemunha do papel desempenhado por Morris. "O *acabamento* dado ao estilo e ao arranjo", escreveu Madison, "...pertence com justiça à pena do sr. Morris". Embora os artigos, disse Madison, tenham sido apresentados ao Comitê em um arranjo lógico, "havia espaço suficiente para os talentos e gostos estampados no texto pelo autor". Pelo menos, Morris tentou fazer uma última tentativa de torcer uma cláusula segundo sua própria forma de ver as coisas – e falhou. Tratava-se da Seção 3 do Artigo IV, referente à exclusão de novos territórios, em uma escolha linguística que, Morris mais tarde confessou, ele "foi até aonde as circunstâncias permitiriam o estabelecimento da exclusão"[143].

Entretanto, Gouverneur Morris tinha todo o direito de se orgulhar do seu trabalho. Quando a Convenção se levantou, e a Constituição foi publicada, os delegados se veriam acusados pela oposição devido à ambiguidade das expressões. Na Convenção de Massachusetts para a ratificação, Caleb Strong iria fazer a refutação em palavras caracteristicamente simples, e não sem sua própria dignidade e eloquência sem adornos. Ele acreditava que a grande maioria dos que construíram a Constituição eram homens sinceros e honestos e que, se uma seção não fosse totalmente explícita, não poderia ser atribuído ao projeto. "Da minha parte, acho que tudo se expressa na linguagem simples e comum da humanidade", disse.

---

[143] Ver página 265.

CAPÍTULO 21

# Uma Declaração de Direitos Rejeitada.

*Os Estados democráticos devem sempre sentir antes de poderem ver — é isso o que torna seus governos lentos, mas o povo finalmente terá razão.*
GEORGE WASHINGTON A LAFAYETTE,
25 DE JULHO DE 1785.

Em 6 de setembro, estava no *The Pennsylvania Packet*: "Ouvimos que a Convenção propõe o encerramento para a próxima semana". Exultantemente pró-constitucional, o *Packet* disparou em seu melhor estilo: "O ano de 1776 é celebrado por uma revolução a favor da Liberdade. O ano de 1787, espera-se, será celebrado com igual alegria por uma revolução a favor do governo". Mais tarde, o *Packet* cedeu espaço a um "redator de parágrafos" (nome vigente para colunistas) que se permitiu imaginar que a Constituição havia sido rejeitada pelos estados. Ele descreveu a situação difícil da Nação:

> Sua Excelência Daniel Shays assumiu a posse do governo de Massachusetts, e os presidentes anteriores devem ser executados amanhã. Nova Jersey peticionou para ser retomada sob a proteção da Coroa britânica...

Em 12 de setembro, o dr. Johnson anotou em sua diário que fazia muito calor; na maior parte do tempo, o clima estava abençoadamente fresco enquanto o Comitê de Estilo fazia seu trabalho. Naquela manhã de quarta-feira, o Comitê apresentou sua Constituição. Johnson referiu-se a ela na expressão, agora habitual, como "o plano". A Convenção, nada impressionada, ou talvez consciente de que esta era sua última chance, começou a destruir o plano, como havia feito com todas as versões anteriores desde maio: que a negativa do presidente seja rejeitada apenas por dois terços do Congresso, não três quartos; inclua-se uma provisão para julgamentos com júri em casos civis. A primeira moção venceu por uma votação apertada, a segunda foi postergada; Gerry propôs que a Comissão de Estilo colocasse tal cláusula para consideração.

"Julgamento por júri" sempre foi uma trindade sagrada de palavras, celebrada como paládio da liberdade e acompanhada por um panegírico sobre os direitos do homem e sobre os antigos privilégios herdados de nossos ancestrais saxões. Na verdade, o julgamento por júri não garantiu de forma alguma um tratamento justo no tribunal durante todos esses séculos. Houve um tempo, na Inglaterra, quando os júris eram facilmente intimidados por um juiz ou por um réu aristocrático. No entanto, o "julgamento por júri" era uma expressão valiosa. Esta manhã, ela inspirou George Mason a proferir a primeira manifestação[144] do verão sobre uma declaração de direitos para a Constituição. Ele gostaria, disse Mason, "que o plano tivesse sido prefaciado por uma declaração de direitos. Isso daria uma grande tranquilidade ao povo". Tal projeto de lei poderia ser preparado em poucas horas, acrescentou Mason, se o comitê simplesmente se referisse às várias declarações estaduais.

Oito das Constituições estaduais incluíam declarações de direitos. O próprio Mason havia escrito a da Virgínia em 1776. Elbridge Gerry agora propôs a elaboração de tal projeto de lei, e Mason o apoiou. Roger Sherman, no entanto, alegou que as declarações dos estados eram insuficientes; afinal, elas não foram revogadas pela nova Constituição. Mason se opôs a isso, pois as leis dos Estados Unidos deveriam ser agora a Lei suprema do país e, portanto, fundamental para declarações de direitos estaduais. Com um resultado de dez estados a zero, a Convenção votou contra o acréscimo de uma declaração de direitos à Constituição. Massachusetts estava ausente. Gerry deve ter saído da sala. Até a Virgínia votou contra.

E, assim, sumariamente, a questão foi rejeitada, uma reação que, à primeira vista, parece extraordinária. Os americanos estão hoje tão familiarizados com a Declaração de Direitos que chegam a confundi-los com os primeiros sete artigos que, em setembro de 1787, compunham o corpo integral da Constituição. Se contestados, muitos cidadãos diriam que a Constituição dos Estados Unidos é o documento que começa com a expressão *"Nós, o povo"* e garante liberdade de expressão e religião, *habeas corpus* e assim por diante. Na verdade, é claro, a Declaração dos Direitos consiste em dez emendas à Constituição, sugeridas pelos estados durante o período de ratificação e aprovadas pelo primeiro Congresso (1789) sob o novo governo.

Quando a Constituição foi publicada nos jornais, após o fim dos trabalhos da Convenção, e os antifederalistas reuniram suas forças para fazerem oposição, nada criou tanto alvoroço quanto a falta de uma declaração de direitos. O que a

---

[144] No dia 20 de agosto, Carles Pinckney apresentou ao Comitê do Detalhe certas disposições que poderiam equivaler a uma declaração de direitos, mas acabou dando em nada e jamais foram apresentadas para votação.

## UMA DECLARAÇÃO DE DIREITOS REJEITADA.

Convenção estava pensando para negligenciar um assunto tão elementar, que faz parte do patrimônio dos povos livres? Ora, a questão voltou-se para a Magna Carta! Blackstone o havia definido e *Lord* Edward Coke (1552-1634) antes dele também definiu em seu *Segundo Instituto*.

A posição da Convenção, entretanto, era razoável embora equivocada. Nenhum delegado havia sido contra tais direitos. Eles simplesmente consideraram que a Constituição, tal como estava, havia coberto o assunto. E quando, logo após a votação de dez a nada, Pinckney e Gerry propuseram uma declaração "que a liberdade de imprensa deveria ser observada de forma inviolável", Roger Sherman, por sua vez, imediatamente disse que isso era desnecessário; o poder do Congresso não se estendia à imprensa. Sete a quatro estados mais uma vez votaram contra.

Há um deslumbramento em ler a defesa posterior que os delegados fizeram de sua posição. Para Alexander Hamilton, uma declaração de direitos era mais do que desnecessária. Seria perigoso, disse ele, "Por que declarar que não devem ser feitas coisas que não há [no Congresso] poder para fazer?". Hamilton argumentou que declarações de direitos eram originalmente estipulações entre reis e seus súditos, como a Magna Carta, que foi "obtida do rei John (1166-1216)[145] pelos barões, com espada em punho. Por outro lado, no governo americano, o povo não tendo renunciado a nada e tendo retido tudo, não precisa de ressalvas especiais. "*Nós, o povo dos Estados Unidos...*", Hamilton citou o preâmbulo – um reconhecimento mais firme dos direitos populares, dizia ele, do que os volumes daqueles aforismos que aparecem nas declarações de direitos dos estados, os quais "soariam muito melhor em um tratado de ética do que na Constituição de um governo". E, já que estavam tratando disso, por que não declarar na Constituição que o governo deveria ser livre, que os impostos não deveriam ser excessivos, e assim por diante?

Quanto a James Wilson, em uma reunião de cidadãos da Pensilvânia, ele afirmou que uma declaração de direitos não apenas era desnecessária, mas também impraticável: "Enumerar todos os direitos dos homens? Estou certo de que nenhum cavalheiro na última Convenção teria tentado tal coisa". A nova Constituição, na opinião de Wilson, não era um corpo de lei fundamental que exigiria uma declaração de direitos naturais. Em vez disso, era lei municipal, lei positiva – o que na época medieval era chamado de *jus civile*[146] – não uma declaração de direitos eternos, mas um código de referência.

Evidentemente, a Convenção Federal considerava seu trabalho uma tarefa prática, cotidiana; o tempo todo eles haviam evitado expressões exageradas sobre

---
[145] *O Federalista*, número 84.
[146] *Jus Civile* é o direito civil do Estado romano. (N.T.)

os direitos dos homens. Tais direitos, argumentaria John Dickinson (1732-1808) nos jornais – tribunal do júri, não à tributação sem representação –, "devem ser preservados por bom senso e honestidade de coração". O que são as declarações de direitos quando comparadas com essas qualidades? "Queremos ser lembrados de que o Sol ilumina, aquece, revigora e alegra? Ou quão horrível seria ter seus abençoados raios interceptados por sermos lançados em minas ou masmorras? A liberdade é o Sol da sociedade, e os direitos são os raios".

Roger Sherman nunca mudou sua posição contrária a uma declaração de direitos. Na sua maneira decidida, ele escreveu a respeito para um jornal de New Haven, assinando como "um compatriota". Disse:

> Nenhuma declaração de direitos jamais limitou o poder supremo por mais tempo do que dura a lua-de-mel de recém-casados, a menos que os governantes estejam interessados em preservar os direitos; e, nesse caso, eles sempre estiveram prontos o suficiente para declarar os direitos e para preservá-los quando fossem declarados.

Os jornais foram inundados por cartas e artigos sobre o assunto, assinados por Brutus, Sydney, Agripa, Catão, Candido[147]. Noah Webster, ofendido pelos argumentos da convenção de Nova York referentes a uma declaração de direitos, dirigiu-se aos membros (por meios de jornais) com seu melhor, ousado e desinibido sarcasmo. Para completar sua lista de direitos inalienáveis, Webster sugeriu uma cláusula segundo a qual:

> [...] todos devem, em um clima bom, caçar nas suas próprias terras e pescar em rios que são propriedade pública [...], e o Congresso nunca deve impedir qualquer habitante da América de comer e beber, em horários oportunos, ou impedir que ele se deite sobre seu lado esquerdo, em uma longa noite de inverno, ou mesmo de costas, quando estiver cansado por deitar-se do lado seu lado direito.

O dr. Benjamin Rush deveria dizer à convenção da Pensilvânia para a ratificação que ele "considerava uma honra para a tardia Convenção que esse sistema não tenha sido desonrado por uma declaração de direitos. Não seria absurdo formular uma declaração formal de que nossos direitos naturais são oriundos de nós mesmos?". Na Carolina do Sul, o general Charles Cotesworth Pinckney fez a declaração com menos rodeios de todas as já feitas. Declarações de direitos, disse ele

---

[147] Sydney e Brutus eram Yates, e o governador Clinton era Catão.

à legislatura, "geralmente começaram declarando que todos os homens nascem livres por natureza. Agora, devemos fazer essa declaração com o maior desrespeito, quando uma grande parte da nossa propriedade consiste em homens que na verdade nasceram escravos".

Tais foram os argumentos contra uma declaração de direitos da Constituição. As razões a favor quase não precisam de citação, pois elas fazem parte da nossa maneira de pensar hoje. Houve, no entanto, reviravoltas surpreendentes nas formas segundo as quais os homens expressavam suas convicções. Jefferson, por exemplo, estava indignado com a omissão de uma grande quantidade de direitos e esperava que "a oposição da Virgínia remediasse a situação". Contudo, escrevendo de Paris ao general Washington, Jefferson classificou a omissão de uma declaração de direitos como apenas uma de duas coisas que ele fortemente detestava na nova Constituição. A outra era a reelegibilidade perpétua do presidente, que ele temia ser o fator que "tornaria aquele um cargo, primeiro, vitalício e depois, hereditário".

Homens de menor expressão tiveram sua voz ouvida; em todos os lugares, as pessoas participavam. Em Portland, Maine, o dono de uma tipografia chamado Thomas Wait (1762-1830), editor da *The Cumberland Gazette*, afirmou que:

> [...] havia uma certa obscuridade, duplicidade e uma calculada ambiguidade na forma de expressão perpassando a Constituição como um todo, o que torna uma declaração de direitos particularmente necessária. Tal como se encontra agora, muito poucos indivíduos a compreendem ou compreenderão; consequentemente, o Congresso será seu próprio intérprete.

Foi uma reação astuta e muito natural. A Constituição era nova e impactante, e mentes que se sentem ofendidas pelo novo tendem a reclamar da obscuridade ou da ambiguidade em questões ainda não compreendidas. Luther Martin, em Maryland, levantou um grande tumulto, sugerindo que a falta de uma declaração de direitos era algo deliberado e escandaloso. Irado, Oliver Ellsworth respondeu a isso nos jornais, assinando como "um proprietário de terras". Por que o sr. Martin nunca se manifestou na Convenção por uma declaração de direitos? Escreveu ele:

> Você, senhor, jamais indicou por qualquer moção, ou expressão que fosse, que [o plano] necessitava de uma declaração de direitos ou que, de alguma forma, colocava em perigo o tribunal do júri. Nesses aspectos, a Constituição obteve sua total aprovação; pois, caso você a tivesse considerado deficiente nesses fundamentos, deveria tê-lo mencionado na Convenção, ou caso pensasse que ela precisasse de mais formas de proteção, era seu dever indispensável tê-las proposto.

Martin falhou gravemente na sua resposta, disse que ele realmente havia preparado e até mesmo redigido uma declaração de direitos ao final da Convenção, mas que foi desaconselhado a apresentá-la. Redigiu Martin:

> Ambição e interesse até agora cegaram o entendimento de alguns dos principais idealizadores da Constituição [...] Eu, da forma mais sagrada, acredito que o objetivo deles é a abolição e destruição totais de todos os governos estaduais e a construção de um grande e extenso império sobre as suas ruínas [...].

Com tolerância e um bom senso muito perspicaz, Richard Henry Lee, um congressista da Virgínia — não foi membro da Convenção e era ferozmente anticonstitucionalista –, desculpou a falha da Convenção a respeito de uma declaração de direitos. Lee alegou que, quando os homens tão logo entendam certos assuntos como sendo as preocupações comuns do país, eles tendem a supor que essas coisas são entendidas por outros e que não precisam ser explicitamente expressas. "E não é incomum", acrescentou,

> que os homens mais capazes frequentemente cometam esse erro; considerando que tais direitos devem ser constantemente mantidos à vista, em discursos, em declarações de direitos, em jornais e assim por diante.

Os registros da Convenção corroboram Lee. Os idealizadores consideravam a Constituição uma declaração de direitos em si mesma; todos os dispositivos eram para um povo livre e um povo responsável. Por que, portanto, enumerar as coisas que o Congresso não deve fazer?

\*\*\*

Luther Martin partiu da Filadélfia, em 4 de setembro, apresentando como motivo assuntos urgentes em casa – embora, seis meses depois, ele tenha dito a seus constituintes que havia deixado a Convenção [...]:

> [com uma] firme determinação de retornar, se possível, antes que a Convenção encerrasse os trabalhos [...] Eu queria ter estado presente na conclusão, para ter dado [à Constituição] minha solene negativa. É minha maior ambição que meu nome possa também ser registrado como aquele que considerou o sistema prejudicial ao meu país e como tal, opôs-se a ele.

Entretanto, a negativa solene de Luther Martin foi à revelia. Ele ficou em casa, e a Constituição foi assinada sem ele. Na sexta-feira, 14 de setembro, vários termos foram alterados no Artigo I, e a Convenção concordou formalmente com as duas resoluções do Comitê em substituição aos Artigos XXII e XXIII. Contudo, os delegados não podiam desistir, decepcionar e encerrar os trabalhos. Pacientemente, eles apresentaram seus planos, como a moção do dr. Franklin para que o Congresso tivesse o poder de abrir canais quando necessário. James Wilson disse que isso facilitaria a comunicação com o Oeste – e o quão certo ele estava seria provado por uma geração posterior. Um membro do Norte, porém, disse que os canais dividiriam os estados em partidos, e, além disso, a Filadélfia e Nova York usariam a construção do canal como uma desculpa para estabelecer uma margem – isso já havia sido um motivo de discórdia naquelas cidades. George Mason também se opôs, pois ele temia monopólios. Por oito estados a três, a moção de Franklin foi derrotada.

Gouverneur Morris pretendia eliminar, na Seção 8 do Artigo I, o segundo uso do termo "punir": "Definir e punir pirataria e delitos cometidos em alto mar e violações ao direito dos povos". Isso tornaria as ofensas contra a lei das nações tão definíveis quanto puníveis. James Wilson foi contra. "Pretender *definir* a lei das nações que depende da autoridade de todas as nações civilizadas do mundo", explicou ele, "teria uma aparência de arrogância e nos tornaria ridículos". Contudo, os estados votaram seis a cinco a favor da moção de Morris. Em seguida, Madison e Charles Pinckney apresentaram – e perderam – uma moção para que o Congresso recebesse poderes "para estabelecer uma universidade, na qual nenhuma preferência ou distinção deveria ser permitida em razão da religião". Houve um debate sobre a Seção 9 do Artigo I, sobre se o Congresso deveria ser obrigado a publicar um registro dos gastos públicos e se deveria ser anual. No final, a Convenção estabeleceu a expressão que lê: "*será publicada de tempos em tempos*".

Sábado, 15 de setembro, foi o último dia útil da Convenção. Quando a reunião foi aberta, Carroll, de Maryland, lembrou à Câmara que não havia sido preparado nenhum discurso dirigido ao povo, um aspecto que ele considerava "de grande importância... As pessoas foram acostumadas a isso em grandes ocasiões", disse Carroll, que propôs um comitê nomeado para preparar o discurso.

Rutledge, da Carolina do Sul, objetou "devido ao atraso". Além disso, seria impróprio dirigir-se ao povo antes que se soubesse se o Congresso aprovaria e apoiaria a Constituição. Quando chegasse a hora, o Congresso poderia preparar tal discurso, e os membros desta Convenção poderiam explicar aos seus constituintes em seus estados de origem "as razões do que foi feito". Langdon, de Nova Hampshire, propôs acrescentar um membro aos representantes da Carolina do Sul e um aos de Rhode Island, ao que Rufus King, em sua ira, levantou-se para declarar que não havia prova oficial de que a Carolina do Norte tinha uma população maior do que a estimativa inicial. "E", concluiu King, que ele jamais poderia "assinar a Constituição se fosse permitido a Rhode Island ter dois membros, isto é, um quarto do número permitido para Massachusetts".

Com isso, Gunning Bedford, defendeu um aumento no número de representantes de Delaware, e o assunto ameaçou sair do controle. Foi um longo dia. A Convenção se reuniu até as seis horas da tarde. Artigo após artigo era analisado, palavras eram alteradas. Agora, nesta última data, a admissão de novos estados voltou à discussão, entre outros assuntos, como o poder do Congresso para regular o comércio, o perdão presidencial para traidores. Com o passar das horas, Mason, Randolph e Gerry mostraram-se cada vez mais inquietos. O Senado dos Estados Unidos tinha muito poder, alegava Mason.

Foi a cláusula de emenda que levou a insatisfação de Mason ao limite. O Artigo V previa que, sempre que dois terços do Congresso considerassem necessário, a Constituição poderia ser emendada após a ratificação por três quartos dos estados. Mason afirmava que um tal método era "excepcional e perigoso". Ele também estava insatisfeito com o poder do Congresso para aprovar atos de navegação por maioria, permitindo, assim, disse ele, "alguns comerciantes ricos na Filadélfia, Nova York e Boston monopolizarem os produtos básicos dos estados sulistas".

Edmund Randolph naquele momento falou, "fazendo críticas" – anotou Madison:

> [...] sobre o poder indefinido e perigoso que a Constituição deu ao Congresso, expressando a dor que sentiu por discordar do corpo da Convenção, no encerramento do grande e terrível assunto de seus trabalhos e desejando ansiosamente por algum expediente obsequioso que o livrasse de seus constrangimentos.

Randolph, em vista disso, apresentou uma moção para que emendas à nova Constituição pudessem ser propostas pelas convenções estaduais que, por sua vez, seriam submetidas e finalmente decididas por outra convenção geral. "Caso essa proposição seja desconsiderada", concluiu solenemente Randolph, seria impossível para ele colocar seu nome no instrumento. Se, mais tarde, ele iria se opor, ele não iria decidir isso naquele momento. Igualmente, não iria se privar da liberdade de fazê-lo em seu próprio estado, se esse curso de ação fosse indicado pela sua avaliação final.

## UMA DECLARAÇÃO DE DIREITOS REJEITADA.

George Mason, "apoiou e seguiu o sr. Randolph", escreveu Madison, "em críticas ao perigoso poder e estrutura do governo, concluindo que tal governo terminaria em uma monarquia ou em uma aristocracia tirânica; sobre qual delas ele estava em dúvida, que uma ou outra, ele tinha certeza. Esta Constituição", terminou Mason, "foi formada sem o conhecimento ou opinião do povo. Uma segunda Convenção saberá mais sobre a natureza do povo e será capaz de oferecer um sistema em maior harmonia com ele". Era inadequado dizer ao povo: aceite isso ou nada. Dada a maneira como a Constituição se encontrava, ele não poderia dar a ela nem seu apoio ou seu voto na Virgínia. E ele não poderia assinar aqui o que ele não poderia apoiar lá. Com o expediente de outra Convenção conforme proposto, ele poderia assinar.

Era uma ocasião perigosa. Caso Randolph e Mason fossem desertar naquele momento, qual influência sua deserção teria sobre outros delegados e sobre o país em geral? Randolph parecia favorecer um governo central forte. Não havia sido o Plano Randolph que a assembleia tinha debatido todos aqueles meses? Quanto ao coronel Mason, com seus cabelos brancos e seu patriotismo apaixonado, ele havido jurado ter seus ossos enterrados na Filadélfia em vez de abandonar a Convenção antes que um plano viável fosse elaborado. E agora Mason insistia em uma segunda convenção – para Madison, Hamilton, Washington e Wilson, tratava-se de uma contingência impossível.

Charles Pinckeny se levantou. Antes de completar 32 anos de idade, Pinckney seria eleito governador da Carolina do Sul. Ele era vaidoso, deslumbrante, criador de problemas, mas neste verão ele havia provado seu valor. O que diria a seguir era eminentemente sensato e sem nenhum rodeio: "Essas declarações de membros tão respeitáveis, no encerramento desta importante cena, dão uma solenidade peculiar ao momento presente [...]". Relatou Madison:

> Pinckney discorreu a respeito das consequências de evocar as deliberações e emendas dos diferentes estados sobre o tema do governo em geral. Nada além de confusão e contrariedade poderiam surgir desse experimento. Os estados nunca concordarão em seus planos. E os representantes jamais concordarão com uma segunda convenção reunidos sob as impressões discordantes de seus constituintes.

Pinckney encerrou, deixando clara sua própria posição. Madison foi com ele até o fim. "Ele, assim como outros, tinha objeções ao plano [à Constituição]", disse Pinckney. "Ele se opôs à desprezível fraqueza e dependência do Executivo. Ele se opôs ao poder de uma maioria do Congresso sobre o comércio apenas. Mas, percebendo o perigo de uma confusão geral e de uma decisão final pela espada, ele deveria dar ao plano seu apoio".

Elbridge Gerry foi o próximo a se levantar, preparado com seus pontos contra a Constituição. Havia onze deles – Gerry provavelmente tinha uma lista na sua mão:

> 1. a duração e reelegibilidade do Senado; 2. o poder da Câmara dos Representantes de ocultar seus registros oficiais; 3. o poder do Congresso sobre os locais de eleição; 4. o poder ilimitado do Congresso sobre suas próprias compensações; 5. Massachusetts não ter uma parte adequada de representantes atribuída a ela [...].

Deve ter sido desanimador ouvir Gerry, com seu jeito nervoso e enfático. Ele continuou com sua lista e então declarou que poderia "superar todas essas [objeções] se os direitos dos cidadãos não tivessem sido tornados incertos". Ele mencionou o levantamento de exércitos, o estabelecimento de tribunais sem júris, "os quais serão tribunais a portas fechadas em se tratando de casos civis [...]. Sob tal aspecto da Constituição, o melhor que pode ser feito é providenciar uma segunda convenção geral". Pensando consigo mesmo, Gerry disse, ele estava determinado a retirar seu nome da Constituição.

Ninguém respondeu – ou, se responderam, não há registro. A proposta de Randolph para uma segunda convenção veio à votação. "Todos os estados disseram: não", relatou Madison.

"Sobre a questão de concordar com a Constituição emendada: todos os estados foram a favor".

"Ordenou-se que se redigisse a versão final da Constituição".

"E a Câmara entrou em recesso".

CAPÍTULO 22

# A Constituição é Assinada. Os Dissidentes.

*Foi feita por meio de negociações e concessões, mas, apesar de suas imperfeições, da sua adoção depende (em meu frágil julgamento) se nos tornaremos ou não uma nação respeitável, ou um povo dilacerado por comoções nas entranhas, e transformado em algo desprezível por muito tempo.*
NICHOLAS GILMAN, DELEGADO DE NOVA HAMPSHIRE,
PARA JOSEPH GILMAN,
18 DE SETEMBRO DE 1787.

O fim de semana foi nublado; na sexta-feira e no sábado choveu. Contudo, segunda-feira, 17 de setembro, amanheceu clara e fria, e havia um agradável toque de outono no ar. Caminhando dos seus alojamentos abaixo da Fifth Street, os membros, enquanto se aproximavam da Câmara Estadual, podiam ver o grande relógio da parede leste, sua base quase no chão, sua parte frontal alta sob os alpendres – era preciso olhar para cima para ver as horas. Para a maioria dos delegados, esse seria o último dia na Chestnut Street e no habitual edifício, e a consciência disso aguçava a percepção de um homem... O pavimento de tijolos organizados e as sarjetas, lavadas pela água da chuva, as bombas altas, as sentinelas à entrada da porta. A liteira do dr. Franklin pesadamente se aproximando à vista, os prisioneiros carregando-a escada acima... A cena já adquiria um caráter nostálgico, como de algo habitual, algo vivido, mas que logo seria abandonado.

A grande sala quadrada a leste era iluminada pelo sol da manhã que entrava pelas janelas altas ao sul. Um teto alto atenuava o som de passos e vozes acima, local em que a Assembleia da Pensilvânia estava reunida. Só se ouvia, de vez em quando, o arrastar de uma cadeira, ou homens conversando no corredor enquanto dirigiam-se às escadas. Dos 55 membros da Convenção que compareceram uma vez ou outra, quarenta estavam presentes nesta manhã. A maior delegação era a da Pensilvânia com oito membros. A Virgínia tinha cinco de seus sete delegados originais e Massachusetts, três. Caleb Strong havia voltado para casa na Nova Inglaterra.

Os membros tomaram seus assentos enquanto a Constituição, agora com sua forma definitiva – copiada em um pergaminho em uma bela e clássica caligrafia –, era lida em voz alta. Ao final, o dr. Franklin "levantou-se", observou Madison,

> com um discurso em sua mão, que ele reduziu no formato escrito para sua própria conveniência, o qual o sr. Wilson leu nas seguintes palavras: "Sr. Presidente, confesso que há várias partes desta Constituição que, no momento, eu não aprovo [...]".

Foi um começo bem calculado para desarmar os relutantes; o velho Franklin não havia perdido o jeito. "Mas eu não tenho certeza se nunca irei aprová-las", continuou o discurso:

> Por ter vivido muito, experimentei muitas situações em que fui obrigado, por melhores informações ou considerações mais completas, a mudar de opinião até mesmo sobre assuntos importantes, os quais, embora antes achasse-os corretos, depois descobri serem o contrário. É por isso que, quanto mais velho fico, mais tenho a tendência a duvidar de meu próprio julgamento, e a ter respeito pelo julgamento de outros. A maioria dos homens, de fato, assim como a maioria das seitas na religião, pensam que estão em posse da toda a verdade e que, onde quer que os outros divirjam deles, é um erro [...] Mas, embora muitas pessoas privadas tenham uma opinião quase tão elevada de sua própria infalibilidade quanto aquela de sua seita, poucos expressam isso de forma tão natural como uma certa senhora francesa que, em uma disputa com sua irmã, disse, "Eu não sei como isso acontece, irmã, mas eu não me encontro com ninguém além de mim mesma, isso sempre vai na direção certa" – *Il n'y a que moi qui a toujours raison* [Só eu é que tenho sempre razão].
> Nessa forma de ver as coisas, senhor, estou de acordo com esta Constituição, com todos seus defeitos, se assim o são.

Ele duvidava, continuava o doutor, se uma segunda convenção poderia ser melhor; afinal, eles também teriam seus interesses locais e suas visões egoístas. Na verdade, disse Franklin, foi para ele uma surpresa descobrir que a Constituição estava tão próxima da perfeição como de fato tudo indica estar.

> E acho que será uma *surpresa* para nossos inimigos, os quais estão esperando com toda confiança para ouvirem que nossos conselhos são confusos [...] e que nossos estados estão a ponto de se separarem; apenas para, no futuro, encontrarem-se tendo como propósito cortarem as gargantas uns dos outros.

## A CONSTITUIÇÃO É ASSINADA.

Benjamin Franklin ficou satisfeito com seu discurso e enviou cópias dele para seus amigos. Ao longo de todo o texto, pode-se ver refletido o charme de Franklin. Essas são as palavras de um homem velho, gentil, complacente, mas ainda com o vigor e o conhecimento de uma longa vida por trás delas:

> Eu consinto, senhor, com esta Constituição, porque não espero nada melhor e porque não tenho certeza de que não seja a melhor. As opiniões que tive sobre seus erros, eu as sacrifico para o bem público. Jamais sussurrei uma sílaba delas no exterior. Dentro dessas paredes elas nasceram e aqui elas irão morrer.

Franklin passou a apelar aos delegados que não apresentassem suas objeções em público, minando assim o trabalho do verão e perdendo a vantagem que uma aparência de unanimidade alcançaria com as nações estrangeiras.

> Senhor, não posso deixar de expressar o desejo de que todos os membros da Convenção, que ainda possam ter objeções a ela, que nesta ocasião comigo duvidem um pouco da sua própria infalibilidade e, para tornar manifesta nossa unanimidade, coloquem seu nome neste instrumento.

Nem todos os delegados foram tocados pelo encantamento de Franklin. McHenry, de Maryland, escreveu amargamente em suas notas: "O dr. Franklin colocou um papel nas mãos do sr. Wilson para que ele lesse; nele estavam suas razões para concordar com a Constituição. O texto era claro, sugestivo, persuasivo, e, em todo caso, o sistema protegeu a reputação do doutor". Até o fim da vida de Franklin, e para além dela, as pessoas teriam inveja de sua reputação e desconfiariam dos seus motivos. Ironicamente, nas notas de McHenry, a influência de Franklin parece muito clara. Tendo decidido assinar, McHenry escreveu suas razões na rubrica:

> Em primeiro lugar, desconfio do meu próprio julgamento, especialmente porque é contrário à opinião da maioria dos cavalheiros cujas habilidades e patriotismo são de primeira classe; e como já tive frequentes ocasiões para estar convencido de que nem sempre julguei certo [...].

O dr. Franklin terminou seu discurso apresentando uma moção que havia sido elaborada por Gouverneur Morris e colocada nas mãos do médico, disse Madison, "para que tivesse melhores chances de sucesso". A moção era uma calculada manobra de linguagem para enganar os dissidentes. Ela sugeria que a

Constituição fosse assinada pelos delegados, mas na seguinte configuração: "Feito na Convenção, pelo consentimento unânime *dos estados* presentes em 17 de setembro". Isso significava que os delegados não estavam individualmente comprometidos em defender a Constituição, facilitando assim para os dissidentes. Antes que a moção fosse votada, Nathaniel Gorham observou que, se não fosse tarde demais, ele gostaria de sugerir que a cláusula do Artigo I, que dava um representante no Congresso a cada 40 mil habitantes, fosse alterada para um a cada 30 mil.

Tratava-se de um assunto sobre o qual a Convenção havia seriamente discordado; uma representação maior beneficiaria os estados grandes em detrimento dos pequenos. Washington levantou-se para apresentar a questão. Deve ter surpreendido os membros quando o general, após seu silêncio durante todo verão, repentinamente começou a falar. Ele declarou (narrou Madison):

> [...] que, embora sua situação tivesse até o momento impedindo-o de expressar suas impressões a respeito das questões que dependiam da Câmara, e pode-se pensar, deveria agora impor um silêncio sobre ele, ainda assim, ele não podia deixar de manifestar seu desejo de que a alteração proposta poderia ocorrer. Era desejável que as objeções ao plano recomendado fossem as mínimas possíveis, pois a insignificância da proporção de representantes havia sido considerada por muitos membros da Convenção uma segurança insuficiente para os direitos e interesses do povo. Ele reconheceu que essa sempre lhe pareceu uma das partes excepcionais do plano e, dado o adiantado do momento para sequer cogitar admitir emendas, considerou que isso traria tantas consequências que dar-se-ia muito satisfeito em vê-lo aprovado.

O apelo e a influência do general eram irresistíveis. Por unanimidade, os estados concordaram.

O momento da assinatura estava se aproximando; os dissidentes deveriam falar agora, ou nunca. Desafiar figuras como Washington e Franklin representava um perigo terrível. Washington seria o primeiro presidente da nação. Ao ir contra uma Constituição que foi aprovada pelo general, qualquer aspirante a um cargo no novo governo estará cortando a própria garganta. No entanto, qualquer aspirante precisa lembrar que tem eleitores em seu estado de origem em quem pensar. Em todos os estados, existiam facções poderosas, opostas à Constituição, desejosas de uma segunda convenção. Edmund Randolph era jovem, grande parte da sua carreira ainda estava pela frente. Contudo, a política e os assuntos da Virgínia sempre tiveram um papel fundamental para Randolph, pois sua lealdade mais profunda era local. Anos mais tarde, ele declararia, parafraseando o famoso discurso de Patrick Henry,

## A CONSTITUIÇÃO É ASSINADA.

Não sou realmente um americano [...] sou um cidadão da Virgínia". Além disso, era difícil para Randolph tomar uma decisão e mantê-la uma vez tendo-a tomado – uma característica inusitada para um homem tão vigoroso; parece que o jovem governador mais chamava atenção do que era decidido. Suas próprias hesitações eram uma fonte de muita ansiedade para Randolph. Em relação à Constituição, ele ficaria inquieto, sem saber o que fazer até que George Mason se veria levado a referir-se a ele como "jovem Arnold[148].

Naquele último dia da Convenção Federal, Randolph deve ter refletido sobre as palavras de Franklin enquanto a discussão prosseguia. Ele, então, levantou-se e, como relatou Madison:

> [...] fazendo alusão às observações do dr. Franklin, desculpou-se por sua recusa em assinar a Constituição, apesar da vasta maioria e dos respeitáveis nomes que sancionariam a sabedoria e o valor do documento. Ele disse, contudo, que essa recusa não significava que havia decidido se deveria se opor à Constituição de forma explícita. Ele pretendia apenas manter-se livre para ser governado por sua obrigação moral, conforme ditado por seu julgamento futuro. Ele se recusou a assinar, porque pensava que o objetivo da Convenção seria frustrado pela alternativa que apresentava ao povo.

"Nove estados", declarou Randolph, por fim, "não ratificarão o plano, devendo seguir-se disso uma desordem".

Exatamente a quais nove estados Randolph se referia, ele não mencionou. "Dada a sua forma de ver a situação", concluiu, ele não deveria, não poderia, ao se comprometer a dar seu apoio ao plano, abster-se de tomar as medidas que lhe parecessem "as mais condizentes com o bem público".

Randolph estava deixando-se livre para agir como bem entendesse na convenção da Virgínia para ratificação. Gouverneur Morris foi o próximo a falar. Ele também tinha objeções, "mas, considerando o plano atual como o melhor que seria obtido", escreveu Madison, "ele iria aceitá-lo com todas as suas falhas. A maioria havia decidido em seu favor, e, por essa decisão, iria acatar".

"No momento em que esse plano for levado adiante", concluiu Morris, "todas as outras considerações serão deixadas de lado, emergindo daí a grande

---

[148] Benedict Arnold (1741-1801), general durante a Guerra da Independência dos Estados Unidos, considerado o maior traidor da Revolução Americana. Ele iniciou lutando pelo exército continental, mas acabou desertando para o exército britânico. (N.E.)

questão, haverá ou não um governo nacional? E isso precisa acontecer, ou a alternativa será uma anarquia geral".

Williamson, da Carolina do Norte, ciente de que seu colega Blount havia decidido não assinar, sugeriu naquele instante que a assinatura se limitasse à carta enviada ao Congresso com o plano. Isso poderia satisfazer os membros que não gostaram da Constituição. Ele, por sua vez, não achava que um plano melhor pudesse ser esperado e não hesitou em colocar seu nome nesse.

Estavam, na Câmara, seis delegados que haviam fielmente comparecido durante todo o verão, votado quando era necessário – alguns deles haviam, inclusive, servido em comitês –, mas que não acharam por bem dizer uma palavra sequer no plenário. Blount, da Carolina do Norte, estava entre eles. Os demais eram: o juiz Blair, da Virgínia; Gilman, de Nova Hampshire; Bassett, de Delaware; Few, da Geórgia; e Ingersoll, da Filadélfia. Blount, nesse momento, levantou-se para apresentar sua primeira e última palavra. Embora tenha declarado que não assinaria – e, desse modo, comprometeu-se a apoiar o plano –, ele disse que "estava aliviado pela forma proposta e que, sem se comprometer, atestaria o fato de que o plano foi o ato unânime dos estados da Convenção". Ingersoll ainda se conteve – por modéstia, de acordo com um membro da Convenção, embora seja difícil de acreditar nisso em se tratando de um advogado de reconhecido sucesso.

Alexander Hamilton "expressou sua ansiedade", anotou Madison, "de que todos os membros deveriam assinar [...]". Explicou Hamilton:

> Algumas figuras importantes, ao se oporem, ou mesmo a se recusarem a assinar a Constituição, podem causar danos infinitos ao acenderem faíscas latentes que espreitam sob um entusiasmo em favor da Constituição, entusiasmo esse que pode logo diminuir. As ideias de nenhum homem estão mais distantes do plano do que as minhas. Mas é possível deliberar entre a anarquia e a agitação violenta de um lado, e a chance do bem que se espera vir do plano, de outro?

O dr. Franklin disse confiar que o sr. Randolph não se considerava mencionado nos comentários que ele havia feito nessa manhã. Ao redigir seu texto, ele não sabia que algum membro em particular iria se recusar a assinar, e esperava que isso fosse compreendido. Ele tinha um grande senso de obrigação para com o sr. Randolph, disse Franklin, "por ter trazido o plano à luz em sua primeira fase, pelo auxílio que deu ao longo do processo, esperava que deixasse de lado suas objeções, e, ao concordar com seus irmãos, evitasse o grande dano que a recusa do seu nome poderia produzir".

## A CONSTITUIÇÃO É ASSINADA.

Entretanto, Randolph não cederia. Relatou Madison:

Ele repetiu que, ao se recusar a assinar a Constituição, deu o passo que poderia ser o mais terrível da sua vida, mas que foi ditado pela sua consciência, e não lhe era possível hesitar, muito menos, mudar. Ele repetiu também sua convicção, a de que a apresentação desse plano com uma alternativa final para o povo de aceitá-la ou rejeitá-la na sua totalidade realmente produziria a anarquia e as agitações civis violentas temidas pela recusa de indivíduos em assiná-la.

Elbridge Gerry foi o próximo. Como o único nortista da Convenção que se recusou a assinar, a sua era uma posição difícil. Contudo, Gerry tinha fama de arrumar brigas e parecia mais feliz na oposição. "Um homem de bom senso, mas um resmungão", disse um contemporâneo, "[...] profissional, pois se opunha a tudo o que ele não havia proposto".

Neste último dia de Convenção, Gerry "descreveu", relatou Madison, "os dolorosos sentimentos da situação em que se encontrava e o constrangimento sob o qual ele se levantou para trazer quaisquer outras observações a respeito do assunto que finalmente havia sido resolvido". Ele temia uma guerra civil, contou Gerry, especialmente em Massachusetts, onde "há dois partidos, um devotado à democracia, o pior, na sua opinião, de todos os males políticos; o outro, no extremo oposto, tão violento quanto. Da colisão entre esses dois em se oporem e resistirem à Constituição, tumultos eram algo a ser muito temido". Ele achava que o plano deveria ter sido proposto "de uma forma mais mediadora, a fim de diminuir a tensão e a oposição das partes. Dado que havia sido aprovado pela Convenção, ele estava persuadido de que teria um efeito contrário. Ele não poderia, portanto, pelo assinar a Constituição, comprometer-se a cumpri-la para todos os efeitos". Fazendo alusão às observações do dr. Franklin, ele não poderia deixar de vê-las "como dirigidas a si mesmo e aos outros cavalheiros que não queriam assinar".

Se alguém respondeu a Gerry, não foi registrado. As notas de Madison iam ficando mais curtas a cada dia que passava. O general Charles Cotesworth Pinckney imediatamente expressou sua desaprovação do método ambíguo de assinatura do dr. Franklin. Ele "achava melhor ser franco e deixar que a forma comunicasse a substância". Ele próprio assinaria a Constituição "com o objetivo de apoiá-la com toda a sua influência e desejava comprometer-se com ela da mesma maneira". O dr. Franklin objetou, dizendo que era "muito cedo para nos comprometermos, antes que o Congresso e nossos constituintes tenham aprovado o plano".

Dos seis delegados que não proferiram uma palavra, um sentiu que agora era o momento de quebrar o silêncio. Jared Ingersoll disse que, em que qualquer caso, não considerava a assinatura de um homem como uma promessa de apoio à Constituição. Em vez disso, era "uma recomendação do que, apesar de tudo, era o mais aceitável".

A moção de Franklin sobre a forma de assinatura venceu por dez votos. Todos os dissidentes haviam se manifestado, tiveram sua voz ouvida. Surpreendentemente, George Mason não se pronunciou outra vez. Nas páginas em branco de seu projeto de Constituição – aquele que foi devolvido pela Comissão de Estilo, em 12 de setembro –, Mason havia escrito suas objeções; elas cobrem três páginas. "Não há declaração de direitos", começam elas e passam a tratar: dos "perigosos" poderes do presidente e do Senado; o presidente não tinha conselho; o vice-presidente como chefe do Senado "perigosamente" misturava os poderes Executivo e Legislativo... e assim por diante, ao longo de toda a lista. Na verdade, Mason esperava apresentar essas objeções à Convenção, mas [...] – escreveu ele a Jefferson mais tarde:

> [...] fui desencorajado a fazê-lo pela forma precipitada e destemperada, para não dizer indecente, com que a situação foi conduzida durante a última semana da Convenção, depois que os apoiadores desse novo plano descobriram que tinham uma maioria decidida a seu favor; o que foi obtido com um acordo entre os estados do Leste e os dois estados do Sul para permitir que estes últimos continuassem a importar escravos por mais vinte e poucos anos; um objeto mais caro a eles do que a liberdade e a felicidade do povo.

Após a Convenção, Mason enviou ao general Washington a lista de objeções, as quais, escreveu ele, "com um pouco de moderação e serenidade, no momento final da Convenção, poderiam ser eliminadas". Nitidamente, Mason estava preocupado com o efeito de ele não assinar. "O coronel Mason, partiu da Philada. [Philadelphia], de muito mau humor, na verdade", pontuou Madison a Jefferson:

> Uma série de pequenos eventos decorrentes em parte da impaciência que se instalou perto do encerramento dos trabalhos contribuiu para estimular a sua amargura. Ele voltou para a Virgínia com a disposição fixa de impedir, se possível, a adoção do plano. Ele tem algumas objeções menores. Estando agora sob a necessidade de justificar sua recusa em assinar, ele, é claro, irá reunir todas as possíveis.

Ninguém na Virgínia, ou fora dela, questionou a devoção de George Mason aos seus ideais. Sete anos mais velho que Washington, Mason há muito acalentava a visão romântica da liberdade e do republicanismo. Em 1778, quando a

## A CONSTITUIÇÃO É ASSINADA.

própria criação de Mason, a constituição da Virgínia, foi adotada, ele escreveu a um amigo dizendo que "parece que estamos pisando em terreno enfeitiçado". Contudo, em setembro de 1787, George Mason não andava mais como se estivesse enfeitiçado. Ele sempre desconfiou de um governo central forte; agora ele via um em formação. Muito provavelmente seu problema de gota o incomodou, ou a dor de estômago que o visitava em momentos de estresse. (Depois de uma sessão difícil na legislatura da Virgínia, escreveu ele a Washington que estava "quase desmaiando na Câmara" de "simples desgosto e aversão".) De onde vem essa pressa em decidir a Constituição dos Estados Unidos e de dar os trabalhos por encerrados de uma vez por todas? Por que os delegados devem fazer as coisas com tanta pressa? Mason previu que o novo governo, no final das contas, acabaria "oscilando", escreveu ele, "entre uma monarquia e uma aristocracia opressora e corrupta".

*** 

O momento de assinar a Constituição havia chegado. Antes que os membros se dirigissem à mesa, uma moção foi feita e aprovada para que os diários oficiais e outros documentos da Convenção fossem colocados nas mãos do general Washington para ficarem sob sua guarda "sujeitos à ordem do Congresso, se for formado ao abrigo da Constituição".

Já passava das três horas. Os membros se dividiram de acordo com a geografia dos estados, começando com Nova Hampshire e seguindo para o Sul. Nova Hampshire, Massachusetts... Connecticut... Nova York... Nova Jersey... Pensilvânia... Delaware, e assim até a Geórgia. Quatro homens que se opuseram ferozmente à Constituição estavam ausentes: Luther Martin, Yates e Lansing, de Nova York; o jovem Mercer, de Maryland, que havia voltado para seu estado em meados de agosto. Nove homens que aprovaram também estavam ausentes: Ellsworth, de Connecticut; Strong, de Massachusetts; Houstoun e Pierce, da Geórgia; governador Martin e Davie, da Carolina do Norte; Houston, de Nova Jersey; e McClurg e George Wythe, da Virgínia. John Dickinson também estava ausente, pois não vinha se sentindo bem e havia voltado para casa em Wilmington. George Read, de Delaware, tinha uma carta autorizando-o a assinar por Dickinson. Um homem – o velho Roger Sherman – podia se vangloriar de ter assinado também a Associação Continental de 1774, a Declaração da Independência e os Artigos da Confederação. Nova York teve apenas um signatário: Alexander Hamilton. Foi uma situação que levou Washington a escrever em seu diário, naquela noite: "Encontravam-se na Convenção quando a Constituição recebeu a aprovação unânime de onze estados e Colo. Hamilton de Nova York.

Madison escreveu a Jefferson: "Você não pode deixar de notar que apenas três nomes da Virgínia assinaram a lei". Eram eles: Washington, Blair e Madison. Em sua assinatura, lê-se "James Madison Jr.". Foi uma parca exibição da grande comunidade que se considerava o principal motor em toda essa situação. Benjamin Franklin precisou de ajuda para sair de seu lugar – mais tarde, foi dito que o velho senhor chorou ao assinar. Seguindo a Pensilvânia, seis estados permaneceram; eles se dirigiram lentamente até a mesa.

Relatou Madison:

> Enquanto os últimos membros estavam assinando, o doutor Franklin, olhando para a cadeira de presidente, atrás da qual havia sido pintado um sol nascente, observou para alguns membros próximos a ele que os pintores achavam difícil distinguir na sua arte se o que estava retratado era o nascer ou pôr do sol. "Eu", disse ele, "tantas e tantas vezes, no decorrer da sessão, e nas vicissitudes de minhas esperanças e temores referentes às suas questões, olhei para a tal pintura que fica atrás do presidente, sem saber se o sol estava nascendo ou se pondo: mas, agora, finalmente tenho a felicidade de saber que se trata de um sol nascente, e não de um sol poente".

O major Jackson, o secretário, foi instruído a levar o documento no dia seguinte ao Congresso em Nova York, em sua versão final, completamente implementado e assinado. Cada membro receberia uma cópia impressa; finalmente, a liminar de sigilo foi removida. A mão cansada de Madison escreveu sua última frase, concisa e triunfante:

"Em sendo a Constituição assinada por todos os membros presentes, com exceção do sr. Randolph, sr. Mason e sr. Gerry, os quais se recusaram a dar-lhe a sanção de seus nomes, a Convenção se dissolveu por um Encerramento *sine die* [por tempo indeterminado].

No mesmo dia, o general Washington concluiu a nota em seu diário. "Encerrados os trabalhos", escreveu ele:

> [...] os membros foram para a City Tavern, jantaram juntos e despediram-se cordialmente. Depois disso, voltei para meus aposentos, recebi os documentos do secretário da Convenção, resolvi alguns assuntos com ele e retirei-me para pensar a respeito do importante trabalho que havia sido realizado, após não menos que cinco horas, e por uma grande parte do tempo seis, e às vezes sete horas sentados, todos os dias [exceto] domingos e a interrupção de dez dias em mais de quatro meses.

# A LUTA PELA RATIFICAÇÃO

CAPÍTULO 23

# A Constituição é Apresentada ao País.

*Que esperança havia de que tantos soberanos discordantes e intolerantes descendessem de qualquer uma de suas independências imaginárias por vantagens comuns?*
JAMES WHITE, CONGRESSISTA, PARA
WILLIAM BLOUNT, 25 DE OUTUBRO DE 1787.

Dois dias depois do encerramento da Convenção, o *The Pennsylvania Packet* publicou a Constituição completa, em quatro páginas, excluindo todas as outras notícias. Na primeira página, em seis linhas em negrito, o preâmbulo se destacava:

NÓS, O POVO DOS ESTADOS UNIDOS DA AMÉRICA...

Por fim, veio a Carta da Convenção ao Congresso, com seu apelo final: "Que [a Constituição] possa promover o bem-estar duradouro desse país tão caro a todos nós e assegure sua liberdade e felicidade é nosso mais ardente desejo". A carta trazia a assinatura de Washington. Escrito abaixo estava "Por ordem unânime da Convenção".

Os jornais de toda a parte publicaram a Constituição assim que puderam colocar suas mãos nela. Nunca, na América, tantas colunas foram dedicadas a um assunto político. Correspondentes irados escreviam às direções dos jornais, aprovando ou amedrontados, conforme era o caso. O país estava chocado, assustado. Essa Constituição, esse governo de três cabeças, não era uma simples emenda da Confederação! Suas disposições eram muito singulares, inesperadas. Por que a Convenção Federal insistiu no sigilo? Seria por que eles sabiam que o povo não consentiria com tais mudanças drásticas? Os estados eram tão suspeitos quanto a própria Convenção havia sido quando, em 29 de maio, Randolph havia desconcertado os delegados com suas quinze resoluções. As discussões do verão, as questões essenciais feitas e respondidas, os desafios, as contrarrepostas, os compromissos finais e as resoluções amargamente contestadas, o país não poderia saber de nada disso.

Era para tudo ser feito de novo. E, desta vez, a discussão não seria ordenadamente contida dentro de quatro paredes. O país inteiro deveria saber, ler, desprezar, rejeitar ou aceitar. O futuro de um homem, sua carreira política ou nos negócios poderia muito bem ser colocado em perigo em razão do posicionamento por ele tomado. Gerry e Randolph apressaram-se em apresentar seu protesto. Em 4 de outubro, o *The Pennsylvania Packet* publicou as objeções de Mason, a longa lista na íntegra: a Constituição não tinha uma declaração de direitos; na Câmara dos Representantes havia apenas a sombra de uma representação, não a substância; o Judiciário Federal destruiria e absorveria as magistraturas estaduais; o presidente não tinha conselho; o cargo de vice-presidente era desnecessário e perigoso...

Entretanto, para além das expectativas e das objeções razoáveis dos homens, seus sentimentos foram provocados, até ultrajados. Essa nova Constituição foi certamente modelada segundo o sistema inglês. Sob ela, os Estados Unidos não seriam mais uma confederação de estados soberanos livre, mas uma consolidação, um império. A própria palavra "consolidação" era uma ofensa aos "primeiros princípios" da Revolução pelos quais os americanos haviam lutado. Teria o espírito de 1775 desaparecido com a vitória? Este Novo Mundo havia mudado ou sido alterado para algo diferente?

Os constitucionalistas publicaram seus contra-argumentos. Em outubro, teve início uma série nos jornais de Nova York, assinada "Públio". Tratava-se de *O Federalista*, escrito por Madison, Hamilton e John Jay; o qual um dia seria conhecido como a eloquente exposição final da Constituição dos Estados Unidos e serviria de auxílio aos tribunais, ao Congresso e ao presidente. Contudo, na época, embora amplamente reproduzido, o Públio não causou muito tumulto. Seus argumentos eram fundamentados, discretos, de conteúdo intelectual, e o que os cidadãos buscavam eram fortes oposições, denúncias, muito barulho. Ambos os lados deixaram suas munições prontas, reuniram seus grupos. Dez delegados da Convenção Federal, que eram membros do Congresso, foram com grande rapidez para Nova York. Eram chamados de "federalistas", e a sua oposição eram os "antifederalistas" – embora estes reclamassem que era uma designação incorreta, pois alegavam que eram os verdadeiros federalistas, e os homens da Convenção deveriam ser nomeados "consolidacionistas" ou "nacionalistas".

O Congresso foi rápido em agir. Muito rápido, disseram os antifederalistas, pois tal pressa era extrema, imoderada. Apenas oito dias após receber a Constituição, o Congresso aprovou uma recomendação para que os estados convocassem convenções para ratificação. A carta oficial enviada foi inexpressiva, cautelosa e jamais incluiu a palavra "Constituição". "Tendo recebido o relatório da Convenção que recentemente havia se reunido na Filadélfia", escreveu o Congresso, *"resol-*

## A CONSTITUIÇÃO É APRESENTADA AO PAÍS.

*veu-se por unanimidade* que o referido relatório, juntamente com as resoluções e a carta que o acompanha, seja enviado aos vários legislativos".

Foi uma manobra. Não havia nada de unânime nisso, disse Richard Henry Lee, representante da Virgínia, acrescentando que a palavra se destinava a ser aplicada não à aprovação unânime, mas apenas à divulgação da Constituição – sua distribuição. "A grandeza dos poderes concedidos", declarou Lee, "e a multidão de lugares a serem criados, produzem uma coalizão de monarquistas, militares, aristocratas e uma espécie de escravo[149], cujo tumulto, atrevimento e zelo excedem qualquer crença".

Foi uma escolha estranha de palavras para descrever Washington, Madison, Hamilton e outros que poderiam ocupar cargos sob o novo governo. Contudo, os Lees não eram famosos por sua fala temperada, e, na Virgínia, a velha facção antiwashington ainda existia, com Lee e Patrick Henry à frente. Quanto à Constituição, Lee beirava a histeria. Ela era, dizia ele, extrema e perigosamente oligárquica. "Uma monarquia ou uma aristocracia será gerada". Como William Grayson, seu colega da Virgínia no Congresso, Lee havia sido eleito para a Confederação Federal. Ambos os homens haviam se recusado a servir, sob o argumento de que os congressistas não deveriam se reunir para julgar um documento de sua própria autoria. Lee lutou sob o comando de Washington, assinou a Declaração de Independência e era amigo íntimo de Samuel Adams desde que os dois se conheceram no primeiro Congresso Continental – época em que John Adams dissera Lee ser "um homem magistral". Lee era apaixonado por seu antifederalismo; assim como em Patrick Henry, esse sentimento ia até à alma. E, apesar de seu berço e porte distintos, Lee gostava de castigar "a astuta e sempre ativa aristocracia", que considerava responsável pela nova Constituição. "Se nossos compatriotas mudarem em tão pouco tempo", escreveu ele, "e a linguagem de 1774 se tornar detestável para eles, será em vão usar a linguagem da liberdade, ou tentar despertá-los para levantarem questionamentos de forma independente".

O coronel Grayson, igualmente intenso na oposição, havia sido educado na Inglaterra, lutado na linha Continental e se tornado advogado e um debatedor com uma elegante, fria e destemida perspicácia. Ele considerou a Constituição "uma peça realmente ridícula de negociação, algo como a estátua de Nabucodonosor[150], formada pela mistura de várias concepções. O temperamento da América", disse Grayson, "mudou para além do que se pensava".

---

[149] *Drones* eram pessoas que faziam trabalhos mecânicos, braçais; à época, trabalhos que seriam feitos por escravos. (N.E.)
[150] A estátua do rei babilônico Nabucodonosor aparece nos sonhos do profeta Daniel – narrado no Livro de Daniel, *capítulo 2*, na *Bíblia Sagrada*. Ele tinha os pés de pedra, tornozelos de ferro e barro, pernas de ferro, coxas

Lee e Grayson, com Patrick Henry, iriam liderar os antifederalistas na Virgínia. Henry já havia enviado mensagens polêmicas ao Kentucky, informando-lhes que o novo sistema atenderia ao Leste, não ao Oeste. Por essa Constituição, afirmou Henry, o Kentucky perderia a navegação livre do Mississippi, que seria entregue à Espanha. Era uma discussão reveladora; ao mesmo tempo, plausível e demagógica. O novo governo estava planejando, disse Henry, instituir uma religião estabelecida. Além disso, os benefícios prometidos eram ilusórios. E o que era esse linguajar que dizia "'Nós, o povo', ao invés de 'Nós, os estados'?". "O sr. Henry", disse Madison a Jefferson, "é o grande adversário que irá fazer o evento tornar-se propenso ao colapso. Ele está, com seu discurso habitual, tratando instilar, em todos os interesses possíveis, um espírito de oposição".

Os antifederalistas tinham líderes poderosos. Até Washington admitiu isso. Havia em Nova York os clintonianos, com o congressista Melancton Smith (1744-1798), o mais hábil dos oponentes de Hamilton; também Lansing, Yates e Marinus Willett (1740-1830), outrora um renomado Filho da Liberdade[151], a quem o Congresso Continental presenteou com "uma elegante espada" por bravura em batalha. Havia igualmente o general John Lamb (1735-1800), uma vez conhecido no Exército Revolucionário como o "gênio inquieto". Com medo do poder presidencial e cansado de ouvir a respeito das virtudes de "nosso ilustre chefe, esse "Cincinato"[152]que depôs seus louros e voltou ao arado", Lamb admitiu que estava tudo suficientemente bem quanto ao general Washington, mas e quanto ao *general Slushington*, quem poderia sucedê-lo?

Em Maryland, Luther Martin soltou sua habitual torrente de injúrias, misturada com perspicácia e apoiada por homens como William Paca (1740-1799), signatário da Declaração e já três vezes governador do seu estado, além do tempestuoso Samuel Chase (1741-1811) – que um dia sofreria um *impeachment* como Juiz da Suprema Corte dos Estados Unidos. Chase escreveu aos jornais pedindo cautela, uma apreciação da situação de forma mais intencional. O povo de Maryland

---

e quadril de cobre, tórax e braços de prata e cabeça de ouro e que representariam os quatro reinos: Babilônia (cabeça), Medes (tórax e braços), Pérsia (quadril e pernas) e Síria selêucida e Egíto ptolomaico (os pés). (N.E)

[151] Filhos da Liberdade é uma organização de patriotas americanos que surgiu na época da Revolução Americana. A proposta era proteger os direitos dos colonos das treze colônias e organizar manifestações contra atitudes da Grã-Bretanha que poderiam prejudicar os habitantes das colônias. Foram eles, inclusive, que realizaram a famosa Festa do Chá em Boston em 1773, quando derramaram chá no porto em protesto ao aumentao dos impostos sobre o produto. (N.E)

[152] Lúcio Quíncio Cincinato (519 a.C.-439 a.C) era general, cônsul e, por algum tempo, ditador romano. Após ter se aposentado, foi novamente chamado para a vida pública a fim de defender Roma de uma invasão de tribos bárbaras. Em apenas 16 dias, ele, chamado pelo Senado, retornou ao poder, derrotou o inimigo, salvou Roma, renunciou ao cargo e voltou para sua vida pacata de fazendeiro. (N.E)

## A CONSTITUIÇÃO É APRESENTADA AO PAÍS.

não deveria ser surpreendido por nenhuma medida pública. Eles deveriam ouvir os dois lados.

Em Massachusetts, aqueles velhos patriotas Samuel Adams, James Winthrop (1752-1821) e o general James Warren eram antifederalistas por instinto – e suas próprias genealogias iam contra a consolidação. Junto com os congressistas Nathan Dane (1752-1835) e Benjamin Austin (1741-?), eles formavam uma falange formidável. (Alguém disse que Dane era um rebelde nato e deveria se chamar Jack Cade). No entanto, foi a Virgínia que ostentou o mais impressionante contingente antifederal, uma forte combinação entre uma aristocracia de fazendeiros e a fronteira do Kentucky, com George Mason, Patrick Henry, os coronéis Grayson e Lee; Benjamin Harrison (1726-1791), que havia sido governador; e James Monroe, de nascimento humilde, que ainda não tinha sequer 30 anos idade – aos 18 anos, havia se alistado no exército e lutado no Harlem, nas White Plains e em Trenton, e estaria destinado a servir como o quinto presidente dos Estados Unidos. "Eu realmente sinto muito", escreveu Madison a Archibald Stuart, de Nova York, "por encontrar tantos nomes respeitáveis na sua lista de adversários da Constituição Federal".

Signatários da Declaração, governadores estaduais, juízes de tribunais superiores, um futuro presidente, ninguém poderia dizer que os antifederalistas eram liderados por meros demagogos ou insignificantes políticos locais, embora, em certos estados, como Nova York, Pensilvânia, Maryland, Virgínia e Massachusetts, haveria muito tumulto e divisão no conflito, com a política estadual ditando o tom. Os federalistas, contudo, tinham a vantagem de um programa definido, assertivo e ousado. Os federalistas, por outro lado, estavam abertos à acusação de serem patriotas descontentes, outrora líderes da Revolução, inquietos por se verem afastados "dos congressistas e de seu novo sistema". Pensava-se que, neste estágio inicial, os antifederalistas tinham, quase que de forma esmagadora, os números a seu favor. Cidadãos que nunca viram a Constituição, ou que nunca a ouviram ser discutida, não podiam simplesmente serem constitucionalistas, e isso se referia a uma grande parte do país.

Os antifederalistas exploraram os medos do povo, contemplavam com preocupação, insistiam na novidade, na natureza experimental do programa. Como disse Davie, da Carolina do Norte: "É muito mais fácil assustar as pessoas do que informá-las". Nesse caso, o medo estava à flor da pele e podia ser facilmente provocado. As regiões remotas do interior temiam o litoral; e este, por sua vez, foi o responsável pela Constituição. Os sulistas temiam o poder comercial e a ambição da "Colmeia do Norte". Dê as rédeas aos estados e cidades do Norte, e eles se ocuparão de conduzir a Nação! Os fazendeiros em todos os lugares odiavam as cidades, como os fazendeiros sempre o fizeram. Os antifederalistas aproveitaram-se desse ódio. Patrick Henry falaria sobre a "tirania da Filadélfia", que ele comparou à "tirania do rei George III [...] Eu acredito", disse Henry, que, "tal semelhança [nesta Constituição] será incontestavelmente provada".

Havia um medo da vice-presidência – "um cargo perigoso e inútil". E a noção de uma cidade federal – os "dezesseis quilômetros quadrados" – era uma isca certa para o pânico. Um pregador batista na Carolina do Norte, candidato à sua convenção estadual de ratificação, em uma reunião de paroquianos da fronteira, disse que a cidade federal seria "murada ou fortificada. Aqui, um exército de 50 mil, ou talvez de 100 mil homens, finalmente, irá tomar forma, atacar e escravizar o povo, o qual irá ser gradualmente desarmado". Quanto a um exército nacional, disseram os antifederalistas, a perspectiva não era apenas aterrorizante, mas agressiva, contrária a todos os princípios da República.

E a Constituição não incluía nenhuma declaração de direitos. Os cidadãos repetidamente voltavam a isso, embora meses se passariam antes que Massachusetts mostrasse o caminho para alcançar tais emendas por recomendação, ao invés de rejeição, da Constituição. Além desse sinal, e da falta extraordinária de uma declaração de direitos, os antifederalistas viram uma conspiração. A Convenção não havia insistido em sigilo durante quatro meses inteiros? "O gênio maligno das trevas presidiu o nascimento da Constituição. Ela veio à luz sob o véu do mistério".

O grito de indignação mais alto foi dirigido contra o poder federal de tributação. Como esse dinheiro seria recolhido? Por *coletores de impostos continentais*, com baioneta e espada? Os estados deveriam tributar a si próprios, reclamavam os antifederalistas. E se, no final, fosse permitido ao governo tributar os estados, isso deveria ser feito somente depois que a requisição fosse julgada, conforme os Artigos da Confederação.

Os federalistas já haviam se deparado com esses argumentos e estavam prontos para responder. A Convenção na Filadélfia foi um fórum, uma faculdade de preparação para esse debate mais amplo. Benjamin Franklin, em sua sabedoria, sabia disso. "Para mudar os maus costumes de um país", escreveu ele, "e os novos introduzidos, embora melhores, é necessário primeiro remover os preconceitos do povo, trazer luz à sua ignorância e convencê-lo de que seus interesses serão promovidos pelas mudanças propostas; e isso não é o trabalho de um dia".

\*\*\*

A primeira reação e, como ficou provado, a mais violenta, manifestou-se na Pensilvânia. Em 18 de setembro, um delegado da Convenção, Thomas Mifflin, da Filadélfia, leu a nova Constituição em voz alta para o legislativo (a Assembleia) na Câmara Estadual.

Desde a primeira palavra do Artigo I, ficou claro que o documento controvertia tudo o que a Constituição radical da própria Pensilvânia (1776) representava, como, por exemplo, um legislativo de uma Câmara, eleições anuais, um presidente escolhido pelo legislativo. Essas eram disposições "populares", e não um engano. Por onze anos, a Constituição da Pensilvânia foi o foco de intensa disputa partidária, reuniões em massa, motins e levantes que quase tinham o aspecto de guerra civil. O irlandês George Bryan (1731-1791), amigo de Sam Adams, liderou o componente radical com seus colegas Matlack e Cannon embora o próprio dr. Franklin presidisse a Assembleia.

Desde julho, havia rumores de que a nova Constituição incluía disposições que iriam alterar completamente o sistema da Pensilvânia. No entanto, em 28 de setembro, quando George Clymer – um delegado da Convenção – levantou-se em seu lugar para propor uma série de resoluções em favor de uma convenção estadual para ratificação, a Assembleia não se mostrou apenas surpresa, mas consternada. Por que a precipitação, por que a pressa?, exigiram saber os membros do interior: John Smilie (1741-1812), do condado de Fayette; Robert Whitehill (1738-1813), cuja fazenda ficava no lado mais distante do Susquehanna, perto de Harrisburg; James Findley (1756-1828), de Fayette, que recusou a eleição para a Convenção Federal, porque os delegados não eram pagos, e ele não podia, alegou, deixar sua fazenda. Findley era muito respeitado no partido. Ele tinha a aparência de um homem da fronteira, com seu rosto rude e sobrancelhas peludas e longos cabelos escuros caindo até a gola do casaco. Fora da cidade, disse Whitehill, na Pensilvânia, nem um entre vinte cidadãos sabia qualquer coisa sobre a nova Constituição. Nada foi ouvido do Congresso em Nova York. Quem poderia dizer se o Congresso tinha ao menos aprovado o sistema? A assembleia estava marcada para encerrar no dia seguinte, um sábado, ao meio-dia. Uma eleição geral estava prevista para novembro. Por que não esperar e deixar o novo legislativo discutir se uma convenção deveria ou não ser realizada?

Isso, é claro, ia contra a estratégia federalista: um atraso poderia permitir à oposição eleger uma Assembleia antifederalista. Em meio a muita confusão, a pergunta final foi adiada para as quatro da tarde. Contudo, quando chegou o horário, a assembleia não tinha *quorum*. Dezenove antifederalistas ficaram afastados. O sargento de armas, enviado para encontrá-los, voltou para relatar que os membros estavam trancados em seus aposentos, na "casa do sr. Boyd, na Sixth Street" e se recusavam a ceder.

Naquela noite, multidões apareceram pela cidade, as tavernas estavam cheias de partidários barulhentos de ambos os lados. A partir de relatórios posteriores dessas atividades, é difícil distinguir quem estava de que lado e o porquê, embora os artesãos e trabalhadores da Filadélfia defendessem a Constituição, porque com ela melhoraria o comércio com a Europa. No início da manhã de sábado, 29 de setembro, uma turba atirou pedras nas janelas de Boyd, arrombou a porta, agarrou dois deputados e os carregou, lutando, para a Câmara Estadual, onde foram jogados em seus assentos, com as roupas rasgadas e com os rostos – contava-se – "espumando de raiva". Alcançado o *quorum*, decidiu-se, com a aprovação da tribuna, que os membros titulares que estavam presentes eram parte legítima da Câmara, independentemente de como tivessem chagado lá. Smilie, de Fayette, opôs-se aos aplausos e risos dos espectadores. "Esta não é a voz do povo", reclamou ele.

Muito provavelmente ele estava certo se pela expressão "o povo" ele se referia a fazendeiros, moradores do interior. A questão foi apresentada, e a votação referente a uma convenção de ratificação foi encaminhada para a reunião de 21 de novembro, na Filadélfia. Passou: 45 votos a dois. Os dezessete ausentes devem ter lamentado sua dissidência não ter sido registrada.

Com uma convenção de ratificação em um futuro próximo, os dois lados estavam mais ocupados do que nunca na Pensilvânia. O "Centinel" – pseudônimo – lançou sua série no *Gazetteer*. "Cidadãos!", falava ele, "vocês têm a peculiar alegria de viver sob o sistema de governo local mais perfeito do mundo. Não permitam que ele seja arrancado de vocês; a consequência inevitável da nova Constituição". Os homens livres da Pensilvânia, perguntava o Centinel, deveriam se deixar sujeitar "à supremacia de uns *poucos nobres e perdulários?*". Estava a Pensilvânia apaixonada pelo *esplendor dos nomes*, pelo brilho fatal e pelo fascínio das palavras "*Franklin*" e "*Washington*"? O Centinel chegou até a dar a entender que Franklin estava senil e que Washington era um pouco bobo. Os conspiradores ensaiaram com "arte maquiavélica e uma astúcia altamente habilidosa sobre nosso *ilustre chefe*". O sr. John Adams também havia enganado o público com seu livro, que propunha um Senado composto pelas "melhores castas, os bem-nascidos"[153]. John Humble, no *Gazetteer*, informou confiantemente ao público que os Estados Unidos continham seiscentos bem-nascidos e 3 milhões de pessoas comuns. Nas redações dos jornais, os caracteres do tipo itálico deviam estar com as bordas gastas. "*James, o Caledônio*", escreveu o Centinel; "*Robert Morris*, o Arqueiro, com seu ajudante de campo, *Gouvero*, auxiliado pelo cérebro perturbado de Público, um escritor *nova-iorquino*".

---

[153] O que *A Defesa* de Adams havia de fato pedido era que "os ricos, bem-nascidos e os capazes" fossem controlados colocando-os "por si próprios em um Senado – para todos os efeitos, um ostracismo".

## A CONSTITUIÇÃO É APRESENTADA AO PAÍS.

"Nova York", usado como adjetivo, é sempre injurioso na Filadélfia. "Um modo de falar muito ousado e ameaçador", comentou Madison. A luta continuou, e uma grande parte da Pensilvânia parecia estar envolvida. James Wilson fez um discurso impecável no pátio da Câmara Estadual, o qual foi impresso e amplamente divulgado. Wilson falava de maneira aberta e direta, sem se entregar a nenhuma "oratória wilsoniana", como a chamavam na Nova Inglaterra. Não temam uma aristocracia perniciosa no Senado, disse William. Lembrem-se de que esse órgão não pode aprovar nenhuma lei sem o consentimento da Câmara dos Representantes. Além disso, o Senado está acorrentado pela negativa presidencial. Nem os cidadãos precisam temer que o governo geral tenha como objetivo "reduzir os governos estaduais a meras corporações e, por fim, aniquilá-los". Ao contrário, para sua existência, o governo geral dependeria dos governos estaduais, como ficou demonstrado pelo método estabelecido para a eleição das duas Câmaras. Quanto ao tão temido poder federal de tributação, de que outra forma tal órgão poderia garantir a segurança geral, apoiar a dignidade da União e quitar suas dívidas?

Que a Constituição deveria encontrar oposição não era algo inesperado, disse Wilson.

> É da natureza do homem perseguir seus próprios interesses, e não pretendo fazer qualquer reflexão pessoal quando digo que é do interesse de um corpo muito numeroso, poderoso e respeitável [Wilson se referia à Assembleia da Pensilvânia] neutralizar e destruir o excelente trabalho realizado pela última Convenção [...] Todos os que desfrutam ou esperam desfrutar de um lugar vantajoso sob a presente circunstância irá se opor à inovação proposta – na verdade, não porque é prejudicial às liberdades do seu país, mas porque afeta seus esquemas de riqueza e o que deles se segue.

Essa era, na verdade, uma fala simples, mas as pessoas ouviram, prestaram atenção em Wilson. Não se pode deixar de admirar sua paciência, a boa vontade dos cidadãos em aprender, em descobrir a verdade sobre esse novo governo. Nunca um debate tão educacional foi apoiado na América embora os comentários sarcásticos e as farpas de ambos os lados fossem amargos e, frequentemente, estavam longe de serem justos. Em um certo momento, foi sugerido que, se os antifederalistas não gostassem de seus nomes, que fossem chamados de "*shaysistas*"; os federalistas poderiam ser chamados de "*washingtonianos*".

Em 30 de novembro, a convenção da Pensilvânia para ratificação se reuniu por cinco semanas na Câmara Estadual. Dia após dia, James Wilson levantava-se, incansável, astuto, respondendo ao honorável cavalheiro do condado de Westmoreland, o honorável cavalheiro de Fayette. Quão mais eficiente se mostrava Wilson, mais a oposição o odiava. *James, o Caledônio* era orgulhoso, diziam, e se portava como um aristocrata. O *"PLAIN TRUTH"* retrucou, pelo *Gazetteer*, que um homem de óculos deve manter a cabeça erguida para ver através das lentes e evitar que caiam de seu nariz. Com o passar das semanas, Wilson, de vez em quando, abandonava sua lógica habitual para contar de forma comovente as dificuldades que assolaram a Convenção Federal: em alguns dias, "a grande e cativante obra parecia estagnada; em outro, prosseguia com energia e rapidez". No final, "muitos membros a viram com espanto e admiração". Havia uma nova liberdade no ar! Wilson disse a seus concidadãos; ele a chamaria, contava ele, de "liberdade federal".

O dr. Benjamin Rush trabalhou arduamente nessas reuniões, assim como o juiz McKean – ambos signatários da Declaração. McKean tinha uma astúcia abrasiva que usou com propriedade. Os argumentos de antifederalistas, disse ele, soavam como os efeitos de uma cerveja de baixo teor alcoólico, seus temores eram ilusórios: "Se o céu cair, apanharemos cotovias; se os rios secarem, apanharemos enguias".

Em 12 de dezembro, a Pensilvânia ratificou a Constituição por uma votação de 46 a 23. A oposição não tinha entusiasmo nem convicção, mas os federalistas foram demais para eles. Ainda assim, com a ratificação, os antifederalistas da Pensilvânia não perderam nada de sua ira, da sua exaltação. Em 27 de dezembro, foi realizado um comício ao ar livre em Carlisle, para celebrar a Constituição. Fizeram uma fogueira e discursaram. Uma multidão de *"antifeds"* – como eram agora chamados –, armada com porretes, correu em direção ao fogo e atacou James Wilson. Quando Willson reagiu, eles o derrubaram e começaram a espancá-lo enquanto estava no chão. Diziam que ele teria morrido se um velho soldado não tivesse se jogado sobre o corpo de Willson e recebido os golpes.

\*\*\*

Apesar da pressa, a Pensilvânia não teve a honra de ser o primeiro estado a ratificar. O pequeno Delaware ratificou com votação unânime em 6 de dezembro, momento em que a votação da Pensilvânia já estava bastante certa. Nova Jersey acompanhou dez dias depois, também por unanimidade. Era basicamente consenso que, com a Pensilvânia na União, esses estados pequenos não poderiam agir de forma diferente. A Geórgia foi a próxima, em 2 de janeiro – uma região que nunca foi considerada perigosa pelos federalistas. "Se um estado fraco", escreveu Washington, "com índios nas suas costas e espanhóis no seu flanco, não vê a necessidade de um governo geral, só me resta pensar que deve haver maldade ou insanidade no caminho".

## A CONSTITUIÇÃO É APRESENTADA AO PAÍS.

Poucos dias após a capitulação da Geórgia, Connecticut seguiu-a com uma votação de 128 a 42. Preso entre estados grandes, Connecticut tinha pouca escolha. Em sua lista de delegados, o estado fez jus à sua reputação congregacional: oitenta nomes vieram diretamente do Antigo Testamento. De Aarão a Zebulão, a lista de chamada variou, solene e retumbante: Abraão e Abias, Amós e Asafe; Daniel, Eleazer, Eli, Elifelete, Epafras; Gideão, Icabode, Isaac; Jabez, Jedidias, Jeremias e Josué; e Lemuel, Moisés e Neemias; Salomão, Selá e Set – em Connecticut, o clero era muito influente. Oliver Ellsworth conhecia sua audiência e tirou suas alegorias das Escrituras, apontando as nações cananeias que, por sua situação, tornaram-se presas fáceis. E o que defenderia Connecticut

> da ganância e ambição de Nova York, quando o estado se espalhou por aquele vasto território que ele reivindica e detém?... Do nosso outro lado, há um estado grande e poderoso. Já não começamos a ser tributários? Se não nos [...] unirmos, não seremos como Issacar do passado, um asno forte agachado entre duas cargas? Nova Jersey e Delaware viram tudo isso e adotaram a Constituição por unanimidade.

Roger Sherman também havia feito seu trabalho, dirigindo-se aos seus vizinhos que frequentavam a igreja, falando-lhes com a simplicidade própria do *The New Haven Gazette*:

> Vocês não odeiam ler ensaios de jornal sobre a nova Constituição mais do que eu odeio escrevê-los. Então, sejamos breves [...] algo que eu muitas vezes considerei ser a melhor característica em um sermão enfadonho, com exceção no último.

Depois de Connecticut, a próxima arena seria a grande e poderosa Comunidade de Massachusetts, que marcou sua convenção para o dia 9 de janeiro de 1788, com a maior delegação de todas, com treze condados representados e com os fazendeiros do Leste preparados para a oposição ao "despotismo" dos comerciantes de Boston. A Virgínia havia adiado sua convenção para maio; Nova York, para julho. Rhode Island não tinha intenção de realizar uma convenção – com certeza não até que doze estados tivessem tomado suas decisões.

A nação preparou suas delegações, enquanto canetas e vozes continuavam ocupadas com a causa. "Muito dependerá das habilidades literárias", acreditava Washington. "As recomendações desses escritores por excelência devem ser feitas *abertamente*, quero dizer, devem ser oferecidas de forma pública nos

*Gazettes*". O general não precisava se preocupar. Os jornais foram invadidos. O *The Boston Daily Advertiser*, satisfeito com a situação, estimulou os dois lados à batalha:

> Vamos, irmãos escribas, é inútil com o tempo jogar!
> A Convenção deixou o segredo escapar.[154]

"A Constituição", Madison escreveu a Jefferson, em 9 de dezembro, "atrai quase toda a atenção política da América". Em um momento ainda precoce, Washington enviou uma cópia da Constituição a Jefferson. Madison fez o mesmo, encaminhando com ela uma carta formidável, na qual descreve em detalhes o trabalho da Convenção Federal. Era "impossível", disse Madison, "não considerar um milagre tal o grau de acordo a que se chegou".

Jefferson respondeu imediatamente. "Gosto muito da ideia de estruturar um governo que deve continuar por si mesmo de forma pacífica", disse ele,

> sem a necessidade de continuamente recorrer aos legislativos estaduais. Gosto da organização do governo em Legislativo, Judiciário e Executivo [...] Vou dizer agora do que não gosto. Primeiro, da omissão de uma declaração de direitos [...].

Isso foi em dezembro. Em fevereiro, Jefferson escreveu a Madison que ele desejava:

> [...] que as nove primeiras convenções pudessem aceitar, e as quatro últimas rejeitar [a Constituição]. O primeiro grupo irá finalmente assegurá-la, enquanto o segundo irá obrigá-los a propor uma declaração de direitos a fim de completar a união. Teremos, assim, todo o seu bem e sanaremos seus principais defeitos [...]

Havia em Jefferson uma espantosa natureza ferina, uma flexibilidade que levou seus inimigos a uma frustração raivosa. O desejo que ele manifestou a Madison revelou-se profético embora os estados dissidentes devessem concretizar sua Declaração de Direitos antes de rejeitar a Constituição. Não muito tempo depois, Jefferson começou a se mostrar favorável à aprovação da Constituição, entusiasmado até. Escreveu ele:

---

[154] "*Come on brother scribblers, 'tis idle to lag!*
*The Convention has let the car out of the bag*".

## A CONSTITUIÇÃO É APRESENTADA AO PAÍS.

> É uma bela pintura na qual algumas pinceladas só precisam de retoques [...] Os acontecimentos que recentemente se passaram na América enchem-me de alegria [...] O exemplo de mudar uma Constituição, a partir da reunião dos sábios do Estado, em vez da reunião de exércitos, valerá para o mundo tanto quanto os exemplos anteriores que demos a eles. A Constituição [...] é inquestionavelmente o mais sábio deles já apresentado aos homens.

Quanto a John Adams, quando os jornais americanos chegaram a Londres, anunciando que o Congresso havia aprovado a Constituição, ele se sentou e escreveu com alegria a Jefferson: "Como dizemos no mar, 'hurra' ao novo mundo e adeus ao antigo!". Para Rufus King, logo após o Natal, Adams declarou que a nova Constituição era, "se não o maior esforço da compreensão humana, o maior esforço individual de deliberação nacional que o mundo já viu". Adams debateu com Jefferson. "Concordamos perfeitamente", escreveu ele, "que muitos devem ter uma representação plena, justa e perfeita. Você está apreensivo com a monarquia; eu, com a aristocracia. Você está apreensivo com o fato de que o presidente, uma vez escolhido, sê-lo-á repetidamente enquanto viver. Tanto melhor, parece-me".

De todos os escritores de cartas, nenhum foi mais assíduo do que Washington. Mesmo antes de deixar a Filadélfia em setembro, o general havia enviado a Constituição para Lafayette. "Se for bom", escreveu, "suponho que funcionará do seu jeito [...] Se for ruim, voltar-se-á sobre os que a criaram". Mal havia chegado a Mount Vernon, e o general já estava escrevendo a Patrick Henry de forma tática tanto quanto persuasiva.

> Eu gostaria que a Constituição [...] tivesse sido mais bem aperfeiçoada. Mas eu acredito sinceramente que esse é o melhor que poderia ser obtido neste momento [...] parece-me que as preocupações políticas deste país estão, de certa uma forma, suspensas por um fio [...], e, se nada tivesse sido acordado pela Convenção, a anarquia logo teria se seguido.

Patrick Henry respondeu com palavras mais suaves do que algodão, muito diferentes das missivas acaloradas que expediu para outras partes do país. Federalistas e antifederalistas prestavam contas ao chefe. Randolph tentou explicar sua posição. George Mason enviou suas objeções, as quais Washington encaminhou a Madison, que, por sua vez, respondeu que as questões de Mason deveriam ter sido apresentadas antes, na Convenção Federal, ou não deveriam tê-lo sido de maneira alguma. Mount Vernon, em seu tranquilo despenhadeiro, parecia de fato o coração e o centro de atenção da luta. E o país sabia disso e o mostrava de uma centena de pequenas maneiras simples. O *The Pennsylvania Packet*, mesmo antes de imprimir a Constituição, trazia em sua primeira página o anúncio de Charles Willson Peale de um *mezzotint* representando "Sua Excelência [...] em uma moldura oval de bom gosto (com a parte interna da moldura dourada)". Peale soube valer-se muito bem disso. Havia cidadãos dispostos a apoiar a Constituição e [fazê-lo] às cegas, só porque Washington havia ajudado a escrevê-la.

Gouverneur Morris escreveu animadamente para Mount Vernon – mais até do que a ocasião justificava. A leste de Nova York, contou ele, seria possível confiar que os estados apoiariam a Constituição, "porque não tenho ideia", disse Morris, "da dissensão em Rhode Island". Contudo, Washington permaneceu inquieto, atento, nada confiante em um resultado favorável. Madison também estava apreensivo. À medida que o inverno avançava, parecia-lhe que a desavença era mais profunda do que o mero desacordo quanto a certas cláusulas ou à necessidade de uma declaração de direitos. Madison escreveu a Edmund Pendleton (1721-1803), em fevereiro:

> Há algum tempo estou persuadido de que a questão ao redor da qual a Constituição proposta deve girar é simples: se a União deve ou não ser mantida. Não há, na minha opinião, nenhum meio termo que possa ser considerado. Uma oposição com alguns tem seguramente como seu objetivo a desunião; uma oposição com todos tem a desunião como sua tendência real.

Benjamin Franklin, muito velho, imparcial, calmo, observava ações por todo o país, incluindo os motins em sua própria Pensilvânia. Em seguida, ele escreveu para amigos na Europa:

> Eu lhes envio a nova Constituição Federal proposta para esses estados. No último verão, estive envolvido por quatro meses na Convenção responsável pela formação do texto [...] Se for bem-sucedida, não vejo por que vocês não podem, na Europa, executar o projeto do bom Henrique IV, formando uma União Federal e uma grande república de todos os seus diferentes estados e reinos, por meio de uma Convenção semelhante, pois teríamos muitos interesses a reconciliar.

Para além dos interesses a serem reconciliados, chegando mais fundo do que o deslocamento comercial ou os debates sobre tributos e impostos especiais de consumo – para além do bolso e da bolsa –, o país sentiu essa luta. Se havia inveja entre os estados, havia outro sentimento – orgulho, a noção crescente de que essa

## A CONSTITUIÇÃO É APRESENTADA AO PAÍS.

nova Constituição de governo trazia consigo algo de significativo para os Estados Unidos e talvez, até mesmo, para o mundo.

Foi nessa época que St. John Crèvecoeur, radicado em Nova York, escreveu a Jefferson dizendo que, se a Constituição falhasse, ele tentaria deixar o país; "Mesmo velho como estou, eu até poderia lutar pela aceitação desse novo governo federal – agora ou nunca".

CAPÍTULO 24

# Massachusetts. O povo Fala.

> *Sr. Presidente, [...] peço sua licença para dizer algumas palavras ao meu irmão lavrador nesta Câmara.*
> JONATHAN SMITH,
> DO CONDADO DE BERKSHIRE, NA CONVENÇÃO DE
> MASSACHUSETTS.

Foram 355 delegados reunidos na Brattle Street Church, em Boston, e a galeria estava lotada de espectadores. A convenção havia tentado a Câmara Estadual, mas achou-a muito pequena. Ao longo de um mês de reuniões, foram realizadas orações todas as manhãs. Samuel Adams, um delegado, cuidou disso. O governador do estado, John Hancock (1737-1793), foi eleito presidente da Convenção. Da mesma forma que Sam Adams, Hancock permanecia imensamente poderoso em Massachusetts, "de coração e alma contrários" à Constituição, escreveu um delegado. Contudo, Hancock se manteve afastado da Convenção, usando como desculpa seu conveniente e habitual ataque de gota. Notoriamente ávido por popularidade, o governador desejava cronometrar sua aparição para aquele momento em que a votação estaria assegurada; e a questão, resolvida.

A Comunidade foi considerada predominantemente antifederalista. Os cidadãos criados na tradição de se reunir nas cidades desprezavam toda autoridade delegada. E a nova Constituição era um governo de representantes, alguns dos quais (os senadores) deveriam ocupar seus cargos por seis anos – algo considerado anátema para o espírito democrático, que via as eleições anuais como a base da liberdade. A eleição dos delegados à convenção mostrou sólidas maiorias federalistas nos condados costeiros de Sussex, Essex, Plymouth e Barnstable. Os condados do interior eram antifederalistas, especialmente Worcester, além de Hampshire e Berkshire a Oeste, onde os céus ainda estavam encobertos depois do episódio do capitão Shays e de seu pequeno exército de rebeldes. Faziam parte da convenção de Massachusetts 29 homens que haviam lutado com Shays, alguns deles oficiais.

## MASSACHUSETTS.

Entre os delegados, os capitães eram tão numerosos quanto os coronéis e os escudeiros seriam, mais tarde, na convenção da Virgínia.

Para esses simples capitães e fazendeiros do interior, qualquer elogio à Constituição que os bem-nascidos fizessem era o bastante para condená-la. Os escritores antifederalistas haviam reclamado em seus jornais, durante todo o outono, contra "o hediondo demônio da aristocracia [...] a NOBRE Ordem dos *Cincinnatus*, detentores de títulos públicos, banqueiros e advogados, que defendiam que o povo engolisse a pílula dourada de olhos vendados". A Província do Maine, desejando muito a criação de um estado independente, temia que a nova Constituição impedisse sua separação de Massachusetts. No condado de Berkshire, os fazendeiros acreditavam que a urna eleitoral – um chapéu velho – havia sido estufada em favor dos candidatos federalistas. Escreveu um cidadão de Berkshire na sua própria e inventiva ortografia:

> Não desejamos nada, mas um governo federal e estadual firme e cheio de *inergia* [*sic*], [...] mas, quando vemos um certo conjunto de homens entre nós, não apenas, eles mesmos, vorazmente ávidos por engolir a nova Constituição *Fedderal* [*sic*], eles mesmos, mas fazendo de tudo para enfiá-la goela abaixo de outros, sem lhes dar tempo para discerni-la [...] é para nós verdadeiramente alarmante.

Elbridge Gerry, que poderia ter sido um útil porta-voz dos antifederalistas, não foi eleito para a Convenção, mas ele veio de Boston, um distrito federalista. Gerry havia apresentado, em outubro, sua lista de objeções ao legislativo de Massachusetts; eles foram muito influentes. "*Maldito seja ele – maldito seja ele!*", escreveu um federalista de Cambridge ao general Knox. "Antes disso, tudo parecia bem e tinha a aparência mais favorável neste estado, e agora tenho minhas dúvidas". A convite, Gerry compareceu à Convenção de Massachusetts para responder a perguntas *ex officio*, o que foi uma manobra malsucedida. A Convenção ainda não estava concluída quando Gerry "saiu indignado", relatou um delegado a Washington. Rufus King, entretanto, ficou onde estava, além de Nathaniel Gorham e Caleb Strong. Junto com o ex-governador Bowdoin (1726-1790), o Juiz Francis Dana e o brilhante advogado Theophilus Parsons (1791-1882) formaram um poderoso bloco federalista. Como Gorham escreveu a Madison, a convenção incluía

> três juízes da Suprema Corte, quinze membros do Senado [de Massachusetts], vinte dentre os mais respeitáveis do clero, dez ou doze dos primeiros personagens do tribunal, juízes de sucessões, altos xerifes de condados.

A oposição era numerosa e exaltada. Contam que eles tinham uma maioria de 201, na abertura da Convenção. Contudo, em comparação com os constitucionalistas, eram mal orientados, temperamentais, prolixos. Os federalistas, lucrando com a experiência, tratavam seus oponentes com perceptível respeito. Todos os homens tinham sua voz ouvida. Maine havia enviado uma delegação verdadeiramente habilidosa na arte da oratória: o general Thompson, conhecido por sua obstinação e períodos floridos; Samuel Nason (1742-1817), seleiro e comerciante do distrito de Sebago Lake. Este quase não conseguiu comparecer à Convenção, pois sua cidade, a princípio, havia decidido contra o envio de um delegado, mas Nason – como um vizinho mais tarde relatou —— "apareceu completamente cheio de gás e incitou uma segunda reunião, conseguindo assim eleger-se, e eu presumo que ele acabará subindo carregado como um balão".

O dr. Taylor, de Worcester, e Nason e William Widgery (1753-1822), do Maine, foram designados por Rufus King como "os defensores de nossos oponentes". Widgery deveria ser especialmente eloquente a respeito da desprezada Seção 8 do Artigo I – segundo a qual o Congresso *"terá o poder para instituir e arrecadar encargos, direitos alfandegários, impostos e tributos especiais sobre consumo"*. Widgery exigiu saber:

> Quem, senhor, vai pagar as dívidas de camponeses e de outros? Tudo o que ouvimos é que o mercador e o fazendeiro florescerão e que os trabalhadores e os comerciantes farão suas fortunas diretamente se a Constituição perecer. Senhor, quando o óleo apagar o fogo, acreditarei em tudo isso, e não antes [...] A sede do governo será levada para Filadélfia? [...] Alguns cavalheiros informaram que estamos cercados por inimigos, que temos dívidas e que as nações farão guerra contra nós e tomarão nossos navios. Senhor, eu lhe pergunto, isso é um fato?

Foi difícil para os membros do país. Como eles poderiam identificar a verdade a partir de um boato, como argumentar contra homens que haviam participado da Convenção Federal ou contra políticos experientes como Rufus King, George Cabot (1752-1823), Fisher Ames (1758-1808), os juízes Dana e Sumner? Samuel Adams permaneceu quieto, ganhando tempo. Os delegados eram incisivos uns com os outros e ainda mais sem reservas do que haviam sido na Filadélfia embora a altercação pessoal em nenhum momento tenha atingido o nível que alcançaria na Virgínia e em Nova York. A oposição argumentou que o Congresso, "com o controle das despesas em suas mãos, usaria a espada como retaliação". William Widgery temia que o Congresso retivesse seus registros, mantendo o povo na ignorância de seus atos.

## MASSACHUSETTS.

Entretanto, em sua maioria, os fazendeiros, os capitães e os homens de 1775 baseavam seus argumentos em generalidades, nos "primeiros princípios". Eles diziam que essa nova Constituição colocava em perigo suas liberdades. "A Grã-Bretanha nunca tentou nos escravizar até nos dizer que tínhamos liberdade demais. A Confederação quer emendas, portanto, não devemos fazê-las?" Ou eles se lançavam a sonoros períodos duplos, voltando aos bons velhos tempos. Disse Nason, do Maine:

> Se eu tivesse uma voz como a de Jove, eu a proclamaria em todo o mundo; e se tivesse um braço como Jove, arrancaria do mundo aqueles vilões que tentassem estabelecer um exército permanente em nosso país! Eu gostaria, senhor, que os cavalheiros de Boston recordassem a noite fatal de 5 de março de 1770, quando, devido a tropas permanentes, eles perderam cinco de seus concidadãos. Vou perguntar a eles, que preço pode reparar a perda de suas vidas? [...] Senhor, tínhamos naquele momento patriotas que nos alertavam dos perigos que corríamos, que nos mostravam a serpente e nos mandavam tomar cuidado com ela. Devo revelar seus nomes? Não posso evitar [...] Tínhamos um Hancock, um Adams e um Warren.

Não houve necessidade de mencionar as palavras "Massacre de Boston". A própria data era o suficiente e ainda tinha o poder de evocar memórias. Sam Adams havia sido o herói daquele dia. De fato, parecia que os antifederalistas baseavam seus argumentos não na conveniência política ou na necessidade por um governo equilibrado, mas na moralidade, na cristandade, em ser contra o pecado. Por que, quiseram saber eles, a Constituição não se posicionou contra a escravidão, a não ser meramente proibir o tráfico depois do ano de 1808? O major Lusk, de West Stockbridge, descreveu as misérias dos pobres nativos africanos, sequestrados e vendidos como escravos. "Ó! Washington", exclamou Thompson, do Maine, "que nome ele tinha. Como ele se imortalizou! Ele, porém, mantém na escravidão aqueles que têm o direito de serem livres tanto quanto ele. Ele ainda está a favor de si mesmo, e, na minha opinião, seu caráter diminuiu pela metade". Houve uma indignação pela ausência de qualificações de natureza religiosa para funcionários do governo. Um antifederalista disse que "estremeceu com a ideia de que católicos romanos, papistas e pagãos pudessem chegar a cargos oficiais e que aquele papismo[155] e a Inquisição pudessem ser estabelecidos na América". Outro declarou que

---
[155] Expressão pejorativa para o Catolicismo Romano (N.E.).

não desejava governantes que não acreditassem em Deus ou em Cristo. "Uma pessoa não pode ser um bom homem sem ser um bom cristão".

Os federalistas eram pacientes, resistindo como homens que conheciam suas mentes e suas estratégias. Com o passar do tempo, parecia que a oposição mal suportava ouvir os federalistas. Quando Fisher Ames, Nathaniel Gorham e Cabot, de Beverley, apresentaram analogias entre a história antiga e a situação presente, Benjamin Randall (1749-1808), de Suffolk, disse que tal citação da história "não tinha outra finalidade senão contar como nossos antepassados cavaram mariscos em Plymouth". Abraham White, do Condado de Bristol, declarou que o povo deveria ter ciúme de todos os governantes, e, quanto a si mesmo:

> [...] não confiaria em um bando de Moiséses... Suponha que o Congresso diga que nenhum será eleitor, a não ser aqueles que valem cinquenta ou cem libras esterlinas. Eles não podem fazer isso? Sim... podem. E, se algum advogado conseguir me superar, eu lhe darei dez guinéus.

A principal troca da convenção foi instigada por um velho fazendeiro do condado de Worcester chamado Amos Singletary (1721-1806) – o primeiro menino branco nascido em sua cidade. Autodidata, sem nenhuma educação escolar formal, Singletary tinha feito parte do legislativo estadual por anos. Singletary afirmou:

> Senhor Presidente, alguns cavalheiros recorreram àqueles que estavam à frente no início de nossos problemas, no ano de 1775. Eu era um deles. E vou dizer uma coisa. Se, naqueles dias, alguém tivesse proposto uma Constituição como esta, ela teria sido jogada fora imediatamente. Não teria sido sequer examinada [...] Esta Constituição não [...] tira tudo o que temos – todas as nossas propriedades? Não determina todos os encargos, direitos alfandegários, impostos e tributos especiais sobre consumo? E o que mais temos para dar? [...] Esses advogados e homens eruditos, e homens ricos que falam tão elegantemente e encobrem as coisas tão suavemente para fazer com que nós, povo pobre e analfabeto, engulamos a pílula, esperam eles próprios entrar no Congresso. Eles esperam ser os administradores desta Constituição e ter todo o poder e todo o dinheiro em suas próprias mãos. E, então, eles vão nos engolir, nós, os pequeninos, como o grande Leviatã, Sr. Presidente; sim, assim como a baleia engoliu Jonas.

A resposta foi imediata. Jonathan Smith (1741-1802) representava Lanesborough, em Berkshire Hills, e seu discurso foi perceptivelmente claro, evidente no

## MASSACHUSETTS.

seu objetivo, brando e pacato. Quando Smith se levantou de seu lugar, viu-se o orador, ele mesmo robusto, solene e bastante jovem. Começou Smith:

> Sr. Presidente sou um homem comum e ganho meu sustento pelo arado. Não estou acostumado a falar em público, mas peço sua licença para dizer algumas palavras ao meu irmão lavrador nesta Câmara. Eu morei em uma parte do país onde aprendi o valor de um bom governo pela falta dele. Houve uma nuvem negra que se ergueu no Leste, no inverno passado, e que se espalhou pelo Oeste [...]

Rebelião de Shays, as palavras não eram pronunciadas. Imediatamente, contudo, Smith foi interrompido, desafiado e chamado à ordem. Samuel Adams o defendeu, ordenando à Convenção que "o deixasse seguir em seu próprio caminho". Depois de uma descrição contundente das angústias próprias da revolta de Shays, Smith declarou que a ansiedade tinha sido tão grande que as pessoas ficariam contentes em "se agarrarem a qualquer coisa que parecesse um governo", acolhendo, desse modo, o que poderia muito bem ter resultado em uma tirania. E continuou Smith:

> Agora, Sr. Presidente, quando vi esta Constituição, descobri que era uma cura para esses distúrbios. Peguei uma cópia dela e a li várias vezes. Fui membro da Convenção para formar nossa própria Constituição Estadual e aprendi algo sobre os freios e contrapesos do poder e os encontrei todos lá. Não procurei nenhum advogado para pedir sua opinião. Não temos advogado em nossa cidade e estamos nos saindo muito bem sem nenhum. Formei minha própria opinião e fiquei satisfeito com esta Constituição.

Aqui, anotou o relator, Smith indicou Singletry:

> Meu honrado e velho pai ali, não vá pensar que espero ser um congressista e devorar a liberdade do povo. Nunca tive nenhum cargo, nem quero um. Mas eu não penso o pior da Constituição, porque advogados e homens de instrução e homens ricos gostam dela. Não suspeito que eles queiram entrar no Congresso e abusar de seu poder [...] Alguns cavalheiros pensam que nossa liberdade e a propriedade não estão seguras nas mãos de homens ricos e eruditos. Eu não penso dessa forma.
> 
> Irmãos fazendeiros, vamos imaginar, neste momento, a seguinte situação: suponha que você tivesse uma fazenda de vinte hectares, que seu título se tornasse objeto de disputa, e houvesse uma fazenda de 2 mil hectares associada a você, que

pertencia a um homem erudito, e o título dele estivesse envolvido na mesma dificuldade. Você não ficaria feliz em tê-lo como amigo em vez de ficar sozinho na disputa? Bem, o caso é o mesmo. Esses advogados, esses homens de muito dinheiro e de erudição, todos estão conosco no mesmo barco, na mesma causa, e todos devemos nadar ou afundaremos juntos. E devemos jogar a Constituição ao mar, porque ela não nos agrada da mesma forma? [...] Alguns cavalheiros dizem: "não tenham pressa". Reservem um tempo para refletir, e não deem um salto no escuro. Vou dizer uma coisa para vocês, deem tempo ao tempo, colham os frutos quando estiverem maduros. Há um tempo para semear e um tempo para colher. Nós semeamos nossa semente quando enviamos homens para o Convenção Federal. Agora é a colheita. Agora é a hora de colher o fruto do nosso trabalho. E, se não o fizermos agora, temo que nunca teremos outra oportunidade.

\*\*\*

No dia 20 de janeiro, de Nova York, Madison, em um estreito contato com os acontecimentos, escreveu a Washington dizendo que as notícias de Massachusetts "começam a se mostrar muito ameaçadoras". Nenhum dos lados ainda ousara se arriscar com a questão final e com a votação. O governador John Hancock (1737-1793) não apareceu. Rufus King disse ao general Washington que "assim que a maioria aparecer dos dois lados, acho que a sua saúde lhe será suficiente para ficar longe".

Nada poderia ser feito sem Hancock, e Samuel Adams sabia disso. Anos atrás, foi Adams quem trouxe o rico jovem Hancock para o Partido da Liberdade. Eles haviam desfrutado de uma amizade difícil desde então, pontuada por períodos de aberta inimizade política. Durante a rebelião de Shays, Adams apoiou as fortes medidas militares do governador Bowdoin contra os insurgentes. Contudo, agora Adams estava pronto para votar pela Constituição e conseguir a adesão de Hancock desde que certas emendas fossem oferecidas. Vários federalistas proeminentes, quase sem esperança de sucesso, redigiram uma série dessas emendas para que fossem apresentadas à convenção, não como uma condição para a ratificação, mas como recomendações ao Congresso. Foram propostas nove emendas e elas não se consistiam, de forma alguma, em uma declaração de direitos, antes estavam voltadas a limitar o poder federal sobre a tributação, as eleições e a certificar-se de que o Congresso não poderia "levantar nenhuma instituição de comerciantes com vantagens exclusivas para o comércio".

Entretanto, não importavam quais fossem as emendas oferecidas (e apenas uma delas se tornou parte da versão final Declaração de Direitos), como estratégia

## MASSACHUSETTS.

elas eram brilhantes – o calço de abertura, o primeiro uso de um expediente voltado para conquistar o consentimento dos antifederalistas em muitos estados.

Decidiu-se que Hancock era o homem que apresentaria essas emendas à Convenção. (Sam Adams intitulou-as de "Proposição Conciliatória".) Theophilus Parsons escreveu um discurso de apresentação e, com Adams, Sedgwick e outros, foram visitar Hancock em sua magnífica casa em Beacon Hill, que os recebeu com as pernas enfaixadas em bandagens de flanela. Por meio de lisonja e barganha, o governador foi persuadido. Ex-apoiadores de Bowdoin estavam assegurados para Hancock na próxima eleição para governador. Além do mais, no caso bastante provável de a Virgínia recusar a ratificação, Hancock seria nomeado por Massachussets como primeiro presidente dos Estados Unidos. (Dizia-se que Hancock nunca se recuperou da perda da posição de comandante em chefe para Washington em 1775.) "Hancock", Madison escreveu a Jefferson, "é fraco, ambicioso, um cortesão da popularidade, dado a intrigas vulgares e, recentemente, reunido a Samuel Adams por uma amizade facciosa".

Em 30 de janeiro, Hancock permitiu-se uma entrada dramática na Convenção. À vista de todo o plenário e de "muitas pessoas que estavam nas galerias", o governador, com os pés ainda envoltos em bandagens, foi carregado através do corredor até a cadeira. Ele leu – como se ele mesmo o tivesse escrito – o discurso de Parsons com a "Proposição Conciliatória". Uma moção foi apresentada para sua aceitação, apoiada por Adams, que disse que, embora tivesse anteriormente declarado suas dúvidas sobre a Constituição, sua consciência havia sido aliviada pela Proposição Conciliatória de Sua Excelência; ele sentia que as emendas fariam o mesmo pela convenção e pelas "pessoas de fora. Uma proposta desse tipo, vinda de Massachusetts [...] terá seu peso. É da maior importância que a América ainda esteja unida na forma de pensar".

Naquele dia, e pelos seis dias seguintes, a Proposição de Hancock foi debatida. Os antifederalistas declararam inicialmente que a Convenção de Massachusetts não tinha o direito de sugerir emendas, pois tal ato estava fora de sua esfera. Alguns cavalheiros poderiam votar nelas; "não os chamariam de Júdases" – isso vindo do general Thornpson. Em 5 de fevereiro, as fileiras antifederalistas se rompiam, quando William Symmes (1760-1807), o jovem e brilhante advogado de Andover, rendia-se, apesar das instruções contrárias de seus eleitores. Com a mão no peito, Symmes disse que foi absolvido em sua consciência pelo que estava prestes a fazer e que esperava e confiava que seus representados também o absolveriam. (Eles não o fizeram. A reação de seus vizinhos mostrou-se tão violenta, que Symmes foi forçado a se mudar de Andover.) Nathaniel Barrell (1732-1831), do Maine, também falou. Ele disse que sentia vergonha de falar na presença de tais gigantes da retórica, ainda assim, sabia que seus eleitores esperavam algo dele mais do que um voto meramente silencioso. Ele gostaria que essa Constituição não tivesse sido apressada, "como a condução de Jeú", e enumerou em detalhes oito razões para sua posição antifederalista. Ele desejava muito o encerramento dos trabalhos para que pudesse ter tempo de ir para casa e apresentar aos seus eleitores os argumentos que havia ouvido na Convenção. Caso contrário, ele se sentia tentado, disse Barrell, a arriscar o descontentamento de seu país e adotar a Constituição sem o consentimento deles.

Naquele mesmo dia, 5 de fevereiro, Samuel Adams propôs outras emendas. A liberdade de imprensa e os direitos de consciência deveriam ser garantidos, bem como a proibição de exércitos permanentes e de buscas e apreensões desmedidas. Essas propostas imediatamente lançaram a convenção em desordem, não porque ambos os lados discordassem em princípio, mas porque os antifederalistas acreditavam que, se Samuel Adams considerava tais precauções necessárias, isso significava que a Constituição previa um governo ainda mais arbitrário do que eles temiam.

Adams, muito decepcionado, retirou sua moção. Era hora de apresentar a questão final: a Constituição deveria ser adotada com recomendações para emendas conforme indicado? Em sua declaração ao Congresso, em seu preâmbulo, Massachusetts usou as antigas e comoventes palavras:

> Reconhecendo com corações agradecidos à bondade do Governante Supremo do Universo em proporcionar ao povo dos Estados Unidos [...] uma oportunidade, sem fraude ou surpresa, de deliberada e pacificamente entrar em um pacto explícito e solene uns com os outros, através do consentimento e ratificação de uma nova Constituição [...]

A votação foi apertada: 187 a favor a 168 contra, uma margem de apenas dezenove votos. Antes da dissolução da Convenção, mais sete antifederalistas tinham algo a dizer. O velho e feroz Abraham White começou – ele que havia jurado não confiar em um grupo de Moisés. Como a maioria havia vencido, disse White, iria para casa e faria o máximo para induzir seus eleitores a viverem em paz sob a nova Constituição e a se submeterem a ela de bom grado. Widgery, de Maine, disse que, embora se opusesse à adoção, foi impedido por uma maioria de homens sábios e compreensivos. Ele procuraria plantar as sementes da união e da paz entre as pessoas que representava e se esforçaria para evitar qualquer protesto, porque acreditava que essa convenção seria "a mais completa representação do povo possível de ser reunida". Agora que o estado de Massachusetts havia adotado a

## MASSACHUSETTS.

Constituição, Widgery profetizou que "não apenas nove, mas todos os treze fariam o mesmo".

Whitney, Cooley, Nason, dr. Taylor e o major Swain disseram quase a mesma coisa, levantando-se um por um com suas retratações e suas promessas de boa fé. Eles tinham sido completamente derrotados, "haviam lutado como bons soldados", disseram. Contudo, derrotados, eles "se sentariam contentes, esperando que a minoria ficasse desapontada em seus medos e a maioria colhesse o fruto completo do benefício com o qual eles contavam [...] com alegria e sinceridade eles apoiariam a Constituição".

Em meio ao clamor de sinos e ao estrondo de canhões, os delegados saíram da Igreja de Brattle Street e seguiram para Faneuil Hall, onde, disse um jornal, "os brindes foram verdadeiramente conciliatórios, e, acreditamos, bebidos com sinceridade por todos os presentes. Eles pareciam dispostos a enterrar a machadinha da animosidade e a fumar o *calumet* da paz[156], celebrando a união e o amor". Cartoons, panfletos e poemas foram distribuídos nas ruas. Massachusetts, confiante de que sua atitude levaria a Nação à ratificação, ficou feliz com o que alcançou. E com certa razão; desde aquele momento, admite-se que, se a Constituição tivesse perdido em Massachusetts, ela nunca teria sido ratificada.

À melodia de "Yankee Doodle", os cidadãos de Boston cantaram sua balada da Convenção:

| | |
|---|---|
| The 'Vention did in Boston meet, | A Convenção foi a Boston se reunir; |
| The State House could not hold 'em, | A Câmara Estadual não conseguiu controlá-los; |
| So then they went to Fed'ral Street, | Eles, então, foram para a Fed'ral Street; |
| And there the truth was told'em… | E a verdade foi aí confrontá-los… |
| | |
| And ev'ry morning went prayer, | E todas as manhãs iniciavam em orações; |
| And then began disputing, | E, então, as disputas começaram; |
| Till oppositions silenced were, | Até que foram silenciadas as oposições; |
| By arguments refuting. | Por argumentos que se refutavam. |
| | |
| Then 'Squire Hancock like a man, | 'Squire Hancock como um homem, então; |
| Who dearly loved the nation, | Ele que amava profundamente a Nação; |
| By a conciliatory plan, | Por um plano conciliador; |
| Prevented much vexation. | Evitou grande e pesado rancor. |

---

[156] No texto original, a autora usa o termo "calumet", nome do cachimbo da paz dos índios americanos. (N.T.)

He made a woundy Fed'ral speech,      Ele como um feroz de Fed'ral discursou;
Wish sense and elocution;      Cheio de desejo e elocução;
And then the 'Vention did beseech      E, então, a 'Convenção suplicou;
T'adopt the Constitution.      Não adote a Constituição.

Now polititians of all kinds,      Agora, políticos de todos as vertentes;
Who are not yet decided,      Quem ainda não está decidido;
May see how Yankees sepak their minds,      Podem ver como os ianques separam suas mentes;
And yet are not devided.      E ainda não são divididos.

So here I end my Fed'ral song,      Então, aqui eu termino minha música de Fed'ral;
Composed of thirteen verses;      Composta por treze versos no total;
May agriculture flourish long      Que a agricultura por muito tempo floresça;
And commerce fill our purses!      E que o comércio nossas bolsas encha!

CAPÍTULO 25

# Virgínia e Nova York. O Desfile Federal.

*A trama se complica rapidamente. Algumas poucas semanas irão determinar o destino político da América.*
WASHINGTON PARA LAFAYETTE,
28 DE MAIO DE 1788.

Seis estados haviam ratificado juntamente com Massachusetts. Maryland acompanhou em abril, com uma votação de 63 a 11. Foram anexadas treze emendas, após o exemplo dado por Massachusetts. Maryland, contudo, acrescentou um protesto, assinado por doze delegados, entre eles Luther Martin.

No final de maio, a Carolina do Sul ratificou, foram 149 a 46 votos. A lista da convenção mostra blocos sólidos de eleitores do litoral que votaram a favor e de eleitores de condados remotos que votaram contra, e cujos nomes são expressivos quanto ao seu afastamento e à condição instável do país: os "distritos baixos entre os rios Broad e Saluda"; o "distrito denominado New Acquisition".

Os antifederalistas da Virgínia ficaram desapontados, pois esperavam o apoio da Carolina do Sul. Nova Hampshire, o próximo na ordem, teve dificuldade para tomar uma decisão. Se votasse a favor, a Constituição teria a maioria de nove. "O atraso em nosso estado apóstata", escreveu Nicholas Gilman ao presidente[157] de Nova Hampshire, "a meu ver, tornou [a adoção] muito mais duvidosa do que [...] em qualquer período desde a conclusão do plano". Nova Hampshire debateu, adiou sem votação, então, reuniu-se novamente e, em 21 de junho, decidiu pela Constituição – 57 a 46 votos. Apenas um discurso chegou até nós. Joshua Atherton (1737-1809), de Amherst, manifestou-se pessoalmente contra a abominação que é o tráfico de escravos e sobre o fato de a Constituição não a proibir. Imagine, dizia ele, a situação invertida! Suponha que "esses ladrões de homens" desembarquem

---
[157] Em alguns estados, o governador era chamado de "presidente". (N.E.)

na costa de Nova Hampshire, prosseguindo para o interior e levando para a África "a totalidade ou parte dos habitantes da cidade de Exeter. Cobertos de lágrimas de angústia [...] o irmão é separado de irmão; irmã de irmã. A cena", concluia o sr. Atherton quebrantadamente, "é muito comovente. Não tenho coragem para seguir falando nisso".

Se os antifederalistas não tivessem se permitido tais voos de oratória, talvez eles pudessem ter obtido mais votos na convenção. Sempre pareceu fácil para algum federalista obstinado derrubar seu oponente com algumas propostas bastante sensatas. Por que, por exemplo, devemos ter medo de nossos congressistas? Eles não são criaturas nossas, eleitos por nós mesmos? Por que devemos presumir que o Congresso será mais corrupto do que os eleitores que são responsáveis por mandá-los para governar? E o presidente, assim como os tão temidos senadores, não será devolvido ao povo, para viver entre seus vizinhos e ter que aguentar suas reprovações caso se comporte mal no cargo?

A Constituição continuou a fazer convertidos nas convenções estaduais. Com frequência, os antifederalistas pareciam aliviados em confessar que mudaram de ideia e que as informações adicionais acalmaram seus temores e resolveram suas dúvidas.

*∗∗*

Enquanto Nova Hampshire se reunia, suspendia e atrasava, a Virgínia estava realizando a sua convenção em Richmond, na nova Academia em Shockoe Hill. O país olhava para a *Old Dominion*, perguntando-se para onde deveria ir. O território da Virgínia chegava ao Mississippi e incluía o distrito do Kentucky e West Virginia. Sua população era um quinto da população de toda a União. Se a Virgínia ratificasse, ela seria o nono estado, ou assim pensava, pois faltavam ainda três semanas para a votação final de Nova Hampshire. Se a Virgínia se recusasse, Nova York, Carolina do Norte e Rhode Island sem dúvida seguiriam seu exemplo.

Essa seria a mais qualificada de todas as convenções de ratificação e a mais bem preparada. Uma reunião repleta de estrelas, com nomes e rostos conhecidos em todo o estado e para além dele – de ambos os lados, cavalheiros bem-falantes, bem-vestidos, bem-nascidos. Mais de um quarto eram militares; entre eles James Monroe, Wilson Cary Nicholas (1761-1820), Stephen, Richard Bland (1710-1776), Paul Carrington (1733-1818), Nicholas Cabell (1750-1803), coronel Grayson, Richard Henry Lee e seu homônimo primo, conhecido por Light-Horse Harry (1756-1818). Eles haviam lutado contra os britânicos, contra os índios e, por convicção política, eles se posicionavam em ambos os lados.

Washington não estava presente, mas permaneceu em Mount Vernon, recebendo e enviando cartas, mensagens. Durante todo aquele mês de junho, o caminho em frente à casa esteve repleto de cavaleiros rápidos. O general não se apresentou para a nomeação, nem líderes federalistas o estimularam a isso. Sua ausência não diminuiu sua influência. A Nação sabia de sua aprovação. O honorável historiador Hugh Blair Grigsby (1806-1881), ao escrever um relato sobre a Convenção enquanto ainda havia delegados vivos, colocou como um simples fato histórico que, em 1788, nem Washington nem Madison "tiveram a mesma mostra de estima pela Virgínia na mesma plataforma com Patrick Henry e George Mason como estadistas"[158].

No fundo do corredor estavam os catorze cidadãos do Kentucky, usando pistolas e ganchos. Para chegar até aqui, eles cavalgaram por terras indígenas. As fileiras antifederalistas eram muito fortes, lideradas por homens como Mason, Benjamin Harrison, Theodorick Bland, John Tyler (1747-1813) – pai do décimo presidente americano, John Tyler (1790-1845) –, os Cabells, Edmund Ruffin (1744-1807), James Monroe, Grayson e Richard Henry Lee. Washington, refletindo sobre seus nomes, disse que era "um pouco estranho que os homens de grandes propriedades no Sul tivessem mais medo de que a Constituição produzisse uma aristocracia ou uma monarquia do que o verdadeiro povo democrático do Leste". Principal entre os antifederalistas era Patrick Henry, alto, magro, encurvado e, aos 52 anos, parecia envelhecido e com a saúde debilitada. Ele usava óculos, escondia o cabelo castanho-avermelhado em uma peruca marrom, não muito bem ajustada. Seus olhos azuis ainda eram perspicazes e seu rosto comprido, cheio de sentimentos, um velho encanto esperava para ser invocado conforme fosse do seu interesse. "Eu temo aquela torrente avassaladora, Patrick Henry", escreveu o general Knox a Rufus King em pleno andamento da Convenção.

Desde o primeiro dia, Henry foi o centro nervoso da sala. Eles chamavam seus seguidores de "*henryitas*". Cada federalista veio preparado contra eles. E as fileiras federalistas eram impressionantes. Um deles, o juiz Edmund Pendleton, serviu como presidente da mesa. De cabelos brancos, dolorosamente aleijado, ele lutava para se levantar com suas muletas. Seu quadril havia sido deslocado devido à queda de um cavalo. Pendleton vestia-se de maneira elegante, e sua enfermidade, de alguma forma, só aumentava a dignidade de sua postura. "A Confederação não

---

[158] O relato de Grigsby sobre a Convenção da Virgínia, em dois volumes, é maravilhosamente vívido. Ele próprio um fervoroso antifederalista e repórter de comprovado rigor, Grigsby luta em notas de rodapé com os constitucionalistas. "Esse argumento dificilmente era justo", diz ele. Ou, "Um sofisma óbvio [...] Foi um pouco hipócrita culpar a Assembleia por fazer o que ela tinha o direito de fazer".

nos sustentou durante a guerra", disse ele. "O perigo comum e o espírito da América fizeram isso".

Quando a Convenção foi para o Comitê do Todo, outro federalista a presidiu. O *chanceler* Wythe, como é possível recordar, havia comparecido brevemente à Convenção Federal, quando a doença de sua esposa o fez voltar para casa. Todo mundo em Richmond o conhecia, pois Wythe havia dado aulas de direito ao pai de Madison e a Thomas Jefferson, e o futuro estadista Henry Clay (1777-1852) um dia seria seu aluno. Atrás de uma testa careca, cabelos grossos e grisalhos caíam soltos. Ele usava um casaco trespassado com gola alta e uma *cravat* branca afivelada atrás. Ele era um homem pequeno e ativo, tinha um porte ereto e gracioso.

Madison estava presente, desta vez sem seu bloco de notas. Grigsby o descreve com o cabelo empoado, terminando em uma longa trança, e "elegantemente decorado em azul e amarelo". Conta Grigsby:

> Sua baixa estatura tornava difícil para ele ser visto de todas as partes da Câmara; sua voz era raramente alta o suficiente para ser ouvido em todo o salão. Ele sempre se levantava para falar como se quisesse expressar algum pensamento que casualmente lhe houvesse ocorrido, mas o fazia com o chapéu na mão e com as anotações no chapéu; e o mais caloroso entusiasmo do debate era visível nele apenas na maneira como ele movimenta do seu corpo mais ou menos rápido e para a frente.

Madison, como sempre magistral no debate, convocou o encontro de volta a terra, trazendo-os dos voos apaixonados de Henry, ou da ansiosa apologia pessoal de Randolph.

Ainda assim, de todos os defensores da Constituição, George Nicholas (1754-1799), do condado de Albermarle, era considerado – pelo menos por Grigsby – o mais formidável para Patrick Henry. Nicholas, aos 34 anos de idade, era uma figura extraordinária. Baixo e corpulento ao ponto da deformidade, foi desenhado por um caricaturista local como um pudim de ameixa com pernas. Alguém comentou que, desde o senhor Nicholas Bacon (1510-1579) na Chancelaria, nenhum advogado jamais foi tão gordo. Com excelente educação, perfeitamente seguro de si, Nicholas conseguia manter seu público atento por duas horas a fio, seu único gesto sendo o dedo indicador em riste.

George Mason veio vestido de seda preta – em certos dias, ele seria visto se aproximando da Academia de braço dado com Patrick Henry, saindo da taverna Swan. James Monroe, antifederalista, aos 30 anos, veio quase desconhecido para esta Assembleia. Ele era filho de um carpinteiro escocês, e sua conduta parecia rígida, um pouco estranha. O cunhado de Monroe, Beau Dawson, suntuosamente vestido e empoado, sempre republicano, odiava um governo consolidado. Francis Corbin (1759-1821), um federalista rico, que foi educado na Inglaterra, tinha modos refinados e o prestígio de um nome antigo. O coronel James Innes, com um metro e oitenta de altura e um biótipo tão forte que não conseguia sentar-se em uma cadeira comum nem montar um cavalo comum; tinha, além disso, uma voz que ecoava pelo corredor; era, no entanto, um homem cortês e incisivo no debate. O estabelecimento desse novo governo, afirmou ele, "é tão importante quanto a Revolução que nos separou do Império Britânico".

John Marshall, agora aos 33 anos de idade, foi uma grande força para os constitucionalistas. Corado e bonito, com cabelos negros desgrenhados, olhos escuros penetrantes; como uma concessão à ocasião, ele havia vestido seu corpo alto com um casaco novo que, entretanto, havia custado apenas uma libra, e que parecia mesmo fazer jus ao preço pago. A assembleia conhecia Marshall, respeitava-o por seu histórico de soldado na Revolução e o amava por ser tão sociável – o que, segundo Grigsby, afetadamente, às vezes beirava o excesso.

Com tais *dramatis personae* [personagens do drama] na convenção da Virgínia, não poderia faltar cor. Sempre tinha alguém consciente dos catorze *kentuckianos*, sentados, vigilantes, esperando sua hora. Da mesma forma, sempre tinha alguém que se lembra que, dos 170 membros, a maioria declarada levaria a cabo a Constituição. É uma cena romântica, apaixonante, o melhor do "teatro". No entanto, tudo isso é verdade, é fato, e raramente a história americana mostrou uma cena política representada com mais seriedade. Patrick Henry ergueu-se e disparou seus dardos:

> Para onde foi o espírito da América? Para onde fugiu a genialidade da América? [...] Nós extraímos o espírito da liberdade de nossos ancestrais britânicos. Mas, agora, senhor, o espírito americano, assistido pelas cordas e correntes da consolidação, está prestes a converter este país em um império poderoso e imponente [...] Não haverá freios, nem contrapesos reais, neste governo. O que pode aproveitar seus ilusórios e imaginários contrapesos, seus números de equilibrismo sobre cordas, do sacudir de correntes e de ridículos e ideais controles e artifícios?

Foi aqui, ou perto daqui, que o sr. Best, do condado de Nansemond, "um cavalheiro inteligente", relatou Grigsby, "involuntariamente sentiu seus pulsos para se certificar de que os grilhões já não estavam pressionando sua carne. A galeria na qual ele estava parecia tornar-se escura como uma masmorra". O poder de um verdadeiro orador parecia controlar Patrick Henry. Até Madison se confessou perplexo e disse que, quando o sr. Henry se levantava para lhe responder, qualquer coisa, uma pausa, um aceno de cabeça, ou um gesto marcante eram capazes de desfazer o trabalho de uma hora, antes mesmo que uma palavra fosse dita. Em momentos de maior exaltação, Henry girava a peruca duas ou três vezes em volta da cabeça. As galerias estavam sempre lotadas quando Henry ia falar; certa vez, ele ficou de pé por sete horas:

> Quem autoriza os cavalheiros a falar a língua de "Nós, o povo", ao invés a de "Nós, os estados"? [...] O povo não lhes deu poder para usar o seu nome [...] Mesmo vindo de homem ilustre como ele, que nos salvou com sua bravura, eu teria uma justificativa para agir assim!

Os defensores da Constituição, disse Henry, apresentaram medos, péssimos prognósticos dos males que estarão por vir, caso a Constituição falhe em ser ratificada. No entanto, houve um único tumulto na Virgínia? Onde se encontrava, neste país, alguma inclinação para uma revolta contra a autoridade das leis?

O coronel Grayson era também talentoso com o argumento dos medos federalistas imaginários, jogando com ele:

> A Pensilvânia e Maryland irão cair sobre nós do Norte como os godos e vândalos de antigamente [...] os índios vão nos invadir pela retaguarda [...] E os carolinianos do sul, montados em crocodilos, eu acho, devem vir e destruir nossos campos de milho e comer nossos filhinhos! Esses, senhor, são os grandes perigos que nos aguardam se rejeitarmos a Constituição.

Para Grayson tanto quanto para Patrick Henry, um governo consolidado significava governo pela força. O autogoverno genuíno poderia ser mantido apenas se fosse dado ao Congresso a regulamentação do comércio, infundindo, assim, nova força e espírito nos legislativos estaduais. Esse, disse Grayson, era o curso apropriado a seguir:

> [...] até que o caráter americano seja marcado com algumas características específicas. Ainda somos muito jovens para sabermos para o que somos talhados [...] Nunca antes ouvi falar de dois poderes supremos coordenados em um e no mesmo país. Não consigo conceber como isso pode acontecer. Supera tudo o que li sobre outros governos ou que posso conceber por mais aplique minhas faculdades refletindo a respeito disso.

Cláusula por cláusula, os homens da Virgínia percorreram o texto da Constituição... Uma Corte Federal engoliria e destruiria os tribunais estaduais... O poder fiscal não deveria ser usado pelo governo federal até que as primeiras requisições tivessem sido julgadas. "Jamais desistirei dessa palavra querida, 'requisições'", ironizou Henry, Eu e o relator a sublinhou. Madison perdeu a paciência. Em seu próprio estado, entre seus amigos íntimos, Madison usou um tom diferente, argumentos diferentes dos usados da Filadélfia. Havia aqui fortes lealdades locais para combater e um sentimento local, um profundo orgulho provinciano. John Tyler, cuja propriedade, Greenway, ficava às margens do rio James, um dia declarou tristemente que, se os constitucionalistas prevalecessem, então, os navios, ao passarem por sua porta em viagens ao exterior, carregariam outra bandeira que a da Virgínia — aquela flâmula que em um dia de dúvida e pavor ele havia visto quando foi içada pela primeira vez acima do Capitol, em Richmond.

Os antifederalistas levantaram o velho argumento de que a nação era grande demais, extensa demais para um governo central, conforme foi proposto: os congressistas de Nova Hampshire nunca compreenderiam ou se solidarizaram com as necessidades da Virgínia ou das Carolinas. Madison respondeu suavemente e com um toque de seu dom profético:

> Não esqueçamos que existe a possibilidade de que aquela ignorância de que se reclama em algumas partes da América esteja continuamente diminuindo [...] Nossa própria experiência não nos ensina que as pessoas estão mais bem informadas do que há alguns anos? O cidadão da Geórgia sabe mais agora sobre os assuntos de Nova Hampshire do que sabia, antes da Revolução, dos assuntos da Carolina do Sul. Quando os representantes dos diferentes estados estiverem todos reunidos [...] eles trocarão seus conhecimentos uns com os outros e terão as leis de cada estado sobre a mesa.

Madison parecia cansado, tenso. Em dado momento, ele interrompeu Henry no melhor da sua performance; e duas vezes, em um único dia, escreveu o relator, a voz de Madison perdeu a força:

> Aqui o sr. Madison explicou a distinção entre regulamentação da polícia e legislação, mas tão baixo que não podia ser ouvido [...] O sr. Madison fez várias outras observações, que não puderam ser ouvidas.

Depois de um debate extenuante, Madison adoeceu e ficou acamado por três dias.

O relator, David Robertson, foi trazido por constitucionalistas – a primeira vez que um taquígrafo era contratado na Virgínia. Os antifederalistas estavam desconfiados, acusaram ser uma manobra federalista. Na realidade, Robertson fez um excelente trabalho, seus relatórios eram completos e claros. Ele usava a primeira pessoa do singular, exceto quando os acontecimentos se passavam de forma muito rápida ou quando ele sucumbia à emoção. Grigsby observa que o rosto de Robertson às vezes ficava "coberto de lágrimas". "Aqui", escreveu Robertson, "o Sr. Henry discursou forte e pateticamente sobre a probabilidade de o presidente escravizar os Estados Unidos e as horríveis consequências que disso devem resultar". O *The Pennsylvania Packet* disse que a presença de Robertson preocupava Henry, "pois ele desejava falar a língua de sua alma". Robertson era de Petersburgo, mas Richmond parecia infestado de nortistas. Robert Morris estava na cidade e muitas vezes era visto conversando com líderes federalistas, embora, na verdade, ele tivesse vindo para cobrar dívidas de seus credores. Eleazer Oswald (1750-1795) chegou da Filadélfia, onde publicou aquele jornal antifederalista provocador, o *The Independent Gazetteer*, e trouxe mensagens de apoio dos clintonianos. Gouverneur Morris estava também presente.

\*\*\*

Entre as estrelas e os oradores patriotas, Edmund Randolph foi quem trouxe o choque e a surpresa iniciais da Convenção. O jovem e bonito governador era muito querido em seu estado. Muitos sabiam do grande papel que ele havia desempenhado na Filadélfia, e a sua recusa em assinar a Constituição era de conhecimento geral – a *The Virginia Gazette*, em janeiro de 1788, publicou uma carta com os motivos dele. Contudo, desde então, Randolph começou a vacilar. Já havia sido atacado em um jornal por mostrar-se hesitante. No entanto, ninguém podia afirmar ao certo qual seria a decisão final do governador. No final de abril, Washington disse a Lafayette que, se Randolph apoiasse a Constituição, ele [Randolph] o faria "de maneira fraca, tímida". Madison também não tinha certeza sobre o comportamento de seu colega. O condado de Randolph, fortemente antifederalista, havia-o enviado à Convenção muito seguro de si.

No dia 4 de junho, o primeiro dia de pleno debate, o governador se levantou e fez sua declaração. Ele levou algum tempo para chegar ao seu ponto. Nitidamente na defensiva, Randolph disse que não tinha vindo para cá para se desculpar... Ele não era um candidato à popularidade... Se a Constituição fosse apresentada a ele como o foi na Filadélfia – totalmente para ser adotada ou totalmente para ser rejeitada –, ele se recusaria novamente a assiná-la. Contudo, Massachusetts insistiu que o Congresso aprovasse emendas *após* a ratificação total. Em sua defesa, originalmente, havia sido favorável a emendas *anteriores*, a serem aprovadas pelos vários estados antes de ratificá-las, mas o adiamento desta Convenção para uma data tão avançada tornou isso impossível "sem a ruína inevitável para a União". Oito estados adotaram a Constituição e não podiam retroceder. Ele, então, colocou-se em pé a fim de expressar seus mais sinceros esforços a favor de um governo firme e enérgico e para concordar com qualquer esquema prático de emendas. Randolph, em suma, era a favor da Constituição.

Desse dia em diante, não importando como fosse argumentado, a base da diferença entre federalistas e antifederalistas na convenção da Virgínia seria "emendas anteriores" ou "emendas subsequentes" – isto é, se a Constituição deveria ser ratificada como estava, com emendas a serem promulgadas mais tarde; ou se novas convenções estaduais deveriam ser convocadas para alterar o documento antes da ratificação.

Randolph havia falado de maneira convincente; o argumento de um convertido é sempre sincero. Patrick Henry, contudo, não tinha a intenção de deixar seu adversário escapar sem um desafio quanto a essa mudança de frente. E questionou:

> A alteração de opinião do cavalheiro foi muito estranha e incompreensível [...] Ele não nos disse que havia se negado a assinar? Ele não foi então conduzido pelos iluminados, pelo pequeno número de ilustres [...] Que alterações alguns poucos meses trouxeram! [...] Algo extraordinário deve ter operado uma mudança tão grande em suas opiniões.

Randolph e a convenção entenderam muito bem as dicas de Henry, as quais implicavam que a estratégia persuasiva usada por Washington – ou pior, a sua promessa de favores futuros sob o novo governo – causou essa mudança. Muito mais tarde, quando Washington nomeou-o como procurador-geral dos Estados Unidos, ele teve que se esforçar para se defender dessa mesma acusação. Randolph, nesse sentido, respondeu furiosamente a Patrick Henry, pois desdenhava as calúnias e insinuações do honrado cavalheiro:

> Se nossa amizade deve cair, que caia como Lúcifer para nunca mais se levantar! [...] Henry me acusou de incoerência [...] Senhor, se eu não estiver firmado na base da integridade e do amor puro pela Virgínia, tanto quanto aqueles que sabem fazer mais barulho, desejo renunciar à minha existência.

Havia mais em ambos os lados, do melhor jeito do *Old Dominion*. Naquela noite, o coronel Cabell, amigo de Henry, "esperou em Randolf" – expressão do próprio Grigsby –, e a situação felizmente foi resolvida, "sem recorrer ao campo". Daí em diante, Randolph teve uma atuação excelente nos debates – até Grigsby admite isso. Ele falou muito melhor do que na Filadélfia, esqueceu as rixas pessoais e teve o que, certamente, foi o melhor desempenho da sua vida.

\* \* \*

Em 24 de junho, por um acordo prévio com seus apoiadores, o *chanceler* Wythe propôs uma resolução para a ratificação, com uma declaração de direitos e emendas subsequentes, antecipando-se, assim, a Patrick Henry, que tinha vindo à Assembleia naquele dia para apresentar sua própria e muito diferente resolução. Wythe, levantando-se para falar, "parecia pálido e cansado", relatou Grigsby, e tão agitado que mesmo as pessoas próximas a ele não conseguiam entender o que ele dizia. Patrick Henry, por sua vez, mostrou "um estado de espírito feroz, estranhamente misturado com dor e vergonha". As emendas *subsequentes*, acusava Henry, eram uma novidade e um absurdo. Entrar em um pacto de governo e depois resolver os termos desse pacto era uma ideia, para ele, terrível, abominável. Veja o caso de Massachusetts, que ratificou com apenas 19 votos! Veja a Pensilvânia, onde o povo claramente não estava representado em sua convenção. Se esse plano fosse aceito pela Convenção, disse Henry, ele consideraria seu dever não ter mais nada a ver com a Constituição, abandonar esta Assembleia e ir para casa.

O escrivão leu em voz alta a Declaração de Direitos de Henry e as outras emendas propostas por ele; elas eram quase iguais às que finalmente foram aceitas pela Convenção. Entretanto, as "emendas anteriores" de Henry implicavam que todos os estados da Confederação convocassem novas convenções de ratificação. Randolph, pegando a observação final de Henry sobre não ter mais nada a ver com a Constituição, levantou-se e acusou-o de ameaçar uma secessão. Essa foi uma acusação que muitos federalistas consideraram verdadeira, incluindo Madison e Washington. Henry imediatamente negou; a dissolução da União era algo terrível na sua opinião.

O dia terminou com Patrick Henry profetizando a "terrível imensidão dos perigos os quais [o novo sistema] estava gestando" e prevendo "os anjos no alto, olhando para baixo e avaliando o futuro da América". Foi nesse momento oportuno que uma tempestade se levantou, o corredor escureceu, os relâmpagos brilharam, a chuva escorreu pelas janelas. As portas batiam, diz Grigsby, como um estrondo de mosquete. Os homens afastaram-se rapidamente de seus assentos e correram para o centro da sala, e a reunião foi assim encerrada.

Restava apenas um dia de debate. A legislatura da Virgínia estava para se reunir e exigiu o salão da Academia. Na semana anterior, gradualmente os legisladores iam chegando à cidade, para inquietação de Madison. Esses homens alegavam proximidade com o povo; eles poderiam citar incorretamente seus eleitores e prejudicar a situação de maneira desfavorável. Madison, além disso, acreditava que os antifederalistas desejavam prolongar a convenção até que tivessem notícias da convenção de Nova York, ou até que os membros, cansados, dessem-na por encerrada sem tomar qualquer decisão.

Todas as noites, nas últimas três semanas, ambos os lados haviam feito estimativas cuidadosas e detalhadas dos votos com os quais podiam contar, das mudanças que um dia de trabalho poderia ter causado. Os catorze homens do Kentucky eram uma fonte de contendas ciumentas. Com a votação tão apertada, mesmo dois deles poderiam virar o rumo das coisas. Ao longo da convenção, Patrick Henry havia sido extremamente eficaz na grande questão do rio Mississippi, embora soubesse, disse ele, que havia sido acusado de "brigar por votos do Kentucky". Lembrando aos delegados que há apenas dois anos, John Jay havia instado o Congresso a entregar o Mississippi à Espanha pelo período de uma geração. Henry chamou os membros que, à época, estiveram no Congresso e exigiu que se manifestassem e revelassem os fatos daquele vergonhoso acordo. Quatro delegados se levantaram: Madison, Henry Lee, Grayson, Monroe.

Sob a nova Constituição, a Seção 8 do Artigo I autorizou o Congresso "*a regular o comércio com nações estrangeiras e entre os diversos estados*". Havia, aqui, o perigo de que a navegação do rio pudesse ser sacrificada. O retrato feito por Henry do vale do Mississippi, próspero e feliz sob uma futura Confederação, arruinado e abandonado sob a Constituição, desanimou a Assembleia. No final, entretanto, quatro dos catorze *kentuckianos* votaram no lado federalista.

Na quarta-feira, 25 de junho, Edmund Pendleton, da presidência, ordenou que a moção original de Wythe fosse submetida à questão. Pouco antes de a votação ser realizada, Patrick Henry proferiu suas últimas palavras. Se ele se encontrasse em minoria, teria, disse ele, aquelas sensações dolorosas que surgem da convicção de que está sendo dominado por uma boa causa. Ele, contudo, seria um cidadão pacífico.

> Não quero recorrer à violência, mas vou esperar com esperança que o espírito que predominou na Revolução ainda não tenha desaparecido, nem que a causa daqueles que estão ligados à Revolução ainda não tenha sido perdida. Eu, portanto,

esperarei na expectativa de ver aquele governo mudado, de modo a ser compatível com a segurança, liberdade e felicidade do povo.

Era generoso, tinha um toque de grandeza. Randolph falou em seguida, muito brevemente, e sua última palavra não foi igual à de Henry. Randolph falou apenas para se justificar. Sua participação na Convenção Federal, explicava ele, foi inspirada pelo mais forte afeto pela União. As objeções que ele fez à Constituição continuavam valendo. No entanto, a adesão de oito estados reduziu a deliberação à questão única de União ou não União. Se algum futuro historiador desejar difamar seu nome, deixe-o declarar essas verdades.

A Constituição foi então submetida à votação, incluindo a Declaração de Direitos que continha vinte artigos e emendas subsequentes do mesmo número[159]. Por 89 a 79 votos, a Constituição venceu. Tinha sido por pouco, por muito pouco mesmo. Naquela noite, os antifederalistas, furiosos, determinados a criar ações para resistir ao novo sistema, realizaram uma reunião em massa em Richmond, sob a presidência de Patrick Henry. Henry disse a seus indignados colegas que havia feito o seu melhor contra a Constituição "no lugar apropriado para isso [a Convenção]". A questão, alegava Henry, estava agora resolvida; "como verdadeiros e fiéis republicanos, é melhor vocês todos irem para casa".

Os admiradores de Henry afirmam que ele, provavelmente, foi mais responsável do que qualquer um ou todos os outros pela adoção das primeiras dez emendas à Constituição – a Declaração de Direitos. E não há dúvida de que o papel de Henry nisso foi além de meros desafios retóricos e ações repentinas. Em sua forma final, a Constituição foi o produto de ambos os lados, pró e anti. Quanto à parte da oposição é difícil de avaliar embora ninguém possa questionar seu valor. Até mesmo Washington admitiu. Escreveu ele:

> De modo geral, duvido que a oposição à Constituição não venha a produzir, em última análise, mais bem do que mal; ela invocou, em sua defesa, faculdades que talvez não teriam sido exercidas de outra forma, lançando uma nova luz sobre a ciência do governo. Elas levaram os direitos do homem a uma discussão completa e justa e os explicaram de uma maneira tão clara e convincente, que não podem deixar de causar uma impressão duradoura.

---

[159] Dessa Declaração de Direitos, dez artigos seriam transformados em lei pelo primeiro Congresso sob a Constituição – embora em modalidade de expressão diferente e mais breve. As vinte emendas seriam rejeitadas. Uma delas previa que nenhum exército fosse mantido em tempos de paz sem o consentimento de ambas as Casas. Um artigo teria levado a Suprema Corte à impotência virtual; o que dizia que nenhum imposto direto poderia operar em qualquer estado, se o estado já tivesse recolhido sua própria cota.

## VIRGÍNIA E NOVA YORK.

\*\*\*

A notícia da capitulação da Virgínia chegou a Poughkeepsie em 2 de julho quando a convenção de Nova York já estava em andamento há duas semanas. Foi um golpe decisivo. Durante o inverno, os clintonianos tentaram se manter em comunicação com um estado do qual eles esperavam muito. O governador Clinton foi eleito por unanimidade presidente da Convenção, e seus competentes apoiadores foram Robert Yates, John Lansing e Thomas Tredwell (1743-1831). O herói dessa oposição foi Melancton Smith, do condado de Dutchess, que falava bem e com frequência, com um toque de humor, o que era atraente. Para os constitucionalistas, havia John Jay e James Duane. Os nomes antigos eram notáveis: Isaac Roosevelt (1726-1794), Anthony Ten Eyck (1739-1816), Pierre Van Cortlandt (1721-1814), De Witt Clinton (1769-1828). Alexander Hamilton, contudo, travou sua memorável disputa contra o que parecia ser, de fato, insuperável tanto em probabilidades quanto em números. Seu argumento era brilhante, sua persistência quase sobre-humana.

O debate, que era basicamente o mesmo que em qualquer outro lugar, não precisa ser repetido aqui, embora as considerações locais tenham sido especialmente influentes: os constitucionalistas não paravam de falar sobre Massachusetts e a Pensilvânia, estados próximos, poderosos e agora comprometidos com a União. Se Nova York não ratificasse, não restaria ninguém para lhe fazer companhia, exceto a Carolina do Norte, Rhode Island e Vermont (que ainda não era um estado). Esse era um risco impossível de se assumir.

Em 26 de julho, Nova York ratificou por 30 a 27 votos, uma maioria de três. Sua capitulação foi relutante, repleta de condições mesmo depois de uma declaração de direitos e uma lista de 32 emendas subsequentes. Lansing propôs – e perdeu – uma resolução segundo a qual Nova York teria o direito de se retirar da União depois de alguns anos, caso as emendas que sugeriu não tivessem sido submetidas previamente a uma convenção geral. Uma carta circular, recomendando fortemente tal convenção, foi enviada a todas os treze legislativos.

\*\*\*

Em agosto de 1788, onze estados haviam ratificado: Delaware, Pensilvânia, Nova Jersey, Geórgia, Connecticut, Massachusetts, Maryland, Carolina do Sul, Nova Hampshire, Virgínia, Nova York. Rhode Island e a Carolina do Norte acompanhariam no seu tempo. Assim que a maioria de nove foi assegurada, estado por estado realizou uma alegre celebração, a animosidade, por um momento, foi esquecida. Talvez isso seja endêmico na América; uma vez que o voto é contado, todos querem estar no desfile. Os antifederalistas promoveram tumultos em Albany, uma queima pública da Constituição. Ainda assim, na cidade de Nova York, dez cavalos puxaram o navio *Hamilton* pelas ruas – uma fragata de 32 canhões, totalmente equipada e tripulada por trinta marinheiros, "tudo completo e em proporção", escreveu um contemporâneo. Providence, Rhode Island, tentou uma demonstração federalista; ela foi contornada quando *antifeds*, em grande maioria, apareceram, convertendo à força os preparativos em uma celebração de Quatro de Julho e ajudando os federalistas a consumir seu boi assado.

Os desfiles federais foram maravilhosamente elaborados. O navio *Federal Constitution*, o navio *Union*, montados em vagões, eram puxados por cavalos que traziam na testa os nomes dos estados ratificadores. A Filadélfia escolheu o dia 4 de julho para sua celebração e sobrepujou todos os demais. Ao nascer do sol, um completo repique de sinos soou da torre da Igreja de Cristo; o navio *Rising Sun*, ancorado na Market Street, disparou seu canhão em saudação ao dia. No cais, todas as embarcações estavam decoradas, e, ao longo do porto, de South Street até Northern Liberties, dez navios foram posicionados, cada um trazendo no topo do mastro uma grande bandeira branca com o nome de um estado escrito em ouro: Nova Hampshire, Massachusetts, Pensilvânia... Um vento sul forte, vindo com o amanhecer, agitou as bandeirolas o dia todo.

Por volta das oito da manhã, o desfile estava se reunindo; às nove e meia, teve início. A tropa do First City Troop of Light Dragoons abriu o evento, resplandecentes em seus casacos azuis revestidos de vermelho, seus telizes brancos com bordas azuis. Depois deles, um cavaleiro vinha carregando uma bandeira para simbolizar a Independência. Em seguida, estava Thomas Fitzsimons – um membro da Convenção Federal – montando o corcel do conde Rochambeau e carregando um estandarte com a data da Aliança Francesa: *6 de fevereiro de 1778*. Depois dele, veio um cavaleiro carregando um cajado entrelaçado com oliveira e louro para celebrar o Tratado de Paz de 1783; seguido por um arauto com uma trombeta, proclamando uma nova era. Em seguida, estava a Convenção dos Estados, personificada por Peter Muhlenberg (1746-1807) a cavalo e, atrás dele, uma banda de música, tocando, como se não houvesse amanhã, uma grande marcha composta para a ocasião por Alexander Reinagle (1756-1809).

Eles marcharam, os cavalos pisando alto nas ruas limpas para a ocasião, sob as árvores cuidadosamente aparadas. Um cavaleiro carregava uma bandeira com a inscrição *"Washington, o amigo de seu país"*. Um grande veículo, na forma de uma águia pintada de azul brilhante, passou fazendo grande ruído. No peito da águia, foram estampadas treze estrelas acima de treze listras vermelhas e brancas. Seis cavalos puxaram o veículo, no qual foi fixado um bastão, segurando a Constituição, emoldurada e coroada com o gorro da liberdade. Sentados dentro dele estavam os gloriosos em suas vestes de ofício, o presidente do tribunal McKean e os juízes Atlee e Rush.

Ao longo de toda a Third Street, subindo Callowhill até a Fourth e a oeste na Market Street, ia o grande desfile, quase dois quilômetros e meio dele. Espectadores aglomeravam-se nas calçadas, ficavam em frente às janelas abertas e nos telhados das casas, olhando para baixo, para as fileiras brilhantes de manifestantes. Os cônsules e representantes de estados estrangeiros passaram "em um carro ornamental puxado por quatro cavalos"; Barbé-Marbois estava entre eles. Um cidadão e um chefe índio sentaram-se lado a lado em sua carruagem "fumando o *calumet* da paz juntos — a cabeça do *sachem*[160] adornada com plumas vermelhas e brancas, dez fios de *wampum*[161] em volta do pescoço".

Entretanto, a glória suprema foi o Grand Foederal Edifice, montado em uma carruagem puxada por dez cavalos brancos. Treze colunas coríntias, dez delas completas, três deixadas inacabadas, sustentavam a cúpula. O friso exibia treze estrelas, e, encimando a cúpula, estava a imagem da deusa da Abundância segurando uma cornucópia[162]. *É na união que um tecido permanece firme,* estava escrito em torno da base do pedestal. Dez cavalheiros sentaram-se no Edifice; eles representavam os cidadãos em geral, aos quais a Constituição havia sido entregue para ratificação.

Arquitetos e carpinteiros domésticos seguiram a pé, em número de 450; atrás deles, serradores e limadores com sua bandeira — uma serra de ouro em um escudo rosa. A Sociedade Agrícola era liderada por "Samuel Powell, *esquire*" (1760-1834). Depois dele, os fazendeiros conduziam arados de quatro bois, e um semeador espalhou seus grãos. A Sociedade Manufatureira, sua insígnia era uma colmeia, com abelhas emitindo os raios de um sol nascente. A plataforma puxada por cavalos da Sociedade tinha dez metros de comprimento e carregava fusos e uma máquina de cardar, com trabalhadoras tecendo algodão, "adequado para brins azuis ou protetor de costelas para uniformes de soldados". O carro alegórico, as máquinas giratórias foram vistas "com espanto e deleite". Em breve, os cidadãos poderiam vestir-se com algodão, um tecido novo, adequado tanto para o inverno quanto para o verão, e nada atraente para as mariposas.

---

160 *Sachem*, chefe de certas tribos indígenas da América do Norte. (N.T.)
161 *Wampum* significa "missangas". (N.T.)
162 Cornucópia, trata-se de um vaso em forma de chifre repleto de frutos e flores. Na mitologia, é um símbolo que representa a fertilidade, a riqueza e a abundância. Mais contmporaneamente, os frutos e as flores representam a agricultura e o comércio. (N.E.)

E vieram: oleiros e relojoeiros, tecelões de franjas e fitas; seleiros e sapateiros; construtores de barcos, fabricantes de velas, marceneiros de embarcações, fabricantes de cordas, entalhadores, douradores, tanoeiros; ferreiros e fabricantes de carruagens, peleiros e luveiros; ourives e armeiros, os cervejeiros e padeiros vestidos de branco imaculado; alfaiates, fabricantes de perucas, barbeiros-cirurgiões e fabricantes de espartilhos. "O sr. Francis Serre, com seu primeiro artífice assalariado, carregava um elegante par de espartilhos de senhora". Sentinelas marchavam, anunciando a hora: "Dez horas e uma manhã gloriosa à luz das estrelas". (Isso, disse *The Pennsylvania Gazette*, referia-se aos dez estados que ratificaram.).

Foi maravilhoso, comovente e edificante, incluindo as fileiras do clero em marcha, "de quase todas as denominações, unidas na caridade e no amor fraterno. Uma circunstância", acrescentou a *Gazette*, "que provavelmente nunca ocorreu em tamanha dimensão". O navio federal *Union*, em sua carruagem, carregava vinte canhões, "uma elegante peça manufatura", entalhada e pintada, pilotada por uma tripulação de 25 homens. Os meninos preparavam as velas à medida que o navio avançava; o timoneiro foi recebido a bordo, e, à medida que o desfile se aproximava da Union Green — batizada com esse nome para a ocasião –, um marinheiro atirou o cabo e lançou âncora.

O Union Green ficava ao pé do Bush Hill, propriedade do sr. William Hamilton. Aqui, sob os toldos, mesas foram colocadas, com uma "abundante refeição leve e fria". James Wilson fez um discurso, após o qual dez brindes foram feitos com cerveja preta americana, cerveja e cidra, cada brinde sendo anunciado por uma trombeta e respondido por uma descarga de artilharia do navio *Rising Sun*, no porto. A multidão bebeu ao "povo dos Estados Unidos". Eles brindaram "Honra e Imortalidade aos membros da última Convenção". Por último, com grande espírito de generosidade, brindaram a "toda família da Humanidade".

Às seis horas estava tudo acabado. "Dezessete mil" celebrantes "retiraram-se sobriamente para suas respectivas casas", disse o relato oficial, escrito por Francis Hopkinson, presidente do Comitê de Arranjo. Hopkinson havia trabalhado exaustivamente, tendo, inclusive, composto uma ode em quatro versos, que era distribuída à multidão enquanto o desfile avançava:

> Salve este festival! – Todos saúdem o dia!
> O padrão da Columbia no céu exibia!
> E que o lema do povo seja para sempre,
> "Unidos assim, e assim unidos, livres!"[163]

---

[163] *Hail to this festival! — all hail the day!*

O tempo estava nublado, mas, no final da tarde, o Sol apareceu, e à noite, "o céu estava iluminado por uma bela aurora boreal". Em seguida, as pessoas comentaram sobre o silêncio dos espectadores durante o desfile. Benjamin Rush, o médico da Filadélfia, signatário da Declaração da Independência, chamou-o de "silêncio solene", como se os cidadãos estivessem maravilhados, movidos por uma alegria intensa e profunda. Nenhuma vitória durante o final da guerra, disse Rush, trouxe uma felicidade tão profunda a todos os semblantes.

> [A visão do navio federal *Union*] completo em todas as suas partes e movendo-se em terra firme, transmitia emoções [...] que não podem ser descritas [...] A união de doze estados na *forma*, e de dez estados na *adoção*, da Constituição em menos de dez meses, sob a influência de preconceitos locais, interesses opostos, artes populares e até ameaças de homens ousados e desesperados, é um acontecimento isolado na história da Humanidade.

"Está feito", Rush escreveu. "Nós nos tornamos uma Nação".

*Columbia's standard on her roof display!*
*And let the people's motto ever be,*
*"United thus, and thus united, free!"*

# CONSTITUIÇÃO E DECLARAÇÃO DE DIREITOS

# A Constituição dos Estados Unidos da América[164]

Nós, o povo dos Estados Unidos, a fim de formar uma União mais perfeita, estabelecer a justiça, assegurar a tranquilidade interna, prover a defesa comum, promover o bem-estar geral e garantir as bênçãos da liberdade para nós e para os nossos descendentes, promulgamos e estabelecemos esta Constituição para os Estados Unidos da América.

## ARTIGO I

Seção 1.
    Todos os poderes legislativos concedidos por esta Constituição serão confiados a um Congresso dos Estados Unidos, que deve consistir em um Senado e em uma Câmara de Representantes.

Seção 2.
    A Câmara dos Representantes deve ser composta por membros eleitos, a cada dois anos, pelo povo dos diversos estados; os eleitores de cada estado devem ter as mesmas qualificações exigidas para os eleitores do corpo mais numeroso do Legislativo estadual.
    Nenhuma pessoa será eleita representante que não tiver atingido a idade de vinte e cinco anos, que não seja há sete anos cidadão dos Estados Unidos e que não seja, por ocasião da eleição, habitante do estado que o eleger.
    Os representantes e os impostos serão distribuídos entre os diversos estados que compõem esta União considerando o número respectivo de habitantes, o qual deve ser calculado ao se acrescentar ao número total de pessoas livres, incluídas aquelas em estado de servidão por tempo determinado, e excluídos os índios não

---

[164] Após o pergaminho em sua versão final ter sido enviado pela Convenção Federal ao Congresso, em 18 de setembro de 1787. Reproduzido em *The Records of the Federal Convention*, Max Farrand (ed.), Vol. II, p.651-666.

taxados, três quintos da população restante. O recenseamento efetivo deve ser realizado dentro de três anos depois da primeira sessão do Congresso dos Estados Unidos e, subsequentemente, a cada dez anos, conforme estabelecido pela lei. O número de representantes não deve exceder o de um por 30 mil habitantes, mas cada estado deve ter, pelo menos, um representante. Até que o recenseamento seja feito, o estado de Nova Hampshire terá o direito de eleger três representantes; Massachusetts, oito; Rhode Island e Providence Plantations, um; Connecticut, cinco; Nova York, seis; Nova Jersey, quatro; Pensilvânia, oito, Delaware, um; Maryland, seis; Virgínia, dez; Carolina do Norte, cinco; Carolina do Sul, cinco; e Geórgia, três.

Quando houver vacância na representação de qualquer estado, a autoridade do Executivo desse estado deverá publicar editais de eleição para o preenchimento de tais vagas.

A Câmara dos Representantes escolherá o seu presidente e demais membros, e só ela terá o poder de *impeachment*.

Seção 3.

O Senado dos Estados Unidos será composto por dois senadores de cada estado, eleitos pelo respectivo Legislativo estadual, por um período de seis anos; cada senador terá direito a um voto.

Na reunião imediatamente após a primeira eleição, os senadores serão divididos tão igualmente quanto possível em três grupos. Os lugares dos senadores do primeiro grupo deverão ficar vagos ao final de dois anos; os lugares do segundo grupo, ao final de quatro anos; e os lugares do terceiro grupo, ao final de seis anos; a fim de que bianualmente um terço do Senado seja renovado. Se, durante o recesso do Legislativo de qualquer estado houver vagas por renúncia, ou por qualquer outra causa, o Executivo estadual deverá fazer nomeações provisórias até a próxima reunião da Assembleia, que então preencherá as vagas.

Não será eleito senador que não tenha atingido a idade de trinta anos, não tenha sido por nove anos cidadão dos Estados Unidos e não seja, na ocasião da eleição, habitante do estado que o eleger.

O vice-presidente dos Estados Unidos presidirá o Senado, mas não poderá votar, a não ser que haja empates nas votações.

O Senado escolherá os demais membros da mesa e também um presidente *pro tempore* [temporariamente] na ausência do vice-presidente, ou quando este assumir o cargo de presidente dos Estados Unidos.

Só o Senado terá poder para julgar os crimes de responsabilidade (*impeachments*). Quando reunidos para esse propósito, os senadores deverão estar sob juramento ou afirmação. Quando o presidente dos Estados Unidos for julgado, o presidente da Suprema Corte deverá presidir. E nenhuma pessoa será condenada a não ser pelo voto de dois terços dos membros presentes.

A sentença para os crimes de responsabilidade não se estenderá para além da destituição do cargo e da desqualificação para ocupar e desfrutar de qualquer cargo de honra, confiança ou remunerado nos Estados Unidos; contudo, a parte condenada deve, ainda assim, estar sujeita ao indiciamento, julgamento, sentença e execução da pena de acordo com a lei.

Seção 4.

As épocas, os locais e os processos de realização das eleições para senadores e representantes serão estabelecidos em cada estado pelo respectivo Legislativo; contudo, o Congresso pode, a qualquer momento, por lei, fixar ou alterar tais regulações exceto no que diz respeito aos locais de escolha dos senadores.

O Congresso irá se reunir pelo menos uma vez a cada ano, e essa reunião será na primeira segunda-feira de dezembro, a menos que, por lei, seja designado um dia diferente.

Seção 5.

Cada uma das Câmaras será o juiz das eleições, da contagem dos votos e da proclamação dos resultados da eleição e da qualificação de seus próprios membros; a maioria de cada uma das Câmaras constituirá o *quorum* necessário para deliberar; mas um número menor pode adiar indefinidamente a sessão e pode ser autorizada a compelir os membros ausentes a comparecerem, de tal modo e mediante as penalidades que cada uma das Câmaras estabelecer.

Cada uma das Câmaras pode determinar as regras dos seus procedimentos internos, punir seus membros por conduta indevida e, com o voto de dois terços, expulsar um de seus membros.

Cada uma das Câmaras deve manter atas de seus trabalhos e publicá-las periodicamente, com exceção daquelas partes que, segundo seu julgamento, devam permanecer sob sigilo; serão registrados em ata os votos, a favor ou contra, dos membros de qualquer das Câmaras sobre qualquer questão a pedido de um quinto dos membros presentes.

Nenhuma das Câmaras, durante sessão do Congresso, poderá, sem o consentimento da outra, suspender os trabalhos por mais de três dias, nem os realizar em local diferente daquele em que ambas as Câmaras se reúnem.

Seção 6.

Os senadores e representantes devem receber uma compensação por seus serviços, a ser estabelecida por lei e paga pelo Tesouro dos Estados Unidos. Exceto em casos de traição, crime comum e perturbação da ordem pública, eles não podem ser detidos durante sua participação nas sessões das suas respectivas Câmaras, nem quando estiverem a elas se dirigindo ou delas retornando; e não serão obrigados a responder a quaisquer interpelações acerca de suas falas ou opiniões, inclusive quando elas forem proferidas fora das Câmaras propriamente ditas.

Nenhum senador ou representante, durante o período para o qual foi eleito, poderá ser nomeado para qualquer cargo civil sob a autoridade dos Estados Unidos, ou ter os emolumentos aumentados durante esse tempo; nenhuma pessoa que ocupe qualquer cargo nos Estados Unidos poderá ser membro de qualquer uma das Câmaras enquanto permanecer no exercício do seu cargo.

Seção 7.

Todos os projetos de lei relativos ao aumento da receita devem ter início na Câmara dos Representantes; o Senado, porém, poderá propor ou concordar com emendas, como nos demais projetos de lei.

Todo projeto de lei que tiver sido aprovado pela Câmara dos Representantes e pelo Senado, antes de se tornar lei, deverá ser apresentado ao presidente dos Estados Unidos; se o presidente aprovar, irá assiná-lo; se não, irá devolvê-lo juntamente com suas objeções à Câmara em que o projeto teve origem; a qual, por sua vez, fará constar em ata as objeções feitas pelo presidente e dará continuidade ao processo de discussão. Se, depois dessa segunda avaliação, dois terços dos votos dessa Câmara concordarem em aprovar o projeto, ele será enviado, com as objeções, para a outra Câmara, pela qual deverá ser da mesma forma reconsiderado; e, se aprovado por ela por dois terços dos votos, o projeto passará a ser lei. Contudo, em qualquer caso, em ambas as Câmaras, os votos serão indicados por "Sim" ou "Não", registrando-se no livro de atas das respectivas Câmaras os nomes dos membros que votaram a favor ou contra o projeto de lei. Todo projeto que não for devolvido pelo presidente no prazo de dez dias, a contar da data de seu recebimento (excetuando-se os domingos), será considerado lei tal como se ele o tivesse assinado, a menos que o Congresso, suspendendo os trabalhos, torne impossível a devolução do projeto, caso em que este não passará a ser lei.

Toda ordem, resolução, ou voto, para os quais seja necessária a aprovação do Senado e da Câmara dos Representantes (exceto no caso de suspensão das sessões), devem ser apresentados ao presidente dos Estados Unidos; e não entrarão em vigor enquanto não forem aprovados por ele; ou, em ele os rejeitando, devem ser votados novamente por dois terços do Senado e da Câmara dos Representantes, conforme as regras e limitações previstas para os casos de projetos de lei.

Seção 8.
  O Congresso terá poder para: instituir e arrecadar encargos, direitos alfandegários, impostos e tributos especiais sobre consumo, pagar dívidas e prover a defesa comum e o bem-estar geral dos Estados Unidos; mas todos os direitos alfandegários, impostos e tributos especiais sobre consumo devem ser uniformes em toda extensão dos Estados Unidos;
  Fazer empréstimos no crédito dos Estados Unidos;
  Regular o comércio com as nações estrangeiras, entre os diversos estados e com as tribos indígenas;
  Estabelecer uma regra de naturalização uniforme e leis uniformes sobre falência, válidas para toda a extensão dos Estados Unidos;
  Cunhar moeda e regular o seu valor, bem como o valor das moedas estrangeiras, além de estabelecer o padrão de pesos e medidas;
  Garantir a punição de falsificadores de títulos públicos e da moeda corrente dos Estados Unidos;
  Estabelecer agências e estradas para o serviço postal;
  Promover o progresso da ciência e das artes úteis, garantindo aos autores e inventores, por tempo limitado, o direito exclusivo aos seus escritos ou descobertas;
  Criar tribunais inferiores à Suprema Corte;
  Definir e punir atos de pirataria e delitos cometidos em alto mar e violações ao direito dos povos;
  Declarar guerra, expedir cartas de corso e estabelecer regras para capturas em terra e no mar;
  Criar e manter exércitos, sendo, porém, vedada a concessão de crédito para este fim por um período superior a dois anos;
  Criar e manter uma marinha de guerra;
  Estabelecer normas para o governo e regulação das forças de terra e mar;
  Regular a mobilização de milícias para fazer cumprir as leis da União, suprimir insurreições, e repelir invasões;
  Promover a organização, armamento e treinamento das milícias, bem como a sua administração, que podem ser colocadas a serviço dos Estados Unidos, ficando reservado a cada estado respectivamente a nomeação dos oficiais e a auto-

ridade para instruir as milícias de acordo com a disciplina estabelecida pelo Congresso;

Exercer Legislação exclusiva em todos os casos, sobre qualquer distrito (que não ultrapasse os dezesseis quilômetros quadrados) que possa, pela cessão de determinados estados e pela aceitação do Congresso, tornar-se a sede do governo dos Estados Unidos e exercer a mesma autoridade em todas as áreas adquiridas com o consentimento do Legislativo do estado em que estiverem situadas para a construção de fortificações, armazéns, arsenais, estaleiros e outros edifícios necessários; e

Elaborar todas as leis necessárias e apropriadas para o exercício dos poderes acima especificados e dos demais poderes que a presente Constituição confere ao Governo dos Estados Unidos ou a qualquer de seus departamentos e funcionários que nele trabalhem.

Seção 9.

A migração ou a admissão de indivíduos que qualquer um dos estados ora existentes julgar conveniente permitir não será proibida pelo Congresso antes de 1808; mas, sobre essa admissão, será possível estabelecer um tributo ou obrigação não superior a dez dólares por pessoa.

A prerrogativa da ordem judicial do *habeas corpus* não poderá ser suspensa exceto quando a segurança pública o exigir em casos de rebelião ou de invasão.

Nenhum decreto de proscrição ou lei de caráter retroativo poderão ser aprovados.

Nenhum tributo *per capita*, ou outra forma de imposto direto, deve ser estabelecido exceto em proporção com o recenseamento da população, realizado segundo as regras anteriormente estabelecidas.

Nenhum tributo ou obrigação serão lançados sobre artigos importados de qualquer estado.

Nenhuma preferência, através de regulamento comercial ou fiscal, será dada aos portos de um estado em detrimento aos de outro; nenhum navio, vindo de ou se dirigindo a um estado, será obrigado a aportar ou a pagar direitos de trânsito ou alfândega em outro.

Nenhuma quantia poderá ser retirada do Tesouro senão como consequência de dotações determinadas por lei. Será publicado periodicamente um balanço de receitas e despesas públicas.

Nenhum título de nobreza será concedido pelos Estados Unidos; e nenhuma pessoa, no governo, exercendo um cargo remunerado ou cargo honorífico, poderá, sem licença do Congresso, aceitar presentes, emolumentos, cargos, ou títulos de qualquer espécie oferecidos por qualquer rei, príncipe, ou Estado estrangeiro.

Seção 10.
Nenhum estado poderá participar de tratado, aliança ou confederação; conceder cartas de corso; cunhar moeda; emitir títulos de crédito; autorizar o uso de qualquer coisa que não seja ouro e prata como proposta de pagamento de débitos; aprovar qualquer decreto de proscrição ou lei de caráter retroativo ou que prejudique as obrigações dos contratos; ou conferir títulos de nobreza.

Nenhum estado poderá, sem o consentimento do Congresso, instituir impostos ou obrigações sobre importação ou exportação exceto o que for absolutamente necessário à execução de suas leis de inspeção: o produto líquido de todos impostos ou obrigações, estabelecidos por um Estado sobre a importação ou exportação, ficará à disposição do Tesouro dos Estados Unidos, e todas as leis dessa natureza ficarão sujeitas à revisão e controle do Congresso.

Nenhum estado poderá, sem o consentimento do Congresso, estabelecer qualquer direito de tonelagem; manter exércitos ou navios de guerra em tempo de paz; firmar quaisquer tratados ou pactos com qualquer outro estado ou com potências estrangeiras; ou entrar em guerra a menos que esteja sendo efetivamente invadido ou em perigo tão iminente que não admita demora.

# ARTIGO II

Seção 1.
O Poder Executivo será investido em um presidente dos Estados Unidos da América. Ele deverá exercer suas funções em um mandato de quatro anos e, juntamente com o vice-presidente, escolhido para igual período, será eleito da seguinte maneira:

Cada estado deve nomear, de acordo com as regras estabelecidas pelo seu respectivo Legislativo, um número de eleitores igual ao número total de senadores e de representantes a que tem direito no Congresso; entretanto, nenhum senador, representante\\\ ou pessoa que ocupe um cargo federal remunerado ou cargo de confiança será nomeado eleitor.

Os eleitores reunir-se-ão em seus respectivos estados e votarão por escrutínio em duas pessoas, uma das quais, pelo menos, não poderá ser cidadão do mesmo estado. Eles deverão fazer uma lista de todas as pessoas votadas e do número dos votos que cada uma obtiver; eles irão enviar essa lista, firmada, autenticada e selada, à sede do Governo dos Estados Unidos, endereçada ao presidente do Senado. Este, por sua vez, na presença do Senado e da Câmara dos Representantes, deverá abrir as listas e contar os votos. Aquele que obtiver o maior número de votos, se esse número representar a maioria do total dos eleitores nomeados, será eleito Presidente. Caso mais de um candidato tenha obtido essa maioria, e tenha número igual de votos, então, a Câmara dos Representantes, por escrutínio, imediatamente elegerá um deles para presidente; mas, se ninguém tiver obtido maioria, o presidente será eleito, de igual modo, pela mesma Câmara, dentre os cinco que tiverem recebido o maior número de votos. Contudo, na eleição do presidente, os votos serão tomados por estados, cabendo um voto à representação de cada um deles. O *quorum* para esse propósito deverá consistir em um membros de dois terços dos estados, e uma maioria de todos os estados é necessária para tal eleição. Em todos os casos, depois de eleito o presidente, o candidato com o maior número de votos dos eleitores será o vice-presidente. Entretanto, se restarem dois ou mais com o mesmo número de votos, o Senado escolherá entre eles, por escrutínio, o vice-presidente.

O Congresso pode determinar a período de escolha dos eleitores e o dia em que eles irão votar; esse dia deverá ser o mesmo para todos os Estados Unidos.

Nenhuma pessoa poderá ser elegível para o cargo de presidente do Estados Unidos exceto quem for cidadão natural dos Estados Unidos ou quem for cidadão ao tempo da adoção desta Constituição; também não poderá ser eleito para esse cargo quem não tiver trinta e cinco anos de idade e catorze anos de residência nos Estados Unidos.

No caso de destituição do presidente de seu cargo, ou de sua morte, renúncia ou incapacidade para cumprir os poderes e obrigações do cargo, estes passarão ao vice-presidente; e o Congresso poderá por lei, em caso de destituição, morte, renúncia, ou incapacidade tanto do presidente quanto do vice-presidente, determinar o oficial que deverá exercer o cargo de presidente até que cesse o impedimento ou seja eleito outro presidente.

O presidente, em momentos determinados, receberá uma compensação por seus serviços, a qual não poderá ser aumentada nem diminuída durante o período para o qual foi eleito, e não receberá, durante esse período, nenhum emolumento dos Estados Unidos ou de qualquer um dos estados.

Antes de assumir o exercício do cargo, ele deverá fazer o seguinte juramento ou afirmação: "Eu juro (ou afirmo) solenemente exercer fielmente o cargo de presidente dos Estados Unidos e, com o melhor da minha capacidade, irei preservar, proteger e defender a Constituição dos Estados Unidos".

## Seção 2.

O presidente será o comandante em chefe do Exército e da Marinha dos Estados Unidos, bem como da milícia dos diversos estados quando convocadas ao serviço ativo dos Estados Unidos; ele poderá solicitar a opinião, por escrito, do chefe de cada um dos departamentos do Executivo sobre assuntos relacionados às atribuições das suas respectivas funções; e terá poder de conceder indultos e perdão para delitos cometidos contra os Estados Unidos exceto nos casos de *impeachment*.

Ele terá, mediante consulta e aprovação do Senado, poder para fazer tratados, desde que dois terços dos senadores presentes estejam de acordo; poderá nomear, mediante consulta e aprovação do Senado, embaixadores, outros ministros e cônsules, juízes da Suprema Corte e todos os demais oficiais dos Estados Unidos cujas nomeações não tenham sido aqui previstas de outra forma, as quais serão estabelecidas por lei: entretanto, conforme considerar adequado, o Congresso poderá, por lei, atribuir somente ao presidente a nomeação de oficiais inferiores para os tribunais ou para chefes de departamentos.

## Seção 3.

O presidente, de tempos em tempos, deverá dar informações ao Congresso sobre a situação da União e pedir suas considerações referentes às medidas que julgar necessárias e convenientes. Ele poderá, em casos extraordinários, convocar ambas as Câmaras, ou uma delas; e, em havendo entre elas divergências sobre a época da suspensão dos trabalhos, o presidente poderá suspender as sessões até a data que julgar apropriada; receberá embaixadores e outros ministros; zelará pelo fiel cumprimento das leis; e conferirá as patentes aos oficiais dos Estados Unidos.

## Seção 4.

O presidente, o vice-presidente e todos os oficiais civis dos Estados Unidos serão destituídos de suas funções via *impeachment*, e condenação, por traição, suborno ou crimes graves e contravenções.

## ARTIGO III

Seção 1.
O Poder Judiciário dos Estados Unidos será investido em uma Suprema Corte e em tribunais inferiores que forem, de tempos em tempos, determinados e estabelecidos pelo Congresso. Os Juízes, tanto da Suprema Corte como [os juízes] dos tribunais inferiores, irão manter seus cargos enquanto demonstrarem boa conduta e receberão por seus serviços, em épocas determinadas, uma compensação que não poderá ser diminuída durante a permanência no cargo.

Seção 2.
A competência do Poder Judiciário se estenderá a todos os casos, em direito e equidade, que surgirirem desta Constituição, das leis dos Estados Unidos e dos tratados celebrados, ou que venham a ser celebrados, sob sua autoridade; – a todos os casos que afetem embaixadores, outros ministros e cônsules; – a todos os casos do almirantado e de jurisdição marítima; – a controvérsias das quais os Estados Unidos sejam parte; – a controvérsias entre dois ou mais estados; – entre um estado e cidadãos de outro estado; – entre cidadãos de diferentes estados; – entre cidadãos do mesmo estado reivindicando terras de concessões de diferentes estados, e entre um estado, ou seus cidadãos, e potências, cidadãos ou súditos estrangeiros.

Em todos os casos que afetem embaixadores, outros ministros e cônsules, e aqueles em que um estado se achar envolvido, a Suprema Corte exercerá jurisdição original. Em todos os demais casos supracitados, a Suprema Corte terá jurisdição de apelação, tanto de direito quanto de fato, observando as exceções e os regulamentos que o Congresso vier a estabelecer.

O julgamento de todos os crimes, exceto em casos de *impeachment*, deverá ser feito por júri e realizado no mesmo estado em que os crimes tenham sido cometidos; mas, quando não forem cometidos dentro de qualquer estado, o julgamento deverá ser realizado no local ou locais que o Congresso determinar por lei.

Seção 3.
Traição contra os Estados Unidos consistirá unicamente em declarar guerra contra eles, ou associar-se com seus inimigos, prestando-lhes apoio e assitência. Nenhuma pessoa será condenada por traição a não ser mediante depoimento de duas testemunhas sobre o mesmo ato evidente, ou mediante confissão em sessão pública do tribunal.

O Congresso terá o poder de declarar a punição por crime de traição, mas não será permitido nenhum confisco de bens ou a morte civil, a não ser durante a vida do condenado.

## ARTIGO IV

Seção 1.

Serão dados, em cada estado, inteira fé e crédito aos atos públicos, registros e processos judiciários de todos os outros estados. O Congresso pode, por leis gerais, estabelecer a maneira pela qual esses atos, registros e processos devem ser provados, e os efeitos que possam produzir.

Seção 2.

Os cidadãos de cada estado têm direito a todos os privilégios e imunidades dos cidadãos dos demais outros estados.

Uma pessoa acusada por crime, traição ou outro delito, em qualquer estado, que fugir da justiça e for encontrada em outro estado deverá ser, a pedido da autoridade Executiva do estado de onde fugiu, presa e entregue ao estado com jurisdição sobre o crime.

Nenhuma pessoa a serviço ou a trabalho sob as leis de um estado, que escapar para outro, em evocando leis ou normas do estado no qual se refugiou, poderá ser exonerada de tal serviço ou trabalho; mas, mediante pedido, deverá ser entregue à parte daquele a qual serviço ou trabalho esteve submetido.

Seção 3.

O Congresso pode admitir novos estados à União, mas nenhum novo estado poderá ser formado ou erigido dentro da jurisdição de qualquer outro estado; nem qualquer estado será formado a partir da união de dois ou mais estados, ou de partes de estados, sem o consentimento dos legislativos dos estados interessados, bem como do Congresso.

O Congresso terá poder de dispor do território e de outras propriedades pertencentes ao governo dos Estados Unidos, além de elaborar todas as leis e regulamentos que considerar necessários a respeito deles; e nada nesta Constituição deverá ser interpretado de modo a prejudicar quaisquer reivindicações dos Estados Unidos ou de qualquer outro estado em particular.

Seção 4.
 Os Estados Unidos garantirão a todos os estados desta União uma forma republicana de governo e protegerão cada um deles contra invasões; e, a pedido do Legislativo, ou do Executivo (quando o Legislativo não poder ser convocado), contra violência interna.

## ARTIGO V

O Congresso, sempre que dois terços dos membros de ambas as Câmaras julgarem necessário, irá propor emendas a esta Constituição, ou, a pedido dos Legislativos de dois terços dos estados, convocará uma convenção a fim de propor emendas que, em ambos os casos, serão válidas para todos os fins e propósitos como parte desta Constituição quando ratificadas pelos Legislativos de três quartos dos vários estados ou por convenções reunidas para este fim em três quartos deles conforme um ou outro modo de ratificação tenha sido proposto pelo Congresso; sob a condição de que nenhuma emenda elaborada antes do ano de 1808 afete, de qualquer forma, a primeira e a quarta cláusulas da Seção 9 do Artigo I; e que nenhum estado, sem seu consentimento, seja privado de seu sufrágio igual no Senado.

## ARTIGO VI

Todas as dívidas contraídas e compromissos celebrados, antes da adoção desta Constituição, serão tão válidos contra os Estados Unidos sob esta Constituição como o eram sob a Confederação.

Esta Constituição, e as leis dos Estados Unidos que serão elaboradas em seu cumprimento; e todos os tratados feitos ou que venham a ser feitos, sob a autoridade dos Estados Unidos, constituirão a lei suprema do país; e os juízes em todos os estados deverão estar sujeitos a ela, ficando sem efeito qualquer disposição em contrário na Constituição ou nas leis de qualquer um dos estados.

Os senadores e representantes acima mencionados, os membros dos diversos legislativos estaduais e todos os funcionários do Poder Executivo e do Judiciário, tanto dos Estados Unidos como dos vários estados, estarão obrigados, por juramento ou afirmação, a defender esta Constituição; entretanto, nenhum requisito religioso jamais poderá ser exigido como qualificação para qualquer cargo público ou confiança pública sob os Estados Unidos.

## ARTIGO VII

A ratificação das convenções de nove estados deverá ser suficiente para o estabelecimento desta Constituição nos estados que a tiverem ratificado.

Concluído em Convenção, pelo consentimento unânime dos estados presentes, a 17 de setembro do ano de Nosso Senhor de 1787 e 12º ano da Independência dos Estados Unidos da América.

Em testemunho do que subscrevemos os nossos nomes

| William Jackson,<br>*Secretário.* | General Washington,<br>*Presidente e delegado da Virgínia* |
|---|---|
| Nova Hampshire | John Langdon<br>Nicholas Gilman |
| Massachusetts | Nathaniel Gorham<br>Rufus King |
| Connecticut | Wm: Saml. Johnson<br>Roger Sherman |
| Nova York | Alexander Hamilton |
| Nova Jersey | Wil: Livingston<br>David Brearley<br>Wm. Paterson<br>Jona: Daytona |

|  |  |
|---|---|
| Pensilvânia | Benjamin Franklin<br>Thomas Mifflin<br>Robt Morris<br>Geo. Clymer<br>Jared Ingersoll<br>Thomas Fitzsimons<br>James Wilson<br>Gouv Morris |
| Delaware | Geo: Read<br>Gunning Bedford jun<br>John Dickinson<br>Richard Bassett<br>Jaco: Broom |
| Maryland | James M<sup>c</sup>Henry<br>Dan of St Thos Jenifer<br>Danl Carroll |
| Virgínia | John Blair –<br>James Madison Jr. |
| Carolina do Norte | Wm. Blount<br>Richd. Dobbs Spaight.<br>Hu Williamson |
| Carolina do Sul | J. Rutledge<br>Charles Cotesworth Pinckney<br>Charles Pinckney<br>Pierce Butler. |
| Geórgia | William Few<br>Abr Baldwin |

Em Convenção, segunda-feira, 17 de setembro de 1787.

Presentes os estados de:
Nova Hampshire, Massachusetts, Connecticut, Sr. Hamilton de Nova York, Nova Jersey, Pensilvânia, Delaware, Maryland, Virgínia, Carolina do Norte, Carolina do Sul e Geórgia.

Resolveu-se, que a Constituição acima seja apresentada aos Estados Unidos em uma reunião do Congresso, e que seja o entendimento desta Convenção de que posteriormente o texto seja submetido a uma Convenção de delegados, escolhida em cada estado pelo seu povo, sob a recomendação de seu Legislativo para seu consentimento e ratificação; e que cada Convenção, em concordando e ratificando esta Constituição, notifique os Estados Unidos reunido no Congresso.

Resolveu-se que é o entendimento desta Convenção de que, tão logo as Convenções de nove estados tenham ratificado esta Constituição, os Estados Unidos reunidos no Congresso devem fixar um dia no qual os eleitores deverão ser nomeados pelos estados que a ratificaram e um dia em que os eleitores deverão se reunir para votar para presidente e a hora e local para iniciar os procedimentos segundo esta Constituição. Que, após tal publicação, os eleitores sejam nomeados, e os senadores e representantes eleitos. Que os eleitores se reúnam no dia marcado para a eleição do presidente e emitam seus votos certificados e assinados, selados e dirigidos, conforme exige a Constituição, ao secretário dos Estados Unidos no Congresso reunido, para que os senadores e representantes se reúnam na hora e local designados; que os senadores designem um presidente do Senado, com a única finalidade de receber, abrir e contar os votos para presidente; e, que depois de eleito o presidente, o Congresso, em conjunto com o presidente, deverá, sem demora, proceder à execução desta Constituição.

Pela ordem unânime da Convenção,

General Washington,
*Presidente*

W. Jackson,
*Secretário*

# A Declaração dos Direitos

### ARTIGO I
O Congresso não fará nenhuma lei que estabeleça uma religião, ou proíba o seu livre exercício; nenhuma lei que restrinja a liberdade de expressão ou de imprensa; ou o direito do povo de se reunir pacificamente e de pedir ao Governo reparação por injustiças.

### ARTIGO II
Se a existência de uma milícia adequadamente preparada for necessária para a segurança de um estado livre, não poderá ser infringido o direito do povo a possuir e a usar armas.

### ARTIGO III
Em tempo de paz, nenhum soldado poderá ficar alojado em qualquer residência sem o consentimento do proprietário; nem em tempo de guerra, a não ser na forma a ser prescrita pela lei.

### ARTIGO IV
O direito do povo à inviolabilidade de sua pessoa, casas, documentos e pertences contra buscas e apreensões arbitrárias não deve ser violado; e não devem ser emitidos mandatos, a não ser mediante indícios de culpabilidade, sustentados por juramento ou declaração e com a descrição específica do local da busca e das pessoas ou coisas a serem apreendidas.

### ARTIGO V
Nenhuma pessoa será detida para responder por crime capital, ou qualquer outro crime terrível, a não ser por denúncia ou acusação perante um Grande Júri, exceto em casos que ocorram nas forças terrestres ou navais, ou na milícia, quando em serviço ativo em situação de guerra ou de perigo público; nem pessoa alguma poderá, pelo mesmo crime, ser duas vezes ameaçada em sua vida e em sua integridade física; nem será obrigada a servir de testemunha contra si mesma em

qualquer processo criminal; nem será privada da vida, liberdade ou bens sem o devido processo legal; nem poderá ter sua propriedade privada expropriada para uso público sem justa indenização.

## ARTIGO VI

Em todos os processos criminais, o acusado terá direito a um julgamento rápido e público por um júri imparcial do estado e distrito em que o crime tenha sido cometido, distrito este que será previamente estabelecido por lei; o acusado terá direito a ser informado da natureza e da causa da acusação, direito a ser confrontado com as testemunhas de acusação, direito a processo obrigatório para o comparecimento de testemunhas a seu favor e direito à assistência de um advogado para sua defesa.

## ARTIGO VII

Nos processos de direito comum, em que o valor da causa exceder a vinte dólares, o direito de julgamento por júri será garantido; e nenhum fato julgado por um júri poderá ser reexaminado em qualquer corte dos Estados Unidos, exceto conforme às regras do direito comum.

## ARTIGO VIII

Não será exigida fiança excessiva, nem impostas multas excessivas, nem infligidas punições cruéis e incomuns.

## ARTIGO IX

A enumeração de certos direitos na Constituição não deve ser interpretada como uma negação ou desprezo de outros direitos inerentes ao povo.

## ARTIGO X

Os poderes não delegados aos Estados Unidos pela Constituição nem proibidos por ela aos estados são reservados aos estados, respectivamente, ou ao povo.

# Nota da Autora

*L*ord *chancellor* Jowitt (1885-1957) observou que, ao se escrever sobre um julgamento criminal, inevitavelmente emerge uma história tendenciosa a menos que se inclua cada palavra de testemunho em ambos os lados. Com bastante frequência, enquanto eu estava escrevendo este livro, tive dúvidas. As coisas omitidas, as coisas abreviadas e aquelas sobre as quais se passa apressadamente, todas elas me assombravam à meia-noite. Originalmente, eu tinha inúmeras notas de rodapé, explicando, por exemplo, que, embora Madison tenha feito uma certa declaração na terça-feira, ele iria contradizê-la vinte anos depois. Eu apaguei tudo isso. Já é bastante difícil para um leitor acompanhar um verão de discursos na Convenção sem percorrer as exegeses ao pé da página. Lamento muito a omissão de debates pré-convenção no Congresso e das cartas de homens como William Grayson, que desejava fortalecer o governo, mas que queria fazê-lo no e por meio do Congresso, não por meio de uma convenção eleita separadamente para tanto.

Eu simplesmente não tinha espaço. Tampouco discuto estudos históricos que desenvolvem a questão da avaliação judicial ou comparo o sistema jurídico britânico com o americano. Poderes concorrentes, a cláusula de supremacia, a cláusula de comércio – os membros da Convenção não usaram essas palavras. O Ato do Judiciário de 1789, as reformas legais de 1803, minha narrativa não tinha espaço para eles, nem mesmo para discutir longamente sobre o terrível tópico da escravidão e por que a Convenção Federal não poderia tomar uma posição mais forte contra ele. Lamento que os argumentos antifederalistas não tenham sido mais aprofundadamente discutidos em meus breves capítulos sobre a ratificação. Ainda assim, para trazer os dois lados de todas essas questões, além do que os delegados da Convenção disseram, seriam necessários quatro volumes, não um.

*\*\*\**

A primeira metade do meu livro, até o encerramento de 26 de julho, trata a Convenção cronologicamente, dia a dia, conforme indicado nos títulos dos capítulos. Depois de "Viagem pelos Estados Americanos", senti que a narrativa precisava de uma mudança de ritmo. Assim, durante as discussões de todo o verão, de maio a setembro, os delegados são citados independentemente do assunto sendo discutido – o Oeste, ou um exército permanente –, sem mencionar datas e sem as expressões "disse ele antes… ele diria mais tarde". É, novamente, corajoso o leitor que irá investir esforço durante quatro meses de discursos, sem ter que suportar os detalhes adicionais de datas diárias e semanais, ou ter que ir e voltar no tempo.

Além do registro oficial do Major Jackson, a Convenção teve seis relatores: Madison, Yates, King, McHenry, Pierce, Hamilton. Todos eles escreveram de forma muito objetiva; até onde posso ver, nenhum coloriu seu relatório para se adequar a seu viés político. Os relatórios diferem apenas no estilo e, nesse aspecto, às vezes, eles diferem substancialmente. Madison relata na terceira pessoa, usando o pretérito: "O Sr. Hamilton [...] foi obrigado, portanto, a se declarar hostil a ambos os planos". Yates, por outro lado, dá o nome do falante e então usa a primeira pessoa: "Devo agora mostrar que ambos os planos são materialmente defeituosos" – uma técnica que não é apenas um relato mais preciso, mas também dramático e imediato. Eu, no geral, sigo a tradução de Madison, simplesmente porque é, de longe, a mais completa; felizmente, no meio do parágrafo, ele tende a detalhar a fala natural em primeira pessoa. Madison, contudo, omite, por vezes, um ponto relevante, mas Yates, King ou McHenry proveem. Por passar de um relator para outro, nem sempre identifiquei cada um desses relatores pelo nome; embora tenha tentado fazê-lo em versões anteriores do meu manuscrito, o que se revelou inacreditavelmente confuso. Quando um delegado se levanta, é importante que o leitor pense nele como se estivesse de fato falando, não apenas como sendo relatado. Portanto, não reproduzi o uso de letras maiúsculas e a grafia do século XVIII, exceto ao citar a Constituição final. O itálico do relator é dado para que o leitor possa compartilhar a urgência do falante – ou do próprio relator.

Ao citar as cartas dos delegados e de outros personagens, na maior parte das vezes, uso ortografia e letras maiúsculas em seu emprego moderno para não desviar a atenção daquilo que o escritor quer de fato comunicar. Ocasionalmente, quando a ortografia de um diário ou carta parece especialmente característica do homem – como ocorrem com Washington ou John Adams – eu deixo como está. Lamento não ter espaço para explicar o pano de fundo das ideias dos delegados – a educação clássica que gerou repetidas críticas ao Conselho Anfictiônico, aquela espécie de advertência que o Sr. Randal, de Massachusetts, mais tarde declarou "não mais do que para o propósito de contar como nossos antepassados cavaram mariscos em Plymouth".

No entanto, apesar dos pecados de omissão e missão, se eu apresentei a Convenção Federal em termos compreensíveis para meus leitores, e em termos tão

## NOTA DA AUTORA

verdadeiramente dramáticos quanto os registros mostram ser, terei feito o que me propus a fazer, e posso descansar contente.

\*\*\*

Porque meu livro não revela nenhum material desconhecido, nem visa a nenhuma nova interpretação, mantive o procedimento acadêmico a um mínimo. As referências das citações estão em meus arquivos, caso alguém queira vê-las. Não incluo bibliografia geral. O material de referência para o período apresentado é conhecido por todos os estudantes: *The Records of the Federal Convention* (4 volumes lançados em 1931-1937), de Max Farrand; *Documents Illustrative of the Formation of the Union of American States* (1927) de C. C. Tansill; as notas de John Lansing em *The Delegate from New York* (1939), editada por J.R. Strayer; *The Federal and State Constitutions* (7 volumes publicados em 1909) de F. N. Thorpe; *Letters of the Members of the Continental Congress* (8 volumes de 1921-1936), de E. C. Burnett; e excelentes compêndios como o *Documents of American History* (1944) de Henry Steele Commager, ou o *Heritage of America* (1939), de Commager e Allan Nevins.

Vivemos em uma época de edições históricas esplêndidas. Todos os estudantes estão em débito com Julian P. Boyd pelos 17 volumes dos artigos de Thomas Jefferson. Disseram-me que, no final, haverá mais de 50 volumes. A edição de Lyman H. Butterfield do *The Adams Papers* (9 volumes, até o momento, 1961) e suas *Letters of Benjamin Rush* (2 volumes, 1951); a edição de Yale dos artigos de Benjamin Franklin (10 volumes até o momento, 1951), Leonard W. Labaree e outros, editores – todos esses servem de exemplo para uma edição histórica exata e imaginativa. Entre a escola de editores mais antiga, usei o *The Writings of George Washington* (39 volumes, 1931-1944), de John C. Fitzpatrick, que, para deleite dos estudantes, tem um índice para cada volume. Usei o *The Papers of Alexander Hamilton*, de Harold C. Syrett e Jacob E. Cooke (7 volumes até o momento, 1961); *The Writing of James Madison* (9 volumes, 1910), de Gaillard Hunt; o *The Adams-Jefferson Letters* (2 volumes), de Lester Cappon, 1959; e, é claro, Jared Sparks e Paul L. Ford.

Para os capítulos de ratificação, usei por necessidade aqueles volumes caluniadores: o *The Debates in the Conventions on the Adoption of the Federal Constitution* (5 volumes em 2, 1941), de Jonathan Elliot, que devem servir ao estudante até o anunciado aparecimento do documentário de Robert E. Cushman, o *History of the Ratification of the Constitution and the First Ten Amendments*. Para outras fontes, lancei mão do *Debates and Other Proceedings of the Convention in Virginia*, de David Robertson, taquigrafado no local, publicado em 1805; o *History of the Federal Convention of 1788* (2 volumes, 1890-1891), de Hugh B. Grigsby; *Pamphlets on the Constitution of the United*

*States* (*1888*) de Paul L. Ford e seus *Essays on the Constitution* (1892). Também J.B. McMaster e F. B. Stone, *Pennsylvania and the Federal Constitution, 1787-1788* (1888); e *The Contest over the Ratification of the Federal Constitution in the State of Massachusetts* (*1896*), de Samuel B. Harding.

     Embora meu livro tenha sido escrito quase que inteiramente a partir de material de fonte primária, não posso encerrar sem expressar minha gratidão para com alguns dos primeiros historiadores do cenário geral. O *The Making of the Constitution* (1928), de Charles Warren, foi constantemente útil, assim como aqueles clássicos da história constitucional escritos por Andrew C. McLaughlin entre 1905 e 1928. Tendo em vista meu objetivo, eles foram indispensáveis, assim como as obras daquele velho e controverso mestre Charles A. Beard; além do *The American States during and after the Revolution* (1924), de Allan Nevins e o *The American Revolution Considered as a Social Movement* (1926), de Franklin F. Jameson. O *The Articles of Confederation* (1940), de Merrill Jensen, e o seu *The New Nation* (1950) foram muito úteis; também o *The Antifederalists* (*1961*), de Jackson T. Main; o *The States Rights Debates* (1964), de Alpheus T. Mason. O *The Grand Convention*, de Clinton Rossiter foi publicado quando meu livro estava nas provas, mas eu gostaria de remeter o aluno à sua bibliografia hábil e abrangente. A excelente edição de Adrienne Koch das *Notes of Debates in the Federal Convention of 1787* foi publicada tarde demais para eu usar.

# Agradecimentos

Os acadêmicos são maravilhosamente generosos quando a questão é a leitura dos manuscritos dos livros de seus amigos. Quero agradecer a Julian Boyd (1903-1980) por sua leitura meticulosa e pela sua crítica desafiadora, especialmente porque nossas interpretações diferiram em muitos pontos. John Powell debateu-se com meu manuscrito não uma, mas duas vezes; aqui está um estudioso com uma incomparável tolerância para uma discussão histórica exigente e estimulante ao mesmo tempo. Caroline Robbins (1903-1999) leu meu manuscrito e, ao longo dos anos da elaboração do texto, deu-me um apoio amigável infalível. Quero agradecer àqueles que compartilharam comigo suas habilidades acadêmicas: Wallace Davies (?-?), Patricia Davis (?-?), Jean Wheeler (?-?), Frances Harrold (?-?).

Charles G. Dorman, David H. Wallace e John C. Milley do National Independence Historical Park ajudaram na construção da cena na Filadélfia. Entre meus amigos bibliotecários, devo especialmente a Howell Heaney, da Free Library of Philadelphia, e às equipes das bibliotecas da Bryn Mawr College e da Haverford College. Martha Sellers é uma datilógrafa ainda melhor do que há vinte e cinco anos, quando começaram as tediosas cópias e recópias que um longo manuscrito acarreta.

Por fim, gostaria de agradecer à minha consultora editorial e amiga, Barbara Rex, que até agora esteve comigo ao longo de seis livros. Ao contrário de muitos críticos, Bárbara não tenta reformular um manuscrito à sua própria imagem. Ela apreende a concepção do autor, às vezes, antes mesmo que o próprio autor tenha plena consciência dela, e, por delicadeza ou *force majeure*, ela traz a ideia à luz. Quando uma página ou parágrafo não faz sentido, Bárbara o diz claramente. Autores são clamorosos e defensivos. Não é fácil para um crítico persistir até que o escritor tenha feito, pelo menos, o seu melhor com aquele difícil exercício: o da construção de frases.

Esta edição foi preparada pela LVM Editora e pela Spress, com tipografia *Baskerville* e *TW Cent*, em junho de 2021; e impressa, em junho de 2021, pela Lis Gráfica Editora para o Clube do Livro Ludovico.

Acompanhe o Ludovico nas redes sociais

🌐 https://www.clubeludovico.com.br/
📷 https://www.instagram.com/clubeludovico/
f https://www.facebook.com/clubeludovico/